长三角地区绿色发展研究

Research on the Green Development of Yangtze River Delta

沈满洪　谢慧明　程永毅　等 著

中国环境出版集团・北京

图书在版编目（CIP）数据

长三角地区绿色发展研究/沈满洪等著. —北京：中国环境出版集团，2022.3

ISBN 978-7-5111-4972-5

Ⅰ. ①长… Ⅱ. ①沈… Ⅲ. ①长江三角洲—绿色经济—区域经济发展—研究 Ⅳ. ①F127.5

中国版本图书馆 CIP 数据核字（2021）第 251483 号

出 版 人 武德凯
责任编辑 陈金华 史雯雅
责任校对 任 丽
封面设计 彭 杉

出版发行 中国环境出版集团
（100062 北京市东城区广渠门内大街 16 号）
网 址：http://www.cesp.com.cn
电子邮箱：bjgl@cesp.com.cn
联系电话：010-67112765（编辑管理部）
010-67113412（第二分社）
发行热线：010-67125803，010-67113405（传真）

印 刷 北京中科印刷有限公司
经 销 各地新华书店
版 次 2022 年 3 月第 1 版
印 次 2022 年 3 月第 1 次印刷
开 本 787×1092 1/16
印 张 22.75
字 数 462 千字
定 价 98.00 元

目 录

第一篇 长三角陆海统筹环境治理一体化研究

第一篇

长三角陆海统筹环境治理一体化研究①

海洋强国建设、美丽中国建设、长江经济带建设、长三角一体化发展等国家战略均要求推进长三角地区（以下简称长三角）陆海统筹环境治理一体化。陆海统筹推进环境治理是实现长三角绿色发展的前提和基础。

长三角近岸海域海水水质总体上呈恶化趋势，属于全国海洋环境质量最差的海域。而且，长三角近岸海域海水质量存在空间差异性，各类海水质量面积占比在长三角两省一市［此省（市）只指涉及河、海的省（市），余同］呈现显著差异，长三角 9 个滨海城市的海水质量参差不齐。长江口、海州湾、杭州湾、象山港、三门湾和乐清湾 6 个重要港湾的海水质量不容乐观。长三角近岸海域环境污染主要是陆源污染。如果没有更严格的环境保护措施和科学的污染防治规划，上海和浙江近岸海域的海水质量仍会保持“极差”水平，江苏近岸海域的海水质量有可能进一步恶化。

长三角近岸海域环境污染根源是缺乏统筹兼顾。①陆海分割，把海洋作为陆地的污染排放池；②块块分割，缺乏流域城市水污染治理统筹规划；③条条分割，缺乏环境经济部门在区域内的统筹；④条块分割，缺乏环境政策在区域间的统筹协调。长三角近岸海域环境治理一体化，不仅涉及海域污染和陆源污染的协同治理，也涉及区域内不同地

① 本篇是在沈满洪教授主持的浙江省发展和改革委员会委托课题“长三角陆海统筹环境治理一体化研究”（2019—2020 年）的课题报告基础上修改而成的。该课题的有关成果已经得到生态环境部采纳和浙江省人民政府领导的肯定性批示。

区、不同产业部门之间的统筹协调，为此必须坚持海陆统筹、区域统筹和部门统筹。长三角一体化战略下的污染减排最重要的是要实现减排的有效性，因此必须高度重视减排的效率问题。同时，也必须承认，区域内不同地区在经济发展水平、产业结构、人口规模等诸多方面仍存在较大差异，因此，在减排过程中决不能搞“一刀切”“齐步走”的办法，而是要充分考虑各地区的差异性，保证减排任务分配的公平性。

长三角海洋环境治理面临的突出问题就是陆海分割、块块分割、条条分割、条块分割、效率不一、发展阶段不一致等。长三角陆海统筹环境治理一体化就要致力于解决这些突出问题。一是基于环境容量和环境阈值陆海统筹确定陆源污染排放总量，根据海域环境质量状况实施逐年递减的陆源污染排放总量控制制度；二是基于公平效率兼顾原则确定陆源污染区域减排重点和部门减排重点；三是基于成本效益最优原则推进排污权有偿使用和交易制度，全面推进长三角排污权有偿使用和交易制度，推进长三角排污权交易市场一体化建设，推动长三角排污权市场监管制度一体化建设；四是基于兼顾近期长期原则确定陆源污染控制策略，逐步取缔遍布长三角的“排海工程”，严格控制危及海洋生态安全的“涉海工程”，逆经济风向实施滨海生态带建设。

第 1 章

长三角近岸海域环境质量的总体评价及其成因

近岸海域环境污染可能是河流入海、直排入海和海水养殖等过程中各类污染物汇聚反应所致，是各类陆海资源的不合理开发和单纯追求经济增长所致，是海洋环境保护意识淡薄和不合理的环境管理体制所致。然而，全球有很多大江大河的入海口，我国近岸海域的环境污染形势特别严峻；相对于黄河和珠江等大江大河入海口，长三角近岸海域环境污染问题更为突出；在长江口，杭州湾面临着非常沉重的环境治理压力。因此，客观评价长三角近岸海域环境质量的总体水平以及探究其陆源成因是推进长三角陆海统筹环境治理一体化的前提和基本要求，也是明确减排原则以及设计城市减排和部门减排方案的基础。

1.1 长三角近岸海域环境质量评价

海洋环境治理是建设海洋强国的基础。作为我国区域经济发展的“龙头”地带，长三角近岸海域的环境质量不容乐观。随着城市化的深入推进和经济持续增长，海洋资源过度利用、环境容量有限、河口海湾污染、生态环境破坏等问题日益突出，长三角近岸海域环境污染越发严重。因此，有必要对长三角近岸海域的环境质量以及未来走势进行分析和研判，以更好地制定污染防治规划。结合国家海洋局的评价标准，本部分从海水质量、沉积物质量和生物多样性 3 个维度全面评估了长三角近岸海域的环境质量。

1.1.1 长三角近岸海域海水质量评价

1.1.1.1 “两省一市”近岸海域海水质量

长三角是我国东海近岸海域环境污染最为严重的地区。根据国家海洋局划分标准（表 1-1），我国近岸海域的海水质量根据各类海水所占面积的比例，可以划分为优秀、良好、一般、差和极差 5 个等级。一类、二类海水面积占比越大，水质越好，反之则越差。

表 1-1 国家海洋局对近岸海域海水质量的划分等级及评价标准

等级	评价标准
优秀	一类海水≥60%，且一类、二类海水≥90%
良好	一类、二类海水≥80%
一般	一类、二类≥60%且劣四类≤30%，或一类、二类＜60%且一类至三类≥90%
差	一类、二类＜60%且劣四类≤30%，或 30%＜劣四类≤40%，或一类、二类＜60%且一类至四类≥90%
极差	劣四类＞40%

数据来源：“中国近岸海域环境质量公报”。

表 1-2 为 2008—2018 年江苏、上海和浙江 3 个长三角沿海地区海水水质的总体评价。一方面，整体来看，江苏、上海和浙江的近岸海域水质状况不容乐观，3 个地区在 2008—2018 年从未达到过“优秀”等级。在 3 个地区中，江苏的海水质量要优于上海和浙江。2008—2018 年，江苏的海水水质处于“良好”和“一般”的水平，而浙江和上海则处于“差”和“极差”水平。尤其是上海，近岸海域的海水质量一直处于“极差”的水平。另一方面，长三角近岸海域水质状况仍在不断恶化。例如，浙江省近岸海域水质从 2009 年的“差”恶化到 2010 年的“极差”。最为明显的是江苏的海水水质，2011 年以前，江苏省海水水质整体仍处于“良好”水平，但 2011 年以后，海水水质逐渐退化为“一般”，直到 2017 年，已经被评为“差”。图 1-1 的雷达图形象地展示了两省一市近岸海域海水质量的变化。

表 1-2 2008—2018 年江苏、上海和浙江近岸海域的海水质量等级

年份	江苏	上海	浙江
2008	良好	极差	差
2009	良好	极差	差
2010	一般	极差	极差
2011	良好	极差	极差
2012	一般	极差	极差
2013	一般	极差	极差
2014	一般	极差	极差
2015	一般	极差	极差
2016	一般	极差	极差
2017	差	极差	极差
2018	一般	极差	极差

数据来源：2008—2016 年“中国近岸海域环境质量公报”和 2017—2018 年“中国海洋生态环境状况公报”。

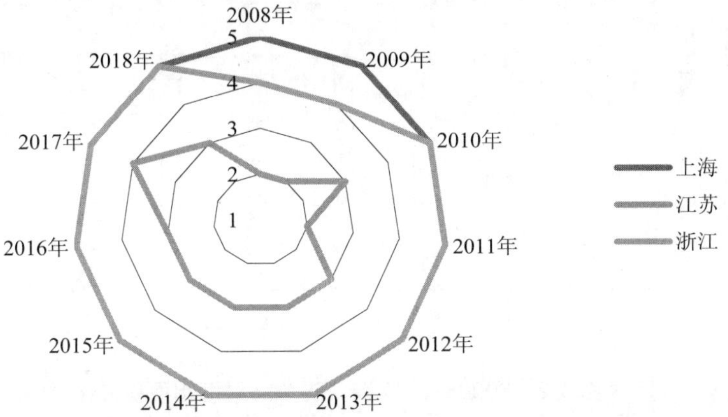

1. 优秀；2. 良好；3. 一般；4. 差；5. 极差。

图 1-1　2008—2018 年上海、江苏和浙江近岸海域海水质量的雷达图

数据来源：2008—2016 年“中国近岸海域环境质量公报”和 2017—2018 年“中国海洋生态环境状况公报”。

图 1-2～图 1-4 为江苏、上海和浙江 3 个省（市）2008—2017 年各类海水面积占比①。从图 1-2 中可以明显看出，江苏省一类和二类海水的面积占比在逐渐减少。2008 年一类和二类海水面积占比达到了 100%，而到 2017 年仅为 45%左右。取而代之的是，四类和劣四类海水占比在逐渐增多，从过去没有四类和劣四类海水增加到 2017 年的 18.2%。上海市仅在 2011 年出现过一类海水，劣四类海水的面积占比常年在 70%以上，2012 年和 2014 年更是高达 80%。二类、三类和四类海水面积占比则在不断波动中，没有明显的转化趋势。浙江省的突出问题在于一类海水的减少和劣四类海水的逐渐增多。浙江省劣四类海水面积的占比从 2008 年的 26%以将近每年 10%的幅度逐步增加到了 2015 年的 70%。一类海水面积占比则从 2008 年的 12%下降到 2015 年的 2%。但与上海和江苏不同的是，从 2016 年开始浙江省的海水质量有好转的迹象。虽然 2016 年浙江省海水水质仍被评价为“极差”水平，但一类海水的占比从 2015 年的 2%上升到 8.9%，劣四类海水从 70%下降到 53.6%。2017 年浙江省一类海水占比则进一步上升到 10.7%，劣四类海水则下降到 44.6%。

① 《2018 年中国海洋生态环境状况公报》没有公布各地区各类海水面积占比。

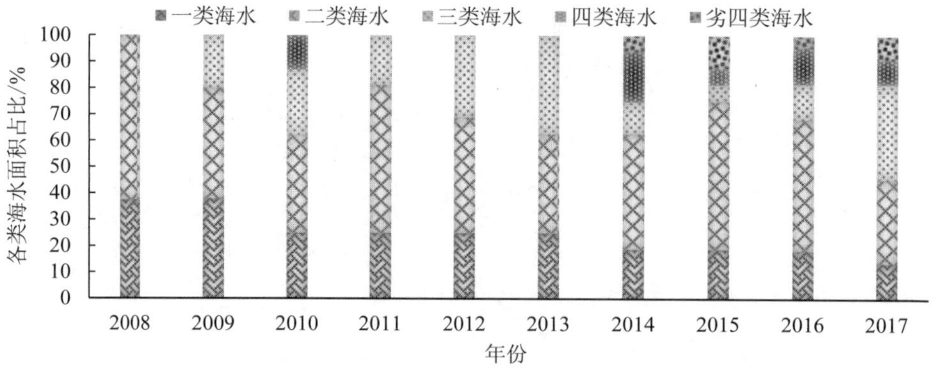

图 1-2 2008—2017 年江苏省各类海水面积占比

数据来源：2008—2016 年“中国近岸海域环境质量公报”、2017 年“中国近岸海域生态环境质量公报”。

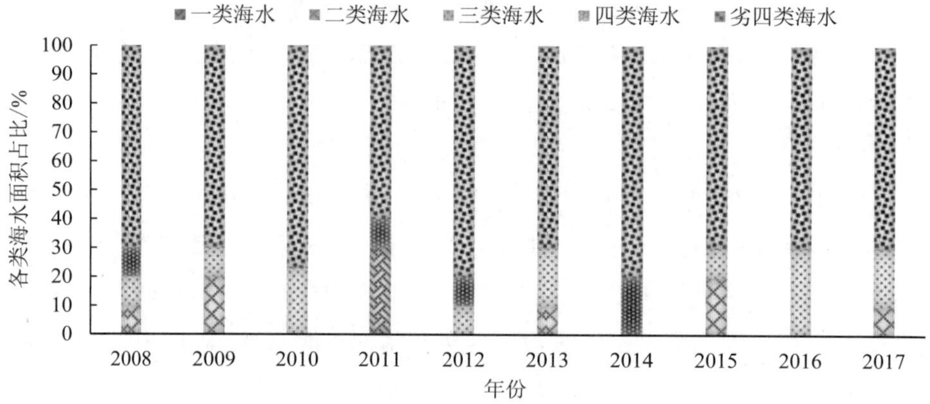

图 1-3 2008—2017 年上海市各类海水面积占比

数据来源：2008—2016 年“中国近岸海域环境质量公报”、2017 年“中国近岸海域生态环境质量公报”。

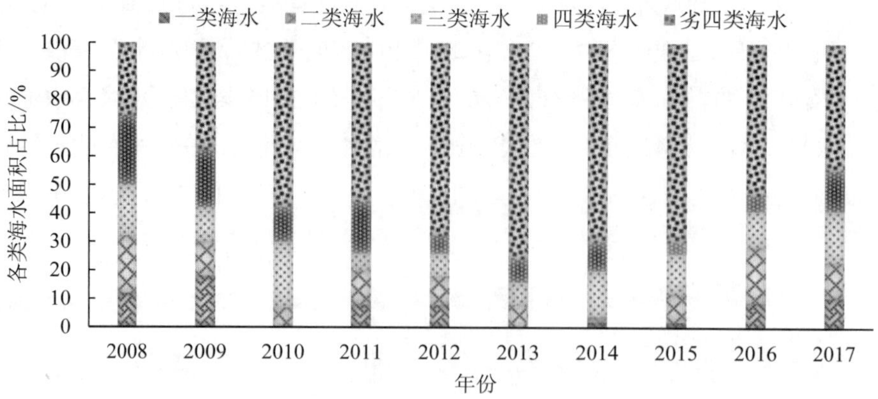

图 1-4 2008—2017 年浙江省各类海水面积占比

数据来源：2008—2016 年“中国近岸海域环境质量公报”、2017 年“中国近岸海域生态环境质量公报”。

总体来说，长三角地区近岸海域海水质量的总体状况仍然严峻，整体上非但没有好转，反而有进一步恶化的趋势。相对上海与江苏，浙江省从 2016 年开始，海水质量状况迎来一定的改善。

1.1.1.2 长三角近岸海域沿海城市海水质量

本节从城市层面对长三角近岸海域海水质量进行评价。长三角沿海城市主要有 9 个：上海、台州、宁波、舟山、温州、嘉兴、连云港、南通和盐城。如表 1-3 所示，长三角 9 个沿海城市中，只有连云港的海水质量在 2009 年被评为“优秀”，其他城市的状况仍然严峻。整体来看，城市层面的水质状况与省（市）级层面较为一致。江苏省 3 个沿海城市的海水质量要整体优于上海市和浙江省的沿海城市。连云港市和盐城市的海水质量要明显优于其他城市。但江苏省的 3 个沿海城市都出现了一定程度的恶化，尤其是南通，海水质量从 2015 年出现明显滑坡，从前期的“良好”和“一般”变为“差”。连云港的海水质量也在恶化，由“良好”变为“一般”。上海则一直处于“极差”水平，无明显的变化。浙江省的 5 个沿海城市中，嘉兴海水水质最差，一直处于“极差”水平。台州、宁波、舟山和温州在很长的时间段也都处于“极差”水平。但需要注意的是，浙江省的台州和温州两个沿海城市从 2016 年开始出现了好转。尤其是温州，2018 年的海水质量已被评为“一般”。图 1-5 的雷达图展示了这些变化。

表 1-3 2008—2018 年江苏、上海和浙江近岸海域沿海城市的海水质量等级

年份	上海市	浙江省					江苏省		
		台州	宁波	舟山	温州	嘉兴	连云港	南通	盐城
2008	极差	差	差	差	差	极差	良好	良好	良好
2009	极差	差	极差	极差	差	极差	优秀	良好	一般
2010	极差	极差	极差	极差	差	极差	良好	差	一般
2011	极差	极差	极差	极差	差	极差	良好	良好	一般
2012	极差	极差	极差	极差	差	极差	良好	良好	一般
2013	极差	极差	极差	极差	极差	极差	良好	良好	一般
2014	极差	极差	极差	极差	极差	极差	差	一般	一般
2015	极差	极差	极差	极差	极差	极差	差	差	良好
2016	极差	差	极差	极差	差	极差	一般	差	良好
2017	极差	差	极差	极差	差	极差	差	差	差
2018	极差	差	差	差	一般	极差	一般	差	一般

数据来源：2008—2016 年“中国近岸海域环境质量公报”、2017—2018 年“中国近岸海域生态环境质量公报”。

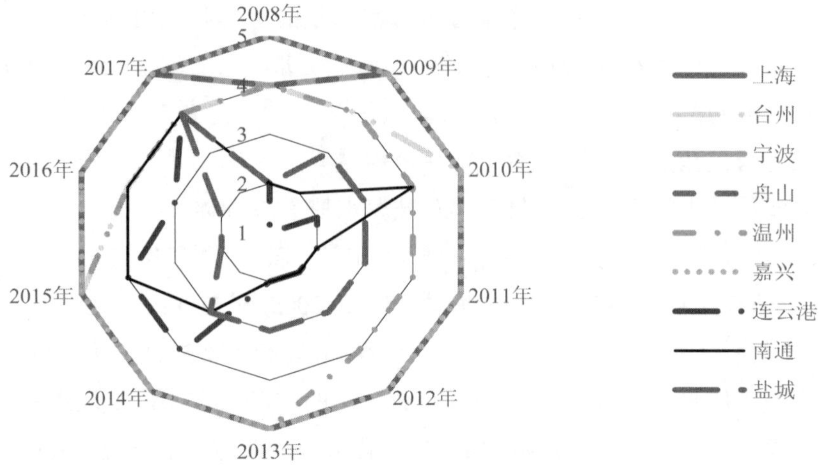

1. 优秀；2. 良好；3. 一般；4. 差；5. 极差。

图 1-5 2008—2017 年长三角沿海城市近岸海域海水质量雷达图

数据来源：2008—2016 年“中国近岸海域环境质量公报”、2017 年“中国近岸海域生态环境质量公报”。

具体到污染因子来说，长三角近岸海域沿海城市的污染因子主要有无机氮、活性磷酸盐、石油类和化学需氧量四类①。图 1-6 和图 1-7 为 2008—2018 年 9 个沿海城市四类主要污染因子的平均浓度。从中可见，嘉兴近岸海域的四类污染因子中，除石油类外，其他三类污染因子的浓度在沿海城市中都是最高的，属于污染最为严重的城市。无机氮是 9 个沿海城市中最重要的污染因子，其次是活性磷酸盐、石油类。长三角 9 个沿海城市近岸海域的化学需氧量浓度均符合标准。

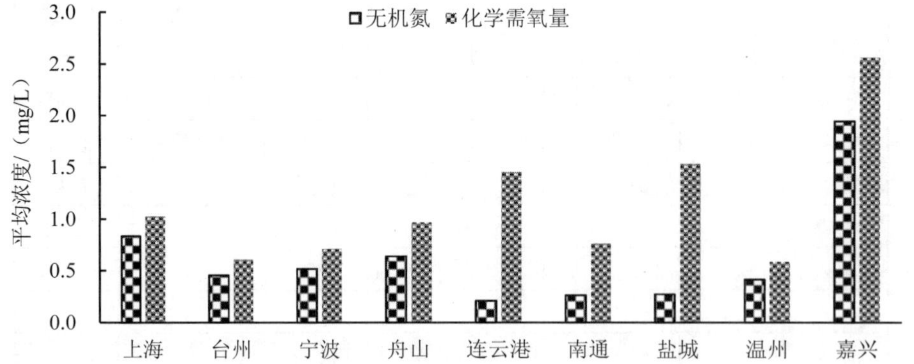

图 1-6 2008—2018 年长三角沿海城市无机氮和化学需氧量平均浓度

数据来源：2008—2016 年“中国近岸海域环境质量公报”和 2017—2018 年“中国海洋生态环境状况公报”。

① 无机氮、活性磷酸盐、石油类和化学需氧量的达标质量浓度分别为 0.3 mg/L、0.03 mg/L、0.03 mg/L 和 3 mg/L。

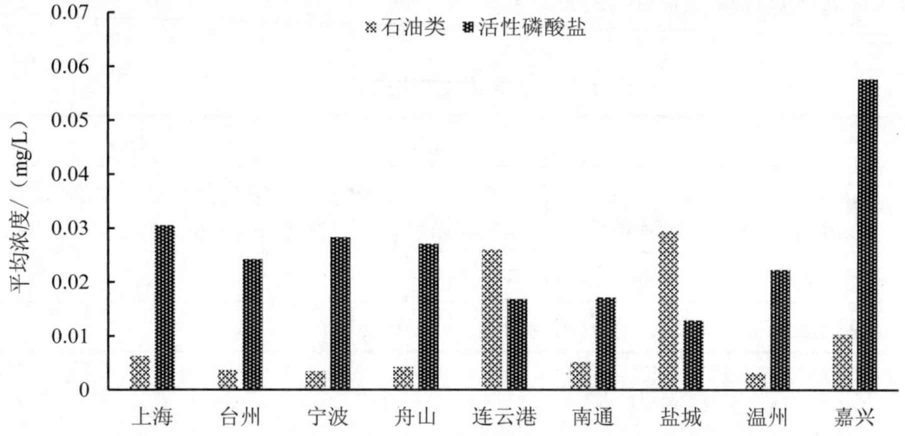

图 1-7 2008—2018 年长三角沿海城市石油类和活性磷酸盐平均浓度

数据来源：2008—2016 年“中国近岸海域环境质量公报”和 2017—2018 年“中国海洋生态环境状况公报”。

1.1.1.3 重要海湾水质状况

长三角地区重要的港湾主要有 6 个，分别是长江口、海州湾、杭州湾、象山港、三门湾和乐清湾。整体来说，6 个港湾的情况都不容乐观。长江口和杭州湾两个最重要的海湾在 2008—2018 年四类及劣四类海水面积的占比常年在 60%以上，尤其是杭州湾，劣四类海水面积为 100%，而且没有好转的迹象。另外，根据 2009 年和 2010 年的“东海区海洋环境公报”，其他 4 个港湾的海水水质也十分严峻。海州湾大部分海域均为四类海水，而三门湾、象山港和乐清湾大部分海域均为劣四类海水。

因此，长三角地区的海水水质无论是从省级层面、城市层面还是从重要港湾层面来看，都十分严峻。浙江和上海的近岸海域水质处于极差的水平，而江苏相对偏好，处于一般的等级，但有进一步恶化的趋势。长三角地区主要的污染因子是无机氮和活性磷酸盐。嘉兴是 9 个沿海城市近岸海域海水水质最差的城市。长江口、海州湾、杭州湾、象山港、三门湾和乐清湾 6 个重要海湾的水质状况不容乐观。

1.1.2 长三角近岸海域沉积物状况

沉积物的质量也是衡量我国近岸海域环境质量的重要指标。除废弃物及动植物碎屑和尸体外，我国近岸海域沉积物中还包含铜、铅、铬、汞、砷等重金属和类金属。重金属具有特殊的理化性质及毒性效应。它不仅会导致海洋污染，还会危及海洋生物的生命安全，通过食物链影响人体健康。如表 1-4 所示，根据《海洋沉积物质量》（GB 18668—2002），依据废弃物及重金属的含量，我国近岸海域沉积物质量可以分为三类。其中，第一类海洋沉积物质量最好，第三类最差。

表 1-4　海洋沉积物质量类别

类别	适用范围
第一类	适用于海洋渔业水域、海洋自然保护区、珍稀与濒危生物自然保护区、海水养殖区、海水浴场、人体直接接触的海上运动或娱乐区、与人类食用直接相关的工业用水区
第二类	适用于一般工业用水区、滨海风景旅游区
第三类	适用于海洋港口水域、特殊用途的海洋开发作业区

数据来源："中国近岸海域环境质量公报"。

长三角地区沉积物质量总体状况稳定。从 2011 年开始，大部分城市及海湾的沉积物状况均保持良好趋势，符合标准。就算污染较为严重的长江口与杭州湾，自 2011 年起，沉积物的质量也处于优良的状态。如图 1-8 所示，长江口一类沉积物的比例在 2013 年、2014 年和 2017 年都达到了 100%。杭州湾一类沉积物的比例在 2013 年、2015 年和 2016 年也达到了 100%。两个海湾基本无第三类沉积物，仅有个别年份出现铜污染。

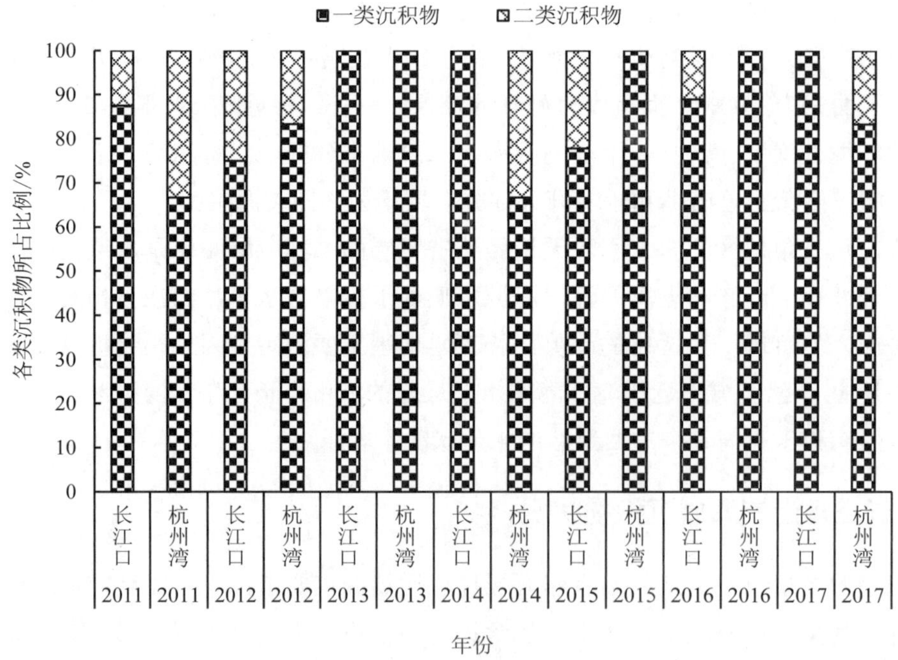

图 1-8　2011—2017 年长江口和杭州湾监测点各类沉积物比例

数据来源：2008—2016 年"中国近岸海域环境质量公报"、2017 年"中国近岸海域生态环境质量公报"。

1.1.3　长三角近岸海域生物多样性

生物多样性是海洋生态系统重要的组成部分。保持良好的生物多样性有利于生态系统结构的稳定，保证海洋生态系统服务功能的正常发挥。2013—2017 年，长三角地区的海洋生物群落基本稳定。浮游植物以硅藻和甲藻为主，浮游动物以桡足类和水母类为主，大型底栖生物以环节动物、节肢动物和软体动物为主。如图 1-9 所示，从海洋生物多样性指数①来看，苏北和浙江中南近岸海域的物种种类基本保持稳定。2013—2017 年，浮游植物和底栖生物的种类变化不大，而浮游动物的种类有所减少。

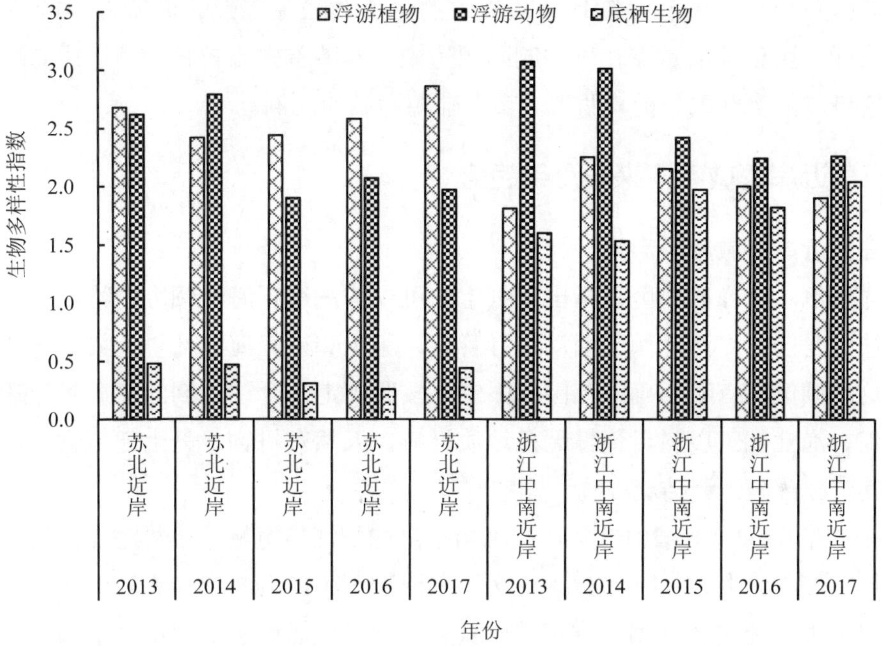

图 1-9　2013—2017 年苏北近岸和浙江中南近岸海域的生物多样性指数

数据来源：2008—2016 年“中国近岸海域环境质量公报”、2017 年“中国近岸海域生态环境质量公报”。

1.2　长三角近岸海域环境质量的陆源“贡献”

近岸海域环境污染的来源大致可以分为三类：陆源污染、海源污染和大气污染。陆源污染包括入海河流、入海排污口及沙滩海洋垃圾。海源污染主要来自海上作业，包括

① 海洋生物多样性指数是海洋生物种数和种类间个体数量分配均匀性的综合表现，用 Shannon-Wiener 指数 H'评价生物多样性。$H'\geqslant 3.0$ 为优良，$2.0\leqslant H'<3.0$ 为较好，$1.0\leqslant H'<2.0$ 为一般，$H'<1.0$ 为差。

海洋倾倒、船舶运输、海洋油气勘探、滨海电厂、跨海桥梁工程以及围填海工程。大气污染则通过干沉降和湿沉降的方式进入海洋。大气沉降一方面向海洋输入大量营养物质（如氮、磷），加剧了近岸水体的富营养化；另一方面，大气沉降中蕴含着不容忽视的重金属和有毒有机污染物。但部分学者认为大气沉降的污染物主要来自工农业生产活动与交通运输等，也可认为是陆源污染带来的。海洋污染科学专家组（GESAMP）在 1990 年发布的报告 *The State of the Marine Environment*①中对地中海等不同海域的海洋污染的来源进行了测算。根据结果，他们发现不同海洋污染来源中，近海生产活动的污染贡献占 1%，海上运输占 12%，海洋倾倒占 10%，陆源排放为 44%，而大气沉降为 33%左右。如果将大气沉降也看作是陆地活动导致的，那么陆源污染的贡献为 77%左右。由此可见，海洋污染治理的重点在于控制陆源污染。本节首先比较长三角近岸海域不同来源污染的趋势，其次着重分析“两省一市”陆源污染的比例。

1.2.1 长三角近岸海域不同来源污染趋势

1.2.1.1 长三角近岸海域海源污染

（1）海洋倾倒。海洋倾倒区是指国家划定的可以依法进行海洋倾废的特定海域。海洋倾倒区的选划是国家对海洋倾废活动进行管理，避免和减轻海洋环境污染损害的重要法律措施。这些倾倒物有着明确的范围和限定。按照规定，允许倾倒的物质包括疏浚物、城市阴沟淤泥、渔业加工废料、惰性无机地质材料、天然有机物、岛上建筑物料、船舶平台七类，其中大部分为清洁疏浚物。

如图 1-10 所示，2014—2017 年，长三角最大的长江口海域疏浚物海洋倾倒区群年排放量在逐年下降，已由 2014 年的 6 852 万 m^3 下降到 2017 年的 2 086.7 万 m^3。另外，浙江的甬江口七里屿疏浚物倾倒区群年排放量总体持平，而嵊泗上川山疏浚物海洋倾倒区年排放量有所增长。总体来看，长三角地区海洋倾倒量呈下降趋势。而且，对海洋倾倒的物质都有着明确的规定，因此，海洋倾倒对海域环境污染影响较小，对水质和沉积物质量均未造成明显影响。

---

① http：//www.gesamp.org/publications/the-state-of-the-marine-environment.

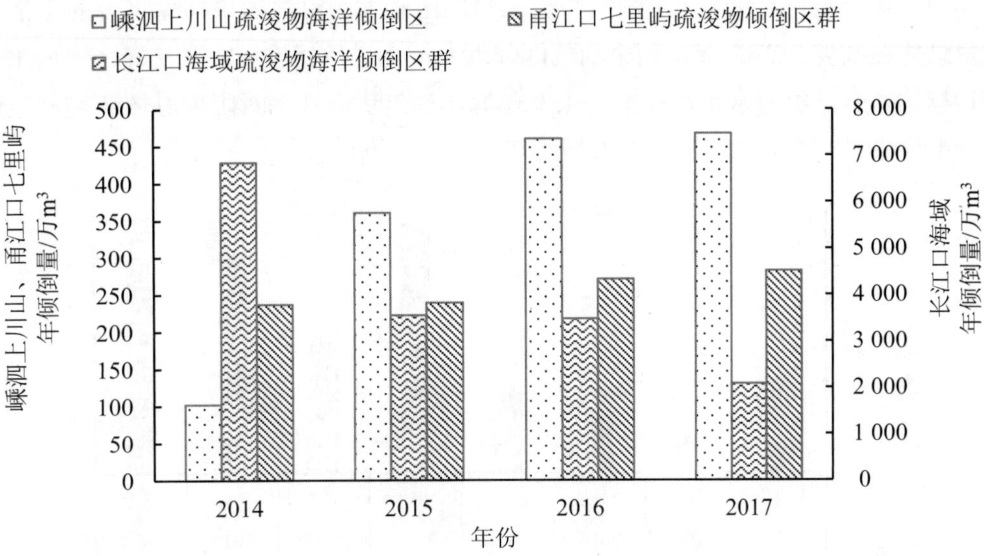

图 1-10　2014—2017 年长三角 3 个主要海洋倾倒区群疏浚物年倾倒量

数据来源：2014—2017 年“东海区海洋环境公报”。

（2）海洋油气勘探。我国海域石油蕴藏量十分丰富，多数开发者集中在近海海域勘探开发。随着海洋石油勘探开发的飞速发展，钻井船和采油平台将大量的废弃物和含油污水不断地排入海洋。海洋油气勘探产生的污染物包括生活用水、生活污水、钻井泥浆和钻屑等。如图 1-11 所示，2014—2017 年，长三角只有污染比较轻的生活用水的排放量在增加，其他污染相对严重的生活污水、钻井泥浆和钻屑的排放量都呈现出下降的趋势。

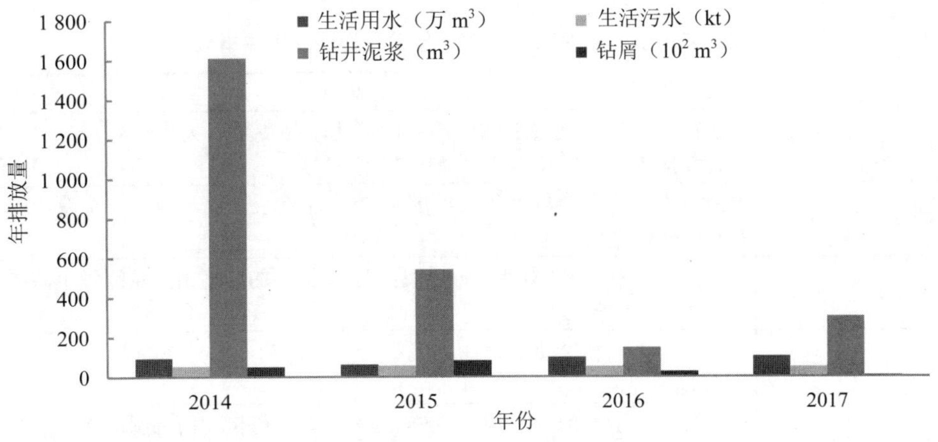

图 1-11　2014—2017 年海洋油气勘探导致的污染排放量

数据来源：2014—2017 年“东海区海洋环境公报”。

图 1-12 表明天外天和平湖两个长三角地区较大的海洋油气勘探平台的生活污水排放量总体在减少。2017 年，两个油气区邻近海域海洋环境质量状况良好，海域水体各监测指标均符合一类海水水质标准，未发现海洋油气生产活动对附近海域环境产生明显影响。整体来说，海洋油气勘探对海域环境质量的影响比较小。

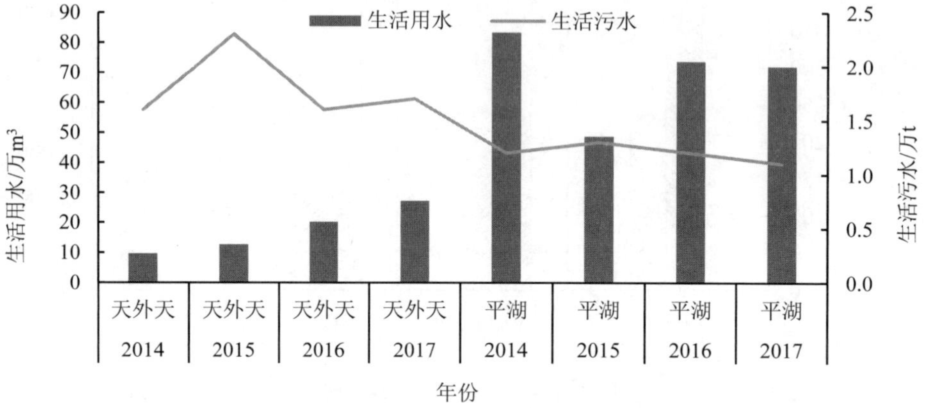

图 1-12　2014—2017 年天外天和平湖油气平台污染排放量

数据来源：2014—2017 年“东海区海洋环境公报”。

（3）海上运输。海上运输对海洋环境的污染来自两个方面：①燃油泄漏和油轮事故；②船舶在正常营运过程中，造成的各种类型的污染（如废物、废气、噪声及污水）。表 1-5 为 2001—2018 年长三角海域发生的大型船舶事故。苯乙烯及燃油的泄漏在短时间内对海洋环境造成了巨大的危害。

表 1-5　长三角 2001—2018 年发生的海洋运输事故

发生时间	事件
2001 年 4 月 17 日	长江口外从日本驶往宁波港的韩国籍化学品货轮“大勇”号与上海驶往印度的香港籍“大望”号相撞，导致苯乙烯泄漏
2003 年 8 月 5 日	中国籍“长阳”轮与“浙长兴货 0375”轮在长江吴泾电厂码头发生碰撞，导致 85 t 燃油溢出
2005 年 9 月 17 日	中国籍“朝阳平 8”轮船在上海港与出口掉头的“乌山”轮船发生碰撞，导致约 185 t 汽油泄漏
2012 年 6 月 26 日	荷属安的列斯籍杂货船“密斯姆”号在长江口与另一散货船发生碰撞，导致 100 t 燃油泄漏
2018 年 1 月 6 日	长江口以东 165 海里（约 305.58 km）处，一艘伊朗向韩国运送原油的“桑奇号”油轮和中国“长峰水晶”号货船相撞，导致 13.6 万 t 原油泄漏

数据来源：2001—2016 年“中国近岸海域环境质量公报”及媒体报道。

（4）涉海工程。涉海工程包括港口航道工程、海上风电场工程、围填海工程、滨海电厂工程等。涉海工程对海洋水文动力、水质环境、海洋沉积物和海洋生物部落的稳定有着重要影响，是影响近岸海域环境质量的重要来源。根据东海区海洋环境公报，随着监管力度的增强，长三角涉海工程的总体数量和违规工程数量均呈现下降趋势。主要的违规行为表现为非法占有海域、垃圾违规堆放、擅自改变海域用途、未经处理钻屑直排入海等。表 1-6 和表 1-7 分别为 2014—2017 年长三角重点监测的涉海工程和涉海工程对近岸海域环境质量的影响。

表 1-6　2014—2017 年长三角重点监测涉海工程

项目类型	重点监测工程
港口航道	洋山深化港工程、连云港 30 万 t 级航道工程、南通洋口港工程
海上风电	东海大桥风电场
围填海工程	金塘北部区域围填海工程、温州市瓯飞淤涨型高涂围垦养殖用海规划一期工程、奉贤围填海工程
滨海电厂	浙能乐清电厂、可门火电厂等 8 家滨海电厂

数据来源：2014—2017 年“东海区海洋环境公报”。

表 1-7　2014—2017 年长三角重点监测涉海工程对近岸海域环境质量的影响

年份	港口航道	海上风电	围填海	滨海电厂
2014	无影响	水质和沉积物无影响，生物群落受到影响	无机氮和活性磷酸盐浓度增高；沉积物无影响	影响生物多样性
2015	无影响	水质和沉积物无影响，生物群落受到影响	水质、沉积物无影响，生物群落受到影响	水质和沉积物无影响，生物群落受到影响
2016	无影响	水质和沉积物无影响，生物群落受到影响	水质、沉积物无影响，生物群落受到影响	水质、沉积物无影响，生物群落受到影响
2017	无影响	水质和沉积物无影响，生物群落受到影响	水质、沉积物无影响，生物群落受到影响	沉积物增多，生物群落受到影响

数据来源：2014—2017 年“东海区海洋环境公报”。

可以看到，港口航道的建设对海洋环境质量几乎无影响，但海上风电、围填海和滨海电厂等涉海工程仍然对水质、沉积物质量和生物群落结构产生了不同程度的影响。整体来看，长三角海源污染对近岸海域环境质量的影响比较小。而且，由于海源污染多属于点源污染，随着监控力度的加大，海源污染呈下降趋势。但仍需要提防海上运输以及涉海工程事故对局部近岸海域环境质量的危害。

1.2.1.2 长三角近岸海域大气污染趋势

大气污染属于面源污染，监测难度较大。长三角近岸海域大气污染的监测主要在浙江嵊山海域。2015 年以后，江苏连云港海域也开始被监测。如图 1-13 和图 1-14 所示，与 2011—2015 年的平均值相比，2016 年嵊山海域干沉降中总悬浮颗粒物、硝酸盐、铵盐、砷、铜、镉、铅、锌的浓度均有所下降，汞浓度有所上升；湿沉降中镉、铅、锌、铜的含量均明显下降。如图 1-15 所示，与 2015 年相比，2016 年连云港海域湿沉降中锌、铜含量有所上升，镉、铅含量下降。大气污染的排放在逐渐减少。

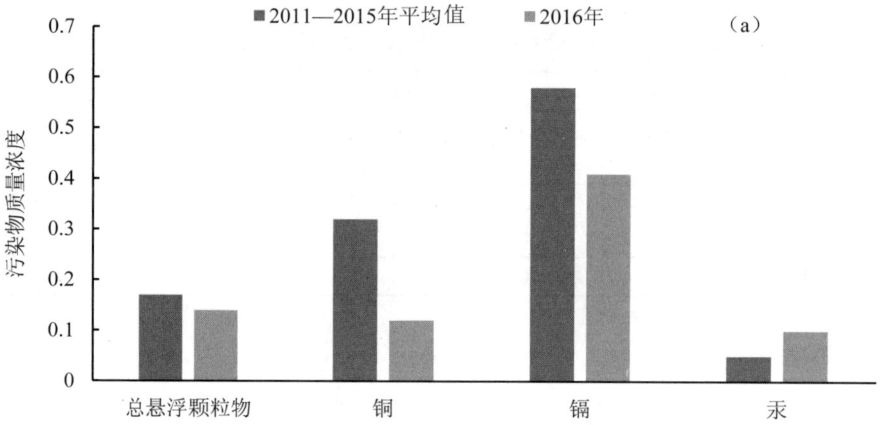

（总悬浮颗粒物：mg/m^3；铜：μg/m^3；镉、汞：ng/m^3）

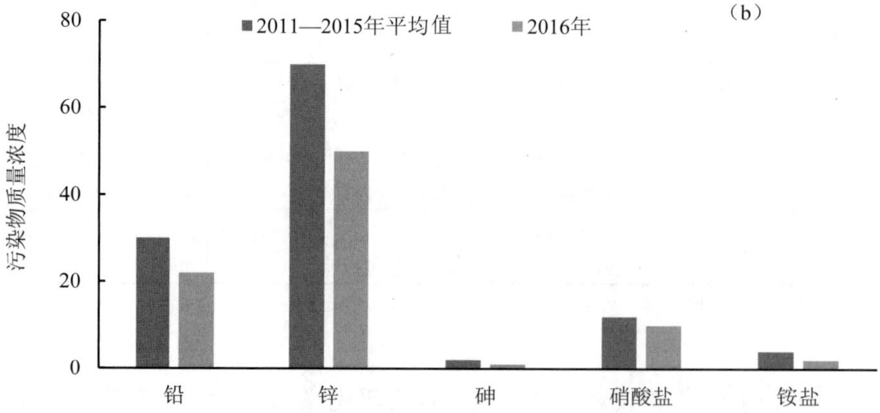

（铅、锌、砷：ng/m^3；硝酸盐、铵盐：μg/m^3）

图 1-13 浙江嵊山海域大气气溶胶中污染物浓度比较

数据来源：《2016 年东海区海洋环境公报》。

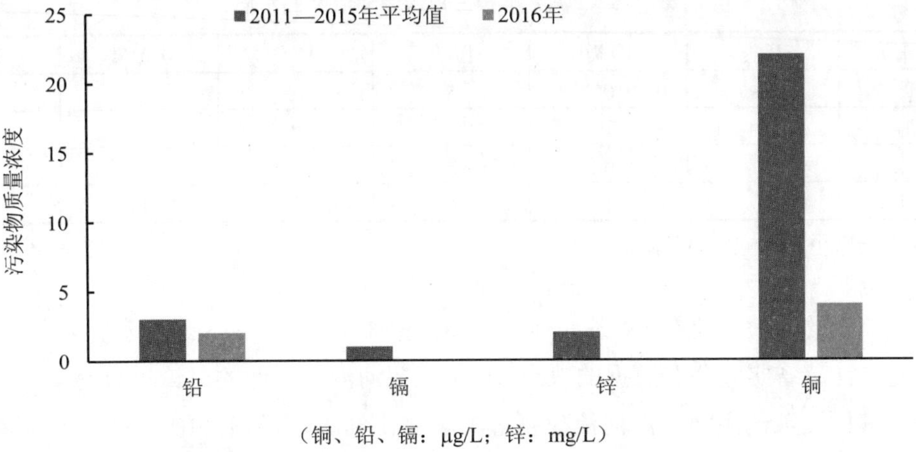

图 1-14　浙江嵊山海域降水监测指标浓度比较

数据来源：《2016 年东海区海洋环境公报》。

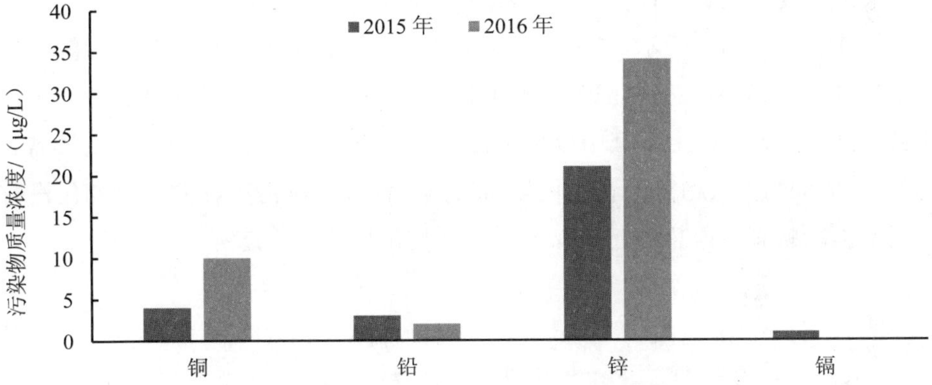

图 1-15　江苏连云港大气降水监测指标浓度比较

数据来源：《2016 年东海区海洋环境公报》。

1.2.1.3　长三角近岸海域陆源污染趋势

（1）入海河流污染。入海河流携带着大量的工业、生活和农业污染物，是重要的陆源污染之一。如表 1-8 所示，2017 年，长三角监测的入海河流共有 69 条，其中江苏 61 条、上海 2 条、浙江 6 条。从趋势上看，长三角重点监测的入海河流断面的水质有所改善，但是未达到监测断面功能区水质标准要求的占比依旧较大。2017 年，江苏省 61 条入海河流中有 43 条的断面水质为劣Ⅴ类，浙江 6 条河流中，4 条河流的断面水质为劣Ⅴ类，上海黄浦江的断面水质为Ⅲ类，长江的断面水质为Ⅳ类。长三角无Ⅰ类和Ⅱ类水体河流，Ⅲ类水质的河流也仅有一条。

表 1-8　2017 年长三角入海河流断面水质

省（市）	Ⅱ类	Ⅲ类	Ⅳ类	Ⅴ类	劣Ⅴ类	总计
江苏	0	0	5	13	43	61
上海	0	1	1	0	0	2
浙江	0	0	2	0	4	6
总计	0	1	8	13	47	69

数据来源：《2017 年东海区海洋环境公报》。

虽然监测的入海河流有 69 条，但江苏 61 条河流中很多都是小河流，污染排放量较小。因此，江苏省实际公布数据的只有 16 条主要河流，下面的讨论也只是基于 24 条入海河流。其中江苏的主要入海河流包括灌河、临洪河、小洋口外闸、射阳河、遥望港闸入海口、苏北灌溉总渠、新洋港口、斗龙港、黄沙港河、利民河、斗东港入海口、中山河、大丰河、梁剁北河、梁剁南河和四卯酉闸入海口。上海的入海河流为长江和黄浦江。浙江的主要入海河流为钱塘江、甬江、淑江、瓯江、飞云江和鳌江。

如图 1-16、图 1-17 所示，2014—2017 年，长三角河流携带入海的污染物总量并没有明显地出现下降趋势，总体污染状况依然严重。24 条入海河流携带的各类污染物总量一直维持在 1 000 万 t 以上。其中以化学需氧量（COD）为主，2017 年化学需氧量污染物占总量的 96.86%。从趋势上看，化学需氧量、油类和砷污染物的通量变化没有明显的趋势，呈现波动状态。而总磷、氨氮、重金属均出现了下降态势。

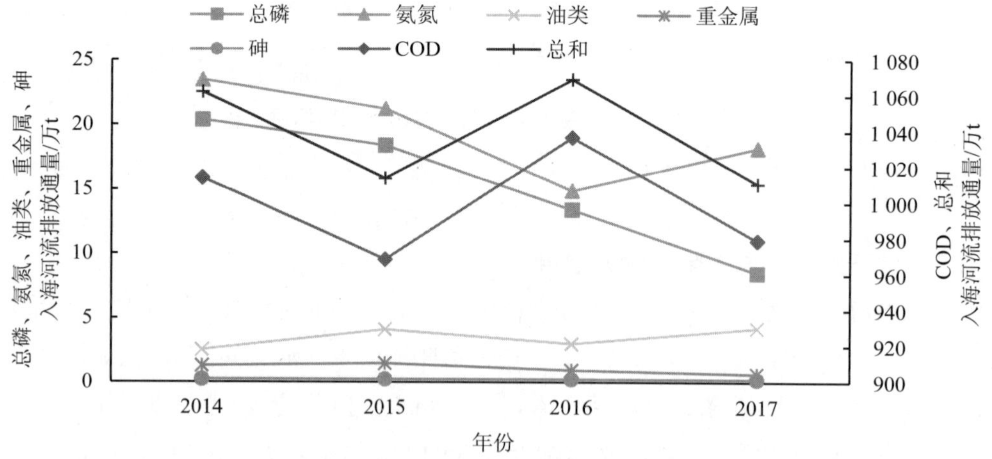

图 1-16　2014—2017 年长三角入海河流污染排放通量

数据来源：2014—2017 年“东海区海洋环境公报”。

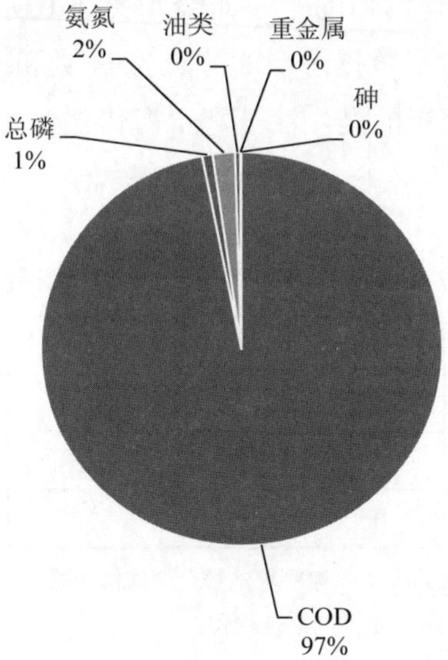

图 1-17　2017 年长三角入海河流污染排放通量

数据来源：《2017 年东海区海洋环境公报》。

（2）直排海污染。直排海污染指的是通过排污口排放的污染，包括工业污染源、生活污染源和综合污染源。直排海污染对排污口周围局部海域生态环境质量影响最大，同时随着海水的流动，又会进一步影响整个近岸海域生态环境的质量。

如表 1-9 所示，2013—2017 年江苏省监测排污口达标率呈现一定的下降趋势，2017 年的监测排污口达标率仅为 15%，上海则维持了较高的监测排污口达标率，浙江的监测排污口达标率逐步由 2013 年的 21%提高到 2017 年的 66%。浙江和上海的高达标率更多归因于严格的海洋环境监察。整体来看，长三角入海排污口的治理已初见成效。

表 1-9　2013—2017 年长三角监测排污口达标率　　单位：%

年份	江苏	上海	浙江
2013	27	79	21
2014	29	97	41
2015	26	61	40
2016	27	73	65
2017	15	65	66

数据来源：2013—2017 年“东海区海洋环境公报”。

从 2017 年“两省一市”监测排污口的等级评价（表 1-10）来看，长三角已经没有具有重大危害的 A 类排污口了，大多数排污口的等级为 C 类和 D 类，浙江有 6 个几乎没有损害的 E 类排污口。但需要警惕的是，江苏和上海仍然各有一个对海洋环境危害较大的 B 类排污口。

表 1-10　2017 年长三角监测排污口综合等级评价

省、市	A	B	C	D	E	总计
江苏	0	1	4	0	0	5
上海	0	1	16	3	0	20
浙江	0	0	11	27	6	44

注：评价标准根据入海排污口邻近海域功能区的环境保护要求，综合考虑污染物的排放量、超标情况、污染程度等，将入海排污口排污状况综合等级分为五级，并赋予不同的颜色标识：

A. 红色 对海洋环境造成的危害或潜在危害很大；

B. 橙色 对海洋环境造成的危害或潜在危害较大；

C. 黄色 对海洋环境有一定的危害或潜在危害；

D. 蓝色 对海洋环境造成的危害或潜在危害较小；

E. 绿色 对海洋环境基本未造成危害。

数据来源：《2017 年东海区海洋环境公报》。

入海排污口排放的主要超标污染物是化学需氧量、总磷、类大肠菌群等。这些污染物的排放对排污口邻近海域的水质、沉积物和生物等造成巨大影响，使其邻近海域海水质量、沉积物质量、生物质量难以满足海洋功能区环境质量的要求。如图 1-18 所示，2008—2018 年，江苏、上海和浙江直排海污染中，废水排放量占最大的比例，2018 年总的废水排放量为 236 620 万 t。2018 年 COD 的排放量为 6.26 万 t，总磷和氨氮排放量相对较小。从趋势上看，占比最大的废水排放量仍然有逐年增加的趋势，对海洋环境污染比较大的 COD、氨氮和总磷三类污染物的排放量已呈现出逐年下降的趋势。整体来看，直排海污染趋势已有所控制。

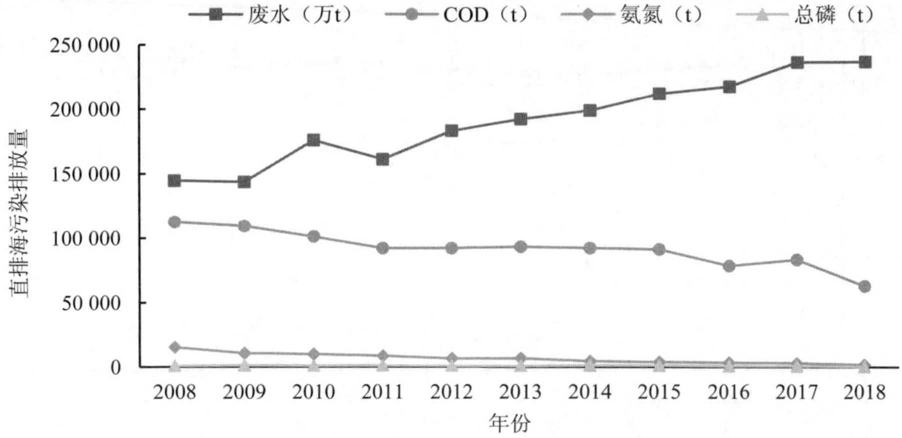

图 1-18　2008—2018 年长三角近岸海域直排海污染排放量

数据来源：2008—2016 年“中国近岸海域环境质量公报”和 2017—2018 年“中国海洋生态环境状况公报”。

1.2.2　“两省一市”近岸海域陆源污染的比较

1.2.2.1　入海河流污染的比较

本节从 3 个视角进行入海河流污染排放量的比较。一是比较江苏、上海和浙江地区间入海河流污染排放的比例；二是比较 3 个地区内部入海河流的排放量大小；三是比较长三角所有入海河流污染排放的比例。

图 1-19 为 2014—2017 年江苏、上海和浙江 3 个地区入海河流污染排放量的占比变化。从图 1-19 中可以明显看到，占比最大的是上海近岸海域的入海河流排污量，2017 年已达到了 72.18%。其次是浙江，2017 年入海河流排污量占总量的比例为 17%。江苏的占比最小，为 10.82%。从趋势上看，上海近岸海域入海河流排污量的占比在 2014—2017 年无明显趋势，呈波动状态。江苏则有所上升，从 2014 年的 5.03%上涨到 2017 年的 10.82%。浙江的比例有所下降，从 2014 年的 21%下降到 2017 年的 17%。

图 1-20 为 2017 年长三角各地区入海河流中各类污染排放量占各类污染物排放总量的具体占比。上海在 COD、总磷、氨氮、油类、重金属、砷 6 种污染中占比均远高于浙江和江苏。具体来看，2017 年，上海 COD 排放量占比为 71.99%，总磷为 54.26%，氨氮为 85.78%，油类为 90.73%，重金属为 79.24%，砷占比最大，为 91.15%。浙江各类污染的占比仅次于上海，占比较高的是 COD 和总磷，分别为 17.18%和 20.70%，油类和砷占比较小，仅为 4.03%和 4.77%。江苏在 3 个地区中占比最小，各类污染物中 COD 占比最高，为 10.45%，其他的均不足 1%。

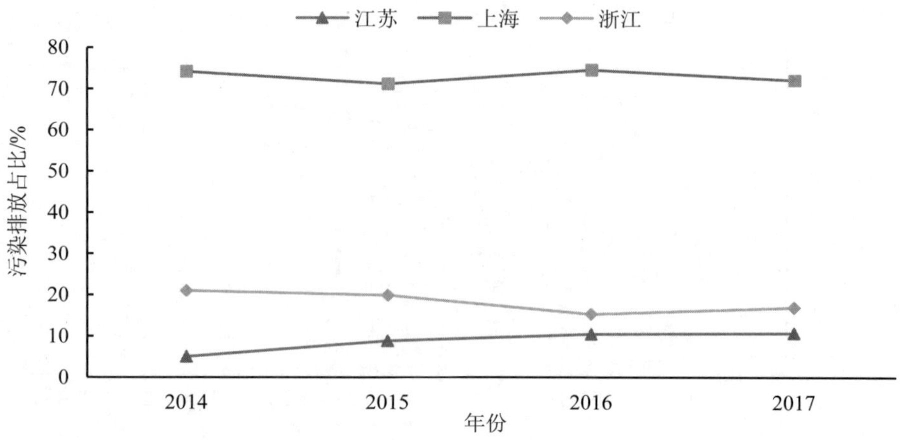

图 1-19　2014—2017 年长三角各省（市）入海河流污染排放量占比

数据来源：2014—2017 年“东海区海洋环境公报”。

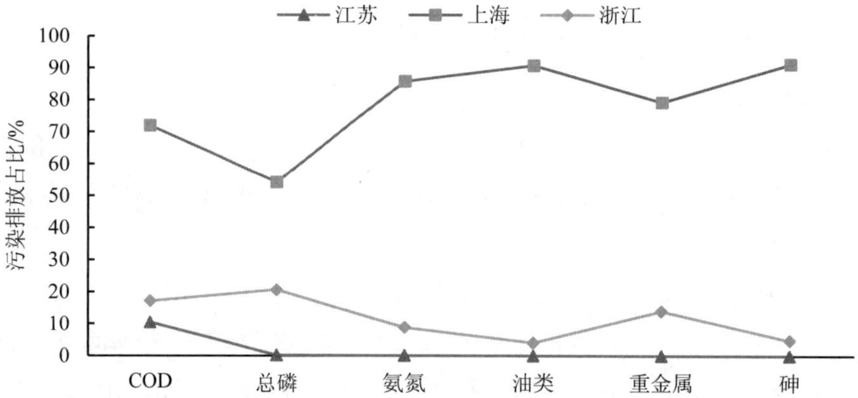

图 1-20　2017 年长三角各省（市）入海河流各类污染排放量占比

数据来源：《2017 年东海区海洋环境公报》。

因此，从地区间污染排放比重来看，治理的重点仍要落在上海的近岸海域中。但需要警惕江苏省入海河流污染排放的上涨趋势。接下来以 2017 年的数据对上海、江苏和浙江内部河流的占比进行剖析。图 1-21 为 2017 年江苏省不同入海河流污染排放量占江苏省入海河流污染排放总量的比例。排名前五的河流分别为射阳河、临洪河、灌河、新洋港口和小洋口外闸。5 条河流年排污量的占比之和达到了 70%左右，最大的射阳河占比达到了约 20%。利民河、斗东港入海口、中山河、大丰河、梁剁北河和梁剁南河的污染排放量较小。

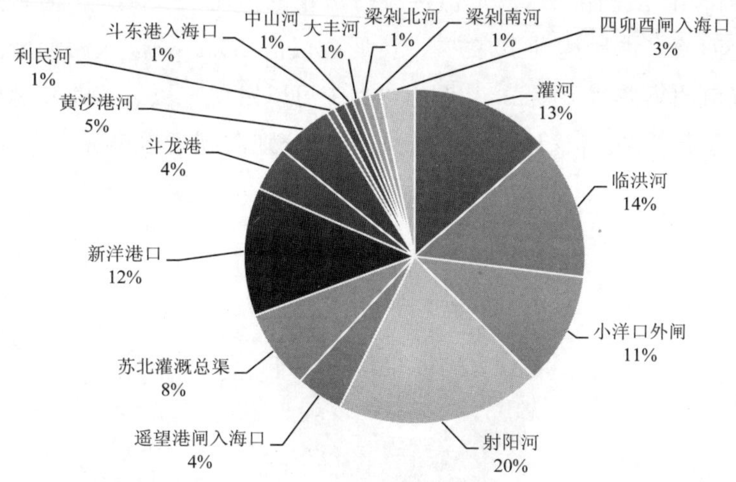

图 1-21 2017 年江苏不同入海河流污染排放量的占比

数据来源：《2017 年东海区海洋环境公报》。

虽然从总量上看，射阳河排放量占比为第一，但将不同污染占比加总后，灌河的占比为第一，而射阳河排第二（图 1-22）。2017 年，江苏入海河流 COD 排放占比最高的河流为射阳河，占比为 19.59%。总磷排放占比最高的河流为灌河，占比为 19.34%。氨氮、油类、重金属和砷排放占比最高的均是灌河，具体占比分别为 28.23%、36.06%、36.90%和 24.58%。

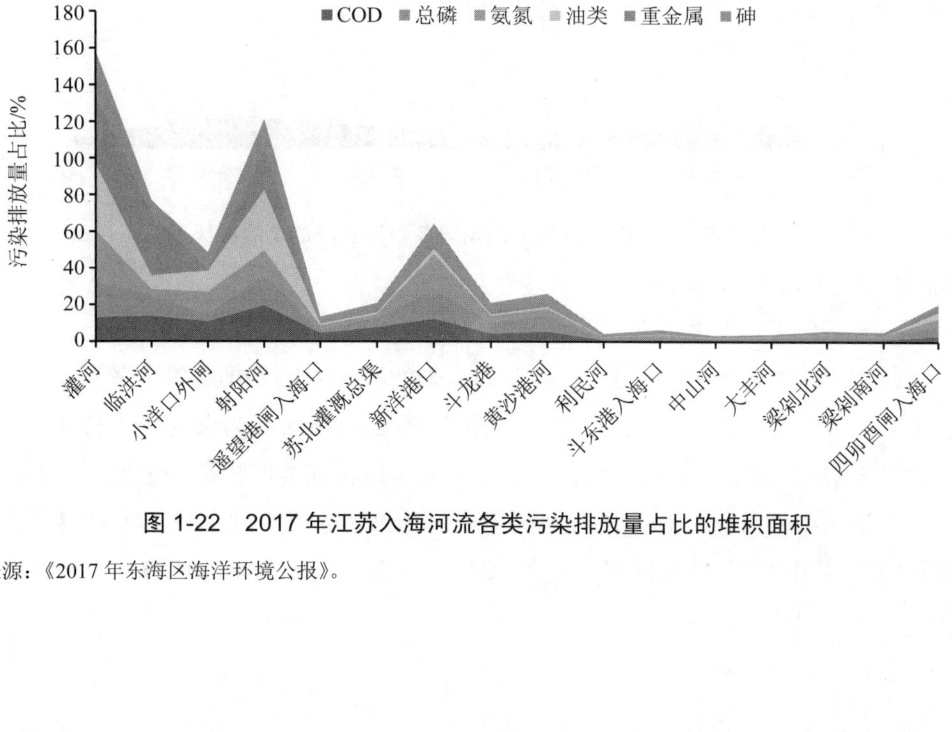

图 1-22 2017 年江苏入海河流各类污染排放量占比的堆积面积

数据来源：《2017 年东海区海洋环境公报》。

图 1-23 为 2017 年上海两条入海河流污染排放量的占比。长江为上海近岸海域污染排放量最大的入海河流，占比达到了 97%，黄浦江仅占 3%。长江入海河流的高污染物排放是长江沿线城市的集体“贡献”。从图 1-24 中可以发现，虽然黄浦江总污染排放量只占到了 3%，但总磷、重金属和油类的占比较高，分别占到了 8.66%、9.76%和 6.15%。

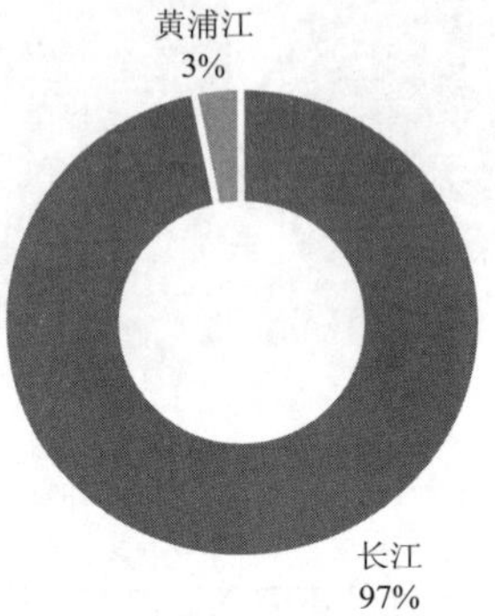

图 1-23　2017 年上海不同入海河流污染排放量的占比

数据来源：《2017 年东海区海洋环境公报》。

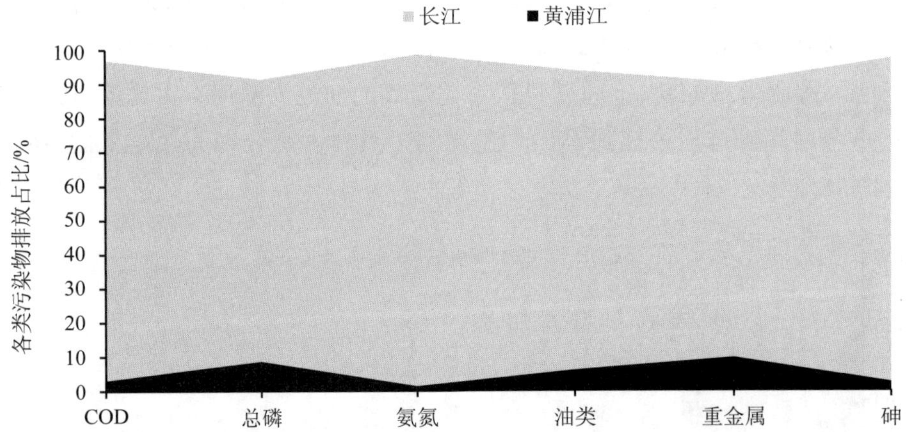

图 1-24　2017 年上海入海河流各类污染排放量的占比

数据来源：《2017 年东海区海洋环境公报》。

图 1-25 为 2017 年浙江不同入海河流污染排放量的占比。2017 年，浙江污染排放最大的是瓯江，占比为 44%；其次是钱塘江，占比为 25%；再次为淑江、飞云江、甬江和鳌江，占比分别为 13%、10%、6%和 2%。不过，与江苏类似的是，虽然瓯江总量占比最大，但各类污染物占比之和却是钱塘江更高。甬江、淑江、飞云江和鳌江各类污染物占比之和较小（图 1-26）。从污染严重性来看，因为不同污染物对环境的影响存在差异，

各类污染物占比之和更能反映河流污染的严重性，因此，浙江近岸海域污染最为严重的河流当属钱塘江。

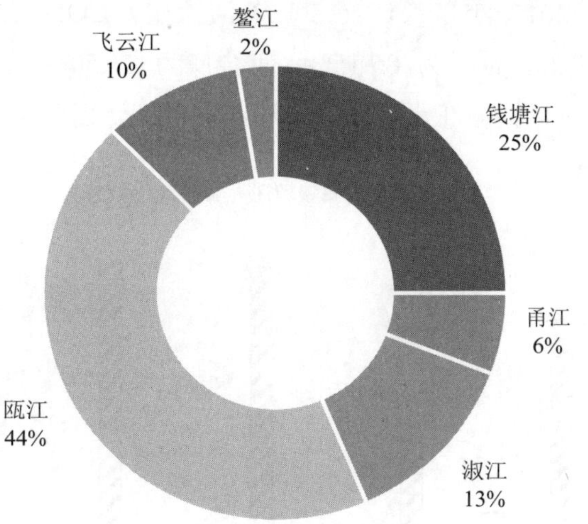

图 1-25　2017 年浙江不同入海河流污染排放量的占比

数据来源：《2017 年东海区海洋环境公报》。

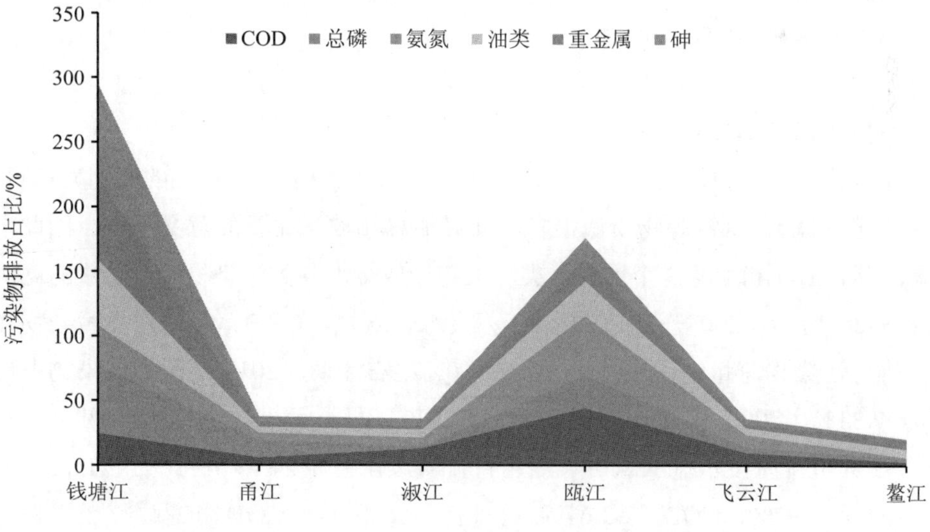

图 1-26　2017 年浙江入海河流各类污染排放量的占比

数据来源：《2017 年东海区海洋环境公报》。

以 2017 年数据为例，图 1-28 展示了长三角 24 条重要入海河流污染的贡献。可以明显看出，在 COD、总磷、氨氮、油类、重金属和砷这六类污染物中，长江的排放量都远大于其他河流。2017 年，长江在 24 条河流中，COD 占比为 69.75%，总磷为 49.56%，氨氮为 84.57%，油类为 85.15%，重金属为 71.50%，砷为 88.83%。其他需要重点关注的污染河流包括钱塘江、瓯江、黄浦江、淑江、射阳河、临洪河、灌河等。

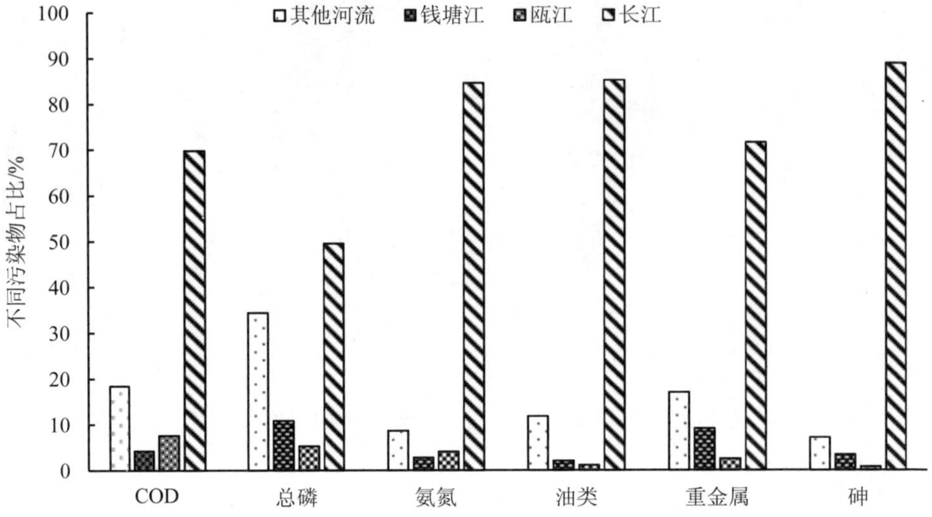

图 1-27　2017 年长三角入海河流各类污染排放量的占比

数据来源：《2017 年东海区海洋环境公报》。

1.2.2.2　直排海污染的比较

因为在直排海污染中，废水排放量比重过大（每年大概占据 99%的比例），而且废水的污染性要比 COD、氨氮等物质低很多，计算加总排放量比重的意义不大。因此，本节主要考虑江苏、浙江和上海 3 个地区各类污染物排放量占各类污染物排放总量的比例。

如图 1-28 所示，2008—2018 年，江苏废水、氨氮、COD、总磷四类污染物在整个长三角直排海污染物总量中占比并不大，在 10%左右浮动。2012 年四类污染物占比总和最低，为 7.31%，2009 年占比最高，为 16.20%。四类污染物占比大小相当，2008—2018 年，江苏直排海废水排放量占长三角直排海废水总量的平均占比为 2.15%，氨氮为 2.84%，总磷为 2.97%，COD 为 3.61%。在趋势上，废水、COD 和总磷比较平稳，但氨氮占比有所升高。

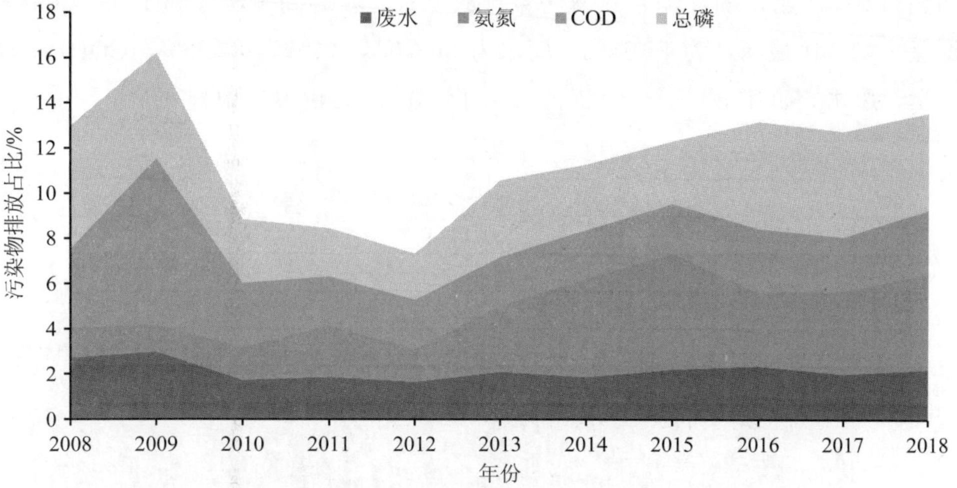

图 1-28　2008—2018 年江苏直排海各类污染排放量占比的堆积面积

数据来源：2008—2016 年“中国近岸海域环境质量公报”和 2017—2018 年“中国海洋生态环境状况公报”。

如图 1-29 所示，上海废水、氨氮、COD、总磷四类污染物在整个长三角直排海污染总量中的占比要高于江苏。2008—2018 年，总磷平均占比最高，为 15.98%，废水为 10.49%，氨氮为 10.48%，COD 为 7.69%。在趋势上，废水、COD 和氨氮比较平稳，但总磷波动较大。

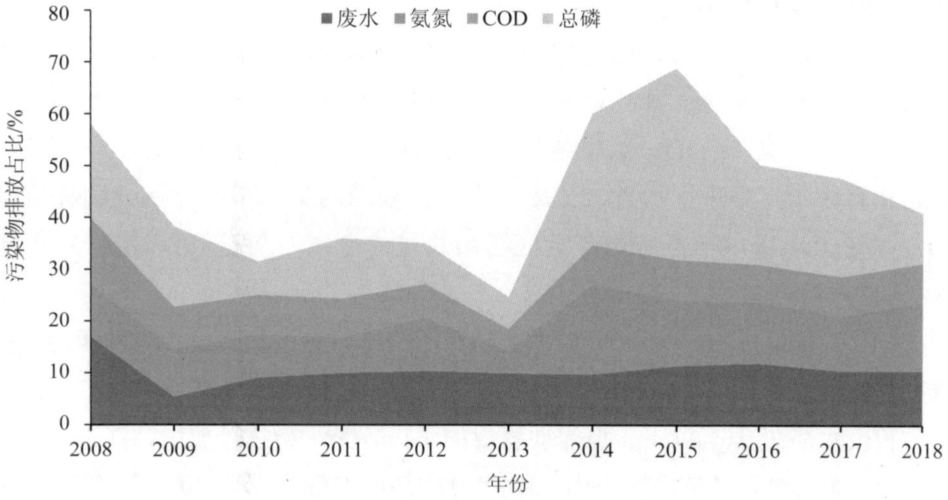

图 1-29　2008—2018 年上海直排海中各类污染排放量占比的堆积面积

数据来源：2008—2016 年“中国近岸海域环境质量公报”和 2017—2018 年“中国海洋生态环境状况公报”。

如图 1-31 所示，浙江的直排海污染排放量占比要远高于江苏和上海。2008—2018 年，氨氮平均占比最高，为 89.34%，废水为 86.67%，总磷为 87.35%，COD 为 80.40%。在趋势上，废水、COD 和氨氮占比较平稳，但总磷占比较为平稳。

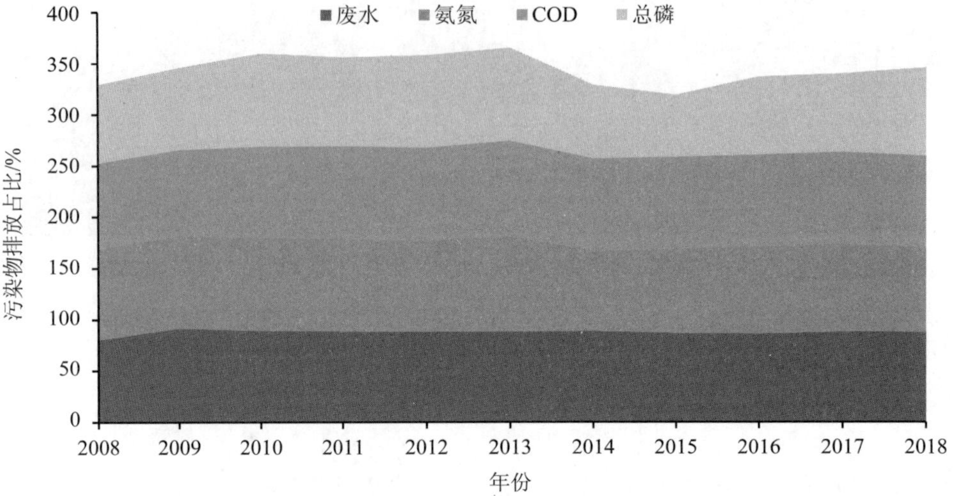

图 1-30　2008—2018 年浙江直排海各类污染排放量占比的堆积面积

数据来源：2008—2016 年“中国近岸海域环境质量公报”和 2017—2018 年“中国海洋生态环境状况公报”。

1.2.2.3　陆源污染总量的比较

由上述分析可知，上海近岸海域是长三角入海河流污染最严重的地区，长江污染排放量占所有入海河流污染排放总量的 70%左右。而浙江是长三角直排海污染最严重的地区，废水、氨氮、COD、总磷各类污染物的比例都达到了 80%以上。本节将入海河流污染和直排海污染进行加总，比较各个地区陆源污染总量的比例。同样，因为废水的排放量过大，所以不再考虑各地区污染总量的占比，而是分别计算 3 个地区对不同污染物的贡献比重。

图 1-31 为 2014—2017 年江苏省各类陆源污染排放量占长三角各类陆源污染排放总量的比重。整体来看，江苏各类陆源污染占比不大，除总磷和氨氮外，COD、油类、重金属、砷和废水都在 10%以下。但需要警惕的是，各类污染物排放中，江苏占比有上升趋势。最为明显的是，总磷占比已由 2014 年的 4.70%快速上涨到 2017 年的 24.87%。

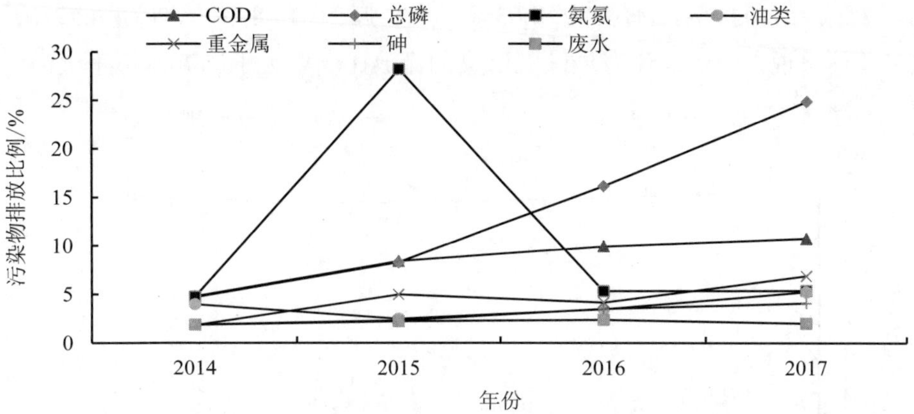

图 1-31　2014—2017 年江苏省各类陆源污染排放量占长三角各类陆源污染排放总量的比重

数据来源：2014—2017 年“东海区海洋环境公报”。

由图 1-32 可知，2017 年，上海 COD 排放量占长三角陆源污染排放总量的比重为 71.45%，总磷为 53.97%，氨氮为 84.55%，油类为 90.73%，重金属为 79.24%，砷为 91.15%，废水为 10.41%。各类污染物中，除废水外，上海近岸海域污染物排放量所占比重都远超过江苏和浙江。从数据来看，长三角苏、浙、沪三省（市）中上海沿海水环境质量最为糟糕，这依然与长江的输入性污染密不可分，事实上通过污水处理厂治理后的排放状况上海是最好的。

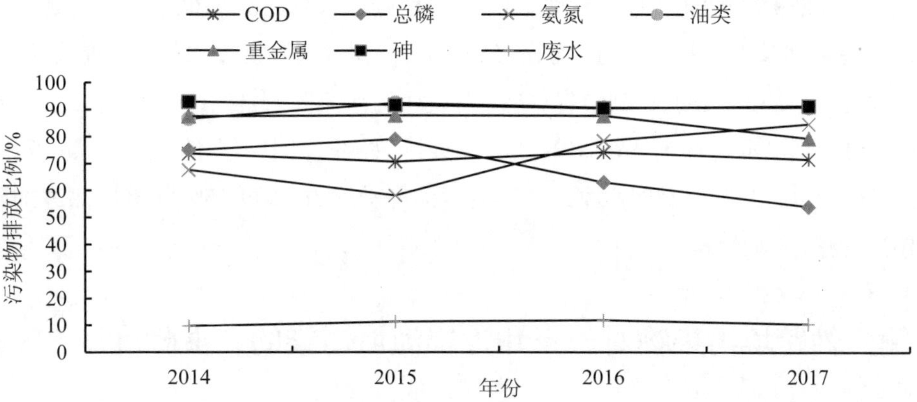

图 1-32　2014—2017 年上海市各类陆源污染排放量占长三角各类陆源污染排放总量的比重

数据来源：2014—2017 年“东海区海洋环境公报”。

由图 1-33 可知，浙江是长三角废水排放最严重的地区，常年占比在 80%以上。2017 年，浙江省 COD 排放量占长三角陆源污染排放总量的比重为 17.79%，总磷为

21.15%，氨氮为 10.08%，油类为 4.03%，重金属为 13.87%，砷为 4.77%，废水为 87.58%。总体来说，浙江近岸海域陆源污染的排放比例要大于江苏而小于上海。

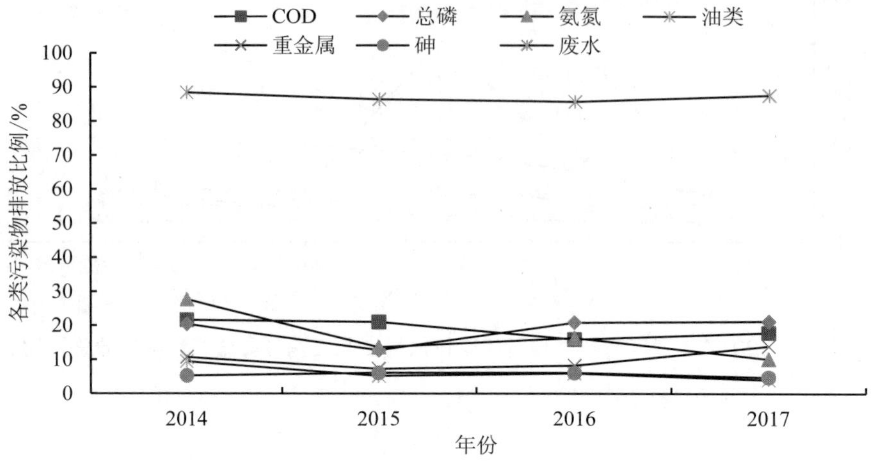

图 1-33　2014—2017 年浙江省陆源污染占长三角比重

数据来源：2014—2017 年“东海区海洋环境公报”。

从以上分析来看，长三角近岸海域的海源污染、大气污染都已得到逐步控制，污染排放量呈下降趋势。陆源污染中直排海污染的情况已有所改善，危害较大的排污口已基本取缔。直排海污染中，浙江的占比最大，占到了 80%以上，其次为上海和江苏。陆源污染中，入海河流污染仍然严重，且没有明显的下降趋势。入海河流污染中，上海近岸海域排放量最大，各类污染物排放量占比均在 50%以上，浙江排第二，江苏排放量最小，除 COD 外，其他污染物占比低于 1%。需要重点关注的河流为长江、钱塘江、瓯江、黄浦江、淑江、射阳河、临洪河、灌河等。总的陆源污染排放量占比中，上海占比最高，污染物排放平均占比在 75%左右；浙江排第二，各类污染物平均占比在 15%以上；江苏的比重最小，在 10%左右。

1.3　输入性跨境污染物对长三角近岸海域污染的“贡献度”

长三角近岸海域的污染来源是多方面的，既有沿海城市的排放，又有陆地城市的跨境输入。在输入性跨境污染物的运输中，入海河流充当了主要的角色。根据“谁损害，谁补偿；谁受损，谁受偿”的原则，海洋环境治理的前提就是要厘清海洋生态损害之间的主体关系，继而通过行政、法律等手段将环境污染的负外部性内生化。因此，长三角近岸海域环境的治理除了依靠沿海地区，还要明确输入性跨境污染城市的污染责任。本节的目的在于识别和分析长三角近岸海域入海河流沿岸城市输入性跨境污染的贡献。

1.3.1　输入性跨境污染城市的识别和分类

输入性跨境污染源包括两类：大气污染和陆源污染。其中，以入海河流为代表的陆源污染是最主要的跨境污染来源。入海河流的污染排放量要远大于直排海污染。要想分析输入性跨境污染物对入海河流污染的贡献度，首先需要识别出具体的输入性跨境污染城市。由上节可知，上海的入海河流主要有 2 条，浙江主要有 6 条，江苏主要有 16 条。因此，可以通过卫星地图来追踪这些河流的流经城市，而识别输入性跨境污染城市。另外，因为江苏很多河流的污染排放量较小，本节只考虑苏北灌溉总渠、小洋口外闸、新洋港口、灌河、临洪河、射阳河这 6 条污染占比较大的河流。2017 年，这 14 条河流入海河流污染排放量的占比达到了 97%，具有很强的代表性。14 条入海河流的主要流经城市见表 1-11。14 条河流总共流经了 40 个城市，长江流经城市最多，达到了 25 个，其次是钱塘江，沿线城市主要有 7 个，灌河和临洪河分别经过 3 个城市。这些城市分布在四川、贵州、重庆、湖南、湖北、江西、安徽、江苏、山东、上海、浙江 11 个省（市）。由此可见，长三角近岸海域的污染来源城市非常广泛，这可能也是长三角近岸海域污染如此严重的原因。

表 1-11　长三角近岸海域入海河流的主要流经城市

近岸海域	入海河流	主要流经城市
浙江	甬江	宁波
	飞云江	温州
	钱塘江	杭州、绍兴、衢州、金华、丽水、嘉兴、黄山
	淑江	台州
	瓯江	丽水、温州
	鳌江	温州
江苏	苏北灌溉总渠	盐城、淮安
	小洋口外闸	南通
	新洋港口	盐城
	灌河	淮安、盐城、连云港
	临洪河	连云港、临沂、日照
	射阳河	盐城
上海	黄浦江	上海
	长江	攀枝花、宜宾、泸州、重庆、宜昌、荆州、岳阳、咸宁、鄂州、武汉、黄冈、黄石、九江、安庆、池州、铜陵、芜湖、马鞍山、南京、镇江、扬州、泰州、江阴、南通、上海

数据来源：根据卫星地图自制。因为舟山没有入海河流，这里不考虑。

有两种思路评估这些城市对长三角近岸海域污染的贡献度：①不考虑河流的净化能力和各个城市与入海口的距离，直接按照污染的排放量来计算。这种思路源于污染源头管理的思想。虽然不同城市因为地理位置的差异，相同污染排放量对海洋环境的最终损害有所差异，但从污染行为本身来看，不同位置的河流污染排放并无差异。②考虑不同城市污染排放对海洋环境质量最终的影响。这种思路的操作难度很大，因为河流污染非常复杂，很难计算最终入海的污染量。这里采用一种简化的思路，分别考虑沿海城市和内陆城市两种类型。一般来说，因为沿海城市更靠近海洋，相同污染物排放量对海洋环境质量造成的影响更大。另外，对于长江来说，因为其里程较长，在将流经城市分为内陆和沿海城市后，进一步将内陆城市划分为长江上游城市、长江中游城市和长江下游城市。表 1-12 为江苏、上海、浙江 3 个地区入海河流流经城市的分类。

表 1-12　长三角近岸海域入海河流流经城市分类

近岸海域	沿海城市	内陆城市
江苏	南通、盐城、连云港	淮安、临沂、日照
浙江	嘉兴、台州、温州、宁波	杭州、绍兴、衢州、金华、丽水、黄山
上海	上海、南通	上游（攀枝花、宜宾、泸州、重庆、宜昌）、中游（荆州、岳阳、咸宁、鄂州、武汉、黄冈、黄石、九江）、下游（安庆、池州、铜陵、芜湖、马鞍山、南京、镇江、扬州、泰州、江阴）

为了对这些城市有初步了解，表 1-13 给出了 2017 年这些城市的 GDP。在这些城市中，上海的 GDP 远超其他城市，达到了 3 万亿元以上，经济发展水平靠后的为湖北的鄂州市以及安徽的黄山市和池州市，2017 年 GDP 不到 1 000 亿元。GDP 破万亿元的城市有 5 个，分别为上海、重庆、武汉、杭州与南京。整体来说，大多数城市 GDP 规模都在 2 000 亿元以上，经济发展水平较高。

表 1-13　2017 年长三角近岸海域入海河流的主要流经城市 GDP　　单位：亿元

城市	GDP	城市	GDP	城市	GDP	城市	GDP
上海	30 133.9	扬州	5 064.9	岳阳	3 258.03	泸州	1 596.2
重庆	19 500.3	泰州	4 744.5	芜湖	3 065.5	黄石	1 479
武汉	13 400	台州	4 388.2	连云港	2 640.3	衢州	1 380
杭州	12 556.2	嘉兴	4 355.2	九江	2 413.63	丽水	1 298.2
南京	11 715.1	临沂	4 345.4	日照	2 016.7	咸宁	1 235
宁波	9 846.9	镇江	4 105.4	荆州	1 922.2	铜陵	1 164
南通	7 734.6	金华	3 870.2	黄冈	1 921.8	攀枝花	1 144.3
温州	5 453.2	宜昌	3 857	宜宾	1 847.2	鄂州	906
绍兴	5 108	江阴	3 488.3	马鞍山	1 738.1	池州	654.1
盐城	5 082.7	淮安	3 387.4	安庆	1 708.6	黄山	645.8

数据来源：《中国城市统计年鉴 2018》。

1.3.2　长三角近岸海域入海河流沿线城市污染排放的贡献度

由上文可知，入海河流污染源主要有三类：综合性污染源（工业和生活混合）、生活污染源和工业污染源。而就具体的污染物来说，COD 和氨氮的排放量最大。因此，本节主要以各城市 2017 年 COD 和氨氮排放量来计算其对入海河流污染的贡献度①。各城市 2017 年 COD 和氨氮的排放量见表 1-14。COD 排放量排名前五的城市分别是重庆、荆州、上海、岳阳和临沂，排名后五的城市分别是池州、台州、攀枝花、江阴和黄山。直观上，污染的排放量并不是完全和 GDP 对应的。例如，GDP 最高的上海却不是污染最严重的城市。经过曲线拟合（图 1-34），发现倒“U”形曲线更能反映污染排放和 GDP 之间的关系。氨氮的倒“U”形曲线更为明显，而大多数城市的 COD 排放都在拐点的左侧，污染治理的力度仍需加大。

表 1-14　2017 年长三角近岸海域入海河流的主要流经城市 COD 和氨氮排放量　单位：t

城市	COD	氨氮	城市	COD	氨氮	城市	COD	氨氮
重庆	252 700	3 490	泰州	60 946	6 968	黄石	28 220	4 005
荆州	145 608	12 552	黄冈	59 589	6 821	嘉兴	25 336	6 091
上海	141 800	3 700	绍兴	58 540	7 331	金华	23 471	4 573
岳阳	141 480	22 680	泸州	56 597	5 880	铜陵	23 324	2 403
临沂	138 590	14 753	杭州	56 350	8 111	鄂州	22 527	2 345
盐城	110 600	13 800	安庆	48 900	6 200	马鞍山	22 525	1 757
温州	97 567	12 739	咸宁	48 864	4 896	衢州	19 294	3 288
南京	93 467	10 489	丽水	48 279	3 239	池州	19 116	2 129
南通	93 300	14 600	宜宾	45 757	6 426	台州	18 500	1 500
连云港	90 500	9 400	芜湖	45 465	5 677	攀枝花	15 696	1 912
扬州	71 888	7 301.9	九江	43 679	6 114	江阴	11 900	900
武汉	68 854	13 416	日照	41 928	3 439	黄山	11 396	1 335
宜昌	66 070.83	10 169.67	镇江	36 525	4 375			
淮安	64 700	8 360	宁波	32 573	8 900			

注：浙江省内城市数据来源为《浙江省自然资源与环境统计年鉴 2018》；九江市数据来自《2018 年江西省环境统计年报》；重庆、上海、武汉、南京数据来自《中国统计年鉴 2018》；南通、连云港、扬州、黄山来自各城市的 2018 年环境质量公报；其他城市的数据由各城市“十三五”节能减排工作方案及 2016 年和 2017 年主要水污染物总量减排自查报告推算而得。自查报告不可得的城市直接用“十三五”节能减排工作方案中的年度减排率推算。

① 这里假设河流污染程度和城市 COD 和氨氮排放量呈正相关。

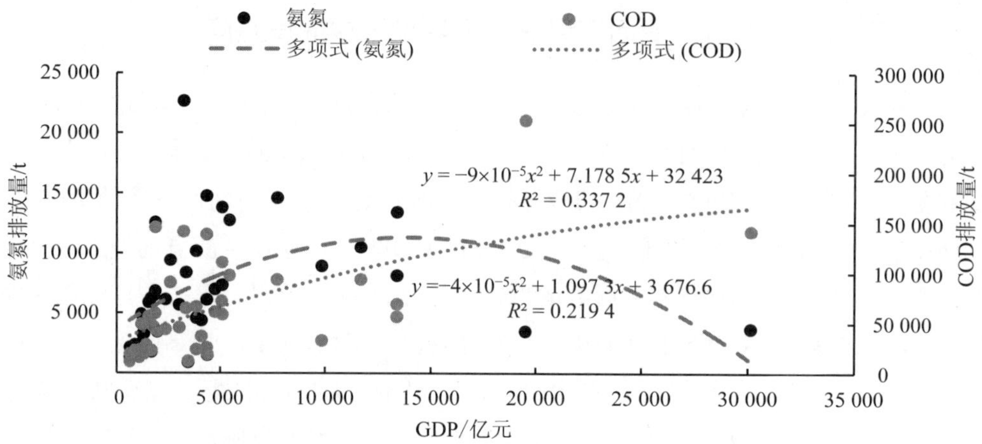

图 1-34　2017 年 COD 和氨氮排放量与 GDP 曲线拟合

1.3.2.1　不区分内陆城市和沿海城市

首先考虑不区分内陆城市和沿海城市的情况。表 1-15 为将所有城市考虑在内的结果。从结果来看，重庆 COD 和氨氮的排放量的比重最大，占比为 9.23%，要远超其他城市。占比在 5%以上的其他城市为荆州、上海、岳阳和临沂。在 1%以下的城市有 9 个，分别为铜陵、鄂州、马鞍山、衢州、池州、台州、攀枝花、江阴和黄山。大多数城市在 1%～3%。

表 1-15　2017 年长三角入海河流污染排放总量的各城市比重

单位：%

城市	COD	氨氮	COD+氨氮	城市	COD	氨氮	COD+氨氮	城市	COD	氨氮	COD+氨氮
重庆	10.10	1.27	9.23	泰州	2.44	2.54	2.45	黄石	1.13	1.46	1.16
荆州	5.82	4.58	5.70	黄冈	2.38	2.49	2.39	嘉兴	1.01	2.22	1.13
上海	5.67	1.35	5.24	绍兴	2.34	2.67	2.37	金华	0.94	1.67	1.01
岳阳	5.65	8.28	5.91	泸州	2.26	2.15	2.25	铜陵	0.93	0.88	0.93
临沂	5.54	5.38	5.52	杭州	2.25	2.96	2.32	鄂州	0.90	0.86	0.90
盐城	4.42	5.04	4.48	安庆	1.95	2.26	1.98	马鞍山	0.90	0.64	0.87
温州	3.90	4.65	3.97	咸宁	1.95	1.79	1.94	衢州	0.77	1.20	0.81
南京	3.74	3.83	3.74	丽水	1.93	1.18	1.86	池州	0.76	0.78	0.77
南通	3.73	5.33	3.89	宜宾	1.83	2.34	1.88	台州	0.74	0.55	0.72
连云港	3.62	3.43	3.60	芜湖	1.82	2.07	1.84	攀枝花	0.63	0.70	0.63
扬州	2.87	2.66	2.85	九江	1.75	2.23	1.79	江阴	0.48	0.33	0.46
武汉	2.75	4.90	2.96	日照	1.68	1.25	1.63	黄山	0.46	0.49	0.46
宜昌	2.64	3.71	2.75	镇江	1.46	1.60	1.47				
淮安	2.59	3.05	2.63	宁波	1.30	3.25	1.49				

从具体分类来看，上海、温州、宁波、嘉兴、台州、连云港、南通、盐城 8 个沿海城市[①]COD 和氨氮排放量占比之和分别为 24.39%和 26.05%，输入性内陆城市为 75.48%。江阴、南通和上海 3 个长江口城市[②]COD 和氨氮排放量占比之和为 9.59%，杭州、绍兴、嘉兴、宁波 4 个入海河流排放严重的杭州湾城市 COD 和氨氮排放量合计占比为 7.31%。长江口和杭州湾所属 7 个城市的 COD 和氨氮排放量占比之和为 16.9%，虽然从排放量上看比重不大，但这些城市距离入海口最近，单位排放量的污染性要更大，因此仍需要重点防控。

表 1-16 为 2017 年江苏近岸海域入海河流主要沿线城市污染排放的比重。COD 和氨氮排放占比最大的城市均是临沂，分别为 25.68%和 22.93%。3 个沿海城市盐城、南通和连云港的占比紧随其后，而淮安和日照占比较小。从地理位置上看，两个城市对海洋造成的直接损害也相对较小。江苏近岸海域的污染仍要很大程度地归咎于沿海城市的污染排放。

表 1-16 2017 年江苏近岸海域入海河流沿线城市污染排放占比 单位：%

城市	COD	氨氮	COD+氨氮
南通	17.29	22.69	17.87
连云港	16.77	14.61	16.54
盐城	20.50	21.44	20.60
临沂	25.68	22.93	25.39
淮安	11.99	12.99	12.10
日照	7.77	5.34	7.51

浙江省近岸海域入海河流主要有 10 个沿线城市。如表 1-17 所示，2017 年，温州 COD 和氨氮排放量总计占比最高，达到了 24.60%，远超其他城市，排第一梯队。第二梯队的城市为杭州、绍兴和丽水，污染排放量总计占比都在 11%以上。第三梯队为嘉兴、金华、宁波、衢州和黄山，占比都在 10%以下。因此，浙江省近岸海域的污染要很大程度地归咎于沿海城市和杭州湾内陆城市。

如表 1-18 所示，上海近岸海域入海河流沿线城市中，重庆 COD 和氨氮的排放量总计占比最高，达到了 13.98%。其次是岳阳和荆州，上海排在第四位，占比为 7.94%。江阴和攀枝花两个城市的占比都要小于 1%。从数据来看，虽然上海是最直接的排海城市，但上海近岸海域的污染排放更多是长江沿线的内陆城市引起的。

① 这里没有包括舟山。

② 这里采用比较常见的考虑，将江阴也作为长江口城市。

表 1-17　2017 年浙江近岸海域入海河流沿线城市污染排放占比　　单位：%

城市	COD	氨氮	COD+氨氮
嘉兴	6.47	10.67	7.01
金华	6.00	8.01	6.25
丽水	12.34	5.67	11.49
宁波	8.32	15.58	9.25
绍兴	14.96	12.84	14.69
杭州	14.40	14.20	14.38
黄山	2.91	2.34	2.84
台州	4.73	2.63	4.46
温州	24.93	22.31	24.60
衢州	4.93	5.76	5.04

表 1-18　2017 年上海近岸海域入海河流沿线城市污染排放比重　　单位：%

城市	COD	氨氮	COD+氨氮	城市	COD	氨氮	COD+氨氮
重庆	15.18	2.09	13.98	宜宾	2.75	3.84	2.85
荆州	8.75	7.51	8.63	芜湖	2.73	3.40	2.79
上海	8.52	2.21	7.94	九江	2.62	3.66	2.72
岳阳	8.50	13.56	8.96	镇江	2.19	2.62	2.23
南京	5.61	6.27	5.67	黄石	1.70	2.40	1.76
扬州	4.32	4.37	4.32	铜陵	1.40	1.44	1.40
武汉	4.14	8.02	4.49	鄂州	1.35	1.40	1.36
宜昌	3.97	6.08	4.16	马鞍山	1.35	1.05	1.33
泰州	3.66	4.17	3.71	池州	1.15	1.27	1.16
黄冈	3.58	4.08	3.63	攀枝花	0.94	1.14	0.96
泸州	3.40	3.52	3.41	江阴	0.71	0.54	0.70
安庆	2.94	3.71	3.01	南通	5.60	8.73	5.89
咸宁	2.94	2.93	2.93				

1.3.2.2　区分内陆城市和沿海城市

本节考虑区分内陆城市和沿海城市的情况。如表 1-19 所示，江苏沿海城市中，盐城 COD 和氨氮排放量总计占比为 37.45%，南通为 32.48%，而连云港为 30.07%，3 个沿海城市的排污量基本相当。在内陆城市中，无论是 COD 还是氨氮，临沂的排放占比均最高，总计占比达到了 56.42%。淮安和日照 COD 和氨氮的总计占比分别为 26.88%和 16.69%。因此，从输入性跨境污染源来看，临沂对江苏近岸海域环境的污染最为严重。

表 1-19　2017 年江苏近岸海域入海河流沿线内陆和沿海城市污染排放占比　单位：%

	城市	COD	氨氮	COD+氨氮
沿海城市	南通	31.69	38.62	32.48
	连云港	30.74	24.87	30.07
	盐城	37.57	36.51	37.45
内陆城市	临沂	56.52	55.56	56.42
	淮安	26.38	31.49	26.88
	日照	17.10	12.95	16.69

从表 1-20 中可以看出，2017 年浙江沿海城市中，温州 COD 和氨氮排放量总计占比最高，达到了 54.28%，宁波为 20.41%，嘉兴为 15.47%，台州污染排放最少，占比仅为 9.84%。在内陆城市中，绍兴和杭州 COD 和氨氮的排放量总计占比相当，分别为 26.86% 和 26.29%。其他城市中，丽水达到了 21.01%，金华为 11.44%，衢州为 9.21%，黄山仅为 5.19%。而且从地理位置上看，黄山与浙江近岸海域的距离也最远，因此影响比较小。浙江近岸海域输入性跨境污染的治理重点需放在杭州、绍兴和丽水 3 个城市上。

表 1-20　2017 年浙江近岸海域入海河流沿线内陆和沿海城市污染排放占比　单位：%

	城市	COD	氨氮	COD+氨氮
沿海城市	宁波	18.72	30.45	20.41
	台州	10.63	5.13	9.84
	温州	56.08	43.58	54.28
	嘉兴	14.56	20.84	15.47
内陆城市	金华	10.80	16.40	11.44
	丽水	22.21	11.62	21.01
	绍兴	26.94	26.30	26.86
	杭州	25.93	29.10	26.29
	黄山	5.24	4.79	5.19
	衢州	8.88	11.79	9.21

黄浦江属于上海内河，因此上海近岸海域的输入性跨境污染主要来自长江。因为长江的里程较长，为更精确地区分各城市的差异，将其划分为长江上游城市、中游城市和下游城市。

如表 1-21 所示，2017 年长江上游城市中，重庆 COD 和氨氮排放量总计占比最高，达到了 55.13%，宜昌为 16.41%，泸州为 13.44%，宜宾为 11.23%，攀枝花的占比最小，仅为 3.79%。在长江中游城市中，荆州和岳阳的排放占比较高，分别为 25.04%和

25.99%，占比在 10%以下的城市主要有咸宁、鄂州、黄石和九江。长江下游城市中，南京的排放量总计占比最高，为 21.56%，其他占比在 10%以上的城市主要有扬州、泰州、安庆、芜湖，占比在 10%以下的城市有镇江、铜陵、马鞍山、池州和江阴。沿海城市中，上海 COD 和氨氮排放量总计占比为 57.42%，而南通为 42.58%，两者比重基本相当。另外，上海主要污染物为 COD，而南通主要为氨氮。从距离上看，长江下游城市对上海近岸海域环境质量的危害最大，江苏的南京、扬州需要重点治理。当然，上游、中游城市中，重庆、荆州及岳阳等入海排放量占比较大的城市也需要从源头上治理。

表 1-21 2017 年上海近岸海域入海河流沿线内陆和沿海城市污染排放占比 单位：%

	城市	COD	氨氮	COD+氨氮
长江上游	攀枝花	3.59	6.86	3.79
	宜宾	10.48	23.05	11.23
	泸州	12.96	21.09	13.44
	重庆	57.85	12.52	55.13
	宜昌	15.13	36.48	16.41
长江中游	荆州	26.06	17.23	25.04
	岳阳	25.32	31.14	25.99
	咸宁	8.74	6.72	8.51
	鄂州	4.03	3.22	3.94
	武汉	12.32	18.42	13.02
	黄冈	10.66	9.37	10.51
	黄石	5.05	5.50	5.10
	九江	7.82	8.39	7.88
长江下游	南京	21.53	21.76	21.56
	扬州	16.56	15.15	16.42
	泰州	14.04	14.46	14.08
	安庆	11.27	12.86	11.43
	芜湖	10.47	11.78	10.60
	镇江	8.41	9.08	8.48
	铜陵	5.37	4.99	5.33
	马鞍山	5.19	3.65	5.04
	池州	4.40	4.42	4.41
	江阴	2.74	1.87	2.65
沿海城市	南通	39.69	79.78	42.58
	上海	60.31	20.22	57.42

因此，从以上分析来看，江苏近岸海域污染仍要很大程度地归咎于山东临沂和沿海城市的污染排放，江苏内陆城市责任较小。而浙江近岸海域的污染则要归咎于沿海

城市和杭州湾地区，黄山、衢州贡献较小。上海近岸海域的污染除了自身的排放外，还要归咎于输入性跨境城市的污染，尤其是长江上游的重庆，中游的荆州以及下游的南京、扬州以及南通等地。

1.4　长三角近岸海域环境污染的成因剖析

长三角近岸海域环境污染既有一些普适性的成因，又有一些特殊性的成因。从普适性的成因来看，人类活动是海域环境污染的源泉，长三角海域特别突出的环境污染问题的产生离不开相关利益主体的破坏，滨海城市、沿海城市和沿江城市等集中过度排放是主因。从特殊性的成因来看，高度发达的市场经济在环境治理政府失灵的情形下是一把“双刃剑”，在形成生态文明制度区域先发优势的同时也会产生严重的环境负效应。人类大部分的经济活动都在陆域范围内开展，因此近岸海域的环境污染问题在海上，根源却在陆上。

1.4.1　陆海分割，把海洋作为陆地的污染排放池

中华人民共和国成立以来，海洋经济对沿海地区经济发展的低贡献度限制了人们的想象，“七山一水两分田”被广泛地用来刻画浙江的资源禀赋，广袤的海洋被忽略。随着海洋经济的快速发展和“海上丝绸之路”的提出，沿海地区开始重新认识到海洋的重要意义，念好“山海经”成为所有沿海省（区、市）推进陆海统筹战略的根本方针。由于实践探索刚刚起步，理论指导相对匮乏，沿海地区经济发展和环境保护过程中的陆海分割现象依然突出。陆海分割是指陆域生态系统和海洋生态系统在经济发展过程中被人为地割裂开来。海洋环境治理的陆海分割是指海洋环境容量和陆域环境容量被人为分割而且海洋环境容量还往往被认为是无限的，有限的陆域环境容量面对“无限”的海域环境容量使得排海工程等人类经济活动成为陆海分割困境的极端典型。没有按照以海定陆原则系统地推进陆域总量减排是长三角近岸海域环境质量持续恶化的关键。当与水环境治理过程中典型的“条块分割”关联在一起时，长三角近岸海域环境污染的机制和体制性成因可以具体化为陆海分割与块块分割、条条分割、条块分割的耦合。

1.4.2　块块分割，缺乏流域城市水污染治理统筹规划

条块分割是很多国家和地区都存在的一个体制性问题，源于分权性制度安排，但也不是不可避免的。块块分割是条块分割关系的重要方面。长三角的块块分割从省际层面上看有上海、浙江、江苏和安徽 4 省（市），从城市层面来看有杭州、南京、合肥、苏

州、宁波等 40 个地级及以上城市和上海市，从是否滨海来看有连云港、盐城、南通、嘉兴、宁波、舟山、台州、温州和上海等滨海城市。省（市）地方政府竞争有利于经济转型，但市场分割会形成“行政区经济”，“晋升锦标赛”作为中国政府官员的激励模式是中国经济奇迹的重要根源但也埋下了冲突隐患。陆海统筹视角下近岸海域环境治理的块块分割困境与资源环境等要素市场的发育程度不高密切相关，长三角高度发达的市场经济却碰到了资源环境要素市场化的门槛。与此同时，水污染治理是长三角突破近岸海域环境治理块块分割的关键领域。围绕水环境治理目标、治理标准、治理体系、治理方式等一体化的实践探索滞后是太浦河及长三角水环境质量迟迟未得以改善的根本性原因。这一根本性原因可以推广至整个长江流域和长江经济带。

1.4.3 条条分割，缺乏环境经济部门在区域内的统筹

《中华人民共和国海洋环境保护法（2017 修正）》第五条明确规定，全国海洋环境保护相关工作所涉及的管理部门包括国务院环境保护行政主管部门、国家海洋行政主管部门、国家海事行政主管部门、国家渔业行政主管部门、军队环境保护部门、沿海县级以上地方人民政府。环境保护行政主管部门、海洋行政主管部门和其他行使海洋环境监督监管权的部门根据职责分工依法公开海洋环境相关信息。事实上还不止这些，我国有关法律赋予海洋、环保、水产、交通、地质、石油、公安、旅游等部门分别对海洋环境保护、资源开发、海上治安和交通安全方面行使管理权。多元的条状主体在近岸海域环境治理中表现得特别复杂，海洋是陆地污染的排放池，陆地上所有污染排放主体都是海洋环境治理的相关利益主体。2018 年国务院机构改革方案适当地解决了长期以来海洋环境管理的多主体格局的问题，自然资源部对外保留国家海洋局的牌子，国家海洋局的自然保护区、风景名胜区、自然遗产、地质公园等管理职责整合归国家林业和草原局，由自然资源部管理。国家海洋局的海洋环境保护职责整合归生态环境部。部门的调整势必带来权力的重新划分，但是海洋环境的“新账”和“老账”问题不会随着部门调整而自动抹平。追根溯源，以经济增长目标为重的部门和以环境质量目标为重的部门在不同区域不同时间段围绕经济与环境“双重红利”所采取的一系列举措能够极好地印证各部门在处理历史欠账上的努力，但依然任重道远。

1.4.4 条块分割，缺乏环境政策在区域间的统筹协调

块块分割和条条分割的杂糅会形成更为复杂的条块分割问题。不同地方政府采取了不同的环境治理标准或环境经济手段，不同部门在不同的地方因为地市领导人的绿色发展偏好差异以及部门领导人的能力强弱而具有不同的权力，这些问题在长三角不同地市

和不同部门相对普遍。在具体实践中，特定地区的“条”往往具有一个国家或地区在特定时间段上的烙印，能够显示出一个国家或地区在特定时间段上的特色；不同国家和地区的特色越明显，不同国家和地区的“条条分割”问题就越突出。以排污权交易为例，从平台来看，浙江有浙江省排污权交易中心，为浙江省生态环境厅所属公益一类事业单位；江苏有江苏省生态环境评估中心（江苏省排污权登记与交易管理中心），系江苏省生态环境厅直属单位；上海有上海环境能源交易所，是经上海市人民政府批准设立的全国首家环境能源类交易平台。从价格来看，江苏省确定的排污企业购买 COD 的初始价格：化工企业每吨定价为 1.05 万元，印染企业为 0.52 万元，造纸企业为 0.18 万元，酿造企业为 0.23 万元，其他企业为 0.45 万元；嘉兴市初始排污权实行有偿分配，新企业购买 COD 的价格为 8 万元/t，老企业的价格为 4.8 万元/t；在竞拍机制中，COD 的最高成交价达 36 万元。由此可见，块块分割显而易见，监管部门和行业价格由于块块分割也难以达到一致标准，生态环境部门在长三角各省（市）之间缺乏合作是近岸海域环境治理条块分割的具体体现。

第2章

长三角近岸海域陆源污染的减排原则

根据国家海洋局发布的《2017 年中国海洋环境状况公报》，我国陆源入海污染源有 9 600 余个，大量入海排污口设置不尽合理，陆源污染物占海洋污染物总量的比例接近 80%[①]。长三角具有漫长的海岸线，作为中国经济发展核心地区，环境污染问题相当严重，减缓陆源污染物对长三角近岸海域的污染控制，已经成为紧迫的任务。长三角近岸海域陆源污染的减排，核心是要坚持兼顾公平与效率的原则。公平和效率是任何跨区域污染物协同减排必须考虑的两个因素。长三角近岸海域陆源污染协同减排，最重要的是要实现一体化减排的有效性，因此，必须高度重视减排的效率问题。同时，也必须承认，区域内不同地区在经济发展水平、产业结构、人口规模等诸多方面仍然存在较大差异，因此，在减排过程中绝不能搞“一刀切”“齐步走”的策略，而是要充分考虑各地区的差异性，保证减排任务分配的公平性。本章将从公平和效率两个维度，对长三角各地区及各部门的减排任务分配原则进行探讨，明确公平和效率的基本内涵，提出公平和效率的基本衡量指标，并分别从城市和部门两个视角探讨公平和效率原则下污染物减排的分配指标，为后续章节研究提供总体性指导原则。

2.1 长三角近岸海域陆源污染减排的总体原则

2.1.1 长三角近岸海域陆源污染减排的公平性原则

2.1.1.1 公平性原则的定义及重要性

（1）公平性原则的定义。公平性原则的定义多是从主观意义上出发的，在公认的经济学范式中：存在多种评价公平性原则的标准。在不同的视角下，学者们对公平有着不

① http：//aoc.ouc.edu.cn/18/9c/c9828a202908/pagem.htm.

同的理解，从国家层面上，潘家华等[①]认为公平性原则是将有限的预算总额以人均的方式初始配额到每个地球村民，Rose[②]认为公平原则往往与分配公平相联系，樊纲等[③]将消费排放作为公平分配的指标；从区域层面上，乔晓楠等[④]认为公平性原则是指按照相同比例在各地区间进行平均分配，卞勇等[⑤]则将公平性原则定义为历史排放总量或者现状排放强度大的地区承担更多的减排任务；等等。可以看出，已有研究都认为，污染排放量的初始分配的公平性原则应当与分配公平相联系，即指各区域应当按照某些标准进行公平配额，但这些研究往往侧重国家间的人均公平，将人口数量纳入研究，而一国之内排污量在各区域以及各部门之间如何进行分配比较少见；同时少量文献在对区域间污染排放量分配公平指标设计时，往往只强调某一方面的公平性问题，缺乏系统性的评价指标。

（2）公平性原则的重要性

☞ 避免排污主体与政府进行合谋：这主要从理性经济人的角度进行考量，排污主体分配的排污量越多，在一定程度上意味着获得财产收益的可能性越大，这就会导致排污主体希望政府分配更多的排污量，若没有构建相应的分配公平制度，初始分配最终会成为政府与个别排污主体的合谋工具。

☞ 考虑各区域以及各部门间的差异性：由于排污量的初始分配是一场自上而下的活动，因此政府在很大程度上决定着初始分配各方权利的分配结果。这样一来，公平分配原则便对政府提出了更高的要求，不同于以前简单僵化的“一刀切”“齐步走”的策略，公平性原则要求政府在进行分配的时候要考虑各个排污主体的差异性，如地域、经济发展、支付能力及在减排努力方面的差异，同时还应当根据公平理念对不同的排污主体之间的排污份额进行适当的调整，最终关注结果意义上的“人人有份”。

因此，依据公平性原则对区域或部门间的排污量进行初始分配，应当充分体现分配公平下的“起点公平、过程公平及结果公平”，这就意味着不仅体现在人类利用资源上，还应体现在历史排放责任、现实发展阶段差异等方面，具体而言，应该包含人与人之间的“人际公平”、现实发展阶段的“能力公平”，包含历史、现状的“存量公平”及资

---

① 潘家华，陈迎. 碳预算方案：一个公平、可持续的国际气候制度框架[J]. 中国社会科学，2009（5）：83-98，206.

② Rose A. Reducing conflict in global warming policy：the potential of equity as a unifying principle[J]. Energy Policy，1990，18：927-935.

③ 樊纲，苏铭，曹静. 最终消费与碳减排责任的经济学分析[J]. 经济研究，2010，45（1）：4-14，64.

④ 乔晓楠，段小刚. 总量控制、区际排污指标分配与经济绩效[J]. 经济研究，2012，47（10）：121-133.

⑤ 卞勇，曾雪兰. 基于三部门划分的能源碳排放总量目标地区分解[J]. 中国人口·资源与环境，2019，29（10）：106-114.

源利用的“禀赋公平”。

2.1.1.2 公平性原则的衡量标准

公平性原则包含了人际公平、能力公平、存量公平及禀赋公平，这 4 种公平对应的分配标准分别为平均分配标准、支付能力与经济发展标准、历史排放责任标准以及禀赋标准。

（1）平均分配标准。该标准主要体现人际公平，即以人口比例作为排放权分配的基础，使得每个人享有污染以及免受污染的平等权利。这是公平性原则的本质性要求，就是实现人与人之间的公平，满足每个人衣、食、住、行、用等基本消费需求，承担一定的减排责任。该标准还涉及选定什么样的基准年份人口作为减排分配的基础，从某种意义来说，污染排放归根结底是源于人的消费需求，公平的减排分配方案不应鼓励通过人口增加获得更多的排放权，从而获取更少的减排责任，因此本书选取当代年末常住人口数量作为污染排放分配基础。常用的指标有人均污染排放量、人均累积污染排放量、年末常住人口数量、人均 GDP 等。

（2）支付能力标准。该标准主要体现能力公平，即指在污染减排方面，富裕的地区应当比贫穷的地区承担更多的减排责任，换言之，每个地区在维持其基本生活水平的能力上，应当按其个人能力大小承担相应的减排责任，也就是说，某地支付能力越高，所承担的减排越大，通常可以使用的指标有 GDP 总量、人均 GDP、城镇化率、人均可支配收入等指标按比例进行正向分配。例如，Rose①提出有更高支付能力的公司（人均 GDP）应当承担更多的经济责任，同样 Winkler 等②在 CO_2 排放分配问题上，认为也应当按支付能力标准，使用人均 GDP 进行公平配额。

（3）经济活动标准。该标准与支付能力标准一样，都是体现能力公平，但是不同于支付能力标准，该标准认为每个地方应当具有维持基本生活的能力，也就是说在考虑减排的同时，需要注意整体的生活水准，因为某区域分配的排污量越多，意味着可以进行较好的经济发展，若一味地让经济发达地区承担更多的减排的责任，则会使得整体经济表现不佳。从这一角度来说，该标准要求某地进行的经济活动越大时，所承担的减排责任越少，分配的污染排放数量也就越大。通常使用与支付能力标准相同的指标（GDP、人均 GDP、城镇化率、人均可支配收入等），但进行减排责任分摊的时候则是逆向进行。遗憾的是，现有的文献较少从这一角度出发，大部分倾向于按照支付能力标准进行公平

---

① Rose A. Reducing conflict in global warming policy：the potential of equity as a unifying principle[J]. Energy Policy，1990，18，927-935.

② Winkler H，Spalding-Fecher R，Tyani L. Comparing developing countries under potential carbon allocation schemes[J]. Climate Policy，2002，2：303-318.

配额，让发达的地区承担更多的减排责任，减缓贫困地区的发展压力。

（4）历史排放责任标准。该标准主要体现存量公平，考虑了不同世代人口之间分配的公平性，即将历史的排放责任包含进来，历史上排放较多的地区应当承担更多的责任，可以用包含历史以及现在的总累积排放量来进行衡量。长三角各个城市发展速度不一，有的城市较早进入工业化甚至进入后工业化时期，排放了大量污染物，而有的城市仍处于工业化的起步阶段，积累的社会财富较少，历史上排放的污染物也较少。若单单只考虑现在某个时点上流量公平，显然对于正在建设的城市而言公平性不足，因此，将历史排放责任包含进来，更具合理性。通常可以使用累积污染排放量或者人均累积污染排放量来进行衡量，当某地区累积污染排放量或人均累积污染排放量越大时，该地所承担的污染减排责任应该越大。

（5）禀赋标准。该标准体现禀赋公平，即指受人影响的国土面积大小，该标准主要作用是对长三角污染物减排分配起着调节的作用。不仅考虑各地历史污染物排放情况、经济发展现状，还考虑当地受人影响的国土面积对各地减排责任的影响。通常使用人口密度来表示，某地人口密度越大，承担相应的减排责任就越大。

2.1.1.3　公平性原则存在的问题

综上所述，公平性原则往往要求长三角的城市或部门遵循着“常住人口越多减排责任越大”“支付能力越高减排责任越大”“历史累积排放量越多减排责任越大”，以及“受人活动影响的国土面积越多减排责任越大”。这些原则进行减排配额分担，虽然在一定程度上考虑了各地区及各部门间的差异，避免了政府使用“一刀切”“齐头进”的方式进行减排配额分担，但对于长三角区域各城市及各部门而言，往往历史累积污染排放量比较大的区域也是人口持续流入、产业高速发展、人口密度较大以及支付能力较高的区域，对于这些城市及部门之间来说并没有绝对的利益之分。因而仅仅从公平性原则角度来考察长三角近岸海域陆源污染减排配额，会产生两方面的问题：①高排放地区获得更多的减排配额，抑制低排放区域的减排动力，从而减缓长三角区域整体的经济发展，最终使得长三角区域对陆源污染物的减排动力不足，公平性原则下的减排配额便失去了效力；②可能客观上会加剧高耗能产业在经济相对落后的地区聚集，这一结果多数与“支付能力”这一公平性原则指标有关，该指标虽然在一定程度上能够很好地平衡区域层级间的差异化特征，但是可能会使高污染产业向经济落后的地方聚集，这种由于污染环境所带来的经济发展显然与政策最初的目的相违背。最终结果可能会导致长三角整个区域的内生减排动力不足，极大地降低减排效率，与最初的目的大相径庭。

2.1.2 长三角近岸海域陆源污染减排的效率性原则

2.1.2.1 效率性原则的定义及重要性

（1）效率性原则的定义。通常含义下效率性是指组织经营活动过程中投入资源与产出成果之间的对比关系，换言之，就是用最小的成本做成尽可能完美的工作。通常效率原则的判断标准有两个：一是帕累托最优（Pareto Optimality），这一标准常用来检验社会福利状况，是指资源分配达到一种理想的状态，具体是指从一种分配状态达到另一种分配状态过程中，在没有使得任何人境况变坏的前提下，使得至少一个人变得更好；二是卡尔多-希克斯（Kaldor-Hicks）标准，它是指第三者的总成本不超过交易的总收益，具体是指如果资源配置过程中，增加了一些人的福利而使得另一些人的福利减少，但是增加福利的幅度大于减少福利的幅度，最终使得社会总福利增加，因此这种改变是有效率的。在利用效率性原则对各地区及各部门的减排责任配额中，不同的学者对其定义大体一致，如王清军[①]认为效率性原则是追求人与自然和谐为最终价值，整体目标是追求制度效率，主要诉求是拓展排污主体整体污染防治能力效率；Zhou P 等[②]认为效率主要与经济减排的效率有关；钱浩祺等[③]认为效率性原则是指实现全社会减排成本最小化；卞勇等[④]认为效率性要求边际减排成本低的地区承担更多的减排责任。可以看出，已有研究都认为污染排放量的初始分配的效率性原则应当与减排效率相联系，而减排效率往往跟污染排放强度及边际减排成本有关。

（2）效率性原则的重要性。利用效率性原则对长三角各城市及部门进行减排责任配额时，能够达到最大的经济效益，即从长三角整体减排目标进行考量，投入较少的减排成本，达到最大的减排效果，以增强长三角进行污染减排的内生动力，减缓陆源污染物对近岸海域的污染。

具体而言，长三角近岸海域陆源污染物减排的效率性原则要求长三角区域中边际减排成本低及排放强度高的城市或部门承担更多的减排责任，以期实现长三角区域减排效率最大化，而减排效率则可以用排放强度以及边际减排成本来进行衡量，最终达到长三角各省（市）或各部门的边际减排成本和排放强度相等，此时，整个长三角的减排效率是最高的。

① 王清军．公平与效率视野下排污权初始分配[J]．社会主义研究，2012（4）：59-63.

② Zhou P，Wang M . Carbon dioxide emissions allocation：a review[J]. Ecological Economics，2016，125：47-59.

③ 钱浩祺，吴力波，任飞州．从“鞭打快牛”到效率驱动：中国区域间碳排放权分配机制研究[J]．经济研究，2019，54（3）：86-102.

④ 卞勇，曾雪兰． 基于三部门划分的能源碳排放总量目标地区分解[J]．中国人口·资源与环境，2019，29（10）：106-114.

2.1.2.2 效率性原则的衡量标准

（1）排放强度。污染排放强度是指单位产出的污染物排放量，一般用污染物排放量与 GDP 的比值来表示（$EP_{it}=Emission_{it}/GDP_{it}$），该指标是衡量污染物的排放效益以及生产效率的常用指标。本章用该指标表征污染排放效率，当一个地区污染排放强度越低，则说明该地区污染的排放效率越高，其所应当获得的污染排放量应当越多①，其所承担的减排责任就越小。

（2）边际减排成本。边际减排成本是指额外再减少一单位污染物排放所需付出的成本。在实际运用中，由于成本信息是企业的私密信息，边际减排成本往往难以获得，因此需要进行估计。通常有 3 种方法来衡量污染物的边际减排成本：

☞ 通过基线法来刻画污染物边际减排成本：其估计过程可以概括如下，首先，对不同的行业、不同的技术类型采用不同的基准线进行相应的技术评价，该基准线是以最先进的技术为参考标准；其次，对其进行加总计算出相应的减排潜力及减排成本，最终将该成本由高到低进行排序，构成污染物边际减排成本曲线。该方案的思路主要得益于工程方案中的评价及加总，实质上是一种“自上而下”的研究思路。但是，该种方法有一定的局限性，一是会忽视其余潜在的成本及收益；二是忽视了减排措施之间的相互影响；三是无法将不同时期的减排措施的动态性纳入考虑。

☞ 通过构建均衡模型来刻画污染物的边际减排成本：首先构建局部或者一般均衡模型，然后改变某些约束条件，最终得到相应的影子价格，也就是得到不同减排水平下的边际减排成本。

☞ 通过生产函数来刻画污染物边际减排成本：该类方法的生产可能性先是通过设定较为具体的生产技术以及经济约束限制来定义的，由此推导出来的污染物减排成本是指在给定市场以及技术前提下，污染物减排所带来的机会成本。随着生产理论的扩张，研究者开始将坏的产出即相应的污染物纳入研究框架，并通过多投入-多产出的生产模型构建出环境生产技术，最终计算出污染物的影子价格。该种方法往往施加的理论假设较少，具有较强的现实意义，该类模型已经大量地应用于不同种类的污染物影子价格的测算上。

2.1.2.3 效率性原则下存在的问题

从效率原则角度来看，若一个污染物分配方案能够以最小的经济代价实现既定的减排目标，则该方案具有最高的经济价值。但依据效率性原则的要求，各地区或部门的边

---

① 钱浩祺，吴力波，任飞州. 从“鞭打快牛”到效率驱动：中国区域间碳排放权分配机制研究[J]. 经济研究，2019，54（3）：86-102.

际减排成本相同时，才能达到减排的总体成本最小化或者减排效率最大。由于边际减排成本一般是递增的，因此，效率越高、边际减排成本越低的区域或部门，将会配额较多的排放量，这意味着这些区域的减排责任较低。依据这一分配原则，长此以往，将会使得更多的减排责任落在长三角经济较为落后的区域，主要原因是，对于长三角经济较为发达的地区，如上海、杭州、南京等，有更多的资源投入到科技创新上，提高对当地的减排效率，从而这些地方往往承担较少的减排责任，最终的结果便是拉大长三角区域之间的贫富差距，不利于长三角整体发展。

在现有文献中，污染排放技术水平又往往用污染排放效率形式进行表征，具体来说，某地污染排放效率越高，则代表该地污染排放技术水平越高，与之对应的减排潜力越低。对效率进行测算的两种主流方法是数据包络法（data envelopment analysis，DEA）以及随机前沿分析法（stochastic frontier analysis，SFA）。由效率测算可知各地的减排潜力，从而根据线性规划的方法求解出最小成本下的区域分配的结果。但是，由于并不知道各个区域的污染排放配额与污染排放效率之间的具体影响机制，会极大地降低现实的激励效果。同时，基于不同的视角的污染排放量将对污染排放效率的测算产生影响，从这个角度来说也会产生区域或者部门分配之间的不公平性。

2.2 长三角城市间陆源污染物减排指标分配

2.2.1 公平原则下的城市间污染物减排指标分配

2.2.1.1 年末常住人口占比

对于长三角而言，一个常住人口较多的城市，所进行的生产规模往往较大，相应的生产生活排放的污染物也就越多。从人际公平角度来看，人口多的城市应当承担更多的减排责任，因而可以用年末常住人口比例来确定长三角各城市的减排责任。图 2-1 为长三角各城市 2017 年年末常住人口占长三角年末总人口的比例。

从图 2-1 中可以看出，长三角各城市的常住人口占比差异巨大，这意味着各城市的减排责任应该有较大差别。2017 年，年末常住人口占比排名前十的城市有上海（10.8%）、苏州（4.78%）、杭州（4.23%）、温州（4.12%）、徐州（3.92%）、南京（3.73%）、阜阳（3.62%）、宁波（3.58%）、合肥（3.56%）、南通（3.27%），这些城市应该承担较大的减排责任，其他城市也可以按照人口比例承担相应的减排责任。

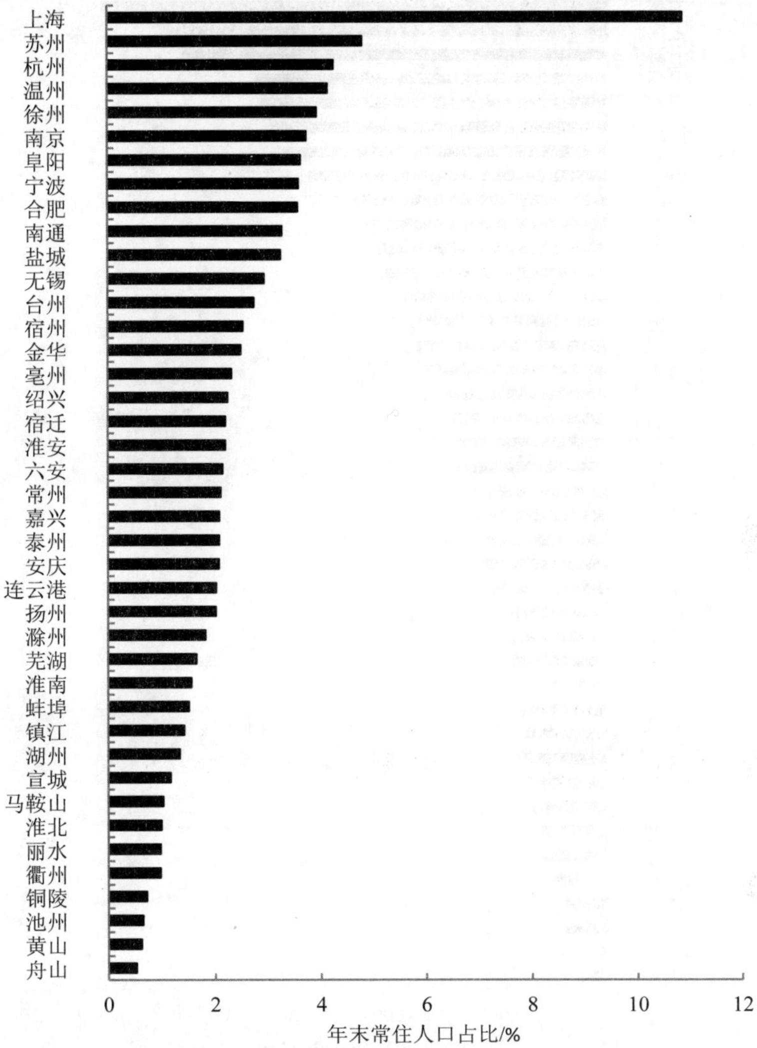

图 2-1　2017 年长三角各城市年末常住人口占比

数据来源：《安徽统计年鉴 2018》《浙江统计年鉴 2018》《江苏统计年鉴 2018》以及《上海统计年鉴 2018》。

2.2.1.2　人均 GDP

该指标是从平均分配标准与支付能力标准两个方面进行考察，不仅体现了人际公平，还体现了能力公平。若一个地区人均 GDP 较高，则说明该地经济发展水平较高，当地居民支付能力也较高。从支付能力标准来看，该地区应当承担更大的减排责任。图 2-2 为长三角各城市 2017 年人均 GDP 条形图。

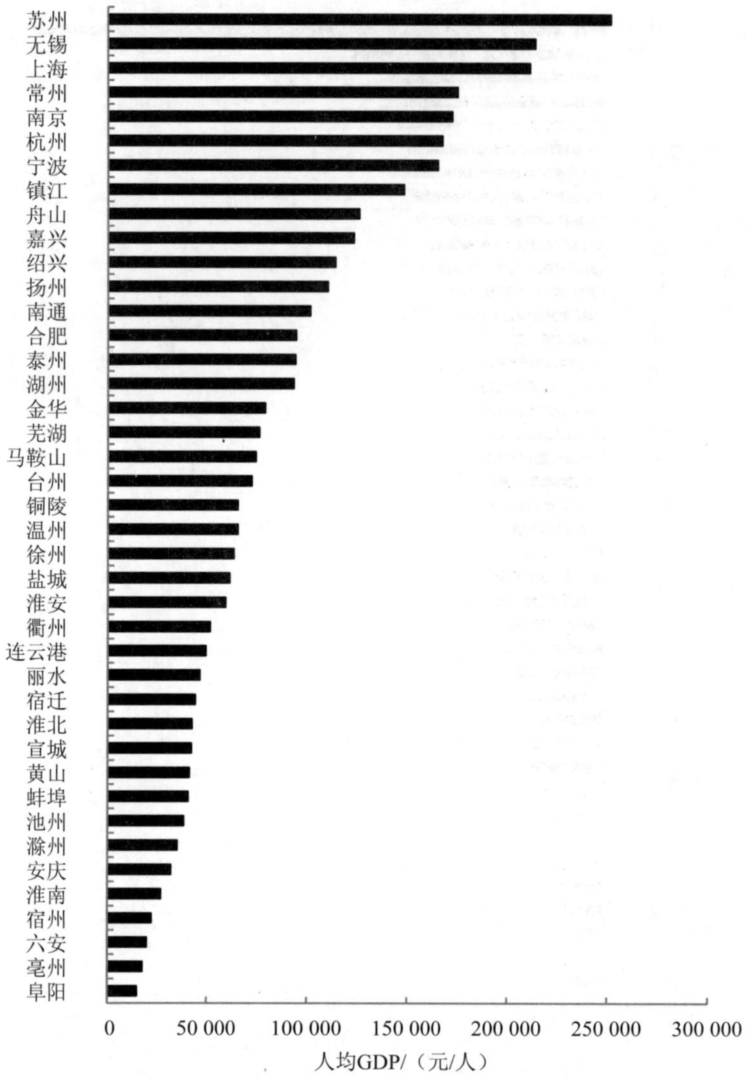

图 2-2　2017 年长三角各城市人均 GDP

数据来源：《中国城市统计年鉴 2018》。

从图 2-2 中可以看出，2017 年，长三角人均 GDP 排名前十的城市分别为苏州（25.06 万元/人）、无锡（21.32 万元/人）、上海（21.05 万元/人）、常州（17.46 万元/人）、南京（17.20 万元/人）、杭州（16.72 万元/人）、宁波（16.49 万元/人）、镇江（14.80 万元/人）、舟山（12.58 万元/人）、嘉兴（12.30 万元/人），这些城市应该承担更多的减排责任，相应承担的比例：苏州为 7.1%、无锡为 6.02%、上海为 5.94%、常州为 4.93%、南京为 4.86%、杭州为 4.72%、宁波为 4.66%、镇江为 4.18%、舟山为 3.55%、嘉兴为

3.47%，其他城市也可据此计算出相应的承担比例。

2.2.1.3　累积污染排放量

该指标是从历史排放量角度进行考察，对各地进行减排配额时，不仅要参考当下污染排放量，也应参考历史污染排放量。当某地累积排放量越大时，承担相应的减排责任应该越大。本节先以 2017 年为例，绘制长三角各城市累积工业废水排放量的占比（图 2-3），然后挑选出排放量占比前 10 的城市，并以这 10 个城市为例，绘制 2017 年累积工业 COD 排放量以及累积工业氨氮排放量条形图（图 2-4 和图 2-5），确定这 10 个城市减排责任的高低，其中将 2006 年作为累积工业废水污染排放量计算的起始点，将 2011 年作为累积工业 COD 排放量以及累积工业氨氮排放量的起始点，主要是因为 2006 年是“十一五”规划起始点，2011 年是“十二五”规划起始点，这样计算更具有政策上的意义。

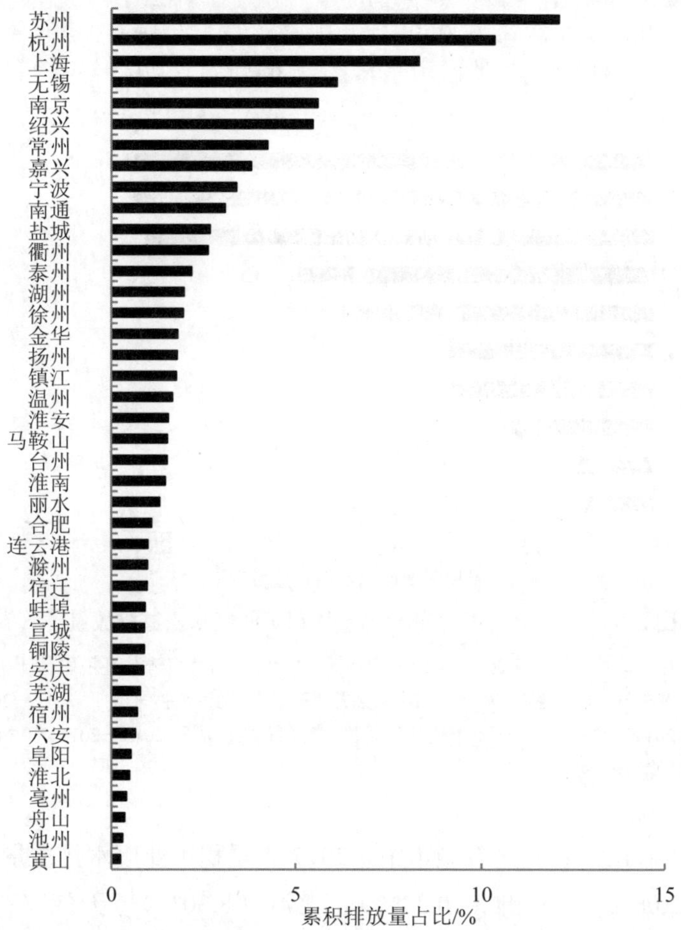

图 2-3　2017 年长三角各城市累积工业废水排放量占比

数据来源：历年“中国城市统计年鉴”。

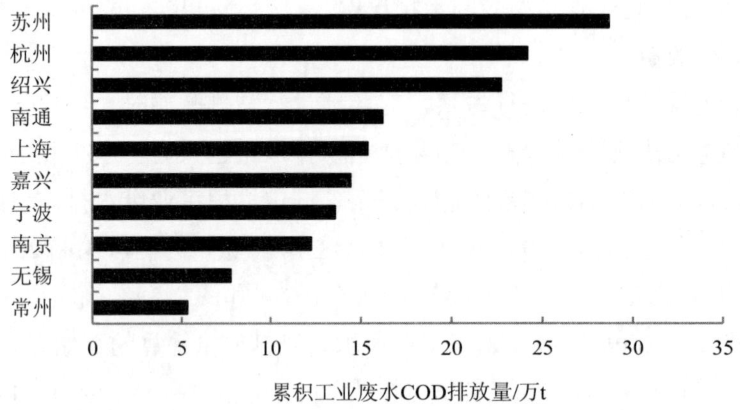

图 2-4　2017 年长三角部分城市累积工业废水 COD 排放量

数据来源：杭州、宁波、嘉兴、绍兴数据来源于 2012—2018 年“浙江省自然资源与环境统计年鉴”，上海、南京数据来源于 2012—2018 年“中国统计年鉴”以及“中国环境统计年鉴”，无锡数据来源于 2012—2018 年“无锡统计年鉴”，常州数据来源于 2012—2018 年“常州市统计年鉴”，南通数据来源于 2013—2017 年“南通市环境状况公报”，部分缺失数据通过插值法进行处理。

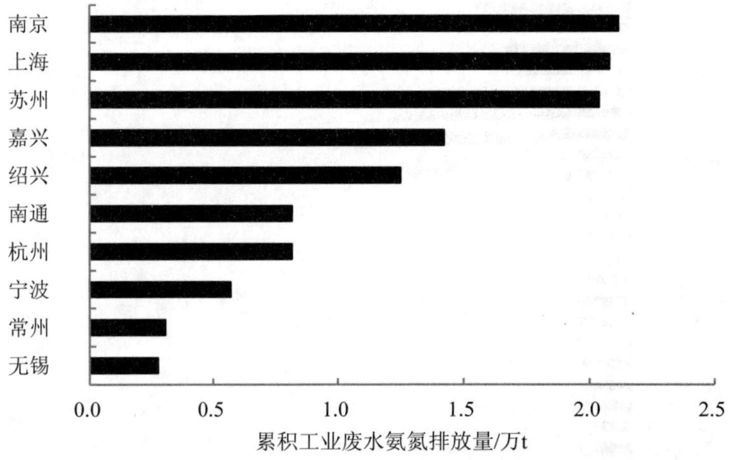

图 2-5　2017 年长三角部分城市累积工业废水氨氮排放量

数据来源：杭州、宁波、嘉兴、绍兴数据来源于 2012—2018 年“浙江省自然资源与环境统计年鉴”，上海、南京数据来源于 2012—2018 年“中国统计年鉴”以及“中国环境统计年鉴”，无锡数据来源于 2012—2018 年“无锡统计年鉴”，常州数据来源于 2012—2018 年“常州市统计年鉴”，南通数据来源于 2013—2017 年“南通市环境状况公报”，部分缺失数据通过插值法进行处理。

从图 2-3 中可以看出，长三角各城市中，2017 年累积工业废水排放量占比排名前十的城市有苏州（12.06%）、杭州（10.32%）、上海（8.30%）、无锡（6.10%）、南京（5.89%）、绍兴（5.45%）、常州（4.22%）、嘉兴（3.78%）、宁波（3.39%）、南通（3.08%）。同时以这 10 个城市为例，分别按累积工业废水 COD 排放量以及累积工业废水氨氮排放量确定它们 2017 年的减排责任大小。从图 2-4 中可以看出，按累积工业废水 COD 排放量进行配额，减排责任排名前五的城市为苏州市、杭州市、绍兴市、南通市及上海市；从图 2-5 中可以看出，按累积工业废水氨氮排放量进行配额，减排责任排名前 5 的城市为南京、上海、苏州、嘉兴以及绍兴。

2.2.1.4 受人为活动影响的国土面积

该指标是从禀赋标准方面进行考察，主要用人口密度来表示，当某一单位土地上人口活动越密集，代表该区域进行生产生活越密集，则应当承担更多的减排责任。图 2-6 为 2017 年长三角各城市人口密度的条形图。

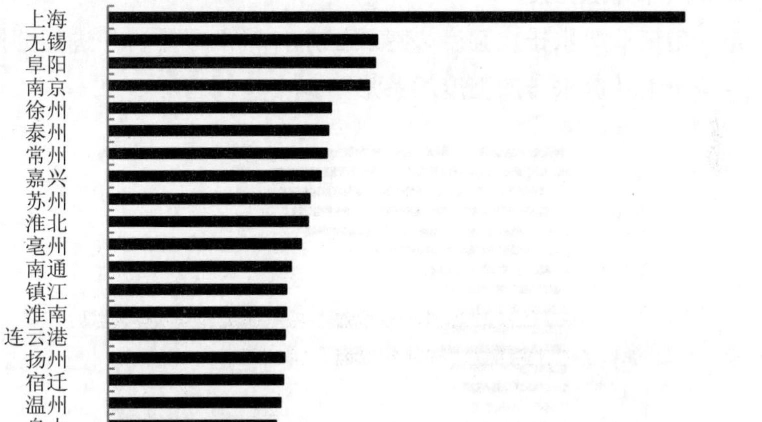

图 2-6 2017 年长三角各城市人口密度

数据来源：根据《中国城市统计年鉴 2018》整理而得。

从图 2-6 中可以看出，2017 年长三角人口密度排名前十的城市有上海（2 294.78 人/km^2）、无锡（1 065.49 人/km^2）、阜阳（1 057.52 人/km^2）、南京（1 033.86 人/km^2）、徐州（883.13 人/km^2）、泰州（872.65 人/km^2）、常州（866.48 人/km^2）、嘉兴（843 人/km^2）、苏州（798.20 人/km^2）以及淮北（791.68 人/km^2），这些城市应该承担更多的减排责任，相应承担的比例：上海为 8.53%、无锡为 3.96%、阜阳为 3.93%、南京为 3.84%、徐州为 3.28%、泰州为 3.24%、常州为 3.22%、嘉兴为 3.13%、苏州为 2.97%、淮北为 2.94%。

2.2.2 效率原则下区域间污染物减排指标分配

2.2.2.1 工业废水排放强度

本节先使用工业废水排放强度来对长三角各城市减排责任进行分摊，图 2-7 为 2017 年长三角各城市工业废水排放强度的条形图。

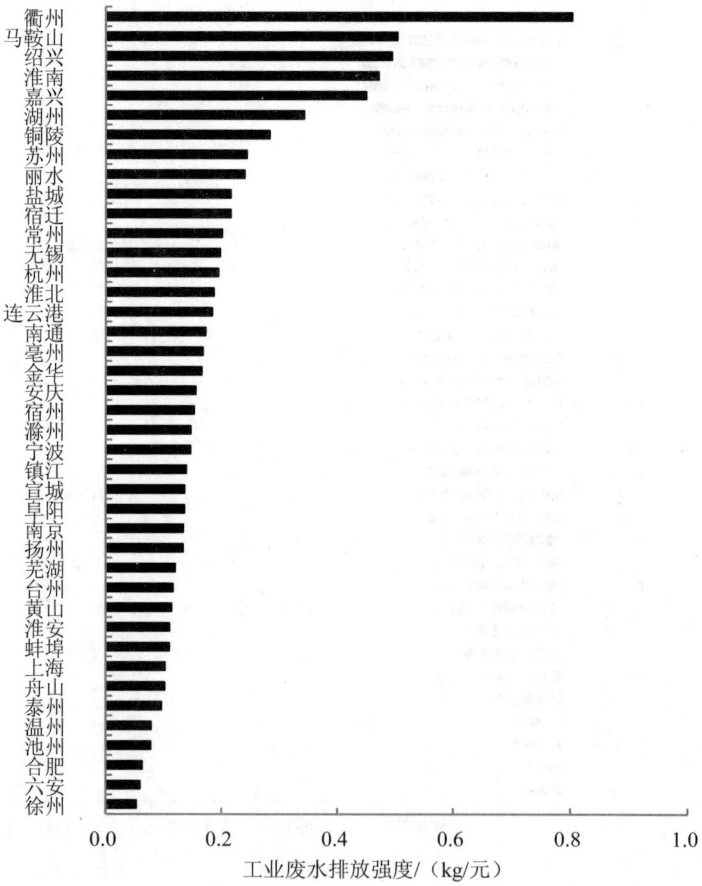

图 2-7 2017 年长三角各城市工业废水排放强度

数据来源：《中国城市统计年鉴 2018》。

从图 2-7 中可以看出，2017 年长三角工业废水排放强度较高的前十的城市为衢州（0.80 kg/元）、马鞍山（0.50 kg/元）、绍兴（0.49 kg/元）、淮南（0.47 kg/元）、嘉兴（0.45 kg/元）、湖州（0.34 kg/元）、铜陵（0.28 kg/元）、苏州（0.25 kg/元）、丽水（0.24 kg/元）、盐城（0.22 kg/元），这些城市应该承担更多的减排责任，相应承担的比例：衢州为 9.75%、马鞍山为 6.12%、绍兴市为 6%、淮南为 5.73%、嘉兴为 5.47%、湖州为 4.16%、铜陵为 3.45%、苏州为 2.98%、丽水为 2.93%、盐城为 2.63%。

2.2.2.2　工业废水 COD 排放强度

使用工业废水中具体污染物排放强度来对长三角各城市减排责任进行分摊可能更有针对性。图 2-8 为 2017 年长三角各城市工业废水中 COD 排放强度的条形图，其中镇江、淮安、盐城以及宿迁由于数据缺失，故未在图中显示。从图 2-8 中可以看出，2017 年长三角工业废水 COD 排放强度排名前 10 的城市有温州（0.18 g/元）、丽水（0.18 g/元）、衢州（0.14 g/元）、绍兴（0.12 g/元）、台州（0.11 g/元）、舟山（0.11 g/元）、湖州（0.09 g/元）、金华（0.06 g/元）、嘉兴（0.06 g/元）、杭州（0.04 g/元），这些城市应当承担更多的减排责任。

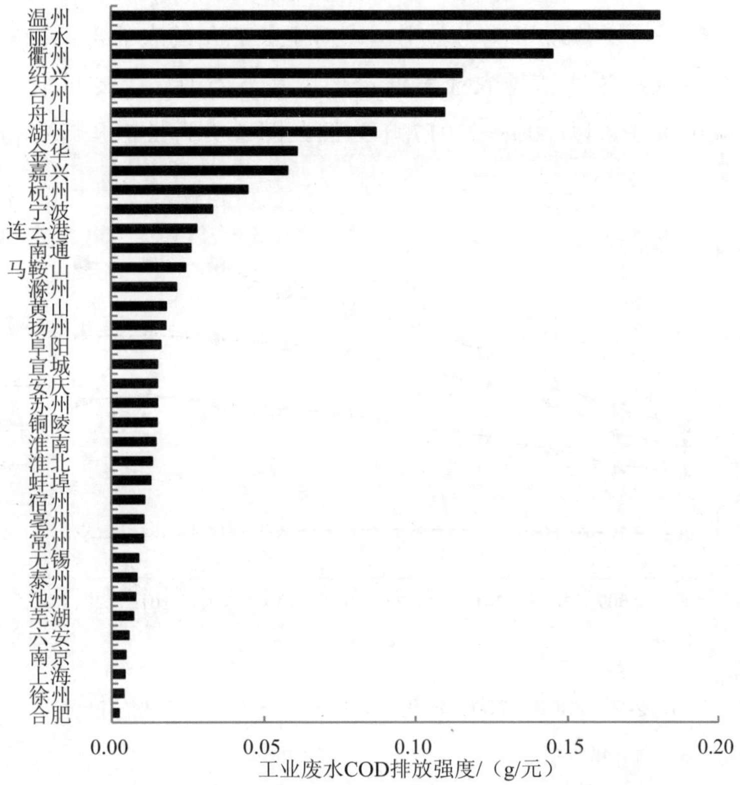

图 2-8　2017 年长三角部分城市工业废水 COD 排放强度

数据来源：《浙江省自然资源与环境统计年鉴 2018》《安徽统计年鉴 2018》《中国统计年鉴 2018》《南京统计年鉴 2018》《苏州统计年鉴 2018》《无锡统计年鉴 2018》《徐州统计年鉴 2018》《扬州统计年鉴 2018》《2017 年度南通市环境状况公报》《泰州统计年鉴 2018》《连云港统计年鉴 2018》《中国城市统计年鉴 2018》。

2.3 长三角部门间陆源污染物减排指标分配

2.3.1 公平原则下各部门污染物减排指标分配

2.3.1.1 农业部门

农业部门在进行生产活动中对水环境造成较大的污染，已经成为继工业污染、城市生活污染之后的第三大污染源，这主要是因为农业部门在形成最终的产品过程中，大量使用农药、化肥、农膜，同时还需要水资源的参与、冲洗、稀释或者拌和，在这个过程中会产生相应的污水，并随着灌溉或降水流入地表水域，最终汇入海洋。各省份的农业部门减排责任分担可以选用的公平性指标有人均农业总产值、单位耕地面积的农用化肥累积施用量及单位耕地面积的农药累积使用量等。

（1）人均农业总产值。该指标是从平均分配标准与支付能力标准两个方面进行考察，不仅体现了人际公平，还体现了能力公平，即对于长三角的农业部门而言，若某地的人均农业生产总值越大，说明该地农业发展水平越好，当地居民支付能力也就越大，应当承担更多的减排责任。以 2008—2017 年为例，图 2-9 为长三角各省份人均农业总产值趋势。

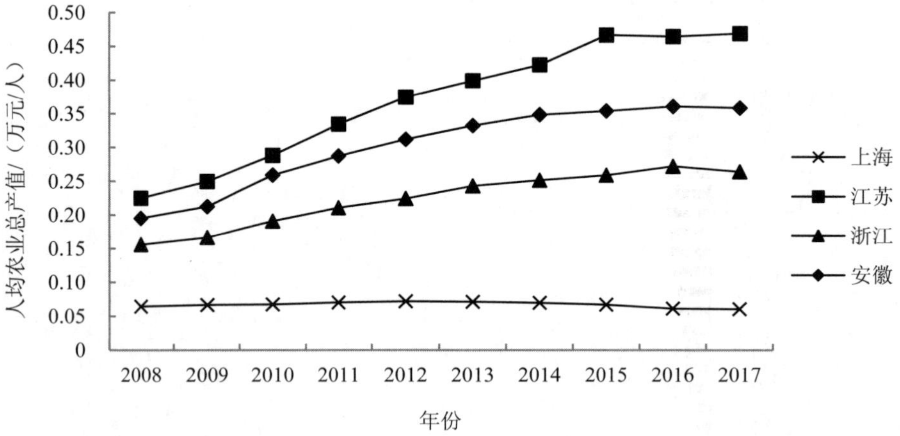

图 2-9 2008—2017 年长三角各省（市）人均农业总产值

数据来源：历年“中国农村统计年鉴”。

从图 2-9 中可以看出，横向上江苏、安徽及浙江人均农业总产值呈持续上升趋势，而上海较为平缓，其中江苏涨幅最大，由 2008 年的 0.23 万元/人上涨到 2017 年的 0.47 万元/人，涨幅为 108.33%；纵向上，2008—2017 年长三角人均农业总产值由高到低的省份分别是江苏、安徽、浙江以及上海，相应的江苏和安徽的农业部门应当承担更多的减排责任。

（2）单位耕地面积的农用化肥累积施用量。该指标是从历史累积排放量角度进行考察，计算方式是以 2008 年为起点，计算 2017 年农用化肥累积施用量，然后再除以当年的耕地面积，不仅考虑了当下使用的农用化肥施用量，还参考了历史上农用化肥施用量。当某地单位耕地面积的农用化肥累积施用量越大，承担相应的污染减排责任就越大。以 2017 年为例，图 2-10 为长三角各省份单位耕地面积的农用化肥累积施用量的柱形图。

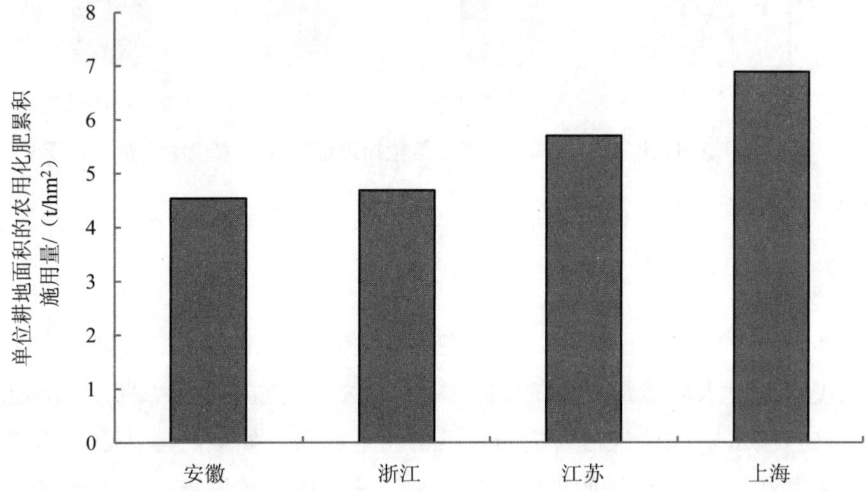

图 2-10 2017 年长三角各省（市）单位耕地面积农用化肥累积施用量

数据来源：《中国农村统计年鉴 2018》。

从图 2-10 中可以看出，长三角各省（市）单位耕地面积的农用化肥累积施用量由高到低分别是上海（6.89 t/hm^2）、江苏（5.70 t/hm^2）、浙江（4.68 t/hm^2）及安徽（4.54 t/hm^2），这些省（市）应当承担相应的减排责任。

（3）单位耕地面积的农药累积施用量。该指标与单位耕地面积的农用化肥累积施用量计算方式类似，同样体现了累积历史排放责任。图 2-11 为 2017 年长三角各省（市）单位耕地面积的农药累积施用的柱形图。从图 2-11 中可以看出，长三角各省（市）单位耕地面积的农药累积施用量由高到低分别是浙江（30.17 g/hm^2）、上海（29.23 g/hm^2）、安徽（19.10 g/hm^2）、江苏（18.25 g/hm^2），这些省（市）也应当承担相应的减排责任。

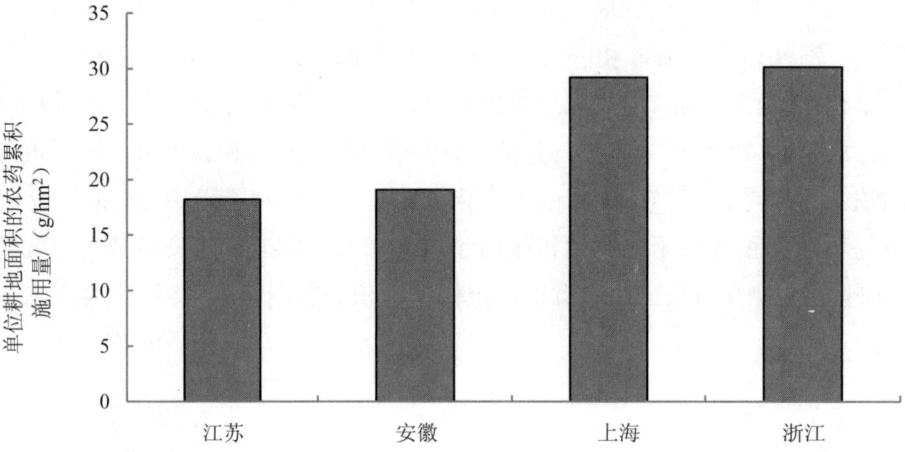

图 2-11　2017 年长三角各省（市）单位耕地面积农药累积施用量

数据来源：《中国农村统计年鉴 2018》。

2.3.1.2　工业部门

工业部门是城市建设的中坚力量，但其在生产生活过程中会产生大量的工业污染，尤其是产生的废水是对水环境最主要的污染源，工业废水会直接流入湖泊、河流，并最终流入海洋。这些废水中往往包含大量的有机物及重金属，如氮、磷、汞、铅或铍，这些物质不仅危害海洋生物，还会通过食物链传递，对人体造成危害。为了减缓长三角工业部门对近海海域的环境污染，需要按公平性原则对长三角工业部门下的各省（市）间的减排责任进行配额，可选用的公平性指标有人均工业总产值、累积工业废水排放量及累积工业废水中 COD 排放量等。

（1）人均工业总产值。该指标是从平均分配标准与支付能力标准两个方面进行考察，不仅体现了人际公平，还体现了能力公平，即对于长三角的工业部门而言，若某地的人均工业生产总值越大，说明该地经济发展水平越好，当地居民支付能力也就越大，应当承担更多的减排责任。以 2008—2017 年为例，图 2-12 为长三角各省（市）人均工业总产值趋势图。

从图 2-12 中可以看出，横向上，“三省一市”人均工业总产值呈持续上升趋势，其中安徽涨幅最大，由 2008 年的 0.57 万元/人上涨到 2017 年的 1.75 万元/人，涨幅为 207%；纵向上，2008—2011 年长三角人均工业总产值由高到低的省（市）分别是上海、江苏、浙江及安徽，而 2012—2017 年人均工业总产值由高到低的省（市）为江苏、上海、浙江及安徽。根据人均工业总产值水平，可在不同省（市）的工业部门间分配相应的减排任务。

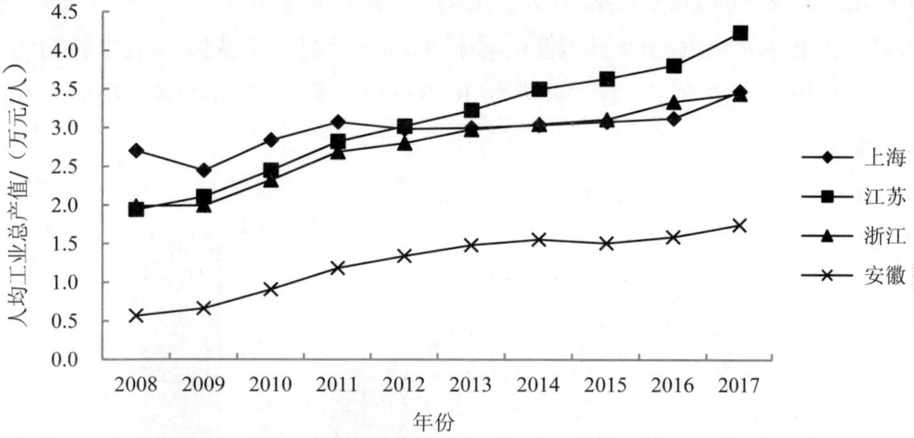

图 2-12　2008—2017 年长三角各省（市）人均工业总产值

数据来源：历年“中国统计年鉴”“上海统计年鉴”“江苏统计年鉴”“浙江统计年鉴”“安徽统计年鉴”。

（2）累积工业废水排放量。该指标是从历史累积排放量角度进行考察，不仅考虑了当前工业废水排放量，还参考了历史上工业废水排放量。当某地累积工业废水排放量越大，承担相应的污染减排责任就越大。图 2-13 为 2008—2017 年长三角各省（市）累积工业废水排放量的柱形图。

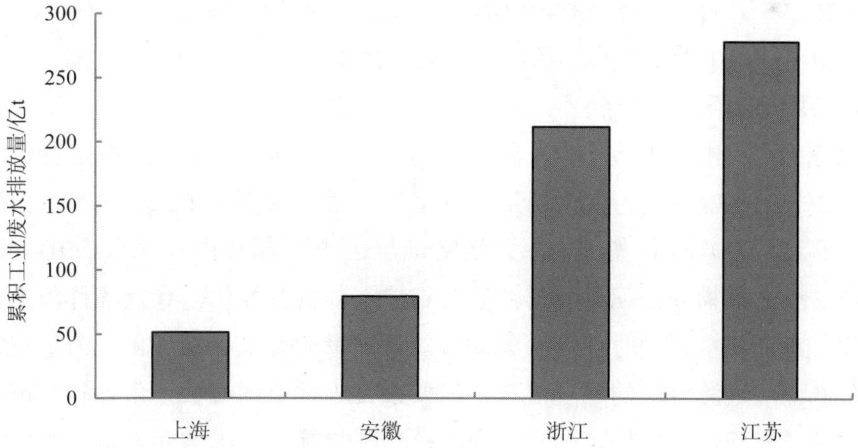

图 2-13　2008—2017 年长三角各省（市）累积工业废水排放量

数据来源：历年“中国统计年鉴”。

从图 2-13 中可以看出，2008—2017 年长三角各省（市）累积工业废水排放量由高到低分别是江苏（278.20 亿 t）、浙江（211.71 亿 t）、安徽（79.48 亿 t）及上海（51.46

亿 t)，相应地，江苏和浙江的工业部门应当承担更多的减排责任。

（3）累积工业废水中 COD 排放量。该指标进一步细化工业废水中排放的污染物，同样体现了累积历史排放责任。图 2-14 为 2008—2017 年长三角各省（市）累积工业废水中 COD 排放量的柱形图。

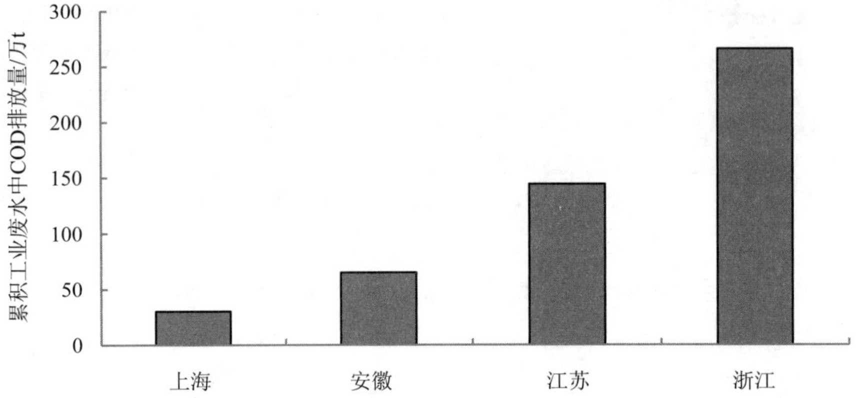

图 2-14　2008—2017 年长三角各省（市）累积工业废水 COD 排放量

数据来源：历年“中国统计年鉴”“浙江自然资源统计年鉴”“江苏统计年鉴”“安徽统计年鉴”。

从图 2-14 中可以看出，长三角各省（市）累积工业废水中的 COD 排放量由高到低分别是浙江（265.93 万 t）、江苏（144.39 万 t）、安徽（65.24 万 t）、上海（30.12 万 t），相应地，浙江和江苏的工业部门应当承担更多的减排责任。

2.3.1.3　生活与服务部门

生活与服务部门产生的生活污染主要是人们在日常生活以及服务业在进行生产活动过程中产生的各种污水混合液，包含厨房、洗涤房、浴室和厕所排出的污水，而现代人在进行生活用水过程中，往往使用大量的清洁剂，这些清洁剂中包含了 COD、氨氮及磷等无机物，这类无机物一旦汇入海洋，就会造成水体富营养化，导致各种藻类、水草大量滋生，损害海洋环境，同时使得海体缺氧，让大量的海底生物死亡。为了减缓长三角生活与服务部门对近海海域的环境污染，需要按公平性原则对长三角各省（市）的生活与服务部门减排责任进行配额，本章选用的公平性指标由年末常住人口、服务业从业人数、城镇居民人均可支配收入、人均服务业总产值、累积生活污水排放量及累积生活污水中 COD 排放量。

（1）年末常住人口。对于长三角生活与服务部门而言，年末常住人口越多，相应地生产生活排放的污染物也就越多，该指标是从人际公平角度来考察。某地年末常住人口越多，则该地区的生活与服务部门应当承担更多的减排责任。图 2-15 为 2008—2017 年长三角各省（市）的年末常住人口趋势图。

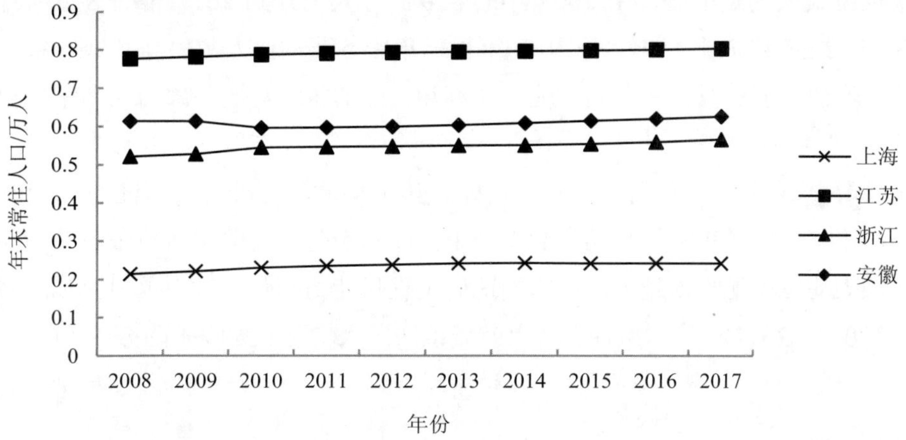

图 2-15　2008—2017 年长三角各省（市）年末常住人口数

数据来源：历年“中国统计年鉴”。

从图 2-15 中可以看出，横向上，长三角各省（市）年末常住人口数呈现缓慢上升的趋势；纵向上，2008—2017 年长三角年末常住人口数由高到低的省（市）分别是江苏、安徽、浙江及上海，相应地，江苏和安徽的生活与服务部门应当承担更多的减排责任。

（2）服务业从业人数。与年末常住人口指标类似，服务业从业人数这一指标也是从人际公平角度进行考察。当某地服务业从业人数越多，该地的生活与服务部门应当承担更多的减排责任。图 2-16 为 2008—2017 年长三角各省（市）的服务业从业人数趋势图。

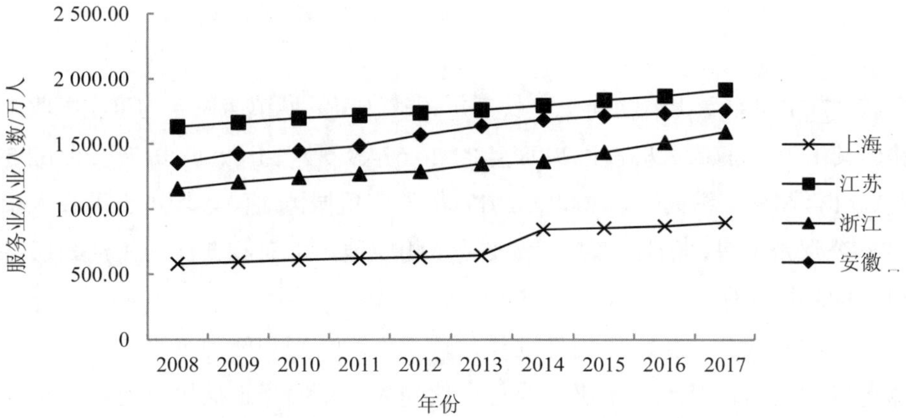

图 2-16　2008—2017 年长三角各省（市）服务业从业人数

数据来源：历年“上海统计年鉴”“江苏统计年鉴”“浙江统计年鉴”“安徽统计年鉴”。

从图 2-16 中可以看出，横向上，长三角各省（市）服务业从业人数呈现上升的趋势，其中幅度最大的是上海，由 2008 年的 579.7 万人上升到 2017 年的 899.7 万人，上升幅度为 55.2%；纵向上，2008—2017 年长三角服务业从业人数由高到低的省（市）分别是江苏、安徽、浙江及上海，相应地，江苏和安徽的生活与服务部门应当承担更多的减排责任。

（3）城镇居民人均可支配收入。该指标是从平均分配标准与支付能力标准两个方面进行考察，不仅体现了人际公平还有能力公平，即对于长三角的生活与服务部门而言，某地城镇居民人均可支配收入越大，说明当地居民支付能力越强，应当承担更多的减排责任。图 2-17 为 2008—2017 年长三角各省（市）城镇居民人均可支配收入趋势图。

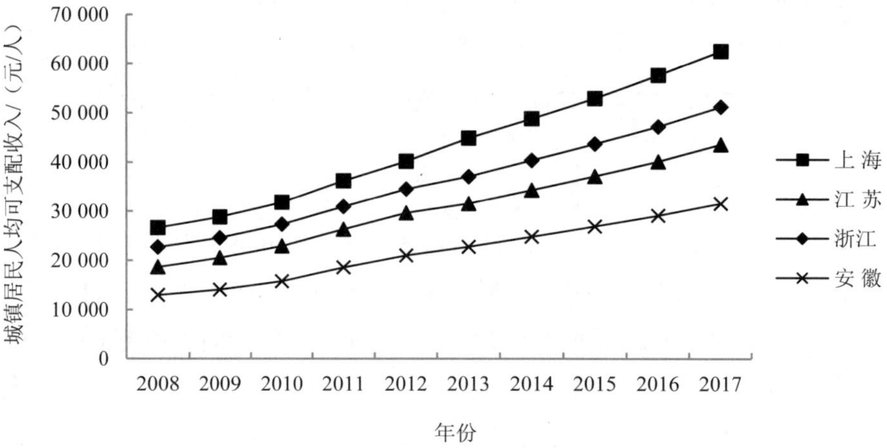

图 2-17　2008—2017 年长三角各省（市）城镇居民人均可支配收入

数据来源：历年“上海统计年鉴”“江苏统计年鉴”“浙江统计年鉴”“安徽统计年鉴”。

从图 2-17 中可以看出，横向上，长三角各省（市）城镇居民人均可支配收入呈持续上升趋势，其中上海涨幅最大，由 2008 年的 26 674.9 元/人上涨到 2017 年的 62 595.7 元/人，涨幅为 134.67%；纵向上，2008—2017 年长三角城镇居民人均可支配收入由高到低的省（市）分别是上海、浙江、江苏及安徽，相应地，上海和浙江的生活与服务部门应当承担更多的减排责任。

（4）人均服务业总产值。该指标同样是体现人际公平和能力公平，即对于长三角的生活与服务部门而言，某地人均服务业总产值越大，说明当地居民支付能力越强，应当承担更多的减排责任。图 2-18 为 2008—2017 年长三角各省（市）人均服务业总产值趋势图。

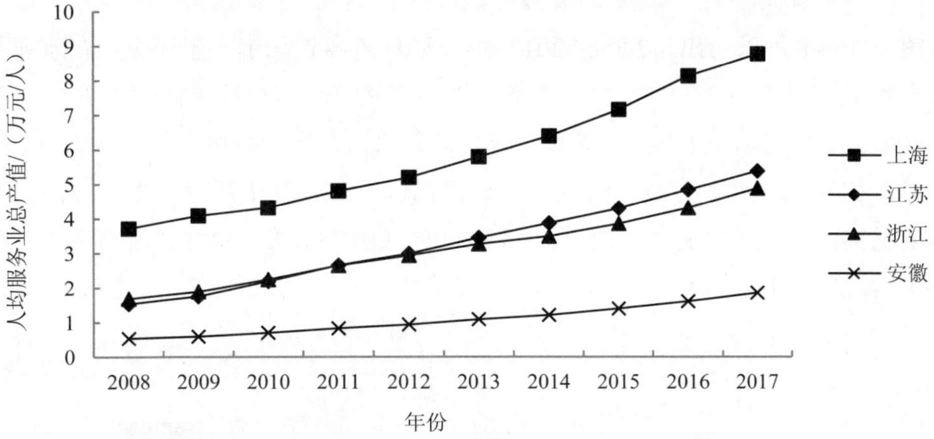

图 2-18　2008—2017 年长三角各省（市）人均服务业总产值

数据来源：历年“上海统计年鉴”“江苏统计年鉴”“浙江统计年鉴”“安徽统计年鉴”。

从图 2-18 中可以看出，横向上，长三角各省（市）人均服务业总产值呈持续上升趋势，其中江苏涨幅最大，由 2008 年的 1.54 万元/人上涨到 2017 年的 5.38 万元/人，涨幅为 249.3%；纵向上，2008—2017 年长三角人均服务业总产值由高到低的省（市）分别是上海、江苏、浙江及安徽，相应地，上海和浙江的生活与服务部门应当承担更多的减排责任。

（5）累积生活污水排放量。该指标是从历史累积排放量角度进行考察，不仅考虑了当前生活污水排放量，还参考了历史上生活污水排放量。当某地累积生活污水排放量越大，承担相应的污染减排责任就越大。图 2-19 为 2008—2017 年长三角各省（市）累积生活污水排放量的柱形图。

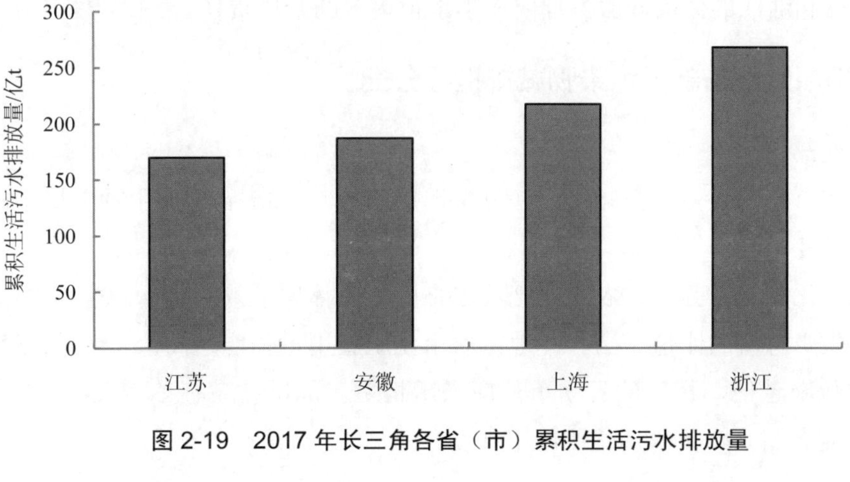

图 2-19　2017 年长三角各省（市）累积生活污水排放量

数据来源：历年“上海统计年鉴”“江苏统计年鉴”“浙江自然资源统计年鉴”“安徽统计年鉴”。

从图 2-19 中可以看出，2008—2017 年，长三角各省（市）累积生活污水排放量由高到低分别是浙江（267.92 亿 t）、上海（217.37 亿 t）、安徽（186.71 亿 t）及江苏（169.56 亿 t），相应地，浙江和上海的生活与服务部门应当承担更多的减排责任。

（6）累积生活污水中 COD 排放量。该指标进一步细化生活污水中排放的污染物，同样体现了累积历史排放责任。图 2-20 为 2008—2017 年长三角各省（市）累积生活污水中 COD 排放量的柱形图。

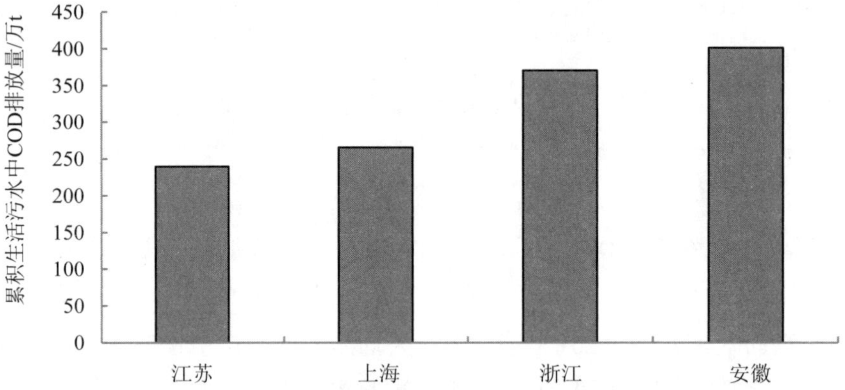

图 2-20 2017 年长三角各省（市）累积生活污水 COD 排放量

数据来源：历年“上海统计年鉴”“江苏统计年鉴”“浙江自然资源统计年鉴”“安徽统计年鉴”。

从图 2-20 中可以看出，长三角各省（市）累积生活污水中 COD 排放量由高到低分别是安徽（401.17 万 t）、浙江（370.39 万 t）、上海（265.63 万 t）、江苏（239.59 万 t），相应地，安徽和浙江的生活和服务部门应当承担更多的减排责任。

2.3.2 效率原则下各部门污染物减排指标分配

2.3.2.1 农业部门

对各省（市）的农业部门减排责任分担选用的效率性指标可以用农用化肥施用强度及农药使用强度。

（1）农用化肥施用强度。农用化肥施用强度主要体现了效率指标，是指农用化肥施用量与农业生产总值的比值。当一个地方农用化肥施用量强度越高，表明该地区农业部门污染排放效率越低，相应的省（市）应当承担更多的减排责任。图 2-21 为 2008—2017 年长三角各省（市）农用化肥施用强度。

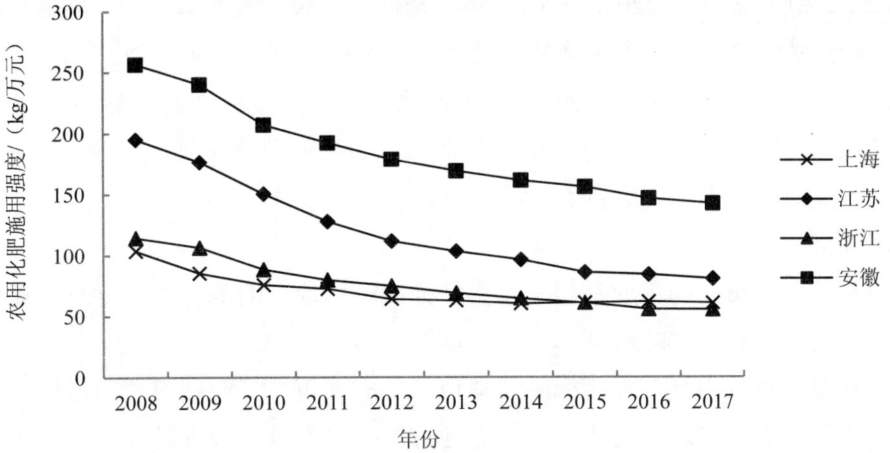

图 2-21　2008—2017 年长三角各省（市）农用化肥施用强度

数据来源：历年“中国农村统计年鉴”。

从图 2-21 可以看出，2008—2017 年，横向上，长三角各省（市）化肥施用强度呈现大幅下降趋势，其中以安徽下降幅度最大，由 2008 年的 256.59 kg/元下降至 2017 年的 142 kg/元，下降幅度为 44.59%，说明各地环保意识开始上升，在政府引导下减少对这些农用化肥的依赖性；纵向上，2008—2017 年长三角农用化肥施用强度由高到低的省（市）分别是安徽、江苏、浙江及上海，相应地，安徽及江苏应当承担更多的减排责任。

（2）农药使用强度。与农用化肥施用强度指标类似，该指标也是表征各地农业污染排放效率。图 2-22 为 2008—2017 年长三角各省（市）农药使用强度。

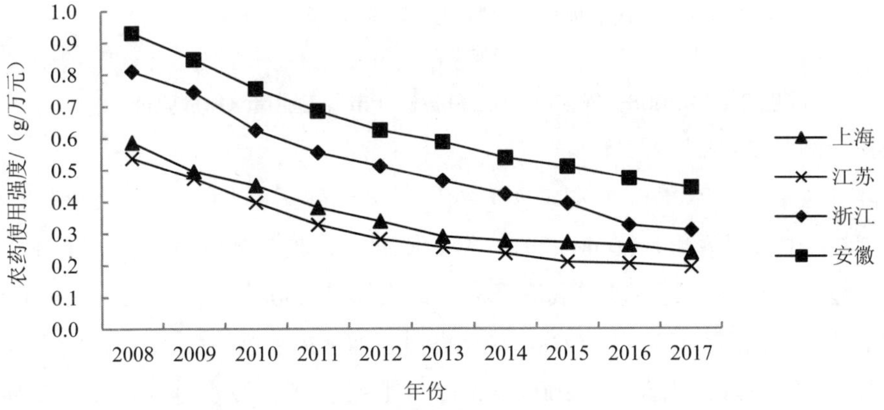

图 2-22　2008—2017 年长三角各省（市）农药使用强度

数据来源：历年“中国农村统计年鉴”。

从图 2-22 中可以看出，2008—2017 年，横向上，长三角各省（市）农药使用强度呈现大幅下降趋势，其中以江苏下降幅度最大，由 2008 年的 0.54 g/万元下降至 2017 年的 0.19 g/万元，下降幅度为 63.79%，说明各地对农药的依赖性开始减少；纵向上，2008—2017 年长三角农药使用强度由高到低的省（市）分别是安徽、浙江、上海及江苏，相应地，安徽及浙江应当承担更多的减排责任。

2.3.2.2 工业部门

对长三角各省（市）的工业部门减排责任分担可以选用的效率性指标有工业废水排放强度及工业废水中 COD 排放强度。

（1）工业废水排放强度。该指标主要体现了各省（市）工业部门效率指标，是指工业废水排放量与工业生产总值的比值，一个地方工业废水排放强度越高，表明该地区工业部门污染排放效率越低，相应地，应当承担更多的减排责任。图 2-23 为 2008—2017 年长三角各省（市）工业废水排放强度。

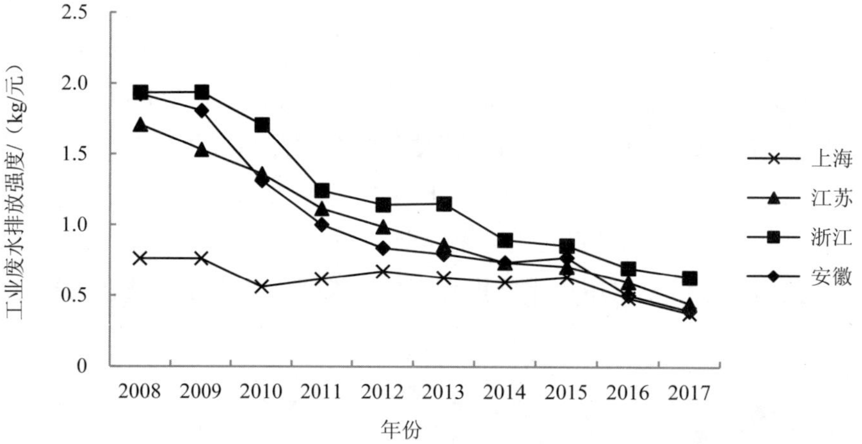

图 2-23 2008—2017 年长三角各省（市）工业废水排放强度

数据来源：历年“中国统计年鉴”。

从图 2-23 中可以看出，2008—2017 年，横向上，长三角各省（市）工业废水排放强度呈现大幅下降趋势，其中以安徽下降幅度最大，由 2008 年的 1.92 kg/元下降至 2017 年的 0.39 kg/元，下降幅度为 79.52%，说明各地环保意识开始上升，在政府引导下工业废水排放强度有所下降；纵向上，2008—2017 年长三角工业废水排放强度由高到低的省（市）分别是浙江、安徽、江苏及上海，相应地，浙江及安徽应当承担更多的减排责任。

（2）工业废水中 COD 排放强度。该指标细化工业废水排放的污染物，同样也是表征各地工业部门下工业污染排放效率。图 2-24 为 2008—2017 年长三角各省（市）工业废水中 COD 排放强度。

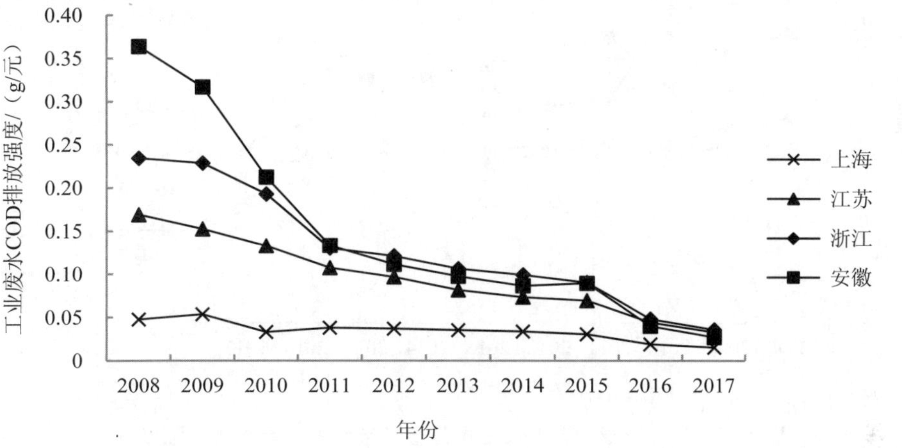

图 2-24　2008—2017 年长三角各省（市）工业废水中 COD 排放强度

数据来源：历年“中国统计年鉴”“浙江自然资源统计年鉴”“江苏统计年鉴”“江苏统计年鉴”“安徽统计年鉴”。

从图 2-24 中可以看出，2008—2017 年，横向上，长三角各省（市）工业废水中 COD 排放强度呈现大幅下降趋势，其中以安徽下降幅度最大，由 2008 年的 0.36 g/元下降到 2017 年的 0.03 g/元，下降幅度为 92.57%，说明各地工业废水中的 COD 排放强度开始下降；纵向上，2008—2017 年长三角工业废水中 COD 排放强度由高到低的省（市）分别是安徽、浙江、上海及江苏，相应地，安徽和浙江应当承担更多的减排责任。

2.3.2.3　生活与服务部门

对长三角各省（市）的生活与服务部门减排责任分担可以选用的效率性指标有生活污水排放强度及生活污水中 COD 排放强度。

（1）生活污水排放强度。该指标主要体现了各省（市）生活与服务部门效率指标，是指各省（市）污水排放量与国民生产总值的比值，一个地方生活污水排放强度越高，表明该地区的生活与服务部门污染物排放效率越低，相应地，应承担更多的减排责任。图 2-25 为 2008—2017 年长三角各省（市）生活污水排放强度。

从图 2-25 可以看出，2008—2017 年，横向上，安徽、上海及江苏生活污水排放强度呈现波动下降的趋势，其中，2011 年安徽的生活污水排放强度有小幅上涨，而浙江的生活污水排放强度在这一时间段则是缓慢上涨；纵向上，2008—2017 年长三角生活污水排放强度由高到低的省（市）分别是安徽、上海、浙江及江苏，相应地，安徽和上海应当承担更多的减排责任。

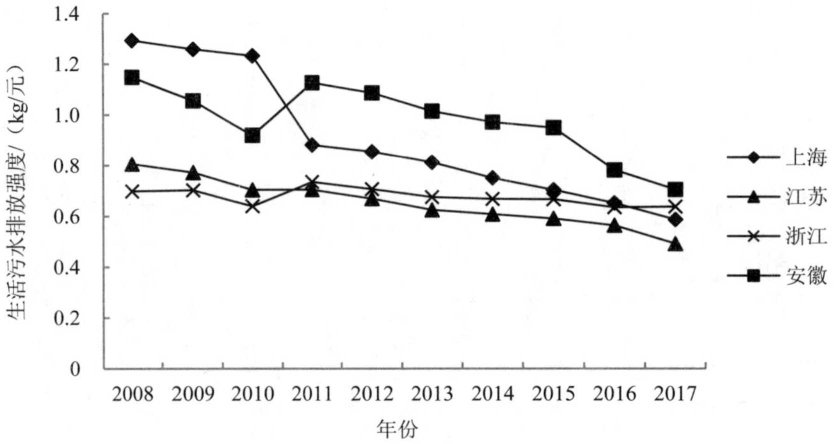

图 2-25　2008—2017 年长三角各省（市）生活污水排放强度

数据来源：历年“上海统计年鉴”“江苏统计年鉴”“浙江自然资源统计年鉴”“安徽统计年鉴”。

（2）生活污水中 COD 排放强度。该指标细化生活污水排放的污染物，同样也是表征各地的生活与服务部门下的生活污水排放效率。图 2-26 为 2008—2017 年长三角各省（市）生活污水中 COD 排放强度。

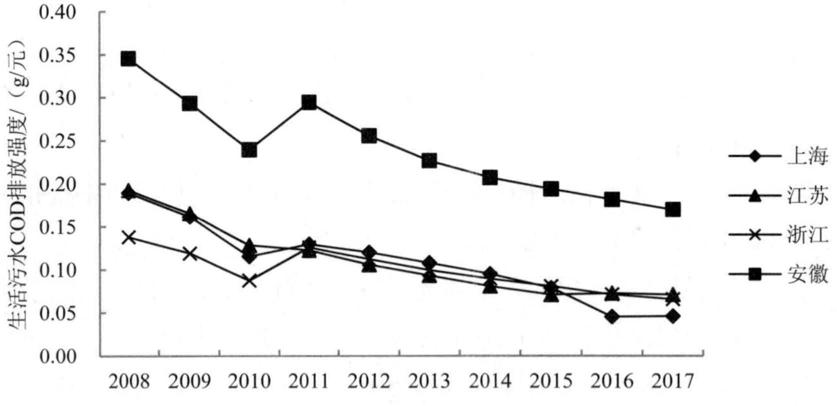

图 2-26　2008—2017 年长三角各省（市）生活污水中 COD 排放强度

数据来源：历年“上海统计年鉴”“江苏统计年鉴”“浙江自然资源统计年鉴”“安徽统计年鉴”。

从图 2-26 中可以看出，2008—2017 年，横向上，长三角各省（市）生活污水中 COD 排放强度呈现大幅下降趋势，其中以上海下降幅度最大，由 2008 年的 0.19 g/元下降至 2017 年的 0.05 g/元，下降幅度为 75.58%，说明各地生活污水中的 COD 排放强度开始下降；纵向上，2008—2017 年，长三角生活污水中 COD 排放强度由高到低的省份分别是安徽、江苏、上海及浙江，相应地，安徽和江苏应当承担更多的减排责任。

总而言之，长三角污染物一体化减排必须坚持兼顾公平和效率的原则。公平原则有助于提高一体化减排的可行性，而效率原则有助于降低整个长三角的减排成本。兼顾公平和效率的原则，不仅应体现在地区层面的污染物减排，还应体现在部门层面的污染物减排。

第 3 章

长三角城市水污染排放效率及减排责任分担研究

污染减排责任分担不仅要追求效率，还要兼顾公平。同时考虑到减排成本和地区经济发展水平差异，才能有效促进环境保护与区域经济协调发展实现“双赢”。本章首先运用数据包络分析方法（DEA）中的超效率 SBM 模型，分别在不考虑及考虑地区经济发展水平差距的情形下对长三角城市 2011—2017 年的水污染排放效率进行测算，从技术层面和发展阶段分析各城市的减排潜力。其次，基于总体污染排放及工业污染排放的角度，对长三角海洋环境陆源污染的重点区域和主要污染物进行分析。最后，兼顾效率和公平，运用熵值法同时考量地区间水污染减排潜力差异和经济发展差距，提出共同但有区别的长三角城市水污染减排责任分担方案。

3.1 水污染排放效率内涵及其测算方法

3.1.1 水污染排放效率的内涵

要实现区域发展与减排双重目标，各城市都需重视污染排放效率。优化污染排放效率是各城市要解决的最迫切的问题之一，因而节能减排中的效率问题是学者们长期关注的核心问题之一。田泽等①测度长三角城市群节能减排效率整体特征与区域差异，发现长三角城市群整体的节能减排效率呈“M”形波动趋势。Guan 等②对通过数据包络分析估算长三角 26 个城市的能源效率，发现产业结构、投资、经济规模、贸易对能源效率

① 田泽，张宏阳，任芳容，等. 长三角城市群节能减排效率评价及驱动因素研究[J]. 武汉理工大学学报（信息与管理工程版），2019，41（5）：521-526.

② Guan Rong，Tian Lixin，Wenchao Li. Analysis of influencing factors on energy efficiency of Yangtze River Delta Urban agglomeration based on spatial assessing the feasibility of using the heat demand-outdoor heterogeneity[J]. Energy Procedia，2019，158：3234-3249.

存在正相关关系。张新林等[①]测算了长三角城市群工业生态效率，发现长三角城市群工业生态效率均值不断上升，呈现出"东高西低"的空间特征，并指出科技投入对工业生态效率的提升作用显著。但针对长三角环境的研究，较多的学者关注在长三角城市发展与碳排放效率的关系上，Yu X 等[②]考虑了人口、技术、出口指标对长江三角洲城市群对 CO_2 排放的影响，城市群的发展可提高城市排放效率。Zhou C 等[③]则研究了城市化与 CO_2 排放量，发现空间城市化与 CO_2 排放呈正相关，而社会城市化与 CO_2 排放呈负相关。但对长三角区域发展对海洋环境影响的研究却十分有限。

城市群是推动经济向上和向前发展的主要动力之一。长三角以上海为中心，辐射浙江、江苏、安徽三省，是中国人口最稠密的地区之一，该城市群展现了全国范围发展最快的城市化进程，以及中国强劲的经济发展能力。但沿海地带的城市化、工业化进程难以避免地会产生大量污染排放，作为中国城市化和现代化的"领头羊"，长三角城市发展对环境的影响引起广泛关注。根据《中国海洋生态环境公报》，四大海域中东海连续多年水质最差，海水连续多年无机碳与活性磷酸盐超标，污染物集中分布在江苏沿岸、浙江沿岸、长江口、杭州湾。"治海先治陆"，严格控制陆源污染物的排放、削减主要污染物排放总量，对改善海洋生态环境具有重要意义。孙鹏等[④]基于非期望超效率模型测算了沿海 11 个省（市）的海洋环境效率，指出环境规制是促进海洋环境效率提升的主要影响因素，珠三角、长三角海洋环境效率整体较高，环渤海、北部湾地区相对较低。与之研究观点相悖的是狄乾斌等[⑤]的研究，他们研究发现海洋生态效率重心总体呈现向北移动趋势，表明北方海洋生态效率的优化进度快于南方。

由于资源禀赋、技术条件及城市发展侧重不同，城市间的污染排放水平也存在较大差异，分析长三角排放效率空间差异与时间变化趋势对制定合理的减排目标与策略、推动长三角生态环境共保联治具有重要现实意义。因此，本章将基于城市角度，对长三角"三省一市"的 41 个城市的污染排放效率进行测算，并基于公平与效率原则对城市污染

---

① 张新林，仇方道，王长建，等. 长三角城市群工业生态效率空间溢出效应及其影响因素[J]. 长江流域资源与环境，2019，28（8）：1791-1800.

② Xiang Yu，Zhanyun Wu，Heren Zheng，et al. How urban agglomeration improve the emission efficiency？ A spatial econometric analysis of the Yangtze River Delta urban agglomeration in China[J]. Journal of Environmental Management，2020，260：1-8.

③ Chunshan Zhou，Shaojian Wang，Jieyu Wang，et al. Examining the influences of urbanization on carbon dioxide emissions in the Yangtze River Delta，China：kuznets curve relationship[J]. The Science of the total environment，2019，675：472-482.

④ 孙鹏，宋琳芳. 基于非期望超效率-Malmquist 面板模型中国海洋环境效率测算[J]. 中国人口・资源与环境，2019，29（2）：43-51.

⑤ 狄乾斌，梁倩颖. 中国海洋生态效率时空分异及其与海洋产业结构响应关系识别[J]. 地理科学，2018，38（10）：1606-1615.

减排责任分摊。

3.1.2 水污染排放效率测算方法

3.1.2.1 超效率 SBM 模型

对城市的技术、经济、环境效率评价的研究使用的主要方法包括设置参数的随机前沿分析法（SFA）[①,②]以及不考虑参数的数据包络分析（DEA）[③,④]，SFA 方法需要预先设定函数，适用范围存在局限。因此，在对效率进行研究时，更多学者倾向于 DEA 模型。DEA 模型由运筹学家 Charnes 等提出，用来评价含有多个投入与多个产出的多决策单元的相对效率。基础的 DEA 模型包括 CCR 模型和 BCC 模型两种，但这两种模型并未考虑松弛变量。2001 年 Tone[⑤]提出了 SBM 模型，基于松弛变量的效率测算结果进一步精确，但该模型无法解决同处于前沿面的决策单元的排序问题，2002 年，Tone[⑥]对模型进一步改进，提出基于非径向、非角度的超效率 SBM 模型。2003 年，Tone[⑦]对 SBM 模型进一步拓展，提出含有非期望产出的非角度、非径向的 SBM 模型。DEA 模型在对环境效率评价时，往往将污染排放作为非期望产出，将污染排放处理为资源投入所带来的一种坏产出。

本章采用含非期望产出的 SBM 模型对长三角 41 个城市的污染排放效率进行测算，将城市工业废水排放作为非期望产出指标进行分析。决策系统有 n 个决策单元（即城市），每个决策单元有投入部分、产出部分和非期望产出部分。资本投入、劳动力投入与能源消耗作为投入要素部分 $x \in R^m$，GDP 作为期望产出 $y^g \in R^{S_1}$，城市工业废水作为非期望产出，$y^b \in R^{S_2}$。

投入产出矩阵：

$$X = [X_1, X_2 + \cdots + X_n] \in R^{m \times n}$$
$$Y^g = [y_1^g, y_2^g, y_n^g] \in R^{S_1 \times n}$$

---

① 刘俊，白永秀，韩先锋. 城市化对中国创新效率的影响——创新二阶段视角下的 SFA 模型检验[J]. 管理学报，2017，14（5）：704-712.

② 陈龙，李金昌，程开明. 中国城市能源效率测算[J]. 商业经济与管理，2016（7）：83-96.

③ 黄贤凤，刘春红. 基于 DEA 非期望产出的江苏省十三城市排放治理效率评价[J]. 中国集体经济，2016（34）：33-34.

④ 张雪梅，马鹏琼. 我国城市节能减排效率评价及空间收敛性[J]. 系统工程，2018，36（9）：91-100.

⑤ Tone K. A slacks-based measure of efficiency in data envelopment analysis[J]. European Journal of Operational Research，2001（3）：498-509.

⑥ Tone K. A slacks - based measure of super - efficiency in data envelopment analysis[J]. European Journal of Operational Research，2002（3）：32-41.

⑦ Tone K. Dealing with undesirable outputs in DEA：a slacks - based measure（SBM） approach[J]. GRIPS Research Report Series，2003：44 - 45.

$$Y^b=[y_1^b,y_2^b,y_n^b]\in R^{S_2\times n}$$

假设 $X>0$，$Y^g>0$，$Y^b>0$，其生产可能性集为 $P=\{(X,Y^g,Y^b)\mid x\geqslant X\lambda,y^g\geqslant Y^g\lambda,y^b\geqslant Y^b\lambda\}$，$\lambda$为权重向量。

设定的SBM模型为

$$\rho^*=\frac{1-\frac{1}{m}\sum_{i=1}^{m}\frac{S_i^-}{x_{i0}}}{1+\frac{1}{S_1+S_2}\left(\sum_{r=1}^{S_1}\frac{S_r^g}{y_{r0}^g}+\sum_{r=1}^{S_1}\frac{S_r^b}{y_{r0}^b}\right)} \tag{3.1}$$

$$\text{s. t.}\quad\begin{cases}X_0=X\lambda+S^-\\Y_0^g=Y^g\lambda-S^g\\Y_0^b=Y^b\lambda-S^b\\S^-\geqslant 0,S^g\geqslant 0,S^b\geqslant 0\end{cases} \tag{3.2}$$

式中：S^-、S^g、S^b —— 松弛变量，S^-代表投入冗余，S^g 是期望产出的不足，S^b 是非期望产出的过剩；

ρ^* —— 目标函数，即所求的污染排放效率值。

当且仅当$\rho^*=1$，S^-、S^g、S^b都为 0 时，决策单元是有效的，当 $0\leqslant\rho^*<1$ 时，说明被评价单元是非有效的，具有投入、产出改进的必要性。

3.1.2.2　指标选取与数据来源

城市污染排放效率要能够反映城市发展过程中的经济增长、能源消耗以及由此造成的海洋环境污染三者之间的关系，因此本章从经济、能源、污染排放 3 个方面选取指标。

（1）投入指标。

☞ 资本投入：采用永续盘存法估算各城市资本存量，各城市 2000 年初始资本存量采用张军等的估算结果进行折算①，固定资本投资等数据来源于“安徽省统计年鉴”“上海统计年鉴”、浙江各分城市统计年鉴、江苏各分城市统计年鉴。

☞ 劳动力投入：以各城市劳动力就业人数来衡量该指标，选取 2011—2017 年各城市“地区历年年末的职工人数”，数据来源为各年份的城市统计年鉴。

☞ 能源消耗：能源消费量在一定程度上可以反映一个城市的资源禀赋与工业发展水平，选取 2011—2017 年各城市“能源消费总量”，数据来源于各城市的统计年鉴，部分城市统计年鉴中缺失该项数据，本章以缺失数据城市的 GDP 增长率来推算。

（2）产出指标。

☞ 期望产出：2011—2017 年各城市的地区 GDP，由于各城市的价格指数难以全

① 利用张军等估算的各省资本存量结果（2000 年价格），按各城市 2000 年 GDP 占全省比例进行拆分。

部获取，因此均采用 2000 年不变价 GDP 作为期望产出指标，数据来源为“上海统计年鉴”“江苏统计年鉴”“浙江统计年鉴”“安徽统计年鉴”。

☞ 非期望产出：前期研究表明，废水排放对我国各沿海城市海洋经济效率均存在不同程度的效率损失[①,②]，为反映出长三角城市对海洋污染的排放现状，本章采用“工业废水排放量”污染作为非期望产出，数据来自各城市统计年鉴，浙江省城市数据来自“浙江自然资源与环境统计年鉴”。由于在 2010 年以后我国各省、各城市的统计年鉴一些指标的统计口径发生较大变化，为保证数据严谨性，本章选取 2011—2017 年长三角 41 个城市的数据进行研究。

3.2 不考虑地区发展差距的长三角城市水污染排放效率测度

3.2.1 水污染排放效率测算结果：基于共同前沿面

基于 MAXDEA 软件平台，运用含有非期望产出的非角度、非导向、规模报酬不变的 SBM 数据包络分析模型对 2011—2017 年长三角 41 个城市的污染排放效率进行测算，结果见表 3-1。

表 3-1 长三角 41 个城市水污染排放效率值：基于共同前沿面

城市	2011 年	2012 年	2013 年	2014 年	2015 年	2016 年	2017 年	年均
上海	1.165	1.236	1.281	1.300	1.295	1.296	1.291	1.261
合肥	1.004	1.066	1.092	1.002	1.181	1.062	0.864	1.067
安庆	0.361	0.363	0.341	0.327	0.356	0.337	0.341	0.338
马鞍山	0.280	0.271	0.276	0.263	0.265	0.246	0.249	0.271
芜湖	1.027	0.890	0.591	0.522	0.505	0.527	0.513	0.619
黄山	0.520	1.102	1.072	1.045	0.700	0.607	0.562	0.741
淮南	0.310	0.286	0.284	0.263	0.252	0.244	0.244	0.274
蚌埠	0.356	0.341	0.367	0.376	0.453	0.478	0.485	0.396
六安	0.354	0.360	0.360	0.330	0.354	1.056	0.527	0.455
宿州	0.335	0.326	0.321	0.304	0.302	0.333	0.354	0.328
淮北	0.299	0.291	0.321	0.311	0.262	0.268	0.299	0.292
铜陵	0.360	0.336	0.358	0.350	0.300	0.282	0.296	0.325
宣城	0.283	0.282	0.279	0.284	0.301	0.346	0.346	0.293

① 都晓星，李京梅. 废水排放对我国海洋经济效率的影响分析[J]. 海洋经济，2018，8（1）：38-47.

② 浙江省海洋与渔业局、浙江省发展计划委员会、浙江省财政厅、浙江省环境保护局、浙江省经济建设规划院联合课题组. 浙江省海洋环境保护与生态建设对策研究[J]. 浙江经济，2003（16）：24-25.

城市	2011 年	2012 年	2013 年	2014 年	2015 年	2016 年	2017 年	年均
池州	0.298	0.279	0.261	0.241	0.277	0.297	0.402	0.287
亳州	0.384	0.402	0.416	0.350	0.375	0.439	0.401	0.397
滁州	0.347	0.332	0.327	0.319	0.322	0.342	0.375	0.330
阜阳	0.343	0.334	0.328	0.304	0.296	0.283	0.275	0.313
杭州	0.544	0.585	0.591	0.587	0.635	0.699	0.683	0.607
湖州	0.432	0.450	0.462	0.443	0.452	0.426	0.412	0.435
温州	1.144	1.003	1.205	1.234	1.224	1.238	1.234	1.171
嘉兴	0.634	0.651	0.603	0.560	0.555	0.533	0.531	0.579
金华	1.163	1.158	1.071	1.058	1.049	1.052	1.106	1.102
丽水	1.167	1.142	1.182	1.205	1.218	1.191	1.185	1.184
舟山	1.236	1.130	1.248	1.221	1.211	1.247	1.251	1.220
台州	1.051	1.050	1.035	1.026	1.021	0.729	0.717	0.960
宁波	0.717	0.898	0.890	0.838	0.890	1.022	1.033	0.883
衢州	0.396	0.381	0.393	0.366	0.358	0.360	0.344	0.369
绍兴	0.837	1.023	1.023	1.032	1.012	0.767	0.694	0.891
南京	0.598	0.904	0.739	0.814	0.927	0.837	0.923	0.793
宿迁	0.550	0.545	0.528	0.482	0.532	0.533	0.526	0.532
苏州	0.570	0.614	0.658	0.656	0.681	0.692	0.721	0.659
常州	0.713	1.026	0.894	1.004	1.015	1.003	1.009	0.922
连云港	0.514	0.705	0.612	0.566	0.510	0.477	0.503	0.562
泰州	0.510	0.673	0.717	0.703	0.623	0.588	0.645	0.627
淮安	0.386	0.400	0.461	0.447	0.491	0.476	0.508	0.443
徐州	0.545	0.493	0.537	0.570	0.623	0.620	1.157	0.639
南通	0.602	0.839	0.778	0.400	0.777	0.693	0.768	0.703
盐城	0.793	1.058	0.776	0.774	0.811	0.716	0.745	0.838
无锡	0.805	1.008	0.789	0.769	0.792	0.744	0.772	0.802
扬州	0.599	0.798	0.709	0.791	0.860	0.738	0.752	0.732
镇江	0.519	0.574	0.622	0.582	0.588	0.562	0.591	0.583
均值	0.611	0.673	0.654	0.635	0.650	0.644	0.650	0.640

整体来看，长三角城市群在研究期间内污染排放效率值并不高，41 个城市中，仅有 6 个城市在样本区间内效率的平均值均大于 1。2011—2017 年，长三角 41 个城市水污染排放效率的平均值为 0.640，距离效率前沿面还有一定差距，说明长三角仍具有较大的节能减排空间和潜力。减排效率呈片状分布，效率高的城市主要集中在上海周边及浙江东南部，高效率城市周边成片分布着中、高效率的城市，主要集中在苏南地区和浙江北部，内陆城市则分布着效率较低的城市（图 3-1）。

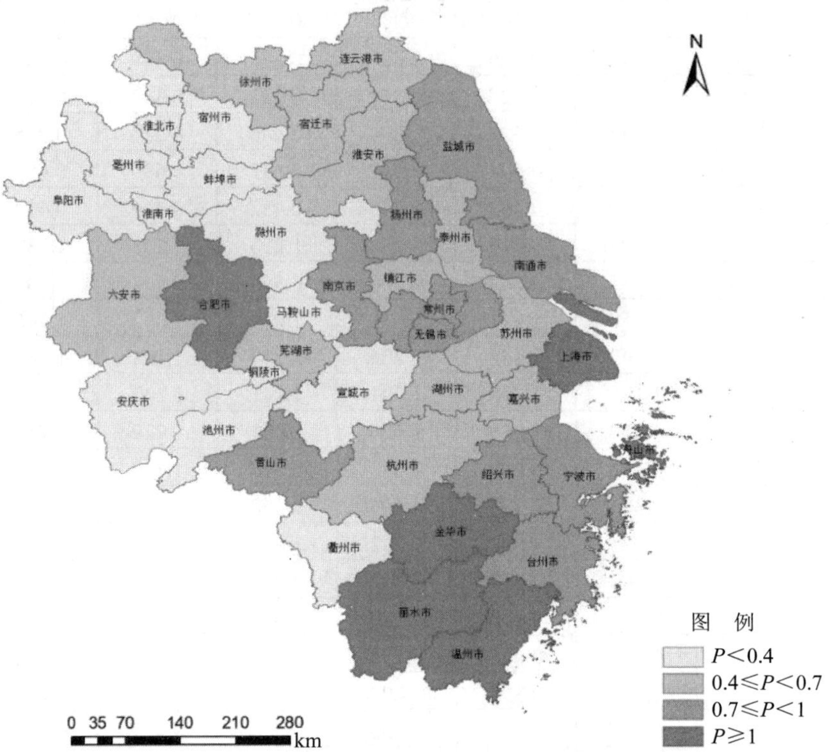

图 3-1 长三角城市工业废水排放效率空间分布格局（2011—2017 年均值）

从城市层角度来看，城市间污染减排效率的差异较大，2011—2017 年在长三角 41 个城市中，只有上海、合肥、温州、金华、丽水、舟山 6 个城市处于前沿面上，污染排放处于超效率，上海排放效率均值位列第一。而表现最差的 6 个城市依次为马鞍山、淮南、池州、淮北、宣城和阜阳，均位于安徽，其中马鞍山 2011—2017 年平均效率仅为 0.271，有高达 82.9%的减排空间。省际对比来看，长三角 41 个城市的水污染排放效率存在明显差距。2011—2017 年，上海的水污染排放效率均为最高且与其余地区存在较大差距，其次是浙江，再次是江苏，安徽则处于垫底水平（图 3-2）。结合表 3-1 可知，安徽城市的排放效率普遍较低，除省会合肥排放效率大于 1 以外，其余大多数城市的排放效率均低于 0.5。故而从相对值来看，安徽有着最大的减排空间。浙江城市排放效率整体较高，其中浙江舟山的排放效率均值仅次于上海，甚至在个别年份超过上海。而江苏整体排放效率均未达到前沿，但整体都处于 0.5 以上，未出现超低效率的城市。

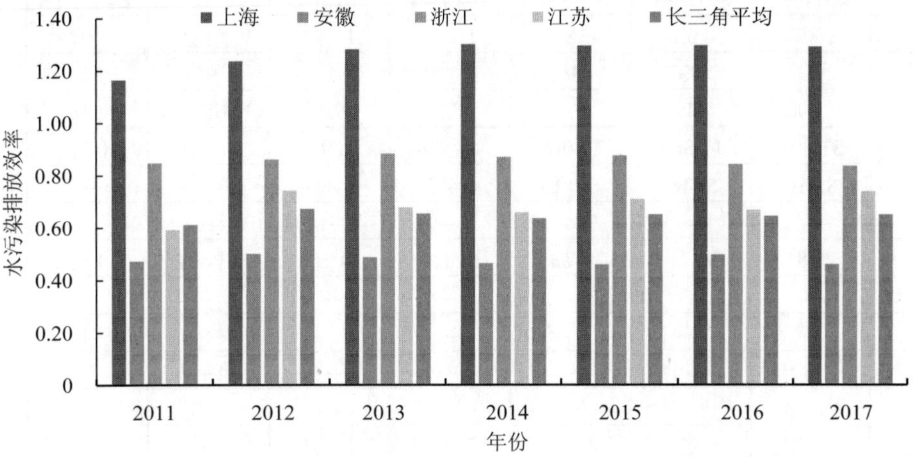

图 3-2　2011—2017 年长三角各省（市）水污染排放效率

3.2.2　水污染减排潜力分析：基于共同前沿面

采用 MAXDEA 软件平台，运用含有非期望产出的非角度、非导向、规模报酬不变的 SBM 数据包络分析模型，基于共同前沿面测算减排效率未处于前沿水平的城市的水污染减排潜力，结果见表 3-2。表中的“—”表示城市在改年减排效率已达到最优，无须再作出减排行动。

表 3-2　长三角城市水污染减排潜力上限值　单位：万 t

城市	2011 年	2012 年	2013 年	2014 年	2015 年	2016 年	2017 年	年均
上海	—	—	—	—	—	—	—	—
合肥	—	—	—	—	—	—	—	—
安庆	1 862	1 553	1 971	1 845	1 879	2 029	897	1 950
马鞍山	2 600	2 316	4 399	5 473	5 839	5 618	6 837	4 241
芜湖	—	—	—	668	1 593	650	1 248	766
黄山	171	—	—	—	—	111	71	212
淮南	9 006	8 973	9 015	9 210	7 465	2 830	3 898	6 842
蚌埠	2 589	2 078	2 037	937	184	555	173	1 619
六安	1 139	673	609	741	585	—	156	740
宿州	5 398	1 926	1 872	1 949	3 868	1 817	729	2 485
淮北	1 388	1 441	1 063	891	3 988	2 623	773	1 626
铜陵	1 897	2 721	4 397	4 691	3 672	2 692	2 022	2 986
宣城	3 140	2 559	4 019	2 219	1 889	437	397	2 555
池州	721	491	1 210	1 705	426	180	—	698

城市	2011 年	2012 年	2013 年	2014 年	2015 年	2016 年	2017 年	年均
亳州	1 852	703	383	1 143	1 779	518	707	942
滁州	2 031	2 837	4 192	3 540	3 473	1 951	705	3 113
阜阳	1 098	645	578	472	629	680	523	710
杭州	31 891	17 864	22 060	18 578	16 920	11 869	10 459	20 593
湖州	8 510	5 580	7 092	6 452	4 801	5 565	5 916	6 508
温州	—	—	—	—	—	—	—	—
嘉兴	7 481	9 118	14 239	14 118	14 361	13 881	14 300	12 417
金华	—	—	—	—	—	—	—	—
丽水	—	—	—	—	—	—	—	—
舟山	—	—	—	—	—	—	—	—
台州	—	—	—	—	—	628	585	152
宁波	5 630	1 071	4 080	2 992	1 524	—	—	2 868
衢州	10 450	12 014	12 691	10 444	10 647	9 067	9 295	10 304
绍兴	12 925	—	—	—	—	14 492	17 857	8 240
南京	11 272	75	9 387	6 650	3 375	7 650	2 509	7 961
宿迁	2 237	1 273	1 218	1 377	473	2 221	2 356	1 847
苏州	26 044	25 290	36 308	33 840	34 855	26 463	22 456	28 995
常州	8 079	—	2 252	—	—	—	—	4 309
连云港	3 646	1 474	2 160	2 300	4 341	4 099	2 137	2 594
泰州	7 028	988	1 559	2 050	2 761	1 569	846	3 492
淮安	6 271	5 459	3 790	3 468	1 916	2 625	256	3 916
徐州	1 938	5 521	4 476	2 539	2 282	1 920	—	2 573
南通	9 432	1 993	3 456	6 529	3 153	6 557	5 703	5 570
盐城	6 892	—	6 058	6 233	3 664	6 739	4 629	4 277
无锡	7 576	—	7 868	8 460	7 698	9 531	11 039	9 413
扬州	3 037	496	3 169	2 172	1 560	3 087	3 152	2 623
镇江	5 897	3 733	3 965	4 271	4 100	4 106	1 728	3 967

从城市个体来看，长三角大多城市非期望产出过量，有较大的减排空间。其中，污染排放改进空间最大的城市分别是苏州、杭州、绍兴、嘉兴、常州、无锡和衢州等，污染排放量过大是这几个城市排放效率损失的主要因素。其中苏州、杭州的减排潜力在2013 年之后有递减趋势，说明这两个城市越来越重视节能减排，污染排放效率实现了快速提升。上述变化在一定程度上也反映出两个城市的产业结构在升级，高新技术产业对传统制造业的替代有效缓解了他们面临的环境压力。

从省域角度来看，上海在 2011—2017 年处于减排效率前沿面上，从而不具备减排潜力。浙江除杭州、绍兴、嘉兴、衢州三市外，其他城市的减排潜力并不大。其中，绍兴与嘉兴属于制造业为主的城市，因此相对于其他城市而言，其污染减排效率的提升较难。江苏的工业废水潜力相比较安徽、浙江两省整体较大，原因是江苏以重化工业为主，高污染、高排放行业比重偏高的特征增加了工业废水的排放，导致该省大多工业城市非期望产出冗余，环境负效益产出过量。安徽除马鞍山、淮南外，其他城市减排潜力整体较小，呈逐年递减趋势。

整体而言，长三角的水污染减排潜力在 2011—2017 年基本处于持续下降状态。该地区“三省一市”中，江苏的绝对减排潜力最大，浙江次之，安徽和上海相对较小，具体如图 3-3 所示。

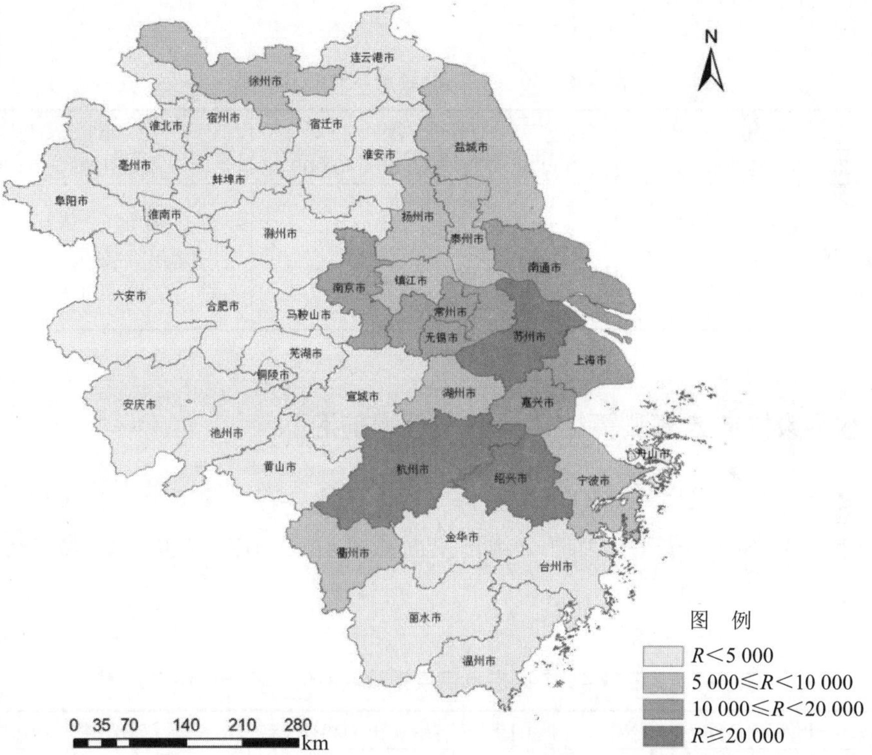

图 3-3　长三角城市工业废水减排潜力空间分布格局（2011—2017 年均值，万 t）

3.3　考虑地区发展差距的长三角城市水污染排放效率测度

在不考虑地区经济发展差距的情形下，3.2 节在测算水污染排放效率值时暗含了以下假定：长三角各城市能够采用同样的经济技术条件进行生产。然而，长三角 41 个城市的经济发展水平存在显著差距，用同一个标准来要求所有城市减排既不现实，也有失公平。因此，本节将放松前述假定，基于经济发展水平对城市进行分组测算，用组内标准来衡量同等发达城市的水污染排放效率，进而分析各城市水污染减排潜力可达值。

Battese G E 等[①]认为分组前沿是“确定性边界”的包络，将分组数据作为共同前沿函数进行估计会导致共同前沿面并不一定能包络所有的分组随机前沿点。分组前沿强调 DMU 生产的异质性，主张按生产能力相同或相近的原则对所有的生产单元进行分组。为更客观反映各组别的特征，本节选取各城市 2017 年的人均 GDP 值指标来对长三角 41 个城市进行分组，分别为高经济水平、中经济水平与低经济水平组（表 3-3）。研究样本期依旧为 2011—2017 年。

表 3-3 高、中、低经济水平城市分组

高收入组 人均 GDP＞100 000 元	中等收入组 50 000 元＜人均 GDP＜10 000 元	低收入组 人均 GDP＜50 000 元
上海、苏州、无锡、南京、常州、杭州、镇江、宁波、扬州、南通、泰州、绍兴、舟山	嘉兴、合肥、湖州、芜湖、金华、徐州、马鞍山、台州、盐城、铜陵、淮安、温州、衢州、丽水、连云港、宿迁	蚌埠、宣城、黄山、池州、淮北、滁州、安庆、淮南、宿州、六安、亳州、阜阳

3.3.1 水污染排放效率测算结果：基于分组前沿面

与 3.2 节相同，采用 MAXDEA 软件平台，选取含有非期望产出的非角度、规模报酬不变的超效率 SBM 模型，基于分组前沿面测算长三角各城市的水污染排放潜力，结果见表 3-4。

表 3-4 长三角 41 个城市水污染排放效率值：基于分组前沿面

类型	城市	人均 GDP/元	2011 年	2012 年	2013 年	2014 年	2015 年	2016 年	2017 年	年均
高经济水平	上海	126 634	0.626	0.644	0.646	0.704	0.730	0.856	1.102	0.734
	苏州	162 388	0.431	0.463	0.477	0.506	0.541	0.620	1.015	0.563
	无锡	160 706	0.507	0.544	0.554	0.583	0.609	0.727	1.024	0.627
	南京	141 103	0.409	0.488	0.523	0.577	0.649	0.738	1.048	0.602
	常州	140 435	0.453	0.498	0.576	0.635	0.682	0.752	1.018	0.631
	杭州	135 113	0.397	0.422	0.428	0.457	0.496	0.595	0.683	0.479
	镇江	125 962	0.367	0.403	0.439	0.445	0.479	0.517	0.591	0.455

① Battese G E，Rao D S P，O'Donnell C J. A Metafrontier production function for estimation of technical efficiencies and technology gaps for firms operating under different technologies[J]. Journal of Productivity Analysis，2004，21（1）：91-103.

类型	城市	人均 GDP/元	2011 年	2012 年	2013 年	2014 年	2015 年	2016 年	2017 年	年均
高经济水平	宁波	123 955	0.465	0.488	0.534	0.547	0.594	0.813	1.046	0.617
	扬州	112 559	0.391	0.434	0.469	0.532	0.605	0.666	0.773	0.532
	南通	105 903	0.393	0.437	0.500	0.271	0.557	0.611	0.768	0.496
	舟山	104 882	1.022	1.025	1.003	0.672	0.656	0.817	1.126	0.873
	泰州	102 058	0.361	0.411	0.456	0.484	0.472	0.513	1.029	0.513
	绍兴	101 588	0.538	0.593	0.604	0.625	0.620	0.668	0.707	0.599
中经济水平	嘉兴	94 510	0.591	0.565	0.559	0.531	0.524	0.553	0.632	0.555
	合肥	88 456	0.420	0.435	0.443	0.445	0.564	0.649	0.948	0.534
	湖州	82 952	0.443	0.457	0.461	0.463	0.474	0.483	0.501	0.457
	芜湖	80 458	0.441	0.420	0.412	0.421	0.427	0.485	0.513	0.426
	金华	79 626	1.043	1.011	0.966	1.006	0.918	0.937	1.047	0.966
	徐州	75 611	0.505	0.467	0.489	0.511	0.520	0.574	1.160	0.595
	马鞍山	74 709	0.280	0.262	0.248	0.240	0.248	0.244	0.264	0.256
	台州	73 230	1.023	0.824	0.890	0.860	0.805	0.839	1.040	0.912
	盐城	70 216	0.697	0.686	0.668	0.626	0.645	0.700	0.860	0.724
	铜陵	69 935	0.360	0.331	0.326	0.322	0.299	0.295	0.327	0.317
	淮安	67 909	0.410	0.415	0.460	0.451	0.455	0.482	0.537	0.447
	温州	65 884	1.032	0.682	0.819	0.843	0.862	1.017	1.083	0.929
	衢州	61 250	0.399	0.390	0.396	0.397	0.392	0.418	0.425	0.393
	丽水	59 674	1.038	0.788	0.957	0.839	0.761	0.845	1.113	0.901
	连云港	58 577	0.458	0.473	0.506	0.471	0.449	0.460	0.511	0.476
	宿迁	53 317	0.521	0.485	0.471	0.449	0.465	0.509	0.570	0.499
低经济水平	蚌埠	46 233	1.008	0.585	0.625	0.610	0.670	0.800	1.024	0.754
	宣城	45 467	0.598	0.471	0.469	0.491	0.509	0.623	0.714	0.529
	黄山	44 251	0.772	0.739	0.766	0.816	0.876	1.002	1.029	0.805
	池州	43 178	1.023	0.626	0.552	0.503	0.536	0.631	1.088	0.682
	淮北	41 660	1.009	0.719	1.001	0.648	0.565	0.635	1.058	0.809
	滁州	39 517	0.701	0.626	0.592	0.562	0.542	0.595	0.736	0.603
	安庆	36 928	1.013	0.932	0.725	0.694	0.663	0.695	0.800	0.765
	淮南	30 540	1.062	0.753	0.599	0.613	0.509	0.577	0.641	0.723
	宿州	26 056	1.030	0.781	0.744	0.711	0.624	0.718	0.867	0.813
	六安	24 406	0.775	0.744	0.711	0.634	0.607	1.009	1.109	0.773
	亳州	22 385	1.035	1.004	1.021	0.826	0.760	1.024	0.896	0.949
	阜阳	19 536	1.018	0.908	1.003	0.911	0.710	0.657	0.597	0.852

从整体上看，分组之后测算得到的结果相较于分组之前有明显变化。高经济水平分组的最佳实践单元是舟山，中经济水平组和低经济水平分组的最佳实践单元分别是金华和亳州，但均未实现效率最优。

处于高经济水平分组的城市整体上经济结构合理、制造业服务化程度高，因此城市间的效率值差异并不大，12 个城市效率值标准差为 0.11。而中经济水平组和低经济水平组的城市发展差异化明显，产业结构侧重不同，如马鞍山、连云港以工业为主，而丽水、台州则第三产业占比较高，因此这两个城市组的污染排放效率值标准差分别为 0.22，差异化明显。

图 3-4 展示了 3 组城市在 2011—2017 年的平均效率值变化，反映出各分组城市污染减排效率在时间维度上的变化情况。可以看出研究期间内，高经济水平、低经济水平的城市水污染排放效率均值整体处于上升趋势，中经济水平组波动幅度较大，先降后增，说明长三角各城市节能减排工作在持续推进。高经济水平组效率持续增加，2016—2017 年增幅较大，在 2017 年的效率值为 0.92，处于高效率水平。低经济水平组分别效率值呈“N”形变化，波动幅度相对较小。

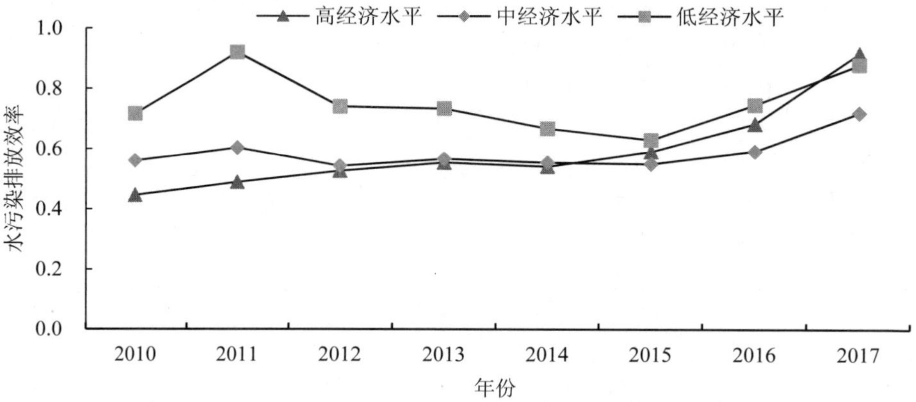

图 3-4　2011—2017 年各分组城市平均效率值变化趋势

2011 年城市平均排放效率依次为低、中、高组，这说明在工业化进程加快、城市人口规模快速扩张进程的中前期阶段，经济较发达的城市在水污染排放方面的表现是更差的，而经济发展较为落后的城市对水环境造成的损害相对较低。但以上特征在 2016 年出现明显转折，高经济水平组的污染排放效率在 2017 年超过了低经济水平组，位列第一。相比之下，中、低经济水平两组的污染排放效率先下滑后上升，此后呈现缓慢增长态势，且 2017 年低经济水平组排放效率与 2011 年相比变化不大。这说明经济发达的城市在减排上具有一定的人力资源和技术优势，而经济发展相对欠缺的城市受限于依赖长期的产业发展模式，排放效率提升难度较大。

3.3.2　水污染减排潜力分析：基于分组前沿面

采用 MAXDEA 软件平台，运用含有非期望产出的非角度、非导向、规模报酬不变的 SBM 数据包络分析模型，基于分组前沿面测算得到 2011—2017 年长三角 41 个城市的水污染减排潜力可达值，结果见表 3-5。

表 3-5 分组前沿长三角城市水污染减排潜力可达值 单位：万 t

类型	城市	2011 年	2012 年	2013 年	2014 年	2015 年	2016 年	2017 年	年均
高经济水平	上海	24 444	26 492	22 433	19 072	20 431	7 527	—	17 389
	苏州	60 386	58 161	52 904	47 006	45 279	28 498	—	43 453
	无锡	19 879	15 305	14 922	12 923	13 032	9 832	—	14 472
	南京	18 960	15 763	16 842	12 361	12 555	9 445	—	14 296
	常州	13 677	10 401	6 912	5 910	6 247	6 368	—	10 505
	杭州	40 695	27 959	30 523	25 873	23 440	16 088	10 459	27 068
	镇江	8 789	7 203	6 533	5 674	5 384	3 982	1 728	5 675
	宁波	13 530	13 256	12 276	8 695	7 433	3 516	—	9 041
	扬州	6 455	6 317	6 284	4 811	4 216	3 136	2 533	5 060
	南通	15 440	13 423	8 847	9 920	8 386	6 927	5 413	10 055
	舟山	—	—	—	1 183	1 236	336	—	425
	泰州	10 059	5 504	4 305	3 845	4 092	1 386	—	5 318
	绍兴	29 021	25 833	21 684	20 140	19 577	17 598	17 290	22 311
中经济水平	嘉兴	8 793	16 133	15 868	16 331	18 297	15 619	13 441	14 795
	合肥	3 184	2 701	2 340	2 852	891	204	—	1 668
	湖州	5 541	6 671	7 771	6 764	6 067	5 985	5 732	6 238
	芜湖	1 389	1 677	2 130	2 086	3 004	1 183	1 248	2 019
	金华	—	—	175	—	871	102	—	609
	徐州	4 881	9 782	8 285	6 856	5 373	3 081	—	5 122
	马鞍山	2 600	4 858	4 631	5 119	5 422	5 071	5 754	4 448
	台州	—	3 281	960	1 212	1 933	1 276	—	1 083
	盐城	13 011	12 861	9 304	9 500	9 897	6 746	1 935	7 949
	铜陵	1 897	4 001	4 521	4 501	4 623	3 183	2 299	3 445
	淮安	7 316	6 729	5 397	5 525	4 807	4 206	1 076	4 953
	温州	—	8 433	2 126	1 458	1 600	—	—	1 702
	衢州	8 640	10 145	10 359	8 325	10 834	9 710	9 623	9 584
	丽水	—	6 417	514	2 041	3 007	949	—	1 682
	连云港	5 912	5 119	4 029	4 644	5 623	4 881	2 786	4 447
	宿迁	4 100	3 197	3 154	3 401	2 712	3 458	3 196	3 461
低经济水平	蚌埠	—	2 884	2 809	1 718	1 038	329	—	1 543
	宣城	3 470	3 448	4 777	2 842	2 552	599	262	3 029
	黄山	521	129	86	63	95	—	—	330
	池州	—	751	1 416	2 022	798	270	—	780
	淮北	—	1 007	—	1 228	4 361	2 504	—	1 154
	滁州	2 292	3 479	4 835	4 233	4 364	2 169	522	3 538

类型	城市	2011 年	2012 年	2013 年	2014 年	2015 年	2016 年	2017 年	年均
低经济水平	安庆	—	405	2 184	2 181	2 496	1 957	453	1 635
	淮南	—	4 401	8 095	7 784	7 835	2 752	3 343	4 276
	宿州	—	1 605	1 723	1 890	4 192	1 543	112	1 383
	六安	947	829	824	1 022	1 027	—	—	808
	亳州	—	—	—	812	1 724	—	179	339
	阜阳	—	115	—	—	448	326	235	141

由表 3-5 可知，分组前沿面下测得的减排潜力可达值相比整体前沿面下测得的潜力值较大。这说明相近经济水平的城市基于组内比较有更大的减排空间，多数城市减排潜力可达值逐年递减，说明城市减排潜力在逐渐降低，减排政策取得一定成效。

从高经济水平组来看，依然是苏州、杭州、绍兴的水污染减排潜力最大。除少数城市在部分年份处于前沿面上以外，大部分城市多数年份都存在水污染排放冗余。但随着这些城市经济发展方式向集约型转变，其水污染减排潜力呈递减趋势，在 2017 年有多个城市达到前沿面水平。中等经济水平组的嘉兴、衢州还存在较大的减排空间，未来需要进一步优化。低经济水平组减排潜力可达值较之于前两组明显偏低，这些城市需承担的减排负担相对较小，因此可以在兼顾环境效率的同时发展经济，提高整体实力。

将 2011—2017 年 3 个城市组别的减排潜力进行对比可发现，高经济水平组的减排潜力在绝大多数年份都显著大于其他两组，但呈现出快速下降趋势；中等经济水平组的减排潜力在 3 组中位列第二，且规模一直较为稳定，并未展现出明显的下降趋势；低经济水平组的减排潜力最小，且在 2015 年之后出现了明显的下降趋势（图 3-5）。

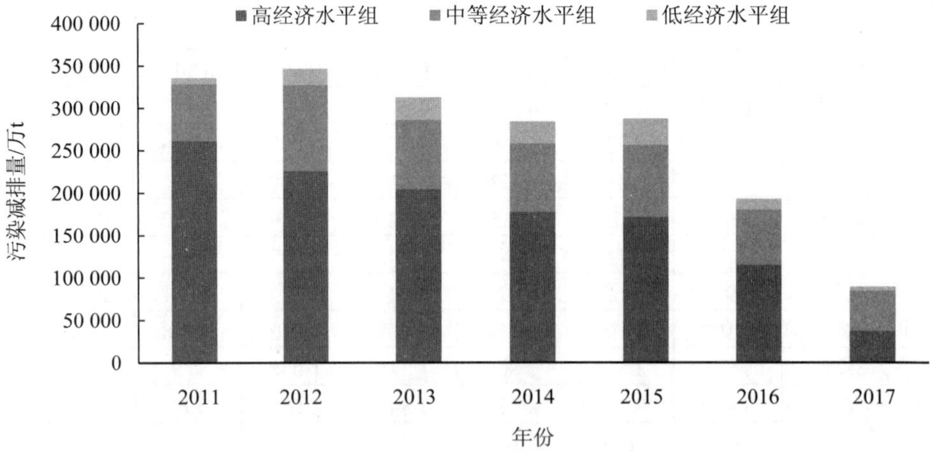

图 3-5 2011—2017 年长三角水污染减排潜力：基于分组前沿面

3.4 长三角海洋环境陆源污染的重点城市及主要污染物

3.4.1 长三角海洋环境陆源污染的重点城市

3.4.1.1 三大产业总体视角下的重点城市判别

入海水污染排放来源主要包括工业源、农业源和生活源，按污染物的统计类型主要包括废水与污水、化学需氧量以及氨氮等。将不同来源的同类型污染物排放量加总，对长三角主要城市的贡献度进行对比，能够较为准确地锁定重点区域，具体见表 3-6。

表 3-6 长三角主要城市水污染排放量：2011—2017 年年均值

城市	废水+污水/万 t	排名	COD/t	排名	氨氮/t	排名	总排名
上海	216 939.71	1	220 921.75	1	45 860.67	1	1
温州	49 988.14	7	128 121.01	3	18 687.06	2	2
南京	77 720.03	4	99 210.50	7	16 485.71	4	3
苏州	130 512.97	2	82 773.25	9	15 057.13	5	4
南通	46 134.10	10	108 497.14	5	17 100.63	3	5
杭州	91 620.74	3	94 530.38	8	13 133.16	8	6
徐州	42 638.68	12	134 646.33	2	13 868.41	6	7
合肥	46 216.51	9	118 327.90	4	10 406.13	10	8
宁波	58 955.85	6	60 201.96	11	13 516.85	7	9
绍兴	49 073.68	8	78 809.16	10	9 075.78	11	10
连云港	23 059.22	15	105 398.60	6	10 922.03	9	11
扬州	27 826.06	13	53 879.88	12	7 381.10	12	12
无锡	61 935.71	5	38 674.05	16	3 946.57	17	13
常州	42 705.06	11	38 537.05	17	5 782.50	15	14
芜湖	18 650.04	17	47 720.46	13	6 493.05	13	15
湖州	21 954.53	16	46 127.49	14	6 389.09	14	16
镇江	23 528.35	14	42 056.44	15	5 110.92	16	17
马鞍山	17 105.97	18	27 645.87	18	3 695.49	18	18

数据来源：2011—2015 年所有城市的数据来自“中国环境统计年鉴”；2016—2017 年浙江城市的数据来自“浙江省自然资源与环境统计年鉴”，其余城市数据来自各省（市）统计年鉴和环境公报。

（1）基于工业废水与生活污水排放总量对比。在长三角所有城市中，上海的 COD 排放总量最高，2011—2017 年其年均排放总量接近于 22 亿 t。苏州排在第二位，其年均排放总量超过了 13 亿 t。杭州位居第三，其年均排放总量超过了 9 亿 t。其余位列前 10 位的城市分别是南京、无锡、宁波、南京、绍兴、合肥和南通。

（2）基于 COD 排放总量对比。2011—2017 年，上海的 COD 排放总量最高，其年均排放总量超过了 22 万 t。徐州排在第二位，其年均排放总量超过了 13 万 t。温州位居第三，其年均排放总量接近 13 万 t。其余位列前 10 的城市分别是合肥、南通、连云港、南京、杭州、苏州和绍兴。

（3）基于氨氮排放总量对比。上海的氨氮排放总量位居长三角所有城市首位，2011—2017 年其年均排放总量逾 4.5 万 t。温州位居第二，其年均排放总量接近 2 万 t。南通排在第三位，其年均排放总量约 1.8 万 t。其余位列前 10 的城市分别是南京、苏州、徐州、宁波、杭州、连云港和合肥。

（4）三大产业总体判别结果。基于以上同时从工业、农业和生活服务业三大污染排放来源对各城市总体污染排放情况所进行的对比分析，长三角海洋环境陆源污染的重点区域可以锁定为以下 10 个城市：上海、温州、南京、苏州、南通、杭州、徐州、合肥、宁波和绍兴（图 3-6）。除合肥和徐州以外，其余 8 个重点城市均位于或紧邻环长江口和环杭州湾区域。在这 10 个城市中，江苏和浙江分别占 4 个，上海和安徽各占 1 个，同时涵盖了长三角“三省一市”。以这些重点城市作为推动区域环境一体化治理和污染减排工作的着力点，能够较好地形成合力。

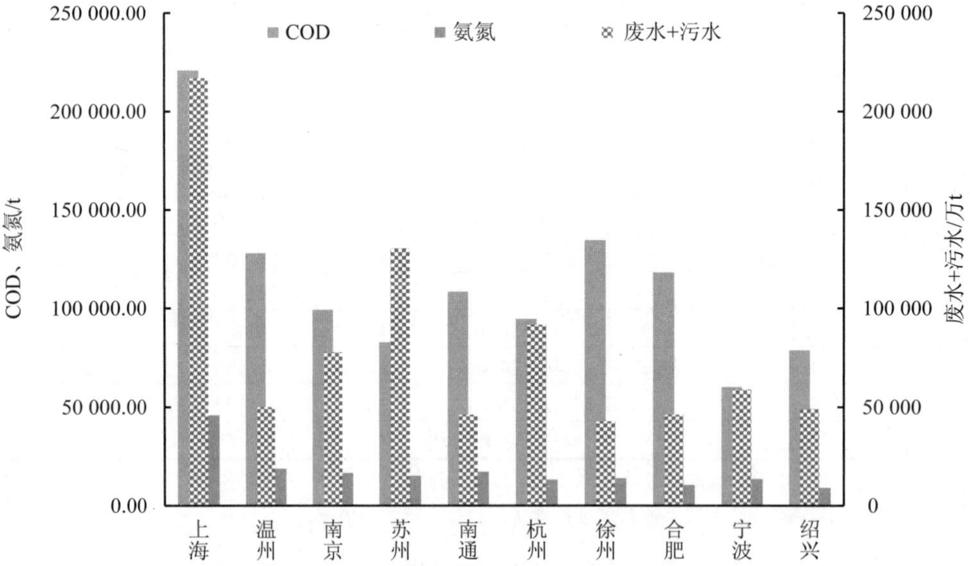

图 3-6 长三角海洋环境陆源污染的十大重点城市

3.4.1.2 工业视角下的重点城市判别

工业的高度集聚给区域海洋生态环境治理带来巨大压力。作为工业废水排放的最大来源，重化工业废水排放占全国工业废水排放总量的 80%以上[①]。长三角是我国重化工业、纺织业、造纸业等产业高度集聚的区域，工业生产规模的快速上升不仅加大了对水资源的需求，同时导致工业废水排放量居高不下，这使得长三角海洋生态环境保护工作面临巨大压力。因此，有必要对工业水污染排放的重点城市进行专门分析。

（1）基于历史累计排放量对比。2011—2017 年，长三角工业废水累计排放量最高的城市为苏州，其累计排放量接近于整个安徽在此期间的排放量。其次分别是上海、杭州、绍兴、无锡、南京、嘉兴、宁波、常州、盐城和南通（图 3-7）。这 11 个城市的工业废水累计排放量占整个长三角累计排放量的比重超过了 60%，应将它们列为长三角陆海统筹环境治理的重点区域。

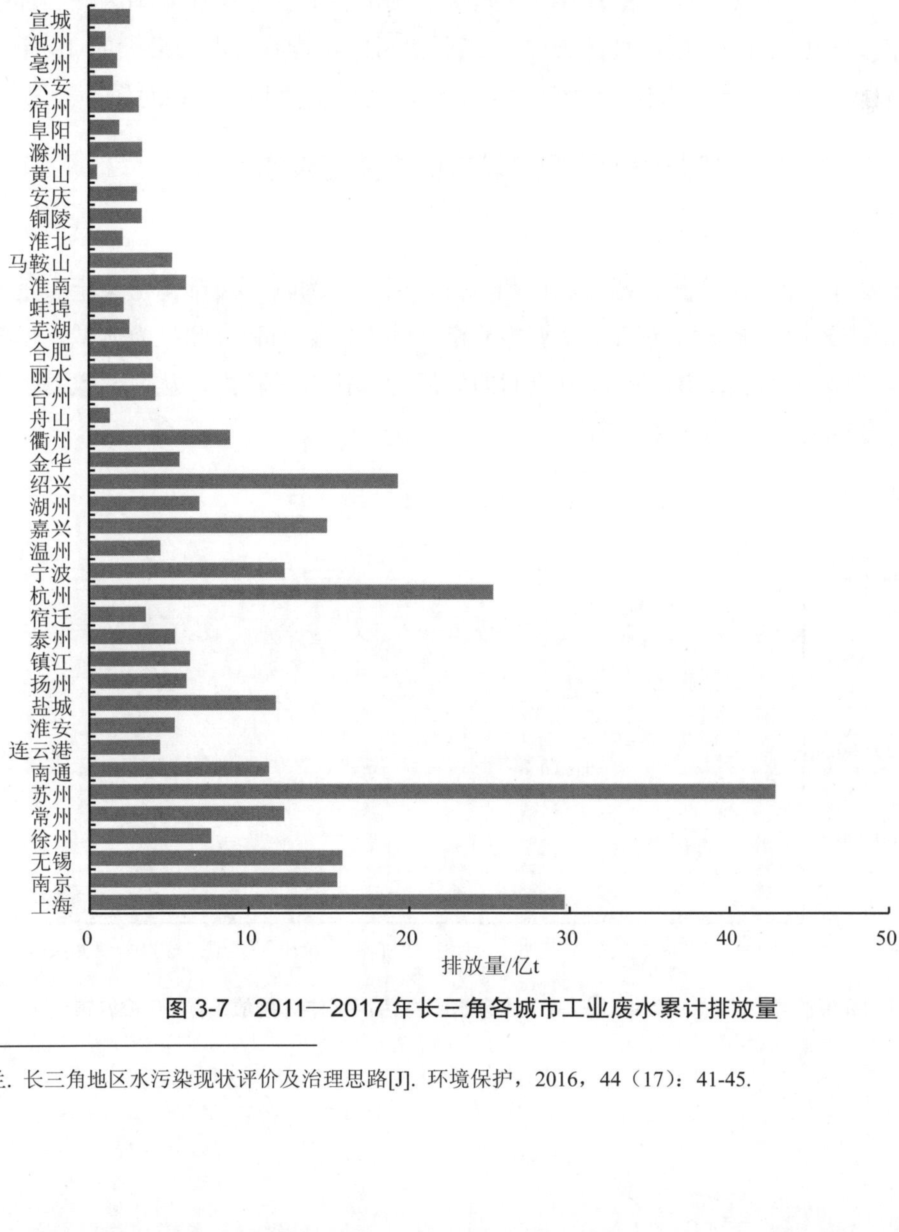

图 3-7　2011—2017 年长三角各城市工业废水累计排放量

① 林兰. 长三角地区水污染现状评价及治理思路[J]. 环境保护，2016，44（17）：41-45.

（2）基于排放效率对比。长三角城市工业水污染排放效率大致呈现出东南高、西北低的空间分布格局。排放效率呈块状分布，效率高的城市主要集中在上海周边及浙江东南部，效率较低的城市则在西北内陆地带集聚。省际对比来看，上海的水污染排放效率最高，其次是浙江和江苏，安徽则处于最末。具体而言，上海水污染排放始终位于生产前沿面上，且其排放效率与其余城市存在较大差距；浙江城市排放效率整体较高，只有衢州是例外；江苏城市排放效率整体处于中高水平，未出现超低效率的城市；安徽除合肥以外，其余城市的排放效率大都处于中低水平，整体偏低。

（3）工业源判别结果。基于以上对工业源污染排放情况进行的对比分析，长三角海洋环境陆源污染的重点区域可以锁定为以下 10 个城市：苏州、杭州、绍兴、上海、嘉兴、常州、无锡、南京、南通和宁波。这些重点城市主要分布在环太湖区域和环杭州湾区域，他们同时也是长三角 2011—2017 年工业水污染年均减排潜力最大的 10 个城市。省际对比来看，江苏的绝对减排潜力最大，浙江次之，安徽和上海相对较小。

3.4.2 长三角海洋环境陆源污染重点城市的主要污染物

3.4.2.1 工业废水与生活污水

2011—2017 年，除苏州、绍兴和杭州以外，长三角海洋环境陆源污染十大重点城市的生活污水排放量均显著大于工业废水排放量。其中，温州和合肥最为典型，尽管这两个城市的工业废水排放量并不高，但他们的生活污水排放量较大，从而导致总体污染排放规模在长三角位居前列（图 3-8）。

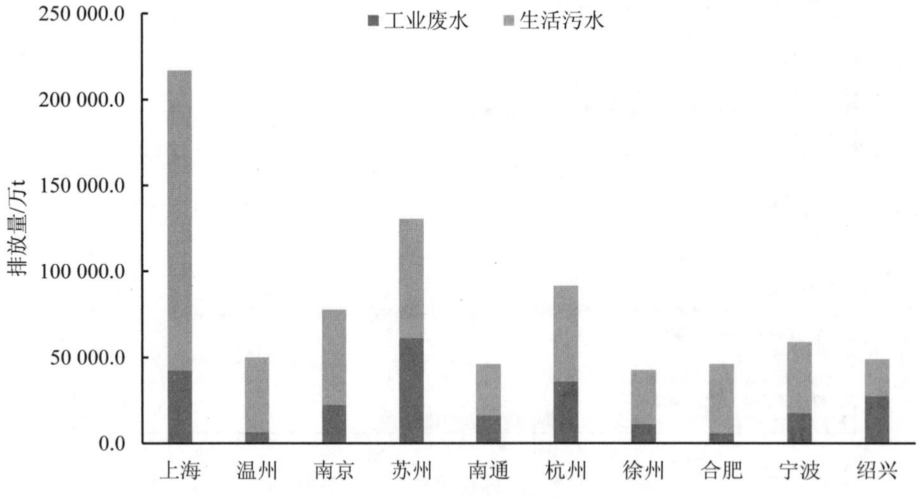

图 3-8 2011—2017 年长三角工业废水和生活污水年均排放量前 10 位城市

由此可见，加强重点城市的生活污水减排治理是开展长三角陆海统筹环境治理的关键切入点。与此同时，也要强化制造业发达城市的工业废水减排治理，坚持“两手抓”，两个领域协同推进。

3.4.2.2　化学需氧量（COD）

长三角海洋环境陆源污染十大重点城市的 COD 排放主要来自生活源，工业源排放和农业源排放规模相差不大。具体而言，上海、温州、南京、徐州、合肥和宁波的 COD 排放主要来自生活源；而在苏州、杭州和绍兴的 COD 排放总量中，工业源是主要的排放来源；除此以外，农业源的排放也不可忽视，它在合肥、徐州和南通的 COD 排放总量中占据了较大比例。具体见图 3-9。

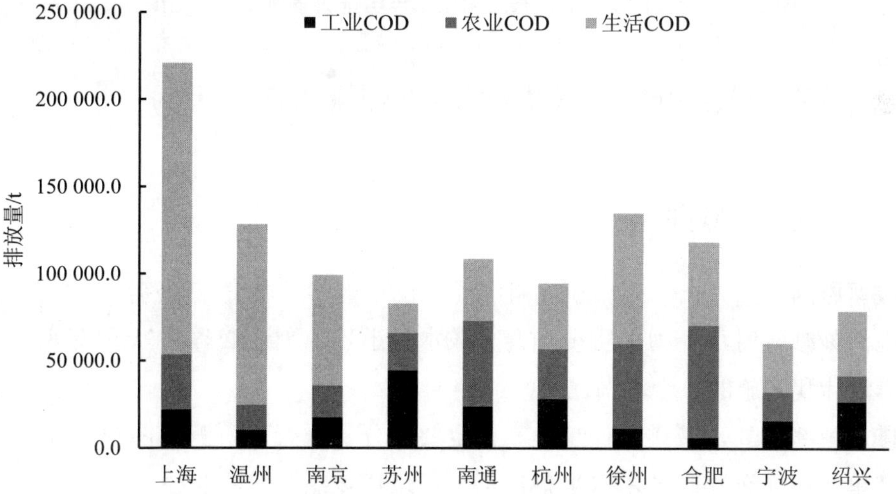

图 3-9　2011—2017 年长三角 COD 年均排放量前 10 位城市

3.4.2.3　氨氮

与 COD 排放的情况基本一致，长三角海洋环境陆源污染十大重点城市的氨氮排放主要来自生活源，其次分别是农业源和工业源，且后两个来源的排放规模相差不大。具体而言，上海、温州、南京、徐州、宁波和绍兴的氨氮排放主要来自生活源；而工业源排放则是苏州氨氮排放的最主要来源，超过了农业源和生活源的总和；除此之外，合肥、徐州和南通的氨氮排放有较大一部分来自农业源排放（图 3-10）。

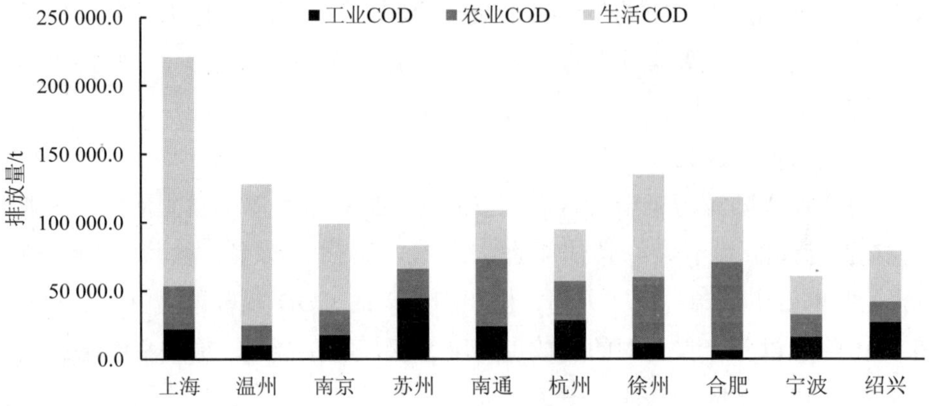

图 3-10 2011—2017 年长三角氨氮年均排放量前 10 位城市

3.5 兼顾效率与公平的长三角城市污染减排责任分担

3.5.1 减排责任分担原则

3.5.1.1 效率原则

在实施污染减排时，要力求实现社会总成本最小化，因而必须将以下效率原则贯穿于减排政策设计和实施的各个环节。

（1）排放效率越高，减排责任越小。在全要素分析框架下所测算得到排放效率，衡量的是生产单元在现有共同技术水平条件下，通过优化组合其各种生产要素来实现最小污染排放的能力。一个城市的排放效率越高，则意味着其与最优生产实践之间的差距越小，从而表明该城市在运用最优生产技术和优化其投入要素组合方面做的越好。当一个城市的排放效率不断提升时，其面临的投入要素约束和技术水平约束也会越来越紧，从而造成其边际减排成本越来越高。因此，为了实现社会总减排成本最小化目标，应在排放效率和减排责任之间确立起反向相关关系。

（2）排放强度越高，减排责任越大。排放强度是一个单要素评价指标，该指标不考虑生产单元面临的各种投入要素约束，只简单衡量生产单元的污染排放量与产出之间的比值。一个城市的排放强度越大，则意味着其发展模式越具有环境不友好特征。因此，必须让排放强度高的城市承担起更多的减排责任，才能有效消除环境负外部性问题，提升减排效率。

3.5.1.2 公平原则

公平原则的基本观点为人类各代都处于同一生存空间，每个个体对此空间内的自然资源与社会财富的享用权都是平等的，因此也理应享有同等的生存权。将此观点放到减排责任的分摊中，则意味着承认所有主体都有平等的污染排放权权利，对污染排放的责任分担应充分体现公平。严格减排目标约束下，各城市工业部门的发展难以避免受到限制，因此污染排放权也是发展权。

（1）历史累计排放量越高，减排责任越大。按照公平原则，排放越多的城市所需承担的减排责任越重。公平标准不仅要考虑代内公平，还应考虑代际公平。代内公平要求污染减排责任分摊对各个城市的发展所产生的影响是均衡的。代际公平则要求考虑海洋的可持续发展问题。不同城市在不同时期发展侧重各异，工业化、城市化进程也有一定的差异，因此，基于公平原则的责任分摊应体现出城市的差异性，即差异公平。

大量的水污染物排入江河并最终进入东海，造成了整个海域的严重污染，损害了长三角的整体社会福利。因此，应对污染排放较多的城市施加严格约束，根据历史累计排放量确定合理的城市减排责任分摊权重。在考虑代际公平与代内公平两个原则的基础上，本章把工业废水历史累计排放量作为考虑责任分担的指标。

（2）经济发展水平越落后，减排责任越小。污染减排意味着要舍弃一部分产出，从而在一定程度上会对经济增长造成负面影响。对于经济落后地区而言，减排的任务必须同样执行，但减排的成本不应全部由它们承担，否则会极大地制约落后地区成长，不利于区域均衡发展。必须要看到，实施减排的原因在于环境容量不足，而环境容量之所以不足，主要是因为先发展地区的超量占用。图 3-11 为长三角 41 个城市 2017 年人均 GDP，根据经济发展水平的高低来划分减排责任，不仅能够很好地反映环境破坏责任，同时还可以顾及地区间减排承受力所存在的巨大差异。

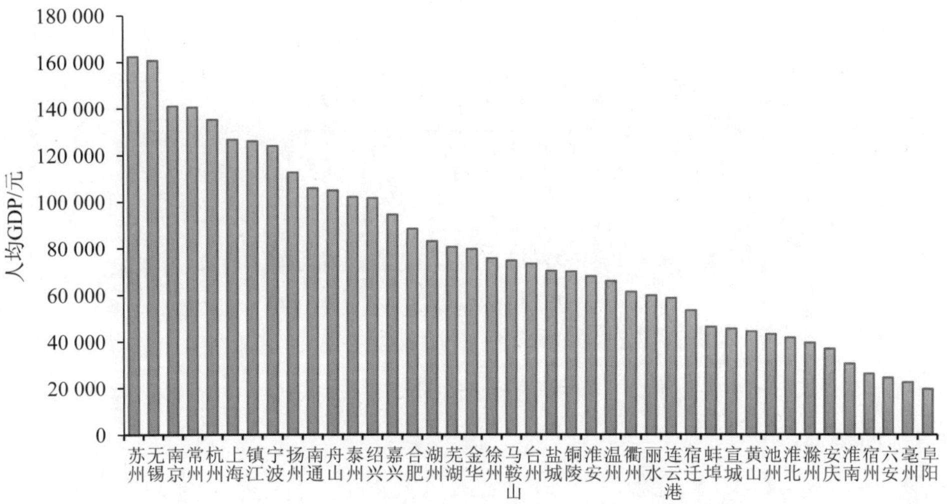

图 3-11　长三角 41 个城市 2017 年人均 GDP

3.5.2 长三角各城市减排责任分担

本章将采用熵值法对各城市需承担的减排责任进行权重测量，提出共同但有区别的城市污染减排责任分担。“信息熵”较早由 C.E.Shannon 提出，该模型可对复杂系统的有序程度进行定量描述，基于熵值法对系统评价和决策方面中的权系数进行客观赋值，可避免人为偏好的影响。因此，本书将使用熵值法来确定各城市基于公平、效率指标应承担的减排责任分摊权重。模型步骤如下：

首先，构建含有 n 个评价对象的对象集 $O=\{O_1,O_2,\cdots,O_n\}$，m 个评价指标的指标集 $I=\{I_1,I_2,\cdots,I_m\}$，评价对象 O_i 对应于指标，I_k 的属性值为 $y_i(j)$，$j=1,2,\cdots,m$，$i=1,2,\cdots,n$；评价矩阵为 Y；

$$Y=\begin{bmatrix} y_1(1) & y_1(2) & \dots & y_1(m) \\ y_2(1) & y_2(2) & \dots & y_2(m) \\ \vdots & \vdots & \ddots & \vdots \\ y_n(1) & y_2(2) & \dots & y_n(m) \end{bmatrix} \tag{3.3}$$

本节中对象集 O 为长三角城市群，n 代表 41 个城市，m 为 4 个评价指标。接下来对正向指标采用式（3.4）进行量纲一处理，负向指标采用式（3.5），进而得到标准化后的矩阵 X；

$$y_{ij}=\frac{y_i(j)-\underset{j}{\min}\{y_i(j)\}}{\underset{j}{\max}\{y_i(j)\}-\underset{j}{\min}\{y_i(j)\}} \tag{3.4}$$

$$y_{ij}=\frac{\underset{j}{\max}\{y_i(j)\}-y_i(j)}{\underset{j}{\max}\{y_i(j)\}-\underset{j}{\min}\{y_i(j)\}} \tag{3.5}$$

$$X=\begin{bmatrix} x_1(1) & x_1(2) & \dots & x_1(m) \\ x_2(1) & x_2(2) & \dots & x_2(m) \\ \vdots & \vdots & \ddots & \vdots \\ x_n(1) & x_2(2) & \dots & x_n(m) \end{bmatrix} \tag{3.6}$$

j 项指标的熵值：

$$e_j=-k\sum_{i=1}^{n}(X_{ij}\times\ln X_{ij}) \tag{3.7}$$

式中：$k>0$，$e_j \geqslant 0$，$k=\frac{1}{\ln 1}$，第 j 项指标的差异性系数与定义权重分别为

$$\delta_j = 1 - e_j \tag{3.8}$$

$$\beta_j = \delta_j \Big/ \sum_{j=1}^{m} \delta_j \tag{3.9}$$

各城市指标的综合评价值为

$$\mu_i = \sum_{j=1}^{m} \beta_j X_{ij} \tag{3.10}$$

基于公平原则的指标选择：历史累计污染排放反映了共同但有区别的责任原则和公平原则，历史累计减排量越多的城市需承担更多的减排责任，因此，将历史累计工业废水排放量指标视作正向指标。人均 GDP 可以反映城市整体经济水平，在一定程度上代表了各城市的经济能力。以工业化、城镇化为特征的经济发展又带来了污染排放的增加，一般来说，人均 GDP 越高的城市代表生产要素投入较多、污染排放较大。因此，基于公平视角人均 GDP 越高的城市所需要承担的减排责任越大。

基于效率原则的指标选择：城市是否实现效率减排可以从经济效率与环境效果两项标准来判断。经济效率以取得最大经济效益为目标，污染排放强度的降低对环境的贡献率表现出显著的正效应，将排放强度作为改善海洋生态环境的指标是客观合理的，本节选择以 2011—2017 年工业废水排放量/GDP 的平均值来表示水污染排放强度。环境效率目标是最大化减少环境负面影响，最终达到改善生态环境质量的目的，因此将测得的 2011—2017 年的效率均值作为其中一个效率指标，在减排责任分担中，排放效率越高的城市承担的减排责任越小。

基于熵权法测得的指标权重见表 3-7，历史累计排放量获得最大的权重，这意味着长期的工业废水排放对环境发挥着最大的作用，因此，废水排放量降低是各城市减排最主要衡量标准。公平指标比效率指标整体获得的权重大，说明城市减排应更加重视公平。如果不加区分地对污染排放设定过度严格的约束，落后城市的经济发展受到的冲击会更大。因此，减排目标的制定和减排责任的分配要充分考虑社会福利影响和地区发展水平差异。

表 3-7 基于熵值法测得的指标权重 单位：%

指标	历史累计排放量	人均 GDP	污染排放效率	污染排放强度
权重	52.31	25.69	6.21	15.79

表 3-8 展示了各城市的责任分摊权重。整体来看，减排责任最重的 6 个城市依次是苏州、上海、杭州、无锡、南京、绍兴，仅这 6 个城市承担了长三角 35%的减排责任。苏州、上海、南京、杭州 4 个城市城市人口规模增长、第二产业、第三产业产业都较为发达，无论是居民的生活污水排放，还是行业发展过程中的工业废水排放均在短期内难以降低减排量，而无锡、绍兴制造业发达，城市经济发展对固定产业结构模式较为依赖，刚性需求导致这两个城市承担的减排压力较大。其他减排责任较大的城市多为工业型城市，如常州、嘉兴、宁波等。第三产业占比较高的城市大多减排权重相对较小，承担的减排压力也相对较低。

表 3-8 长三角各城市责任分担权重

城市	权重/%	城市	权重/%
苏州	9.14	温州	1.65
上海	6.19	淮南	1.63
杭州	6.04	连云港	1.62
无锡	4.74	合肥	1.59
南京	4.47	台州	1.59
绍兴	4.42	芜湖	1.57
常州	3.59	宿迁	1.50
嘉兴	3.56	滁州	1.44
宁波	3.52	宣城	1.39
南通	3.24	安庆	1.35
盐城	2.77	蚌埠	1.29
镇江	2.67	舟山	1.28
扬州	2.45	丽水	1.24
衢州	2.39	淮北	1.21
湖州	2.38	宿州	1.20
泰州	2.37	池州	1.09
徐州	2.23	阜阳	0.98
马鞍山	2.07	亳州	0.91
淮安	2.03	六安	0.90
金华	1.84	黄山	0.78
铜陵	1.67		

第 4 章

长三角部门污染排放效率及减排责任分担研究

减排目标的最终落实是在部门层面，这必然涉及部门间的减排责任分担问题。本章从产业部门的视角出发，系统考察长三角三大部门（农业部门、工业部门和生活与服务部门）污染排放效率的差异，在此基础上对各部门的污染减排责任进行划分，以期为长三角部门污染减排提供一定的借鉴意义。首先从投入与产出的视角出发，基于长三角“三省一市”的面板数据，运用考虑非期望产出的 Super-SBM 模型测算了历年长三角三大部门的污染排放的静态效率值，进一步运用 Malmquist-Luenberger 指数考察了长三角分部门污染排放效率的动态变化情况，并从各部门内部和各部门之间两个维度系统对效率测度结果的差异进行对比分析。结合陆海统筹下长三角部门减排责任分担原则与目标，借助情景分析法探究不同目标下各部门、各地区需承担的减排责任，并提出了部门减排责任有效落实的具体对策。

4.1 长三角分部门污染排放效率测度

探讨长三角的部门污染减排责任分担，首先需要摸清长三角各部门污染排放效率的地区差异。考虑到数据的可得性，本课题中所提及的部门主要包括农业部门、工业部门和生活与服务部门三大类。基于投入与产出视角，并参考现有研究成果，本节首先构建了农业、工业、生活与服务业三大部门污染排放效率评价指标体系，在此基础上基于 2001—2017 年长三角“三省一市”的面板数据，运用考虑非期望产出的 Super-SBM 模型测算了历年长三角三大部门的污染排放静态效率值并对其进行排序，进一步采用 Malmquist-Luenberger 指数考察了长三角三大部门污染排放效率的动态变化情况。

4.1.1 研究方法

4.1.1.1 考虑非期望产出的 Super-SBM 模型

本章主要运用 Super-SBM 模型对长三角“三省一市”各部门污染排放治理效率值进

行定量测度。Super-SBM 模型是由传统的数据包络分析法（DEA）发展而来。DEA 模型是由运筹学家查恩斯（Charnes）等提出的基于投入-产出数据的相对有效性评价方法①，已广泛应用于环境治理效率评价中，研究成果丰富。但传统的 DEA 模型只能从单一的投入导向或产出导向评价效率值，不能同时考虑投入的减少和产出的增加，这就造成了效率测度时实际值与理论值之间会存在或大或小的偏差。Tone 提出了一种基于松弛变量（Slacks-based Measure，SBM）评价 DMU（即决策单元）的方法②，与传统的 DEA 方法不同，SBM 模型能同时考虑投入和产出松弛变量，且投入与产出不需要严格按比例变化，其结果能够更真实地反映各生产要素的实际情况，更准确地衡量各决策单元的效率，但当多个决策单元同时处于前沿面时（即效率值同为 1），SBM 模型不能进一步比较其效率值的大小。基于此，Tone 在修正松弛变量的基础上，提出了 Super-SBM 模型，该模型可以对 SBM 模型的有效单元继续进行评价和排序，进一步区分同为 SBM 有效的决策单元之间的效率差异③。

传统 DEA 模型评价相对效率的基本思想是要求投入尽可能多地缩减而产出尽可能多地扩大，即以最小的投入生产尽可能多的产出。但在一些实际生产过程中，污水和废气等“非期望产出”也会被生产出来。为了解决这一问题，需要拓展 SBM 模型，将非期望产出引入其中，针对特定决策单元，考虑非期望产出的 SBM 模型可以表达为④

$$\rho=\min\frac{1-\dfrac{1}{m}\sum_{i=1}^{m}\dfrac{s_i^-}{x_{ik}}}{1+\dfrac{1}{q_1+q_2}\left(\sum_{r=1}^{q_1}\dfrac{s_r^g}{y_{rk}^g}+\sum_{t=1}^{q_2}\dfrac{s_t^b}{b_{rk}^b}\right)}$$

$$\text{s.t.}\begin{cases}X\lambda+s^-=x_k\\ Y\lambda-s^g=y_k\\ B\lambda+s^b=b_k\\ \lambda,s^-,s^g\geqslant 0\end{cases}\qquad(4.1)$$

式中：每个决策单元（即长三角各地区）有 m 个投入，s^-、s^g、s^b 分别表示投入变量、期望产出与非期望产出的松弛变量，λ为权重，目标函数ρ 关于 s^-、s^g、s^b 严格递减，

① Charnes A，Cooper W W，Rhodes E . Measuring the efficiency of decision making units[J]. European Journal of Operational Research，1978，2（6）：429-444.

② Tone K . A slacks-based measure of efficiency in data envelopment analysis[J]. European Journal of Operational Research，2001，130（3）：498-509.

③ Tone K . A slacks-based measure of super-efficiency in data envelopment analysis[J]. European Journal of Operational Research，2002，143（1）：32-41.

④ 成刚. 数据包络分析方法与 MAXDEA 软件[M]. 北京：知识产权出版社，2014.

$0 \leqslant \rho \leqslant 1$，且当且仅当 $s^{-}=s^{g}=s^{b}$，$\rho=1$ 时，决策单元充分有效。

更进一步地，当传统测算效率值最大为 1，最优单元之间无法进行有效对比时，则需采用 Super-SBM 模型，引入非期望产出的 Super-SBM 模型可以定义为①

$$\rho = \min \frac{1 - \dfrac{1}{m}\sum_{i=1}^{m}\dfrac{s_i^-}{x_{ik}}}{1 + \dfrac{1}{q_1+q_2}\left(\sum_{r=1}^{q_1}\dfrac{s_r^g}{y_{rk}^g} + \sum_{t=1}^{q_2}\dfrac{s_t^b}{b_{rk}^b}\right)}$$

$$\text{s.t.}\begin{cases} \sum\limits_{j=1,j\neq k}^{n} x_{ij}\lambda_j - s_i^- \leqslant x_{ik} \\ \sum\limits_{j=1,j\neq k}^{n} y_{rj}\lambda_j + s_r^g \geqslant y_{rk} \\ \sum\limits_{j=1,j\neq k}^{n} b_{tj}\lambda_j - s_i^b \leqslant b_{tk} \\ 1 + \dfrac{1}{q_1+q_2}\left(\sum\limits_{r=1}^{q_1}\dfrac{s_r^g}{y_{rk}^g} + \sum\limits_{t=1}^{q_2}\dfrac{s_t^b}{b_{rk}^b}\right) > 0 \\ i=1,2,\cdots,m; r=1,2,\cdots,q; j=1,2,\cdots,n\left(j\neq k\right) \end{cases} \tag{4.2}$$

效率状态定义如下，当$\rho \geqslant 1$ 时，该地区的部门污染排放效率处于 SBM 有效状态，当$\rho < 1$ 时，该地区的部门污染排放效率处于 SBM 无效状态。

4.1.1.2 ML（Malmquist-Luenberger）指数

通过 Super-SBM 计算所得的效率值能够评价不同时期各决策单元的相对效率，并对其进行排序，但并不能进行纵向对比，因此，为了考察各决策单元污染排放效率在时间序列上的变化情况，需要借用包含非期望产出的 ML（Malmquist-Luenberger）指数进行计算，具体的表达式为②

$$\mathrm{ML}_t^{t+1} = \left[\frac{1+\vec{D}_0^t\left(x^t,y^t,b^t;y^t,-b^t\right)}{1+\vec{D}_0^t\left(x^{t+1},y^{t+1},b^{t+1};y^{t+1},-b^{t+1}\right)} \times \frac{1+\vec{D}_0^{t+1}\left(x^t,y^t,b^t;y^t,-b^t\right)}{1+\vec{D}_0^{t+1}\left(x^{t+1},y^{t+1},b^{t+1};y^{t+1},-b^{t+1}\right)}\right]^{1/2} \tag{4.3}$$

4.1.2 指标体系构建

长三角分部门污染排放效率测度是从投入-产出的角度出发，在全要素的分析框架

① 成刚. 数据包络分析方法与 MAXDEA 软件[M]. 北京：知识产权出版社，2014.

② Yangho Chung，Rolf Fare. Productivity and undesirable outputs：a directional distance function approach[J]. Microeconomics，1995，51（3）：229-240.

下，以各部门各项生产要素的投入和经济产出以及随之带来的污染物排放综合衡量，这与数据包络法运用中需将数据划分为输入和输出两大类的要求一致。本章将长三角分部门污染排放效率评价指标划分为投入和产出两大类。基于西方经济学的思想，投入类指标是指在各部门生产过程中所耗费的各类生产要素，主要包括劳动力、资本和土地。产出类指标一方面是以生产总值表征的各部门的经济产出，另一方面是作为非期望产出的各部门污染物排放指标，具体的指标体系与数据来源说明如表 4-1 所示，数据涵盖的时间范围为 2001—2017 年。

表 4-1　长三角各部门污染排放效率评价指标体系

部门	类别	名称
农业部门	投入	农业从业人数（万人）
		农业固定资产投资（亿元）
		耕地面积（hm^2）
	产出（期望）	农业总产值（亿元）
	产出（非期望）	农业污染指数
工业部门	投入	工业从业人数（万人）
		工业固定资产投资（亿元）
	产出（期望）	工业总产值（亿元）
	产出（非期望）	工业废水排放量（万 t）
生活与服务部门	投入	服务业从业人数（万人）
		服务业固定资产投资（亿元）
	产出（期望）	服务业总产值（亿元）
	产出（非期望）	城镇生活污水排放量（万 t）

关于表 4-1 所列的指标体系有以下几点说明：

第一，由于现有的官方统计资料中缺乏分行业的固定资产投资数据，因此，参考吴清峰等（2014）的研究成果[①]，基于全社会固定资产投资额和分行业生产总值数据对农业、工业和服务业的固定资产投资进行估算，假设研究目标的固定资产投资额比与全社会固定资产投资额比一致，即二者经济增长率的差异取决于二者固定资产投资额增长率的差异，具体计算公式为

$$K = K_N \times \frac{Y}{Y_N} \tag{4.4}$$

式中：K_N—— 全社会固定资产投资额；

Y_N—— 全社会 GDP；

① 吴清峰，唐朱昌. 投资信息缺失下资本存量 K 估计的两种新方法[J]. 数量经济技术经济研究，2014（9）：150-160.

K—— 各部门的固定资产投资额；

Y—— 各部门的总产出。

第二，与工业和生活与服务业不同，官方统计数据中并未有度量农业的非期望产出（即农业污染）的具体指标，因此现有的研究成果大多基于多种数据综合得出农业污染指数值，本章参考李波等（2011）①、田伟等（2014）②的研究方法，综合农业生产过程中的化肥、农药、农膜、柴油、翻耕、灌溉等污染源数据，对长三角“三省一市”的农业污染指数进行测算，具体的计算公式为

$$E = \sum E_i = \sum T_i \times \delta_i \tag{4.5}$$

式中：E—— 计算所得的农业污染指数；

E_i—— 农业污染各种来源；

T_i—— 化肥、农药、农膜、柴油使用量和翻耕、灌溉面积；

δ_i—— 各种污染源的污染系数，参考李波等（2011）的研究成果，化肥、农药、农膜、柴油、翻耕面积、灌溉面积的污染系数分别为 0.895 6/kg、4.934 1/kg、5.18/kg、0.592 7/kg、312.6/km^2、25/hm^2。

4.1.3 测度结果

本章运用北京瑞沃迈迪软件有限公司开发的 MAXDEA 软件对超效率 SBM 模型的效率值进行计算，分部门的长三角“三省一市”2001—2017 年的估计结果如表 4-2～表 4-4 所示。

表 4-2　2001—2017 年长三角“三省一市”农业部门污染排放效率值及排名

年份	上海		江苏		浙江		安徽	
	效率值	排名	效率值	排名	效率值	排名	效率值	排名
2001	1.112 4	2	1.062 7	3	1.175 0	1	0.603 3	4
2002	1.140 7	1	1.055 2	3	1.138 3	2	0.596 4	4
2003	1.174 8	1	1.004 7	3	1.123 2	2	0.587 5	4
2004	1.116 7	2	1.020 7	3	1.204 2	1	0.542 1	4
2005	1.085 2	2	1.017 5	3	1.245 7	1	0.572 3	4
2006	1.126 6	2	1.004 3	3	1.147 1	1	0.503 8	4
2007	1.129 9	1	1.024 6	3	1.083 1	2	0.508 3	4

① 李波，张俊飚，李海鹏. 中国农业碳排放时空特征及影响因素分解[J]. 中国人口・资源与环境，2011，21（8）：80-86.

② 田伟，杨璐嘉，姜静. 低碳视角下中国农业环境效率的测算与分析——基于非期望产出的 SBM 模型[J]. 中国农村观察，2014（5）：59-71.

年份	上海		江苏		浙江		安徽	
	效率值	排名	效率值	排名	效率值	排名	效率值	排名
2008	1.133 0	1	1.035 9	3	1.100 4	2	0.461 2	4
2009	1.138 4	1	1.045 8	3	1.076 0	2	0.492 3	4
2010	1.166 1	1	1.017 1	3	1.115 3	2	0.452 9	4
2011	1.205 3	1	1.041 4	3	1.106 1	2	0.464 3	4
2012	1.357 8	1	1.076 0	2	1.054 6	3	0.488 4	4
2013	1.361 5	1	1.079 8	2	1.054 4	3	0.440 2	4
2014	1.425 5	1	1.077 1	2	1.052 5	3	0.442 1	4
2015	1.431 8	1	1.113 4	2	1.026 5	3	0.407 2	4
2016	1.454 0	1	1.093 2	2	1.038 8	3	0.408 7	4
2017	1.380 7	1	1.094 6	2	1.054 9	3	0.409 9	4
总体	1.221 1	1	1.040 8	3	1.121 9	2	0.477 5	4

表 4-3　2001—2017 年长三角“三省一市”工业部门污染排放效率值及排名

年份	上海		江苏		浙江		安徽	
	效率值	排名	效率值	排名	效率值	排名	效率值	排名
2001	1.288 6	1	0.792 4	2	0.636 4	4	0.683 5	3
2002	1.360 2	1	0.703 3	2	0.569 4	4	0.629 8	3
2003	1.380 9	1	0.568 0	2	0.508 4	3	0.324 6	4
2004	1.404 2	1	0.508 8	2	0.477 7	3	0.438 7	4
2005	1.418 1	1	0.496 2	2	0.453 7	3	0.391 3	4
2006	1.418 7	1	0.482 6	2	0.445 3	3	0.325 0	4
2007	1.382 9	1	0.520 5	2	0.503 8	3	0.302 0	4
2008	1.376 2	1	0.464 1	3	0.467 1	2	0.272 3	4
2009	1.354 4	1	0.509 2	2	0.473 7	3	0.284 8	4
2010	1.395 9	1	0.453 7	2	0.443 6	3	0.271 8	4
2011	1.302 2	1	0.484 7	2	0.458 1	3	0.327 2	4
2012	1.335 7	1	0.521 2	2	0.445 7	3	0.355 5	4
2013	1.357 7	1	0.535 2	2	0.448 4	3	0.348 0	4
2014	1.405 0	1	0.584 8	2	0.462 7	3	0.364 0	4
2015	1.431 8	1	0.631 0	2	0.485 1	3	0.361 0	4
2016	1.455 5	1	0.601 6	2	0.458 2	3	0.332 1	4
2017	1.434 9	1	0.556 7	2	0.429 3	3	0.374 6	4
总体	1.283 1	1	0.515 9	2	0.458 9	3	0.329 8	4

表 4-4　2001—2017 年长三角“三省一市”生活与服务部门污染排放效率值及排名

年份	上海		江苏		浙江		安徽	
	效率值	排名	效率值	排名	效率值	排名	效率值	排名
2001	1.327 4	1	1.089 2	3	1.159 9	2	1.043 9	4

年份	上海		江苏		浙江		安徽	
	效率值	排名	效率值	排名	效率值	排名	效率值	排名
2002	1.315 6	1	1.073 7	3	1.188 4	2	1.037 5	4
2003	1.244 2	1	1.010 4	3	1.158 8	2	1.057 1	4
2004	1.266 8	1	0.602 1	3	1.138 9	2	0.518 3	4
2005	1.270 1	1	0.640 6	3	1.177 8	2	0.455 6	4
2006	1.236 6	1	0.758 8	3	1.166 6	2	0.406 1	4
2007	1.280 8	1	0.714 4	3	1.158 0	2	0.319 5	4
2008	1.252 5	1	0.736 9	3	1.119 3	2	0.299 5	4
2009	1.291 3	1	0.693 1	3	1.090 4	2	0.240 5	4
2010	1.244 8	1	0.806 3	3	1.087 3	2	0.225 9	4
2011	1.262 6	1	0.552 8	3	0.558 9	2	0.197 0	4
2012	1.335 1	1	0.549 3	2	0.513 7	3	0.181 8	4
2013	1.357 9	1	0.658 1	2	0.589 3	3	0.196 9	4
2014	1.405 5	1	0.635 7	2	0.534 5	3	0.188 2	4
2015	1.431 8	1	0.613 4	2	0.507 1	3	0.186 8	4
2016	1.455 4	1	0.588 4	2	0.472 8	3	0.187 4	4
2017	1.439 5	1	0.626 9	2	0.500 8	3	0.201 5	4
总体	1.312 9	1	0.788 6	3	1.026 9	2	0.220 6	4

表中报告的结果显示：

（1）农业污染排放效率方面。上海、江苏和浙江的农业污染排放效率值均大于 1，处于 SBM 有效状态，其中上海的效率值最高，为 1.221 1，浙江次之，为 1.121 9，江苏较低，为 1.040 8。安徽的效率值仅为 0.477 5，处于 SBM 无效状态，农业污染排放效率最低。从效率值与排名的年际变化来看，考察期内上海、江苏和浙江“两省一市”的效率值均大于 1，农业污染排放效率常年处于 SBM 有效状态，其中上海的效率值排名在 2007 年后一直稳居前列，江苏和浙江两省的效率值排名交替变化，2001—2011 年，浙江的效率值均高于江苏，但两者之间的差距在逐年缩小，到 2012 年，江苏的效率值反超浙江，到考察期末一直稳居第二。而安徽的效率值在考察期内均小于 1，农业污染效率常年处于 SBM 无效状态，并且整体的效率值排名未见明显改变，常年居于最末。

（2）工业污染排放效率方面。仅有上海的工业污染排放效率值大于 1，为 1.283 1，处于 SBM 有效状态，而江苏、浙江和安徽三省的工业污染排放效率值均低于 1，处于 SBM 无效状态。三省中江苏的工业污染排放效率值最高，为 0.515 9，浙江次之，为 0.458 9，安徽最低，为 0.329 8。从效率值与排名的年际变化来看，考察期内长三角“三省一市”的工业污染排放效率排名变化不大，其中上海一直稳居前列，江苏仅在 2008 年略低于浙江，其他年份一直居于第二位，浙江在 2003 年超过安徽后也基本稳居第三，安徽则在 2003 年后常年排在最末，工业污染排放效率最低。

（3）生活与服务业污染排放效率方面。上海和浙江的生活与服务业污染排放效率值均大于 1，处于 SBM 有效状态，其中上海的效率值最高，为 1.312 9，浙江次之，为 1.026 9。而江苏和安徽两省的生活与服务业污染排放效率值均为达到 1，处于 SBM 无效状态，其中江苏的效率值为 0.788 6，安徽的效率值为 0.220 6，明显低于其他 3 个地区，生活与服务业的污染排放效率最差。从效率值的排名和年际变化来看，考察期内上海的生活与服务业污染排放效率值均大于 1，常年处于 SBM 有效状态，在长三角“三省一市”中稳居前列。江苏、浙江和安徽三省生活与服务业污染排放效率均出现从 SBM 有效状态转为 SBM 无效状态的过程，其中江苏和安徽两省均从 2004 年开始出现转变，浙江生活与服务业污染排放效率则是在 2011 年后开始转为 SBM 无效状态，并且其排名在 2012 年被江苏反超，从第二跌至第三。

为进一步考察长三角“三省一市”分部门污染排放效率的总体变化情况，继续运用 MAXDEA 软件对 2001—2017 年各部门污染排放效率的 ML 指数进行计算，表 4-5 报告了各地区分部门的平均结果。从表 4-5 结果可以发现：①在农业污染排放效率方面，2001—2017 年，上海、江苏和浙江两省一市的农业污染排放效率均出现上升，其中江苏的农业污染排放效率的增长最为明显，增长率为 5.87%，上海和浙江农业污染排放效率增长相差不大，增长率分别为 2.55%和 2.26%。与其他两省一市不同的是，2001—2017 年，安徽的农业污染排放效率出现下降的趋势，下降率为 2.41%。②与农业污染排放效率类似，2001—2017 年，上海、江苏和浙江“两省一市”的生活与服务业污染排放效率也出现提升，其中江苏的生活与服务业污染排放效率出现显著增长，增长率为 16.76%，上海和浙江生活与服务业污染排放效率的增长幅度较小，分别为 2.57%和 1.92%，而安徽省的生活与服务业污染排放效率则出现明显的下降趋势，下降幅度达到 6.83%。③与上述两部门不同的是，2001—2017 年，长三角“三省一市”工业污染排放效率均呈现上升的趋势，其中浙江和江苏两省工业污染排放效率增长幅度较大，分别为 5.44%和 5.12%，安徽次之，增长率为 4.47%，上海的工业污染排放效率增长幅度最小，约为 3.1%。

表 4-5　2001—2017 年长三角分部门污染排放效率 ML 指数均值

部门	上海	江苏	浙江	安徽
农业	1.025 5	1.058 7	1.022 6	0.975 9
工业	1.031 0	1.051 2	1.054 4	1.044 7
生活与服务业	1.025 7	1.167 6	1.019 2	0.931 7

注：表中均值为几何平均值。

图 4-1～图 4-3 分别展示了 2001—2017 年各时段长三角“三省一市”分部门污染排放效率的 ML 指数值，用以反映各地区分部门污染排放效率的动态变化情况。通过观察图中各曲线的波动情况可以发现：

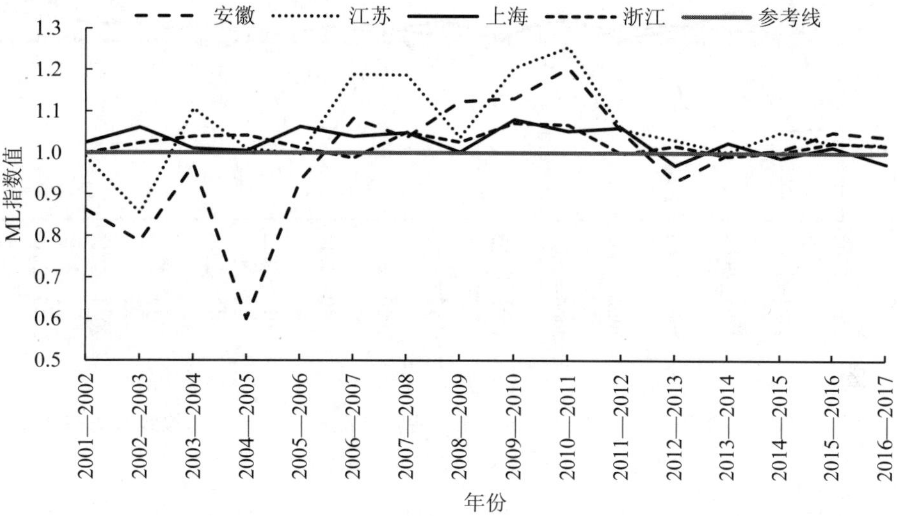

图 4-1 2001—2017 年长三角“三省一市”农业部门污染排放效率动态变化

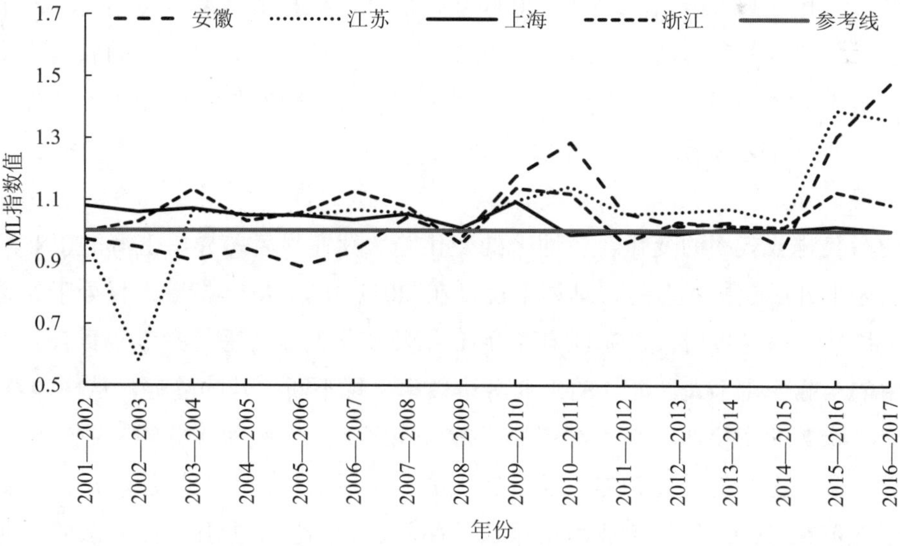

图 4-2 2001—2017 年长三角“三省一市”工业部门污染排放效率动态变化

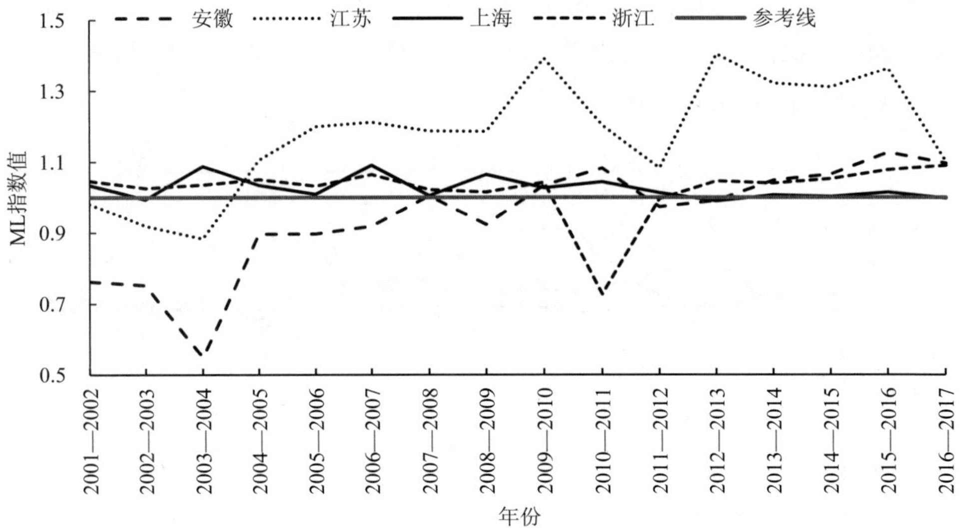

图 4-3　2001—2017 年长三角“三省一市”生活与服务部门污染排放效率动态变化

在农业污染排放效率的变化上，总体上看呈现前期、中期波动大，后期较为平稳的变化趋势，具体来说，2001—2006 年，上海和浙江的农业污染排放效率稳步增长，ML 指数居于 1.0～1.1；与之相反，安徽的农业污染排放效率在这一时期出现明显的下降，ML 指数一直小于 1；江苏在 2002—2003 年，农业污染排放效率虽然出现一次下降的过程，但之后又转为上升的趋势。2006—2012 年，长三角“三省一市”的农业污染排放效率的 ML 指数值均大于 1，这一阶段长三角农业污染排放效率出现明显的增长。2012 年以后，各地区的农业污染效率值变化较为平稳，ML 指数基本围绕参考值平稳波动，且波动幅度较小。

工业污染排放效率的变化，各地区的变化趋势存在显著差异。上海的工业污染排放效率呈现先上升后趋稳的态势，具体来说，在 2011 年前 ML 指数一直处于参考线之上，工业污染排放效率稳步增长，2011 年后 ML 指数变化曲线几乎与参考线重合，工业污染排放效率的年际变化不大。浙江的工业污染效率呈现不断上升的趋势，从图 4-2 中可以发现，ML 指数的变化曲线基本常年处于参考线之上。安徽和江苏的工业污染排放效率均呈现先下降后上升的变化趋势，并且在 2015 年后增长速度明显加快，但两者的不同之处在于江苏在 2003 年后工业污染排放效率就已开始出现上升，而安徽的工业污染排放效率的下降趋势持续了近 7 年，到 2008 年下降态势才逐渐被遏制，工业污染排放效率开始上升。

生活与服务业污染排放效率的变化，上海与浙江的整体变化趋势类似，2001—2017

年生活与服务业污染排放效率的 ML 指数常年位于 1.0～1.1，整体曲线的变化比较平稳，生活与服务业污染排放效率处于逐年递增的变化趋势。安徽的 ML 指数在 2012 年以前均小于 1，生活与服务业污染排放效率处在不断下降的过程，2012 年后 ML 指数开始大于 1，一直到考察期末变化曲线维持在参考线以上，生活与服务业污染排放效率开始逐步提高。江苏的生活与服务业污染排放效率在 2001—2004 年出现小幅下降，2004 年后，ML 指数的变化曲线开始超过参考线，并且常年维持高速增长的趋势，在一些年份，ML 指数达到 1.3 以上，生活与服务业污染排放效率的增长高达 30%以上，在长三角“三省一市”中，其增长幅度最为明显。

综上所述，2001—2017 年长三角“三省一市”分部门污染排放效率测度结果如下：

（1）农业部门污染排放效率。上海＞浙江＞江苏＞安徽，其中仅安徽为 SBM 无效状态，其他地区为 SBM 有效状态。效率变化方面，上海、浙江和江苏上升，其中江苏上升幅度最大，上海和浙江上升幅度接近，安徽则呈现下降趋势。

（2）工业部门污染排放效率。上海＞江苏＞浙江＞安徽，其中仅上海为 SBM 有效状态，其他地区为 SBM 无效状态。效率变化方面，长三角“三省一市”工业污染排放效率均呈现上升的趋势，其中浙江和江苏两省工业污染排放效率增长幅度较大，安徽次之，上海的工业污染排放效率增长幅度最小。

（3）生活与服务部门污染排放效率。上海＞浙江＞江苏＞安徽，其中上海和浙江为 SBM 有效状态，江苏和安徽为 SBM 无效状态。效率变化方面，上海、浙江和江苏上升，其中江苏的上升幅度十分显著，上海和浙江生活与服务业污染排放效率的增长幅度较小，安徽则出现明显下降趋势。

上述结果表明，长三角分部门污染排放效率存在明显的地区差异，这其中很大程度上的原因在于各地区污染减排技术水平的差距。一方面，高水平的污染减排技术有助于提升地区的污染减排能力，能明显降低地区的污染减排成本；另一方面，污染减排技术的进步可以助推产业结构的更新换代，进一步降低地区高污染能源的消耗强度，进而减少污染物的产生。除了技术原因，各地区环境治理力度的差异也是长三角分部门污染排放效率地区差异产生的关键。在我国，政府干预在解决环境污染问题扮演了重要的角色[①]。由于污染排放问题隶属环境领域内的问题，具有较强的公共性特征。由公共产品的非排他性可知，私人和企业在解决这方面的问题往往是无力的，只有政府干预才能较好地解决公共产品的“外部性”问题。对于污染排放引发的环境问题，政府一般通过两种途径来解决，一是通过强有力的环境规制进行约束，如排污许可、行政处罚、征收排污费等手段对个人或组织破坏环境的经济活动进行调节；二是增加污染治理投资来

① 马大来. 中国区域碳排放效率及其影响因素的空间计量研究[D]. 重庆：重庆大学，2015.

加大治污力度，从而有助于提升区域节能减排的能力。上述两大成因共同造成了长三角各地区分部门污染排放效率的明显差距。

4.2 长三角各部门污染排放效率比较

在摸清长三角各部门污染排放效率的地区差异的基础上，进一步对比长三角各部门污染排放效率值及变化情况是分担各部门减排责任的又一重要现实基础。与前文类似，本节首先构建了长三角部门污染排放效率评价指标体系，在此基础上运用考虑非期望产出的 Super-SBM 模型测算了 2001—2015 年长三角三大部门的污染排放效率值，并对其历年结果进行排序，同样的为考察长三角三大部门污染排放效率的动态变化情况，进一步采用了 Malmquist-Luenberger 指数进行测算。

4.2.1 研究方法

与长三角各部门污染排放效率测度方法一致，本节仍然采用考虑非期望产出的 Super-SBM 模型对长三角各部门污染排放效率进行测度并进行比较分析，同样考虑到时间序列的对比问题，进一步计算 ML 指数值，用以考察部门间污染排放效率的变化情况。具体来说，在部门间污染排放效率测算上，引入非期望产出的 Super-SBM 模型定义如下：

$$\rho = \min \frac{1 - \frac{1}{m}\sum_{i=1}^{m}\frac{s_i^-}{x_{ik}}}{1 + \frac{1}{q_1 + q_2}\left(\sum_{r=1}^{q_1}\frac{s_r^g}{y_{rk}^g} + \sum_{t=1}^{q_2}\frac{s_t^b}{b_{rk}^b}\right)}$$

$$\text{s.t.}\begin{cases} \sum\limits_{j=1,j\neq k}^{n} x_{ij}\lambda_j - s_i^- \leqslant x_{ik} \\ \sum\limits_{j=1,j\neq k}^{n} y_{rj}\lambda_j + s_r^g \geqslant y_{rk} \\ \sum\limits_{j=1,j\neq k}^{n} b_{tj}\lambda_j - s_i^b \leqslant b_{tk} \\ 1 + \frac{1}{q_1 + q_2}\left(\sum\limits_{r=1}^{q_1}\frac{s_r^g}{y_{rk}^g} + \sum\limits_{t=1}^{q_2}\frac{s_t^b}{b_{rk}^b}\right) > 0 \\ i = 1,2,\cdots,m; r = 1,2,\cdots,q; j = 1,2,\cdots,n(j \neq k) \end{cases} \tag{4.6}$$

每个决策单元（在本节为各部门）有 m 个投入，s^-、s^g、s^b 分别表示投入变量、期望产出与非期望产出的松弛变量，λ为权重，目标函数ρ关于 s^-、s^g、s^b 严格递减。同样地，可以将效率状态进行如下定义：当$\rho \geqslant 1$时，该部门污染排放效率处于 SBM 有效状态，当$\rho < 1$时，该部门污染排放效率处于 SBM 无效状态。

与前文类似，为了考察各部门污染排放效率在时间序列上的变化情况，需要借用包含非期望产出的 ML 指数进行计算，具体的表达式为

$$\mathrm{ML}_t^{t+1} = \left[\frac{1+\vec{D}_0^t\left(x^t, y^t, b^t; y^t, -b^t\right)}{1+\vec{D}_0^t\left(x^{t+1}, y^{t+1}, b^{t+1}; y^{t+1}, -b^{t+1}\right)} \times \frac{1+\vec{D}_0^{t+1}\left(x^t, y^t, b^t; y^t, -b^t\right)}{1+\vec{D}_0^{t+1}\left(x^{t+1}, y^{t+1}, b^{t+1}; y^{t+1}, -b^{t+1}\right)}\right]^{1/2} \tag{4.7}$$

4.2.2　指标体系构建

长三角各部门污染排放效率测度同样是从投入-产出的角度出发，在全要素的分析框架下，以各部门各项生产要素的投入和经济产出及随着带来的污染物排放来综合衡量，这与数据包络法运用中需将数据划分为输入和输出两大类的要求一致。本章将长三角各部门污染排放效率评价指标划分为投入和产出两大类。投入类指标是指在各部门生产过程中所耗费的各类生产要素，基于数据的可得性主要包括劳动力和资本两大类指标。产出类指标一方面是以生产总值表征的各部门的经济产出，另一方面是作为非期望产出的部门间污染物排放指标。

但是与本章 4.1 节不同之处在于，分部门的污染排放效率测度中的非期望产出并不是一致的，存在量纲上的差异，这就使得各部门的污染排放效率并不可比，因此需要寻找一个能同时反映各部门污染排放的一致性指标。为解决这一问题，本章选取了碳排放这一统一并可比的具体指标，用以考察长三角各部门污染排放效率的对比情况。本章从 2017 年建立的 CEADs（China Emission Accounts & Datasets）数据库获取了长三角“三省一市”的分部门碳排放数据，CEADs 在包括英国研究理事会、牛顿基金会、中国国家自然科学基金委员会、中国科学院等多家研究机构的共同支持下，聚集了来自英、美、中、欧等国家和地区研究机构的学者，共同编纂的中国多尺度碳排放清单，这是目前为止最权威和最统一的中国分地区碳排放数据。长三角部门间污染排放效率测度的指标体系如表 4-6 所示，数据涵盖的时间为 2001—2015 年。

表 4-6　长三角各部门污染排放效率评价指标体系

指标类型	指标名称
投入类指标	各部门从业人数（万人）
	各部门固定资产投资额（亿元）
产出类指标（期望）	各部门生产总值（亿元）
产出类指标（非期望）	各部门碳排放（亿 t）

4.2.3 比较结果

表 4-7 报告了基于 Super-SBM 模型测度所得长三角整体及分地区的三大部门污染排放效率值与排名结果。从表 4-7 中可以看出，总体上看，长三角生活与服务业污染排放效率最高，效率值达到 1.394 1，处于 SBM 有效状态，工业污染排放效率紧随其后，效率值达到 1.042 2，同样为 SBM 有效状态，农业污染排放效率最低，效率值仅为 0.487 8，处于 SBM 无效状态。分地区来看，上海、江苏、浙江和安徽“三省一市”各部门污染排放效率的对比结果与长三角整体的结果类似，均显示出生活与服务业污染排放效率最高，工业污染排放效率次之，农业污染排放效率最低的分布形式。

表 4-7 长三角各部门污染排放效率值与排名

地区		农业部门		工业部门		生活与服务业部门	
		效率值	排名	效率值	排名	效率值	排名
长三角整体		0.487 8	3	1.042 2	2	1.394 1	1
其中	上海	0.411 0	3	1.023 0	2	1.219 2	1
	江苏	0.618 4	3	1.020 6	2	1.507 7	1
	浙江	0.524 6	3	1.006 9	2	1.391 0	1
	安徽	0.438 6	3	1.028 4	2	1.245 4	1

表 4-8 进一步报告了基于 Super-SBM 模型测度所得的 2001—2015 年长三角三大部门污染排放效率值与排名结果。从表 4-8 中可以看出，生活与服务业污染排放效率稳居首位，效率保持在 1.3 以上，常年维持 SBM 有效状态。工业污染排放效率值保持在 1.0 以上，同样维持 SBM 有效状态，历年排名次于生活与服务业污染排放效率。农业污染排放效率值绝大多数年份为 0.5 左右，处于 SBM 无效状态，虽然在一些年份效率值大于 1，呈现 SBM 有效状态，但排名仍在三大部门间最末。表 4-8 最后一列所列的 ML 指数值显示，在污染排放效率变化上，三大部门的污染排放效率在 2001—2015 年均呈现上升趋势，其中工业污染排放效率增长幅度最大，年均增长 9.13%，生活与服务业污染排放效率次之，年均增长 7.91%，农业污染排放效率增长幅度最小，仅为 2.3%。

图 4-4 展示了 2001—2015 年各时段长三角各部门污染排放效率的 ML 指数值，用以反映各部门污染排放效率的动态变化情况。通过观察图 4-4 中各曲线的波动情况可以发现，工业部门和生活与服务部门的污染排放效率的 ML 指数值的变化曲线常年位于参考线之上，工业部门和生活与服务部门的污染排放效率处于逐年递增的趋势，其中生活与服务部门污染排放效率的 ML 指数变化曲线较工业部门波动更加平稳。农业部门的污

染排放效率的 ML 指数在 2004 年以前均小于 1，2004 年后，整体的变化曲线基本位于参考线以上。这表明农业部门的污染排放效率呈现出先下降后上升的变化趋势。

表 4-8　2001—2015 年长三角各部门污染排放效率值与排名

年份	农业部门		工业部门		生活与服务业部门	
	效率值	排名	效率值	排名	效率值	排名
2001	1.041 2	3	1.102 0	2	1.367 4	1
2002	1.035 2	3	1.094 1	2	1.372 0	1
2003	1.009 5	3	1.119 3	2	1.361 1	1
2004	0.578 6	3	1.112 1	2	1.344 1	1
2005	0.565 2	3	1.113 0	2	1.365 5	1
2006	0.546 7	3	1.114 5	2	1.356 8	1
2007	1.002 4	3	1.088 2	2	1.348 1	1
2008	1.021 0	3	1.102 1	2	1.340 8	1
2009	0.496 2	3	1.055 4	2	1.374 3	1
2010	0.483 2	3	1.056 5	2	1.370 5	1
2011	0.491 1	3	1.063 1	2	1.361 5	1
2012	0.491 2	3	1.042 9	2	1.356 1	1
2013	0.512 8	3	1.043 8	2	1.373 5	1
2014	0.479 2	3	1.002 6	2	1.412 5	1
2015	0.467 3	3	1.012 3	2	1.426 3	1
ML 指数	1.023 0	—	1.091 3	—	1.079 1	—

注：表中 ML 指数值为 2001—2015 年的几何平均值。

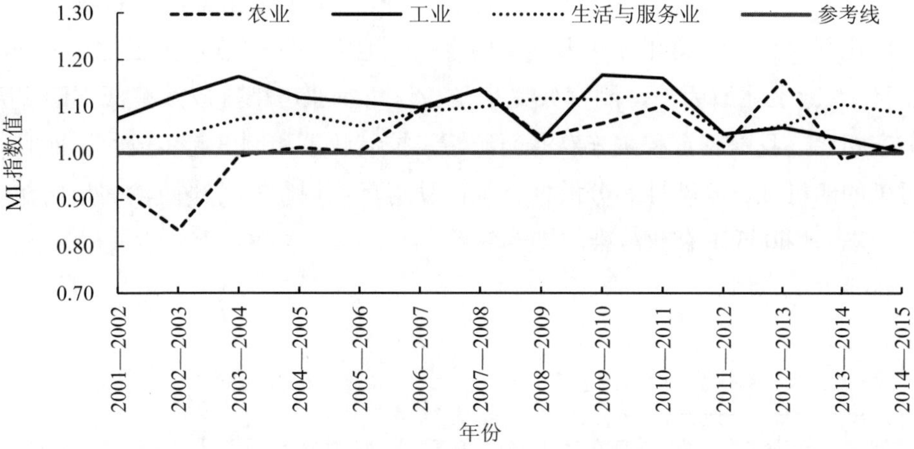

图 4-4　2001—2015 年长三角各部门污染排放效率的动态变化

综上所述，长三角各部门污染排放效率的比较结果如下：

（1）效率值大小方面。总体上看，长三角生活与服务业污染排放效率最高，工业污染排放效率紧随其后，两者均处于 SBM 有效状态，而农业污染排放效率最低，且处于 SBM 无效状态。分地区来看，上海、江苏、浙江和安徽“三省一市”各部门污染排放效率的对比结果与长三角整体的结果类似，均显示出生活与服务业污染排放效率最高，工业污染排放效率次之，农业污染排放效率最低的分布形式。

（2）效率变化方面。三大部门的污染排放效率均呈现上升趋势，但各部门的增长幅度有所差异，其中工业污染排放效率增长幅度最大，年均增长 9.13%，生活与服务业污染排放效率次之，年均增长 7.91%，农业污染排放效率增长幅度最小，仅为 2.3%。

上述结果表明在长三角各部门污染排放效率中，农业部门的污染排放效率亟待改善。2010 年公布的第一次全国污染源普查公告显示，农业排放的 COD、总氮（TN）、总磷（TP），分别占全部排放量的 43.71%、57.19%、67.27%，农业污染排放问题十分严峻[①]。与其他污染类型相比，农业生产过程中，过度使用化肥、农药、地膜造成土壤和水体污染，焚烧秸秆造成空气污染，污染以广域的、分散的、微量的形式进入环境，具有污染分量小、总量大，污染范围广、污染潜伏周期长等特点[②]，属于典型的面源污染，使得污染的监测与防治都十分困难。此外，与国外规模化的绿色农业、生态农业相比，我国的家庭联产承包责任制具有农户经营规模小、组织化程度低、农业生产效率低等特点。这一方面降低了新技术的投资收益率，也加大了农业污染防治技术的推广难度；另一方面由于每个农户经营的土地极其有限，通过规模化经营提高经济效益，加大化肥、农药等生产要素的投入就成了提高产量、增加收入的重要途径。由于过量施用化肥造成土壤肥力持续下降，农民为维持农田生产能力，更加依赖于增施化肥，使农业生产呈现出“过量施用化肥农药→污染环境→土壤结构恶化→地力下降→追加化肥、农药施用量”的恶性循环[③]。除上述原因外，制度失灵也是长三角农业污染排放效率低下的重要成因。与发达国家相比，我国制定和实施农业面源污染控制政策和制度起步较晚，而且难以适应农业污染的随机性、隐蔽性和分散性特征，使得环境规制对污染防治的正向作用难以有效发挥，进一步降低了农业污染的排放效率。

---

① 张可，丰景春. 强可处置性视角下中国农业环境效率测度及其动态演进[J]. 中国人口·资源与环境，2016，26（1）：140-149.

② 左晓利，张俊祥，李振兴. 我国农业污染特点及防治对策[J]. 创新科技，2011（11）：17-19.

③ 贾蕊，陆迁，何学松. 我国农业污染现状、原因及对策研究[J]. 中国农业科技导报，2006（1）：59-63.

4.3 陆海统筹下的长三角部门减排责任分担

基于陆海统筹视角，结合长三角部门污染排放效率测度结果，在明确部门减排责任分担原则和目标的基础上，借助情景分析法探究不同目标下各部门、各地区需承担的减排责任，并提出减排责任有效落实的具体对策。

4.3.1 基于陆海统筹的长三角部门减排责任分担原则与目标

4.3.1.1 责任分担原则

长三角污染排放涉及多类行业，从部门层面，农业、工业、生活与服务业对不同地区污染的贡献及排放效率存在差异。为此，需要立足陆海整体性视角，遵循公平与效率兼顾的路径，以生产和生活两个源头遏制为抓手，推动长三角部门的协同、高效减排。具体而言，长三角部门减排责任的分担应按照坚持以海定陆、兼顾公平与效率、兼顾生产与生活 3 个基本原则具体部署和实施。

（1）坚持以海定陆原则，以海域环境容量界定部门排污控制总量。长三角陆源污染是导致东海海洋生态环境损害的主要原因。为此，要转变传统重陆轻海的观念，坚持以海定陆发展理念，以海域环境容量为约束标准，开展严格的陆源污染排放总量控制[①]。东海陆源污染来源包括农业、工业和生活与服务业三大类，其中农业污水、生活污水排放主要属于面源污染，工业废水排放既包括点源污染也包括面源污染。在入海污染源调查的基础上，需要充分考虑污染不确定因素的影响，必要时应预留入海排放的安全裕量。具体而言，安全裕量的设置可参考国外污染物安全裕量占环境容量的比例加以制定。对于污染源清晰的点源污染，可不设置安全裕量。依据对各污染源污染排放量的实时监测，比照污染源可分配的入海排放量，明确各入海污染源需要削减的入海排放量。

（2）兼顾公平与效率，以排污效率明确不同区域不同产业减排额度分配。在以海定陆科学测度污染排放总控制量的基础上，进一步明确各地区、各产业的排放额度和减排任务，是确保污染总量控制制度有效实施的关键。在省级层面，根据各省农业、工业及生活与服务业污水排放历史统计值，结合各产业污染排放效率，由省级政府通盘做好省域内产业发展规划。对于污染排放量持续增大且排放效率低的产业，要及时对其发展规模进行限制并组织开展产业绿色化升级改造。市、县级地方政府是环境治理的直接责任

① 胡求光，沈伟腾. 陆海统筹，要统筹什么？[J]. 中国生态文明，2019（4）：35-38.

人和执行人，部门减排责任的执行最终依赖于地方政府[①]。因此，在省级产业减排规划基础上，还需将污染总量进一步分配到各市、县级政府，由市、县级政府针对区域内各产业污染排放情况进行二次分配。此外，污染总量的分配不是固定不变的，而是需要根据各地区社会经济发展需要和污染物处理能力，采用综合评价方法对分配效率进行诊断，进而开展动态的优化和调整，切实保障排污责任分配的公平性[②]。立足长三角现状，虽然安徽的部门污染排放效率普遍低于其他两省一市，有较大的减排潜力，但考虑到其经济发展水平相对落后，在责任分担上需从公平性角度加以平衡。

（3）兼顾生产与生活，以严控源头保障部门减排责任有效落实。源头预防和治理是解决生态环境问题的根本途径。环境污染的源头包括生产污染和生活污染两个类型[③]。环境污染减排责任的分担既要依靠生产性的产业绿色升级改造，也有赖于居民生活方式的绿色化转型。长三角是我国重要的制造业聚集区，工业污染一直是环境污染的重要来源。同时工业污染在长三角“三省一市”中的排放效率存在较为明显差异，需要及时准确排查污染排放低效的源头，督促地方政府尽快关闭或改造相关污染产业。相对工业而言，农业造成的污染程度相对较小，但多属于面源污染，污染责任难以清晰界定且排污效率较低。为此，需要各地方政府积极推动农业生产技术升级，大力推广绿色农业发展。随着长三角城市化进程不断加深，生活污染逐步成为多个城市的重要污染源。同时，生活污染多属于面源污染，其源头管控和污染治理难度较大。未来应加强对长三角生活污染的倒查力度，推动城市社区、农村基层生活污染自治，积极倡导和推广绿色生活方式。

4.3.1.2 责任分担目标

结合前文中的部门污染排放效率测度结果，立足坚持以海定陆、兼顾公平与效率、兼顾生产与生活 3 个部门污染减排原则，明确长三角三大部门的减排责任分担目标。长三角产业门类齐全，随着区域经济的转型升级，“三省一市”的产业结构和分工格局出现显著变化，其中上海逐步形成了以金融为核心的高端服务业集群，江苏、安徽工业地位不断增强，浙江信息产业、高端制造业规模迅速扩大。伴随着产业的不断扩张发展，地区产业部门发展带来的环境污染问题也日趋严峻。长三角不同地区不同部门污染排放效率存在差异，为此需要从部门层面，结合长三角区域特征明确减排责任的分担目标。

（1）从 2018 年统计数据来看，上海、江苏、浙江和安徽第一产业增加值占总产业

---

① 赵慧卿，郝枫. 中国区域碳减排责任分摊研究——基于共同环境责任视角[J]. 北京理工大学学报（社会科学版），2013，15（6）：27-32，38.

② 郑立群. 中国各省区碳减排责任分摊——基于公平与效率权衡模型的研究[J]. 干旱区资源与环境，2013，27（5）：1-6.

③ 刘伟明. 环境污染的治理路径与可持续增长：“末端治理”还是“源头控制”？[J]. 经济评论，2014（6）：41-53，77.

增加值的比重分别为 0.3%、4.5%、3.5%和 8.8%，除安徽农业比重高于全国平均水平（7.0%）外，其他地区农业比重均低于全国平均水平。虽然长三角农业规模相对较小，但农业带来的环境污染问题依然不容忽视[①]。农业污染排放效率显示，农业污染排放效率明显低于工业、生活与服务业，各地区农业污染排放效率由高到低依次为上海、浙江、江苏、安徽。由此可知，长三角农业排放效率与农业规模占比大小成反比关系，其中安徽既是农业规模最大的省份，也是农业污染排放效率最低的省份。因此，长三角农业污染减排的重心在安徽，未来应重点推动安徽农业绿色化升级转型发展，提高农业绿色产出效率，严格控制化肥和农药施用量，限制养殖饵料、用药量，减少养殖水域环境污染，力争将农业排放效率提升至有效水平以上。

（2）工业一直是长三角传统支柱型产业，对区域经济发展贡献十分突出。2018 年上海、江苏、浙江和安徽第二产业增加值占总产值比重分别为 29.8%、44.5%、41.8%和 46.1%，除上海外，其余地区占比均高于全国平均水平（39.7%）。工业污染排放效率测度结果显示，总体上长三角工业排放效率呈现显著上升趋势，年平均增幅约 9.13%，说明长三角工业正在逐步由高污染、高能耗向低碳、绿色方向发展。然而，作为制造业集聚区，长三角工业废水排放量常年居高不下，流域水环境污染问题一直未得到有效解决，同时大量废水排放入海，进一步导致东海海洋环境污染。长三角“三省一市”工业污染排放效率的测度结果表明，除上海工业污染排放效率处于有效水平外，浙江、江苏和安徽均处在无效水平，因而 3 个省（市）工业污染存在较大的减排空间。另外，随着长三角区域经济的一体化发展，长三角城市的工业污染排放也呈现出一定的转移趋势，污染排放由原核心城市逐步向外围城市转移，外围城市受到的环境污染压力在不断增加[②]。前文效率测度结果同样显示，作为被转移区的安徽工业污染排放效率最低，且效率增幅小于江苏和浙江。因此，未来长三角区域经济一体化合作的同时，也要更加重视工业污染排放方面的协同治理合作，避免排污产业转移带来对地方发展水平地区环境治理的威胁。

（3）长三角城市化水平较高，随之带来大量城市生活污水排放，对流域和海域环境造成严重威胁。统计显示，我国城市生活污水排放量占污水排放总量的一半以上。同时，与工业污染相比，生活与服务业排污更为分散且污染源不清晰，需要从地方政府层面开展综合性的生活污水防治。对比农业、工业部门，长三角生活与服务业污染排放效率最高，从区域角度来看，上海、浙江和江苏呈现出效率增长趋势，但安徽表现出下降的趋

① 顾培，沈仁芳. 长江三角洲地区面源污染及调控对策[J]. 农业环境科学学报，2005（5）：202-206.

② 尤济红，陈喜强. 区域一体化合作是否导致污染转移——来自长三角城市群扩容的证据[J]. 中国人口·资源与环境，2019，29（6）：118-129.

势。因此，安徽生活与服务业存在较大的减排潜力，但从绝对量上看，上海、浙江和江苏等发达城市地区生活污染排放量更高，因而发达城市地区需要承担起主要的生活污染减排责任。综上，长三角生活和服务部门的减排责任分担目标应分为两个层面：一是加大生活污水治理设备和技术工艺投入力度，推动污水无害化处理和循环化利用，着力提升安徽生活与服务业污染排放效率，逐步实现排放效率正增长；二是开展城市污水网络化处理工程，逐年降低上海、浙江和江苏重要城市生活污水排放总量，缓解水环境污染压力。

4.3.2 基于陆海统筹的长三角各部门减排责任分担方案

4.3.2.1 责任分担情景分析

陆源污染是导致东海环境污染的主要原因，统计数据显示东海区海域污染物约九成来自入海河流。基于陆海一体化视角，长三角陆域各类产业的污染排放量已经超过了东海海域环境容量，需要明确各部门减排责任，开展陆海统筹下的生态一体化治理。由于海洋环境质量与陆源污染排放之间存在复杂的作用关系，难以通过量化数据加以一一对应。为此，本节借助情景分析方法，拟定高、中、低 3 个总体减排目标，分析不同情景下长三角各地区各部门的减排责任分担方案。

（1）高目标情境下，假定实现长三角近岸海域质量大幅改善（如劣于四类水质标准的海域面积减少 50%），为此需要大量减少陆源入海污染排放量。统计数据显示，2001—2017 年，长三角废水排放量呈现逐年波动递增趋势，年均增长率约 2.78%。在海域环境容量不变前提下，为实现近岸海域环境质量的大幅改善，假定高目标情境下需要实现废水排放量下降 30%，则未来长三角各个部门均需承担较大的减排责任才能实现废水排放量的逐年递减（表 4-9）。长三角农业污染排放效率普遍较低，存在较大的减排潜力。考虑到上海本身农业规模占比极小，在高减排目标下浙江、江苏和安徽应承担农业减排的主要责任。综合考虑污染排放效率和农业产值规模，3 个地区应承担的减排责任由高到低依次为安徽、江苏、浙江。工业是长三角“三省一市”重要的支柱型产业，主要城市的工业废水排放量均排在全国前列，因而在高减排情景目标下，安徽、浙江、江苏、上海均需承担主要减排责任。从工业废水排放总量来看，江苏和浙江排放量明显高于上海和安徽，相对而言需要承担更高的减排量。进入 2000 年以来，长三角生活污水排放量已经超过工业废水排放量，成为陆源入海污染的主要来源。2017 年江苏、浙江、上海和安徽生活污水排放量依次约为 45.38 亿 t、33.03 亿 t、18.03 亿 t、19.26 亿 t，远高于工业废水排放量。因此，为实现陆源入海污染的大幅下降，需要江苏、浙江、上海、安徽“三省一市”共同承担生活污水减排责任。

（2）中目标情境下，假定实现长三角近岸海域质量中度改善（如劣于四类水质标准的海域面积减少 25%），需要实现废水排放量下降 15%，则长三角不同部门可依据排污量和排污效率承担差异化的减排责任（表 4-9）。农业污染排放效率明显低于工业、生活与服务业，同时长三角农业发展正处于从传统农业向现代绿色农业过渡的时期，因此在中目标情境下，农业仍需承担较高的减排责任，主要减排地区以安徽、江苏和浙江为主。中目标情景下，工业需承担中等程度的减排责任，主要减排地区以江苏、浙江和上海等较发达地区为主。从排放效率来看，安徽工业污染排放效率最低，但考虑到安徽属于长三角中经济欠发达地区，未来工业是支撑经济快速发展的主导产业，因此从公平性角度安徽在中目标下可承担相对较小的减排责任。长三角生活与服务业污染排放存在排放量高、排放效率也高的特征，在中目标下排放绝对量相对较大的浙江、江苏和上海需承担主要的减排责任，而处于城镇化进程中的安徽可承担较小的减排责任。

（3）低目标情景下，假定实现长三角近岸海域质量低度改善（如劣于四类水质标准的海域面积减少 10%），需要实现废水排放量下降 5%，则长三角农业和工业部门应承担中等的减排责任，而排放效率相对较高的生活与服务业可承担较低的减排责任（表 4-9）。首先，安徽作为农业污染排放效率唯一的无效地区，理应承担主要的农业减排责任。安徽正处于从传统农业大省向新兴工业大省转变的关键时期，借助农业减排可以倒逼安徽现代化绿色农业的发展，促进安徽产业结构的优化，同时也不会影响其总体经济增速，因此在低情景目标下安徽是主要的农业减排地区。其次，2017 年浙江和江苏工业废水排放量分别为 12 亿 t、20 亿 t，远高于上海和安徽，同时两个地区工业污染排放效率也低于上海，综合以上考虑，浙江和江苏未来需要承担工业减排的主要责任。最后，生活与服务业在承担低减排责任下，城市化水平最高、城镇生活污水排放量最大的上海需承担主要减排责任，通过加快现代化生活污水治理系统、倡导绿色化生活方式，为区域减排作出贡献。

表 4-9　不同情景目标下长三角各部门减排责任分担方案

部门	高目标		中目标		低目标	
	减排责任分担	主要减排地区	减排责任分担	主要减排地区	减排责任分担	主要减排地区
农业	高	安徽、江苏、浙江	高	安徽、江苏、浙江	中	安徽
工业	高	江苏、浙江、上海、安徽	中	江苏、浙江、上海	中	浙江、江苏
生活与服务业	高	江苏、浙江、上海、安徽	中	浙江、江苏、上海	低	上海

综上所述，随着减排目标的变化，不同部门主要减排责任的划分以及主要减排地区均会发生变化。在高减排目标下，三大部门均需承担较高的减排责任，随着减排目标逐步减低，工业、生活与服务业可以逐步降低减排责任的分担，但排污效率较低的农业宜继续承担较高的减排责任。在低减排目标下，农业、生活与服务业可进一步降低减排责任的分担，其中生活与服务业可以以上海为主承担起较低的减排责任，但农业和工业宜保持在中等减排程度。作为相对欠发达地区的安徽可随着减排目标的变化逐步调整为以农业为主要减排部门，为工业、服务业等预留一定发展空间。上海作为核心城市需要在生活污水减排上发挥更多的作用，江苏和浙江工业发达地区则在高、中、低目标下均需承担一定的工业减排责任。因此，为实现陆海一体化的环境改善，随着陆源污染减排目标的优化，在不同情境下长三角各地区、各部门所承担的减排责任也应有所调整。

4.3.2.2 责任分担对策探究

基于上述长三角各部门减排责任分担的情境分析，提出以下相关落实减排责任分担的对策建议。

（1）设置阶梯化、动态化的减排目标，确保经济发展与环境保护的协同推进。减排的根本目的是倒逼各部门绿色化升级改造，推动陆源污染的有效减少，从而实现海洋环境的改善。然而，如果设置过高的减排目标，必然会对地区经济发展以及部门就业形成冲击，尤其是会对工业部门造成严重影响。为此，需要依据东海海域环境质量变化，立足海域环境容量，及时调整和优化减排目标，针对不同部门、不同地区设置阶梯化、动态化的减排责任分担，以期实现陆域经济发展与海域环境保护的一体化协同。在海域环境承压较大的时期，可短暂设置高减排目标，引导各部门共同参与减排，从而短期内有效缓解近岸海域环境压力。当陆源性污染排放量较大幅降低，海域环境得到有效改善后，可设置中等的减排目标，由污染排放低效的农业承担较高的减排责任，工业、生活与服务业可适度降低减排压力。考虑安徽等欠发达地区承接了浙江、江苏、上海等地区的部分产业，为推动其加快产业结构升级，在中目标下可降低安徽的工业、服务业等部门的减排责任分担。随着海域环境的进一步改善，未来宜在低目标下分解各部门的减排责任，其中污染排放高效的生活与服务部门可承担较低的减排责任。在区域层面，农业规模较大的安徽应承担农业减排的主要责任，浙江和江苏则在工业部门减排上承担主要责任。

（2）适度加大农业应分担的减排责任，倒逼农业绿色化转型发展。由于农业规模较大、生产方式不合理等原因，长三角农业面源污染问题一直较为突出，农药用药量、农村污水排放量常年居高不下。部门污染排放效率测度结果表明，长三角农业发展尚处于高污染、低产出的无效率状态。为此，加快农业污染治理，加大农业减排责任分担，推动绿色、现代农业发展，有效降低农业污染对流域和海域的威胁，成为实现长三角环境一体化治理的重要一环。通过将农业污染治理纳入地方政府领导班子和领导干部综合考评体系，强化对农业减排责任落实的考核督查，建立农业减排台账和时间表，将减排责任层层落实至农业企业、农户等排污主体[①]。立足减排目标，严格控制农田面源污染，推动有机肥替代化肥，实行农药减量控害，控制和净化地表径流，加大畜禽养殖污染控制力度，推进水产健康养殖，防止污染物直接排入水体，切实降低农业发展对流域、近岸海域环境质量的影响。在地区层面，传统农业大省安徽应将农业减排作为重中之重，切实加强源头防控，转变发展方式，推动农业绿色、生态、循环发展，力争在有限时间内取得明显治理成效。

（3）循序渐进地推动工业减排，做好不同区域、不同阶段的责任分担。工业是长三角重要的支柱型产业，因而工业的减排要避免政策“一刀切”对经济和就业造成严重冲击。结合各地方经济发展水平以及产业转移，兼顾公平和效率两个层面，有序推动各地方工业减排责任的落实。行业层面，率先开展对长三角石化、化工、造纸等高能耗行业的节能排查工作，从技术层面进一步挖掘主要排污行业的减排潜力，拓展工业节能空间。区域层面，鼓励和引导江苏、浙江等工业发达地区建立节能减排标准数据平台，开展减排标准实收的评估研究，强化对工业企业减排责任落实的监督检查，提高减排研发创新能力。作为工业污染输入地区，安徽应着力加强与浙江、江苏的工业污染治理合作，充分借鉴工业绿色发展经验，构建联防联控机制，尽可能以最小的经济成本落实工业减排责任。

（4）大力推广节能减排生活方式，开展重要城市生活污水减量治理试点。在上海、杭州、苏州等重点发达城市开展生活方式绿色化推广试点，制订合理的规划和年度工作计划，做好顶层设计，积极摸索绿色生活方式推广经验，以点带面，逐步推进。在长三角区域内建立以城市为单位的统一、科学的城市节能减排考核评价体系，细化考核指标，制定奖惩分明的激励政策。逐步建立生活方式绿色化宣传联动机制，整合多个部门、单位开展持续宣传，发挥网络等新媒体作用，营造良好的绿色生活氛围[②]。积极开发绿色产品，制定统一的绿色认证标志，建立绿色消费市场，扶持绿色产业。

---

① 袁平，朱立志．中国农业污染防控：环境规制缺陷与利益相关者的逆向选择[J]．农业经济问题，2015，36（11）：73-80，112.

② 杨晓娇，王效科．中国城市生活资源消耗与污染排放的主要影响因素[J]．中国科学院大学学报，2019，36（5）：626-632.

第 5 章

以陆海统筹推进长三角排污权制度一体化建设

陆地和海洋是一个有机的整体，海洋经济是陆域经济向海洋的延伸发展，陆域经济是海洋经济的依托与保障，两者相辅相成、相互依托。海洋环境的恶化会极大地限制陆地经济的发展。海洋环境危机的源头，主要在于陆源污染物的排放。实施排污总量递减前提下的总量控制制度，并建立长三角一体化排污权交易制度，是长三角坚持陆海统筹，促进陆海产业协同发展、实现陆海经济一体化的必然选择。本章在总结排污权有偿使用和交易制度试点经验的基础之上，提出了长三角排污权交易制度一体化体系的构想，为排污权交易制度的全面推广，提出了新的思路。

5.1 长三角排污权制度建设的回顾与总结

5.1.1 长三角排污权交易试点的演化

5.1.1.1 早期试点阶段（1987—2006 年）

1987 年，上海闵行区开展了企业之间水污染物排放指标有偿转让的实践，从而有了中国第一笔排污权交易。自此，闵行区开展了 40 多笔排污权交易的案例，直至“排海工程”的实施而停止交易。2001 年，浙江省嘉兴市秀洲区出台了《水污染物排放总量控制和排污权交易暂行办法》，实行了水污染排污初始权的有偿使用，2002 年涌现出排污权有偿使用的典型案例。2006 年，嘉兴市启动了全市范围的污染物排放总量控制和排污权交易。江苏省环境保护委员会在 2004 年印发了《江苏省水污染物排污权有偿分配和交易试点研究》工作方案的通知（苏环委〔2004〕6 号）。

在这一阶段，长三角排污权交易经历了从无到有的漫长实践，也形成了在全国范围内影响较大的排污权交易案例。尽管这段时期的环境治理方法开始从末端治理向源头控制转变，但是，作为排污权交易基础的总量控制等仍然没有依法确立，排污权交易在环境治理中所起的作用有限。这段时期的排污权交易呈现“试点多，交易少”“有规则，无交易”“保经济，压环境”的特征①。

5.1.1.2 排污权交易市场建立阶段（2007—2011 年）

2007 年嘉兴市成立了全国首个排污权储备交易中心，标志着长三角排污权交易的实践逐渐从“企业—企业”直接谈判模式向“企业—交易所—企业”的交易所模式过渡。2008 年，财政部、环境保护部和江苏省政府在无锡市举行了太湖流域主要水污染物排污权有偿使用和交易试点启动仪式。所有参加试点的企业均要有偿购买排污指标，并可以在二级市场上进行交易。2009 年，财政部和环境保护部批准浙江省在太湖流域杭嘉湖地区和钱塘江流域开展化学需氧量排污权有偿使用和交易试点。2009 年 3 月，浙江排污权交易中心挂牌成立。

在此阶段，江苏和浙江先后得到批复成为排污权交易试点省份，排污权交易市场逐步建立。在交易模式探索上，浙江实行“自下而上”的探索方式，杭州、嘉兴、诸暨、桐乡等地先后出台了主要污染物排放权交易管理办法。江苏则采取“自上而下”的方式，在省环保厅的指导下，在太湖流域和一些地市逐步推进排污交易。

5.1.1.3 排污权交易全面深化阶段（2011 年至今）

2011 年 9 月，浙江在全省排污权交易推进会上作出了在全省范围内全面推进试点工作的决策部署，将排污权交易试点工作纳入年度考核评价指标体系。浙江省生态环境厅自 2018 年开始，在全国率先启动了“排污权交易指数”研究，最终创建了以排污权交易价格、交易量、交易活跃度为核心的“浙江省排污权交易指数”体系，并就排污权交易指数与环境、经济相关指数开展了相关性分析研究，发现排污权交易与环境、经济密切相关。2018 年江苏发布了《江苏省排污权有偿使用和交易实施细则（试行）》，按照《实施细则》，江苏全面实行排污权交易制度。自此，浙江、江苏两省全面推开排污权有偿使用一级市场和基于企业的排污交易二级市场。

在此阶段，长三角的排污权交易试点不断深化，覆盖范围逐渐扩大，交易形式丰富多样，不仅包含竞价拍卖、协议转让等形式，还包括排污权抵押贷款、排污权租赁、刷卡排污等与绿色金融紧密结合的新形式。

5.1.2 长三角排污权交易试点的主要成效

总体来看，长三角排污权制度试点取得了阶段性成效，主要包括以下 3 个方面。

---

① 于杰，周伟铎，蒋金星. 排污权交易：理论引进与本土化实践[J]. 中国地质大学学报（社会科学版），2014，14（6）：96-104.

5.1.2.1 促进生态文明建设

排污权交易制度的试点，控制了长三角试点地区的排污权总量，保证了入海污染物在可接受的范围内逐年递减。2014—2017 年，长三角河流携带入海的总磷、氨氮、重金属等污染物都出现了明显的下降趋势，化学需氧量、油类和砷等污染物也控制在一定水平。同时，排污权交易的试点，体现了环境容量的生态价值。长期以来，在人们的意识中，环境资源是取之不尽、用之不竭的，很少有人意识到保护环境的重要性。排污权试点将环境有价的理念传达给社会大众，它不仅有生态价值，更具有社会价值、经济价值，保护环境就是保护社会生产力，进一步提高环境保护在公众心目中的地位。

5.1.2.2 促进要素资源的市场化配置

在明确排污权的基础上，排污权交易能够起到促进要素资源的市场化配置作用，其价值主要体现为两个方面：一是促进经济发展与环境保护的统一。在排污总量不变或者削减的前提下，通过排污权交易，可实现买方节约污染治理成本、卖方出售节余排污权获得经济收益、社会整体治污成本降低的“三赢”目标。此外，由于在经济上有利可图，排污权交易调动了企业减排的积极性和主动性，有利于在社会整体上提高污染治理水平、优化产业结构，从而减轻环境的承载压力，实现环境利益和经济利益的统一。二是促进环境保护公平与效率的统一。出售排污权的企业因技术转型升级等原因减少污染物排放的需求，将闲置排污权出售所得的经济回报是市场对企业节能减排的外部经济性补偿，而买方因过量排污而支付的金钱则是为外部非经济性的行为埋单。这是环境保护中经济利益分配公平的体现。

5.1.2.3 促进环境治理长效机制建立

我国对环境保护一直都是通过命令-控制性手段来进行。虽然这些命令-控制性手段在控制污染方面能够发挥一定的积极作用，但是在环境状况日益恶化的当下，这些手段不能从根本上解决排污总量继续增大的问题，即不能够激发排污者自动降低排放的主动性，在污染控制上的成效较低。排污权交易制度转变了环境治理的思路，由政府宏观调控转变成了通过市场自发的手段，充分利用价格机制的调节作用，减少政府的干预，降低价格失衡的可能性。通过排污权交易制度的进行，政府在环境管理中，作为宏观调控者，维护排污权交易市场的秩序，推进排污权交易制度不断完善，促进环境治理长效机制建立。

5.1.3 长三角排污权交易实践存在的突出问题

5.1.3.1 总量控制力度不够

长三角是全国经济最发达的地区，2018 年，长三角的生产总值占全国生产总值的

23.5%。同时，长三角所在的东海是全国海洋污染问题最为严重的海域。2018 年，东海的近岸海域劣四类海区比例占 32.7%[①]，远超过渤海、黄海和南海的比例。杭州湾、象山湾、三门湾、台州湾、乐清湾和温州湾在 4 个季度中均出现劣四类水质[②]。上海、嘉兴、舟山近岸海域水质属于“极差”水平，南通、宁波、台州水质属于“差”水平。作为全国经济社会发展的重要引擎，长三角需要体现海洋环境治理的领先性，作为海域污染最严重的地区，长三角需要体现出海洋环境治理的责任感。但是，长三角的污染减排只是跟随国家的减排比率，入海污染物的总量控制力度远不能达到陆海统筹治理海洋污染的要求，由此导致长三角近岸海域环境仍在恶化。

5.1.3.2 区域排放缺乏协调

排污权是流域环境容量的体现，区域排放协调机制是排污权交易的基础。无论是长三角还是长江流域，均缺乏区域排放的协调机制。各个地方政府“自扫门前雪”，没有从整体的视角来应对区域乃至整个长三角的水体污染物问题。长三角的长江、太湖、淮河等皆横跨多个行政区域，而以行政区划为单元的环境保护部门在环境管理方面本身存在局限，且当水系流经的省（市）辖区越多，其水污染治理情况越复杂，尤其是跨多个省份的流域环境管理因涉及较多协调治理问题而更加困难。为此，国家先后建立长江、淮河水利委员会和太湖流域管理局等机构，以管理几个主要的水系与湖泊。但这些流域管理机构皆隶属国务院行政主管部门调度机构，主要实行单一管理而不能根据流域和生态系统的完整性进行全面管理，不能承担跨部门和跨流域问题的综合协调和管理任务，不能将流域管理和地方管理很好地联系和协调起来。区域间的污染排放缺乏以水体质量为基础的反馈与响应机制。这就可能造成各地区虽按照总量控制要求排污，但水体污染物依旧在某一时段急剧提升甚至超过环境承载力的情况。协调机制的欠缺，严重制约了跨界排污权交易制度的推广。

5.1.3.3 数量价格双双锁定

排污权交易应当依靠市场机制推进，而在排污权交易市场中，政府却出现越位、错位、缺位的现象，运用行政手段过度干预排污权交易，导致企业丧失自主交易积极性，不利于排污权交易的可持续发展。具体表现为以下两点：①政府主导了价格。长三角试点地区制定了相当一部分的排污权相关技术性文件，大体上均就排污权核定、基准价格、排污权有偿使用、交易及出让收入或资金管理等方面做了规定。政府的指导定价限制了企业交易的自由度，背离了以市场调节定价为基础的排污权交易机制，既不利于市场调节作用的发挥，也不利于排污权在二级交易市场自由流通。②政府主导了交易。许多交

① http: //www. cnemc. cn/jcbg/zghjzkgb/201906/P020190618416112166768. pdf 2018 年中国生态环境状况公报。

② http: //hbdc. mee. gov. cn/hjyw/201905/W020190529623962003076. pdf 2018 年中国海洋环境状况公报。

易都是在政府干预之下才促成的，导致交易价格的市场信号的作用被大大削弱，企业难以根据现有的市场价格进行预测与决策，加大排污权价格的不确定性。同时，政府的地方垄断行为严重，阻碍良性竞争。部分地方政府在跨省、市的排污权交易不利于本地区经济发展的错误认知之下，通过对排污权合同强行介入的方式，将排污权交易限制在本地区范围之内，导致市场难以对排污权进行优化配置。价格和交易数量全部都被政府锁定，造成了排污权交易市场被捆绑，排污权的可交易空间大大受限。

5.1.3.4 排放交易各自为政

排污权有偿使用和交易制度细化到以县（市、区）为单位，以至于出现了一个县一个排污权交易中心、一个县一个排污权价格的乱象。以浙江省嘉兴市为例，各县（市、区）就分别出台了《南湖区污染物排污权交易办法（试行）》《嘉善县主要巧染物排污权交易办法（试行）》《海宁市主要污染物排污权交易办法（试行）》《海盐市主要污染物排污权交易办法（试行）》《平湖市主要污染物排污权交易办法（试行）》等政策文件。排污权有偿使用和交易制度的细化，造成了各县（市、区）排污权交易市场的孤立。每个市场上都存在交易主体数量不足、市场规模太小的问题。排放交易各自为政，提高了每个市场的交易成本，同时增加了地区间的协调难度。

5.1.3.5 企业缺乏稳定预期

排污权交易的市场机制尚未健全，主要表现为排污权交易的价格波动较大，企业难以根据现行的排污权价格对排污权的价值形成预期。在排污权总量逐年递减的前提下，企业对排污权市场缺乏信心，对于排污权未来的预期往往偏高，而现行市场上的交易价格过低，有些甚至不够弥补减排成本，这就出现了排污权交易二级市场出现企业“惜售”排污权现象。另外，在有偿使用的过程中，如果企业可以免费获得排污权，那么市场上就会出现“惜售”现象，即便是企业可以通过有偿使用方式获得排污权，但在特殊严格的环境保护政策条件下稳定的增值预期也会使企业“惜售”排污权。

5.1.3.6 排海工程比比皆是

排海工程将处理水排放到海洋中，是工业、农业、生活用水的一种排放方式。排海工程使得污染物排放地从陆地的河流、湖泊改为海洋，而入海污染物的排放标准低于陆地污染物的排放标准。这一行为的实质是污染物排放的转移，在总量控制制度全面实施的情况下，“排海工程”实际上就是突破了陆域环境容量，向海洋转嫁污染排放。一方面，排海工程加剧了海洋污染；另一方面削弱了排污权的稀缺性。既然纳管排放即可，企业也就失去了购买排污权的内在动机。2018 年，全国有 453 个日排放量大于 100 m^3 的直排海工业污染源，东海有 179 个，在 4 个海区中占比最高，同时也是直排海污染物排放量最大的海区。

5.1.4 长三角排污权制度一体化建设的必要性和可能性

5.1.4.1 长三角排污权制度一体化建设的必要性

（1）服务于长三角一体化战略。2019 年，中共中央、国务院印发的《长江三角洲区域一体化发展规划纲要》，明确提出要强化长三角生态环境共保联治。长三角排污权制度一体化建设，立足于水污染治理，为长江、新安江—千岛湖、京杭大运河、太湖、巢湖、太浦河、淀山湖等重点跨界水体的联保治理提供了具体举措。

（2）服务于海洋强国战略。习近平总书记特别重视海洋经济发展中的生态保护问题，基于我国海洋环境不容乐观的基本现实，他提出要下决心采取措施，全力遏制海洋生态环境不断恶化趋势，让我国海洋生态环境有一个明显改观。长三角排污权制度一体化建设，从源头上有效控制陆源污染物入海排放，推进了海洋生态文明建设，为海洋强国战略的实施奠定了有力保障。

（3）服务于美丽中国战略。长三角排污权制度一体化建设，以改善环境质量为终极目标，实行最严格的生态环境保护制度，利用价格机制体现生态环境价值，践行“绿水青山就是金山银山”的重要思想，不断满足人民群众日益增长的优美生态环境需要，同时也为我们的子孙后代留下蓝天碧海、绿水青山。

（4）服务于国家治理体系和治理能力现代化战略。应对生态环境破坏的问题，不应该仅仅依靠政府力量统一管理，更应该通过改进政府治理、推进市场治理、优化社会治理的手段，完善和发展我国生态环境制度和治理体系。长三角排污权制度一体化，通过政府排污权审批和管理，发挥市场机制的作用，完善社会监督机制等手段，发挥政府、市场和社会 3 个环境治理主体的合力，建立水污染治理长效机制，推进国家生态环境治理体系和治理能力现代化。

5.1.4.2 长三角排污权制度一体化建设的可能性

（1）长三角经济实力雄厚。长江三角洲是我国经济发展最活跃、开放程度最高、创新能力最强的区域之一，经济总量约占全国 1/4，全员劳动生产率位居全国前列。科技创新优势明显。上海、南京、杭州、合肥科技研发强度均超过 3%。在总量控制的前提下，排污权交易制度可以进一步激发这些减排潜力，足额甚至是超额完成减排任务。

（2）长三角市场机制健全。依托上海、南京、杭州、合肥、宁波等中心城市要素集聚和综合服务优势，长三角逐渐成为吸聚最高端要素、会集最优秀人才、实现最高产业发展质量的中枢发展带。经济发展的生产要素活跃，资源配置高效。排污权作为一种新兴的生产要素，依托长三角的生产要素配置机制，使其更能实现高效利用。

（3）长三角试点经验丰富。上海、浙江和江苏都是排污权试点地区，拥有先发优势。

1987 年，中国最早的排污权交易就是在上海闵行区进行的，开启了中国排污权交易的先河。随后，浙江和江苏也先后进行了排污权交易的实践，并分别形成了具有地方特色的排污权交易模式。在排污权交易的数量和金额方面，浙江走在了全国的前列，浙江省排污权交易网①近 3 年数据显示，浙江排污权交易总量分别为 1.48 万 t、1.79 万 t、2 万 t，总体来看，浙江排污权交易成交量呈逐年上升趋势。在流域排污权交易上，江苏率先在太湖流域进行了尝试。太湖排污权交易，作为最早的流域排污权交易，为流域排污权试点的理论和实践积累了丰富的经验，也为长三角排污权制度一体化建设的推进奠定了坚实的基础。

（4）长三角一体化战略驱动。长三角一体化发展战略是长三角排污权制度一体化的顶层设计。长三角排污权制度一体化是长三角一体化发展战略在生态领域的具体措施。实施长三角一体化发展战略，是引领全国高质量发展、完善我国改革开放空间布局、打造我国发展强劲活跃增长极的重大战略举措。有利于资源要素有序自由流动，有利于突破行政壁垒，实现加强跨区域协调互动。有利于强化生态环境共保联治，加强生态空间共保，推动环境协同治理。有利于推动生态环境协同监管，提升区域污染防治的科学化、精细化、一体化水平。在长三角一体化发展战略不断推进的大潮下，长三角排污权制度一体化建设更可以顺势而行，建立水环境治理的长效机制。

5.2 长三角排污权制度一体化建设的框架构建

5.2.1 长三角排污权总量控制一体化制度

5.2.1.1 总量递减前提下的总量控制

长三角排污权总量控制是总量递减前提下的总量控制。只有减排才能改善，这是根据长三角近岸海域环境严峻的形势判断。一方面，长三角所处的东海海域环境污染最为严重。2018 年，东海的近岸海域水质属于“差”的水平，东海近岸海域一类水体的占比为 21.2%，而劣四类水体占比高达 32.7%。按沿海省份水体区分为江苏的近岸海域水质一般，浙江和上海近岸海域水质极差。全国 9 个重要河口海湾中，长三角对应的有长江口和杭州湾，其近岸海域海水水质属于“极差”水平②。另一方面，长三角的海洋污染问题仍在每况日下。根据 5.1 节的分析可知，江苏、上海和浙江的近岸海域水质状况仍

① 浙江排污权交易网 http：//www. zjpwq. net/cms/。

② http：//www. mee. gov. cn/hjzl/zghjzkgb/lnzghjzkgb/201905/P020190619587632630618. pdf 2018 中国生态环境状况公报。

在不断恶化。尤其是江苏的海水水质，2011 年以前，江苏海水水质整体仍处于“良好”水平，但 2011 年以后，海水水质逐渐恶化为“一般”水平，直到 2017 年，已经被评为“差”等级。而上海和浙江两地，自 2010 年起一直处于“极差”水平。

5.2.1.2　陆海统筹视角下的总量控制

长三角排污权总量控制是陆海统筹视角下的总量控制，是基于以往的总量控制只是依据陆地，没有加入海洋状况的考量。“排海工程”就是一个例证。2017 年，东海主要陆源污染物的排放量如表 5-1 所示。可以看出，数据显示的入海河流的污染排放量要远大于直排海污染。这就反映出海洋污染治理“重陆地，轻海洋”的思想。其实忽略了以下两个因素：①忽略了不同污染对于海洋环境的最终影响的差异。入海河流的污染物对海洋的最终影响还要削去河流的自净的影响。一般来说，污染物源头距离入海口的距离越远，污染的影响力将会越小。同时，污染物源头所在地的环境容量越高，最终影响力也会越低。但是直排海污染物对海洋环境的破坏是直接的，没有折扣的。②直排海污染源只有沿海城市，如上海、台州、宁波、舟山、温州、嘉兴、连云港、南通和盐城等 10 个城市，而相对整个长江流域所有城市来说，比例仍然较小。因此，从绝对量来看，直排海污染量确实远低于入海河流的污染量。但相对于沿海城市来说，直排海污染量仍然占有一定的比例，“排海工程”对海洋环境的污染不容小觑。因此，在陆海统筹视角下，总量控制需要同时涵盖河流污染物和直排海污染物。

表 5-1　2017 年东海主要陆源污染物的排放　　单位：万 t

污染物来源	化学需氧量	氨氮	总磷
直排入海	9.98	0.38	0.09
主要河流入海	1 064.92	8.43	18.50

数据来源：《2017 年中国海洋生态环境状况公报》《2017 年东海区海洋环境公报》。

5.2.1.3　长三角一体化下的总量控制

总量控制是长三角一体化下的总量控制。“三省一市”的污染排放总量、污染物种类各有不同。2017 年长三角废水中主要污染物排放情况如表 5-2 所示。从污染物排放的规模来看，江苏的污染物排放总量在“三省一市”中属于最高。同时，不同地区表现出不一样的污染结构。例如，浙江与安徽相对比之下，安徽废水中化学需氧量的比重相对偏高，而浙江氨氮和总磷的含量偏高。因此，长三角的总量控制制度，不是简单的加总求和，需要综合考虑“三省一市”的产业结构、历史排污总量、污染物排放结构等因素进行一体化谋划，保证不同地区能在保留各自产业特征的基础之上，实现总量控制的目标。在一体化规划的基础之上，再进行一体化实施、一体化协调、一体化奖惩等制度的推进。

表 5-2　2017 年长三角废水中主要污染物排放　单位：万 t

省份	化学需氧量	氨氮	总磷
上海	14.18	3.7	0.37
江苏	74.42	10.12	0.93
浙江	41.86	6.67	0.51
安徽	49.56	5.76	0.45

数据来源：《2018 中国统计年鉴》。

5.2.1.4　流域统筹视角下的总量控制

总量控制是流域统筹视角下的总量控制。水流的自然属性决定了水污染物的排放需要以流域为界限。流域是地理区域，它不一定归属同一行政区域，导致流域集水区与行政区的边界不一定重合。长江流域横跨长三角的上海、江苏、浙江和安徽四地，而江苏也同时属于长江流域和淮河流域两个水资源分区。不同流域的排污权代表不同的水环境功能区的环境承载力，体现出不同的环境价值。因此，长三角排污权总量控制需要在长三角范围内极大程度地保证流域的完整性。除确定长三角总排污权数量之外，还需要明确各流域的排污权数量。长三角排污权交易市场还不能涵盖除上海、江苏、浙江和安徽四地的流域上游地区。以长江流域为例，长三角近岸海域污染的来源除上海、江苏、浙江和安徽四地外，还包含了云南、贵州、四川、重庆、湖南、湖北、江西等省份。因此，长三角排污权总量控制需要明确长江中上游地区对下游地区污染物的贡献度，并从整个流域环境容量中扣除，从而得到长三角“三省一市”可以排放的排污权总量。

5.2.2　长三角排污权一体化分配制度

排污权分配的核心问题是如何科学合理地把总量指标分配到每个污染源，总量分配方法从某种意义上决定了总量制度实施能否成功，总量控制目标能否顺利实现。科学合理的总量分配方法对调整经济结构、转变经济发展方式、推动科学发展具有重要作用。

5.2.2.1　长三角一体化排污权分配的影响因素

长三角一体化排污权分配的影响因素主要有历史排放因素、环境治理因素、经济因素和社会因素。

（1）历史排放因素。长三角初始分配还应该保证区域内的各条流域，流域内的各个地市，地市中的所有污染企业的平稳持续增长，应保证逐年分配到的初始排污权具有一定的稳定性。在排污权初始分配时考虑历史排放因素可以极大地尊重流域内各行政区域的排污现状。一般情况下，一个地区的实际排放量通常是事实上的允许排放量，它是历史上各种复杂排污因素综合作用的结果，有其存在的合理性，在一定程度上反映了各种力量的平衡。排污权初始分配的变动不是剧烈的变动，而是允许排污权初始分配从经济效率低的流域、地区和企业逐渐平缓地转移到经济效率高的流域、地区和企业，给予排污主体充分的时间调整生产技术，给予流域上下游地区充分的时间调整产业结构以适应排污权初始分配的变动。

（2）环境容量因素。环境容量具有有限性的特征，它是一种限度，一旦对环境的利用超过其更新和恢复的速度，其依存的生态环境就会遭到严重的破坏，而且很难恢复。因此，环境容量是影响排污权初始分配的一个非常重要的因素。在进行排污权的初始分配时应将不同流域不同地区的纳污能力作为参考，一个区域有足够的环境容量时甚至可以不用考虑其他因素。相反，如果某个地区没有或环境容量很小，那么该区域的排污将对流域下游以及海洋环境造成比较直接的影响，因此排污权的初始分配应充分考虑地区环境容量因素。对于水环境质量达到或者接近标准的区域，在保证当前环境质量的前提下，适当增加总体排污权分配的比例。对于水污染严重偏离目标的水分区，应减少排污权的分配比例，并积极建立以环境质量为目标的总量与质量的响应关系，实现精准减排。

（3）经济效率因素。效率是环境经济学中应用最为广泛的原则，指社会能从稀缺资源中得到最多价值的特性。经济因素主要为了使有限的排污权分配到众多排污企业中时实现效率最高，即长三角区域总的经济效益最大化。经济因素包括税收、产值、科技水平等指标。基于经济因素的排污权分配，能在很大程度上通过对企业的经济刺激，使其能在生产最大化的同时实现污染物排放最小化，从而达到环境效益与经济效益的统一。但是由于经济因素只追求社会经济效益最大化，在实践中不可避免地造成不公平现象，因而在分配过程中应权衡其与其他原则之间的关系。

（4）社会公平因素。在长三角一体化的环境下，总量分配关系到各方利益。公平性强调不同地区、不同企业都拥有相对同一的发展权，有利于协调不同地区发展不均衡的问题，还有助于激发企业进行清洁生产和污染防治的积极性。因而在长三角一体化排污权交易制度框架下，社会公平因素是分配时要考虑的重要部分。可以保证在总量有限的情况下，任一方获得的环境资源使用权利、收获的利益和环境保护的义务都是公平合理的。该类方法引入了人口、就业人口等社会指标来确定分配方法的基准，并在此基础上计算各污染源的允许排放量。使用这种方法可以保证对区域经济作出相同贡献的个体可以分配到同等的排污权，提高企业参与减排的积极性。

5.2.2.2　长三角排污权分配体系

长三角企业排污权的初始分配受到地区经济差异、行业差异和企业生产效率等多方面因素影响。进行排污权初始分配时需要充分考虑不同流域、不同地区、不同行业和不同企业之间的差异，在每一阶段科学合理分配历史排放因素、环境容量因素、经济效率因素和社会公平因素的权重，积极试行“流域-城市-行业-企业”的排污权分配模式。

（1）流域层面的排污权初始分配。水利部发布的《全国重要江河湖泊水功能区划》将全国划分为松花江区、辽河区、海河区、黄河区、淮河区、长江区、东南诸河区、珠江区、西南诸河区、西北诸河区 10 个水资源一级区，长三角属于淮河区、长江区、东南诸河区。水资源分区的依据包括自然地理、资源、社会和经济因素，极大程度地保留了流域水系和行政区划的特征。因此，基于水资源分区将长三角排污权交易市场划分为淮河市场、长江市场、东南诸河市场具有一定的合理性和科学性。具体城市分区见表 5-3。

表 5-3 长三角城市水资源分区

省份	地市	水资源分区	省份	地市	水资源分区
上海	上海	长江	江苏	镇江	长江
浙江	杭州	东南诸河、长江	江苏	盐城	淮河
浙江	宁波	东南诸河	江苏	淮安	淮河
浙江	温州	东南诸河	江苏	连云港	淮河
浙江	绍兴	东南诸河	江苏	宿迁	淮河
浙江	嘉兴	长江	安徽	合肥	长江、淮河
浙江	台州	东南诸河	安徽	芜湖	长江
浙江	湖州	长江	安徽	安庆	长江、淮河
浙江	金华	东南诸河	安徽	滁州	长江、淮河
浙江	衢州	东南诸河、长江	安徽	马鞍山	长江
浙江	舟山	东南诸河	安徽	阜阳	淮河
浙江	丽水	东南诸河	安徽	宿州	淮河
江苏	南京	长江	安徽	宣城	东南诸河、长江
江苏	苏州	长江	安徽	亳州	淮河
江苏	无锡	长江	安徽	六安	长江、淮河
江苏	常州	长江	安徽	铜陵	长江
江苏	南通	长江、淮河	安徽	淮南	淮河
江苏	徐州	淮河	安徽	淮北	淮河
江苏	扬州	长江、淮河	安徽	池州	长江
江苏	泰州	长江、淮河	安徽	黄山	东南诸河、长江

其中，浙江的衢州、杭州，江苏的泰州、南通、扬州，安徽的六安、黄山、合肥、滁州、宣城、安庆 11 个城市同属于两个分区。其中的排污企业需要根据排污去向，使用属于所在分区的排污权。

流域分配的最重要因素是环境容量因素。长三角 3 个水资源分区不仅存在水资源总量和水环境质量差异，还存在地形等诸多环境因素的差别。具体而言，长江区面积 178.3 万 km^2，覆盖长三角的主要有鄱阳湖水系、湖口以下干流、太湖水系 3 个二级水资源分区，总面积为 11.291 23 万 km^2，2017 年，有 83.9%的评价河长水质为Ⅲ类或优于Ⅲ类。东南诸河区，总面积为 24.5 万 km^2，覆盖长三角的主要包括钱塘江、浙东诸河、浙南诸河、闽东诸河、闽东诸河、闽江 6 个二级水资源分区，总面积为 9.759 0 万 km^2，2017 年，有 91.3%的评价河长水质为Ⅲ类或优于Ⅲ类。东南诸河区，大部分为丘陵山地，平原很少。淮河区总面积 33.0 万 km^2，其中覆盖长三角的淮河上游、淮河中游、淮河下游和沂沭泗河 4 个二级水资源分区，总面积达 12.789 3 万 km^2，2017 年，该区有 55.2%的评价河长水质为Ⅲ类或优于Ⅲ类，水污染问题较为突出。但同时，考虑到流域排污权的初始分配对整个流域经济的重大影响，需要以历史污染排放因素为基准。

进行一般性的假定，假定存在 n 条流域，Q_{it} 代表 i 流域 t 时期获得的排污权水平，流域内允许排放的污染物总量分配公式为

$$Q_{it} = \frac{S_i}{\sum_{j=1}^{n} S_j} \alpha \sum_{j=1}^{n} Q_{jt-1} \tag{5.1}$$

式中：t —— 当期的数值；

t–1 —— 上一期的历史数据；

Q_i —— 某流域所分配的排污权总量；

α —— 整个长三角污染物的减排目标，在 0～1，α 越小代表着减排任务越大；

S_i —— 某流域综合评价指数，由环境容量因素和历史污染排放因素构成。

流域的环境容量越大，可以获得的排污权越高，同时基于历史污染排放水平，设定了一定的平稳变动机制，保证各流域内经济不至于受到过大的波动。

（2）城市层面的排污权初始分配。城市层面的排污权初始，需要综合考虑城市的环境容量因素、经济效率因素，同时还需要兼顾社会公平因素和历史排放因素。就环境容量因素而言，城市的环境容量越高，则可分配的排污权比例越高。就经济效率因素而言，包括经济发展水平、科技水平两方面因素。经济发展水平越高的地区，应给予越多的排污权初始值。科技水平主要考虑城市是否具有改善与流域污染状况相匹配的科技发展水平，科技水平越高的地区应给予越高的排污权初始值。社会公平因素包括总人口、不同产业的就业人数两方面指标。随着人口的剧增，环境质量每况愈下，所以人口与环境有着一定的关系。流域内不同地区的人口数以及不同产业的就业人数不一样，对环境的污染贡献也不一样。与流域分配相同，考虑到流域排污权的初始分配对城市发展的重大影响，需要以历史污染排放因素为基准。

进行一般性的假定，存在 m 个城市，n 条流域，C_{ikt} 代表着 t 时期 k 城市从流域 i 中所分配到的排污权，C_{kt} 代表着 t 时期 k 城市从所有流域中所分配到的排污权。由于存在

浙江衢州、杭州等 11 个城市同属于两个流域分区，这些城市会分配到属于多个水域的排污权。城市内允许排放的污染物总量分配公式为

$$C_{ikt}=\frac{\frac{C_{ikt-1}}{C_{kt-1}}W_k}{\sum_{j=1}^{m}\frac{C_{ijt-1}}{C_{jt-1}}W_j}Q_{it} \qquad (5.2)$$

$$C_{kt}=\sum_{i=1}^{n}C_{ikt}$$

式中：t—— 当期的数值；

t–1 —— 上一期的历史数据；

Q_i—— 流域 i 所分配的排污权总量；

W_{ik}—— 流域 i 中城市 k 的综合评价指数，由环境容量因素、经济效率因素、社会公平因素和历史排放因素构成。

同时，基于综合评价指数的分配比例要乘以该城市上一期属于该流域排污权的比例，以保证跨多个流域的城市不会分配到多倍于其他单流域城市的排污权分配。

（3）行业层面的排污权初始分配。行业层面的排污权初始，需要综合考虑行业经济效率因素和历史排放因素。从行业看，产业结构不合理是导致区域经济社会发展与环境保护矛盾日益尖锐的重要因素，产业结构优化升级是解决这一矛盾的重要途径。所以，应考虑选择“行业”作为媒介，并通过引入政府偏好系数、行业差异系数和产业竞争力系数等来调整企业的配额，这样既能保证区域内企业的外部公平，又能促进总量控制目标下的政府产业布局规划和产业结构调整。

进行一般性的假定，假定存在 a 个工业产业，I_{et} 代表着 t 时期 e 产业所分配的排污权配额。城市内某产业允许排放的污染物总量分配公式为

$$I_{et}=\frac{p_e}{\sum_{j=1}^{a}p_j}C_t \qquad (5.3)$$

式中：t—— 当期的数值；

t–1 —— 上一期的历史数据；

C_t—— 城市所分配的排污权总量；

P_e—— 产业 e 的综合评价指数，由政府偏好系数、行业差异系数、产业竞争力系数和历史排放系数来决定。

（4）企业层面的排污权初始分配。企业的分配考虑经济效率因素和历史排放因素。考虑企业经济效率时，同时考虑企业的技术效率和生产规模两个因素，分配指标反映出排污企业在区域经济体的效率高低，也能反映其在区域经济中的贡献大小。该方法的优点是以效率反馈为依据，体现对效率高的企业的激励，从而促进区域的总体环境效率的提高。

假定某一产业存在 b 家企业，X_{ot} 代表 t 时期 o 企业所分配到的排污权数量。企业排污权分配为

$$X_{ot} = \frac{\eta_o}{\sum_{j=1}^{b} \eta_j} I_t \tag{5.4}$$

式中：t —— 当期的数值；

$t\text{−}1$ —— 上一期的历史数据；

I_t —— 整个行业所分配到的排污权总量；

η_o —— 企业的综合评价指数，由企业的技术效率、经济规模和历史排放系数所决定。

（5）“流域-城市-行业-企业”的排污权分配框架。长三角排污权分配体系包含历史排放因素、环境容量因素、经济效率因素和社会公平因素。为了维护长三角经济发展的稳定性和连续性，历史排放水平始终贯穿于流域、城市、行业和企业 4 个层面的分配之中。需要注意的是，历史排放水平在所有分配因素中的权重应该按照流域、城市、行业和企业的顺序依次递减，即流域的排污权分配稳定性最高，企业的排污权分配自由性最高。若排污权在流域范畴内发生了较大变动，那么在城市范畴很难保持相对稳定。

流域、城市、行业和企业之间的总量分配是密切相关且各有侧重。不同流域上的分配侧重于改善流域上的所有城市以及海洋的近岸海域的环境，可以根据 3 个水资源分区的水资源质量，合理分配初始排污权，有针对性地改善流域水质。流域内城市的分配侧重于改善区域之间发展不平衡的问题，充分考虑到地区生存权和发展权的均衡，将人口数量等社会公平因素考虑在内。区域中的行业分配侧重于优化产业布局，直接挂钩政府的产业发展规划。行业内企业的分布侧重于提高环境资源的利用效率（表 5-4）。

表 5-4　长三角总量分配框架

分配体系	分配因素	分配指标
流域间分配	历史排放	历史排放水平
	环境容量	流域水环境质量

分配体系	分配因素	分配指标
城市间分配	历史排放	历史排放水平
	环境容量	城市水环境质量
	经济效率	经济发展水平指标、科技水平指标
	社会公平	总人口数、各行业就业人数
行业间分配	历史排放	历史排放水平
	经济效率	政府偏好系数、行业差异系数、产业竞争力系数
企业间分配	历史排放	历史排放水平
	经济效率	技术效率、经济规模

5.2.3 长三角排污权一体化有偿使用制度

5.2.3.1 实施长三角排污权一体化有偿使用的原因

在环境容量资源特殊稀缺的情况下，排污权有偿使用有利于环境资源的优化配置和减排技术的推陈出新，从而促进社会平均治污成本的削减。排污权必须采取有偿使用的分配方式，原因如下：

（1）排污权的有偿使用可以体现环境资源的价值。排污权实则是水域环境容量的价值体现，其中凝结了人类为环境保护所付出的代价。排污权不仅包含了流域上下游地区为自然环境保护所付出的劳动和人们投资于环境保护的教育和科研所花费的精力，还包括人们不使用环境资源所付出的机会成本。排污权的有偿使用，既可为排污权二级市场的流通提供价格信号，又可提高排污权在二级市场的活跃性。

（2）排污权的有偿使用可以体现社会公平。在排污权无偿分配的制度下，老企业无偿获得排污权，新建、扩建和技改项目新增的主要污染物排放量，需要在总量控制的情况下购买所得，即新企业有偿购得。这就意味着，生产效率相对高的新企业需要为使用环境资源付费，增加生产成本。生产效率相对较低的老企业却可以无偿使用环境资源，这实则是老企业剥夺了新企业的资源。这偏离了甚至是完全违背了排污权交易是促进企业提高生产效率，减少污染物排放的初衷。有偿使用有利于体现社会公平，提高企业参与排污权交易的积极性。

（3）排污权有偿使用可以促进市场稳定。排污权是企业发展不可或缺的重要资源，是影响甚至决定企业发展的重要因素。在无偿分配的情况下，老企业无偿获得了对于所有企业来说都弥足珍贵的排污权资源。这就意味着，老企业不需要付出代价，没有进行生产活动就可以获得经济收益。一方面减低了排污权的使用效率，另一方面助长了企业囤积排污权，哄抬市场价格的套利心理，破坏了排污权交易市场的稳定性。在总量控制制度和“有偿分配排污权”的政策下，生产者取得排污权将受到政府的控制和经济利益的制约。技术落后、污染严重的生产者将不能或难以获得排污权，其生产的规模将受到限制。这是因为政府更乐意把排污指标分配给排污量少、技术先进、科技含量高的生产者，这样在同样可利用的环境容量资源总量内，同一地区将可以容纳更多的生产者，可以提供更多的就业机会，获得更多税收。即使获得了完全满足其需要的排污许可，生产者也将因为支付大量排污费而不堪重负，因此，改进技术以减少排污量便成为生产者得以生存和发展的首选途径。此外，有偿取得排污权初次配额还可以防止某些企业滥占排污权。通过这种有偿、有限提供环境容量资源的方式，便可以达到控制污染，保护环境的目的。

5.2.3.2 长三角排污权一体化有偿使用的定价方法

（1）排污权的成本定价法。基于排污成本定价的排污权价格应该等于污染物的社会平均处理成本。如果定价低于污染处理成本，大部分排污企业会放弃治理污染的先进技术，这样一来排污权交易便不能对企业主动治理污染产生促进作用；但是，如果排污权的定价高于污染治理的成本，企业自然不会选择排污权交易，这将失去排污权交易市场的约束力。此外，行业差异性指不同行业污染物排放量不同，对环境质量的影响程度不同。

不同行业对于不同污染物的排污标准存在差异，以 COD 和 NH_3-N 为例，部分行业的污染物排放标准整理如表 5-5 所示。因此，应根据污染物的排放浓度，对于行业实施差异化的定价。对重污染行业实行相对较高的排污权有偿使用价格，对低污染行业采取相对较低的排污权有偿使用价格，从而起到优化产业结构、促进重污染行业通过采用先进技术和工艺降低污染物排放量的作用。

表 5-5 部分各行业污染物排放标准

行业代码	行业名称	COD 排放浓度/（mg/L）	NH_3-N 排放浓度/（mg/L）	来源
6	煤炭开采和洗选业	150	25	GB 8978—1996 污水综合排放标准
7	石油和天然气开采业	150	25	GB 8978—1996 污水综合排放标准
8	黑色金属矿采选业	150	25	GB 8978—1996 污水综合排放标准
81	铁矿采选	200	30	GB 28661—2012 铁矿采选工业污染物排放标准
9	有色金属矿采选业	150	25	GB 8978—1996 污水综合排放标准

行业代码	行业名称	COD 排放浓度/（mg/L）	NH_3-N 排放浓度/（mg/L）	来源
93	稀有稀土金属矿采选	100	50	GB 26451—2011 稀土工业污染物排放标准
10	非金属矿采选业	150	25	GB 8978—1996 污水综合排放标准
46	水的生产和供应业	150	25	GB 8978—1996 污水综合排放标准
	……	……	……	……
1512	白酒制造	400	30	GB 27631—2011 发酵酒精和白酒工业水污染物排放
462	污水处理及其再生利用	100	25	GB 18918—2002 城镇污水处理厂污染物排放标准

排污权有偿使用的定价模型为

$$P_{ik}=W_k\sum_{n=1}^{t}\frac{C_i}{(1+R)^{n-1}} \tag{5.5}$$

式中：P_{ik} —— k 行业对 i 中污染物的使用价格；

C_i —— 社会平均治理成本；

R —— 贴现率；

n —— 排污权的使用年限；

W_k —— 行业差异化调整系数。

成本定价法定价的最重要环节即是测算污染物的社会平均治理成本。社会平均治理成本的测算仍然存在两点技术难题：①社会平均治理成本需要收集大量企业的微观数据。而且很多中小企业对自身减排成本并没有准确的认知。②难以精确衡量不同污染物的平均治理成本。企业产生的污染种类往往是多类型的，排放 COD 的同时也会产生 NH_3-N，减排技术也往往促进多种污染物的减排。这就造成了成本定价法定价可能不准确，造成社会偏离均衡状态的结果。

严格地说，成本定价法是排污收费理论的应用，不是排污权理论的应用。排污权价格的决定，主要考察的是“排污权”这一独特资源的稀缺性问题。当然，由于排污权市场的特殊性，通过成本定价法确定一个参考价值也是有意义的。但是，更应该推广的是拍卖定价法。

（2）自由竞价法。排污权自由竞价法是指通过公开拍卖的方式，由市场机制决定排污权价格的方法。因为拍卖是一个规则明晰的市场，能有效解决两个方面的问题：一是揭示信息；二是减少代理成本。所以，拍卖是排污权定价的另一重要手段。自由竞价法在决定排污权价格的同时，还决定了交易的数量。因此，实施公开拍卖的方式时，排污权初始分配到产业范畴即可，企业通过竞价的方式确定交易数量和交易价格。

首先，由政府环境管理部门对拍卖区域内某特定产业的一定数量排污权信息进行公示。其次，该产业的排污企业通过最高价格密封出价拍卖的规则进行出价，即要求各排污企业将自己对这批排污权的报价写下来装入信封，密封后交给环境管理部门。最后，环境管理部门打开所有信封后找到出价最高的企业，按其出价将这一批排污权卖给它。因为各企业的边际治污成本存在差异，这些排污权对于他们而言价值不一样，即他们对排污权的评价不同，所以各自的出价也就不同。对于边际治污成本低的企业而言，只需要稍微增加环保投资，即可满足污染排放要求。所以，这些排污权对他们来说价值不大，所以也不愿意支付较高的价格，即出价较低；对于边际治污成本高且经济效益很好的企业而言，进一步削减污染的成本较高，只要竞买排污权的成本低于自行治污的成本，则购买排污权“合法”排污就有利可图，这些排污权对他们来说价值也就比较大，所以也愿意支付较高的价格，即出价较高。只要参与竞拍的企业数量足够多，那么通过最高价格密封出价拍卖的定价方式便能真实地反映出单位排污权的内在价值。

在长三角排污权有偿使用定价方法的选择上，自由竞价法更能促进排污权初始分配接近于均衡状态，体现公平、公正、公开原则。政府需要制定完善的拍卖规则，组织拍卖活动，维护拍卖市场的稳定，防止垄断、合谋等非市场因素对拍卖结果的干扰。

5.2.4　长三角排污权一体化激励交易制度

5.2.4.1　排污权交易的多方共赢

（1）对于企业而言，实现了交易双方的共赢。在排污权交易机制中，由于出售排污权可以获益，使企业治理污染变得有利可图，从而能调动企业治理污染的积极性，激发企业寻求和利用各种技术手段减排污染物的欲望和活力，进而能刺激治污新技术的利用与发展，同时也实现了自身利益的提高。而选择购买排污权的一方，其交易的前提是排污权的边际效益大于边际成本，提高了排污权的使用效率，也提高了经济收益。因此，长三角排污权交易制度实现了企业共赢。

（2）对于区域而言，实现了区域间共赢，长三角产业布局更加合理。实施长三角一体化排污权交易制度，排污权成为稀缺资源。一方面，新企业进入市场需要从老企业中购买排污权，这就要求新企业的经济效益高于原有企业。这个过程伴随着淘汰落后产能的过程，有益于环境资源的更有效配置和利用，有益于促进整个经济资源利用效率的提高。另一方面，排污权交易制度提高了企业使用环境资源的成本。倒逼企业通过长三角横向一体化战略或者长三角纵向一体化战略，通过规模效益和集聚效应提高企业生产效率，降低企业污染排放。由此，充分发挥沪苏浙皖的比较优势，强化分工合作、错位发展，提升区域发展整体水平和效率。长三角产业结构进一步优化，产业布局更加合理。

（3）对于政府而言，排污权交易制度提高了政府环境管理效率，减少了政府环境治理的压力。实施长三角一体化排污权制度，一方面通过市场经济的手段，可以把进一步削减污染物排放的责任科学合理地分配到相关的排污者。排污企业真正了解适合自身的污染物削减方法，知道不同治理水平上的边际治理成本，并可自主决策，使得所采用的污染治理技术始终处于费用效果最好的状态。另一方面，长三角一体化排污权制度这种“自上而下”的一体化制度安排，统筹了“三省一市”的排污权交易，对长三角排污权交易进行了一体化谋划、一体化实施、一体化协调、一体化奖惩。这不仅提高了政府的环境管理效率，还化解了地方政府在排污权试点工作中遇到的困境，降低了地方政府的环境管理压力。

（4）对于生态环境而言，排污权交易改善了环境治理。长三角排污权一体化制度，控制了区域内污染物排放的总量。每单位排污权所代表的排污种类和数量均为特定，不能任意增加，无论排污权如何转让交易，所有排污企业的排放数量总是小于或等于政府环境管理部门所控制的总量指标，从而使“总量控制”的目标得以实现，使污染物的排放更能得到有效控制。

5.2.4.2 排污权交易的主要障碍分析

在排污权试点的工作中，最为严重的问题是排污权二级交易市场的不活跃问题。本小节基于完全信息动态博弈的框架，分析作为有剩余排污权企业惜售排污权的内在经济学动机。

假定市场上存在许多家企业，因为改进生产工艺，淘汰落后产能，或者其他原因拥有了多余的排污权。市场上存在足够的排污权需求。当期排污权基础价格每年为 P_t。在考虑行业差异的情况下，成交价格等于基础价格与有效年限的乘积。不失一般性的假定，其中一家企业多余排污权的数量为 a。排污权交易成本 C，考虑到企业排污权交易成本为信息的搜集成本、谈判成本等，不会受到交易规模等因素的影响，设定为定值。对于这家企业而言，当期出售排污权的收益为 anP_t-C，当期不出售排污权的收益为$[a(n-1)P_{t+1}-C]/(1+R)$。对于企业而言，在不出售排污权的情况下，不出售排污权的预期收益要大于出售排污权的预期收益。其中，不出售排污权时，企业在下一期面临的选择可以是出售排污权或者不出售排污权，下一期的预期收益等于两者中的最高值。则方程表示为

$$anP_t - C < \max\left\{\frac{a(n-1)\ P_{t+1} - C}{1+R}, 0\right\} \tag{5.6}$$

化简式（5.6）可得，在两种情况下，企业会惜售排污权。

（1）排污权市场不稳定。当$a(n-1)P_{t+1}>C$时，企业不出售排污权的所满足的方程为

$$P_{t+1}\frac{(n-1)}{n}\frac{1}{1+R}+\frac{R}{1+R}\frac{C}{an}>P_t \tag{5.7}$$

影响企业出售排污权的内在原因有 3 个方面因素：①最重要的原因是企业对下一期排污权价格的基础价格的预期。②排污权的有效年限，（n–1）/n 随着 n 的增加而增加，这就意味着排污权有效期越长，对于企业来说价值越高，企业越不会出售。但排污权有效期限不受市场行为影响，因此不是影响企业惜售行为的核心要素。③排污权的交易成本 C，交易成本越高，越不容易成交，但由于系数较小，对企业惜售行为的影响很小。综上所述，企业对下一期排污权价格的过高预期是造成企业惜售行为的重要因素。而造成企业对排污权过高预期的根本原因即是排污权市场的不稳定。因此，在大部分企业由于预期问题选择惜售，则会造成排污权市场上的供给不足，最终形成有价无市的局面。

（2）排污权交易成本过大。当$C>a(n-1)P_{t+1}$时，企业不出售排污权的所满足的方程为

$$\frac{C}{an}>P_t \tag{5.8}$$

当交易成本过高时，大于排污权出售所得到的收益时，企业不会出售排污权。同时，交易是否完成还受到交易年限和交易量的影响。不难理解，如果企业手中只有少量的排污权，且排污权的有效期限将要到期。比起花费较多的交易成本去搜集市场信息完成交易，企业宁愿将排污权留在手中浪费。这是另外一种形式的惜售。

5.2.4.3　排污权交易的激励措施

（1）减少政府干预，维护市场稳定。政府干预、企业参与意识不强导致了企业间的排污权交易市场的冷淡。政府应当给予充分的空间，适当“放权”。由交易双方进行谈判，自行决定是否交易以及交易价格是多少。放开排污权交易试点中的“价格”“数量”双枷锁，提高企业排污权交易的参与意识与主动性，进一步释放长三角的排污权交易的市场活力。而政府在排污权交易过程中应当充分发挥监管者和服务者的作用。服务者是指政府不直接参与排污权交易，仅作为排污权交易的信息中介，为买卖双方提供信息交流的平台。监管者则是在服务者的基础之上，采取法律和行政手段以维护排污权交易市场的秩序。政府的工作侧重排污权的储备、回购、核定等方面的制度设置与措施安排。

（2）降低交易成本，提高企业积极性。构建活跃的排污权交易二级市场，降低排污权交易成本，金融服务的介入不可或缺。可以建立长三角一体化排污权抵押贷款制度，将银行的信贷资金引入排污权交易市场，赋予排污权金融功能，提升了排污权的价值，

增强了排污权的流动性，促使企业积极参与到排污权交易中，提高了排污权交易市场的活跃度，有效盘活排污权交易市场。抵押贷款制度是一种既可顺利推进排污权交易又能促进企业优化资源配置的绿色信贷，降低了企业的运营风险和排污权的交易成本。还可以为企业开展节能减排技术改造提供资金支持，激励企业环保技术创新。排污权租赁制度为解决排污权交易成本过大的问题，提供了另外一种思路。其实质是一种非连续排污削减的交易行为。由于其独有的灵活性，既可满足买方的临时性需求，又不会减少卖方后年度持有的排污权指标，减少了企业的后顾之忧。同时也有利于盘活排污指标，解决资源闲置问题，为经济发展提供活力。

5.3 长三角排污权制度一体化建设的配套制度措施

5.3.1 建立统一的排污权管理机构

建立统一的排污权交易中心，覆盖整个长三角，包含 3 个水资源分区。坚持“一个中心，三个市场，同一规则，同一标准”的原则。在长江、淮河和东南诸河 3 个水资源分区建立 3 个排污权交易市场。流域内部的重点环境功能区的排污权交易遵循“只出不进”原则，其余地区排污权可自由流动。流域之间按照环境容量分配初始排污权，原则上不允许排污权交易，以体现不同环境容量的不同环境价值。开展灵活多样的交易形式，包括公开竞价、协议出让和买方挂牌等多种交易方式。公开竞价方式作为实现排污权交易的主要手段，按照“价格优先，时间优先”的原则，确定受让方。协议出让作为公开竞价的主要补充方式，一般由买方自行寻找卖方，协商确定交易价格，再通过交易机构签订交易合同完成交易。买方挂牌由买方企业提出意向购买价格，交易机构进行撮合，以卖方确认时间优先原则确认成交。要强化互联网、信息技术的应用，建立排污权电子交易平台，交易申请、资格审查、公告、竞价、签订合同等全过程实现网上操作，并为交易提供公开透明、资讯对称的环境。

5.3.2 完善长三角一体化排污权监测与监管体系

一体化的污染物监测体系是长三角排污权交易制度一体化建设的基础。在设备运行情况良莠不齐等因素的影响下，会导致尽力减排的企业受到损害而偷排漏排的企业受到侵占环境资源的好处，逐渐出现企业间“劣币驱散良币”的现象。对长三角所有的污染排放单位安装在线监测设备，保障对各类污染物排放进行跟踪，企业安装排污在线监测系统。各流域排污权管理分局能对企业的排污状况进行监督并建立数据库。一体化的监管体系是长三角排污权交易制度一体化建设的保障。排污权监管体系的不完善，会影响排污权交易制度的整体绩效。推进信息公开透明，各流域排污权管理部门将建立的数据库上传至长三角排污权交易中心进行公示。排污权核定、分配和排污权交易等方面信息及时向社会公开，以保障社会公众的知情权和监督权。当排污单位对核定的排污权指标存在异议时，可以申请复核或行政复议。推动政府、企业和社会公众形成了“人人监管、监管人人”的格局。

5.3.3　依法推进排污权制度一体化建设

积极探索长三角排污权交易的区域立法，明确排污权制度的法律地位，切实解决排污权制度推行所面临的法律规范缺失问题，使得长三角流域的排污权交易更具合法性和权威性。可以由上海、江苏、浙江和安徽 4 个地区尝试建立长效的长三角区域立法协作，重点在排污权初始分配、有偿使用费标准、监管体系等内容立法上，研究并制定“长三角流域排污权交易实施办法”，作为长三角流域实施排污权的规范基础。建立长三角执法与司法联动机制。在健全长三角企业监控全覆盖的基础上，跟进长三角排污权总量执法制度。一旦发现排污单位存在超证排污的违法行为，及时处以最严厉的惩罚，提高并使违法成本远高于违法超量排污带来的收益。建立长三角污染排放黑名单制度。对存在超证排污行为的排污单位，列入污染排放黑名单，减少或剥夺其获得初始排污权的资格，使以追求利益最大化的企业放弃以往超额排污的方式。与此同时，建立执法与司法一体的信息化平台，实现信息共享，从而解决执法部门案件移送不力、以罚代刑减轻对违法企业惩治、司法机关只有接受执法部门递交申请才能立案的被动局面等问题。

5.3.4　长三角排污权制度一体化建设的财税政策支持

长三角排污权有偿使用费，可纳入长三角排污权专项资金账户。为了激活排污权交易市场的活力，应尽快建立起排污权交易费用优惠或减免制度。对积极进行技术革新削减排污量并积极出售排污指标的企业，排污权管理部门可以给予一定的排污权有偿使用费用减免，并在技术和资金方面提供支持。对于排污权有偿使用费用金额较大的企业，为了防止初期投入过高造成企业运营困难，可以允许其在按照一定比例先缴纳部分费用，剩余部分可在排污权有效期内分次缴纳。长三角排污权专项资金账户的资金主要用于长三角污染防治支出，包括减排技术创新、重点生态地区环境整治以及生态补偿资金等。同时，还可以用于政府的排污权回购等市场行为，在排污权交易市场不活跃时，可以通过长三角排污权专项资金账户，回购富裕排污权并放到二级市场进行拍卖，以保证并提高企业进行排污权交易的积极性。当环境形势越发严峻时，仍然可以使用专项资金账户，回购富裕排污权的形式，实现长三角的进一步减排。

5.3.5 长三角排污权制度一体化建设的多元协同治理

长三角排污权制度一体化建设是一个系统工程，单独依靠市场机制或者政府推进的一元思想是行不通的，需要共同发挥企业、政府、公众的作用，形成长三角排污权制度一体化建设的多元协同治理结构。企业是长三角排污权制度一体化建设的参与者。通过市场机制的手段，企业根据自身利益最大化的原则，改进减排技术，出售或者购买排污权等市场行为，就可以实现社会效益最大化。企业是长三角排污权制度一体化建设最具活力的主体。政府是长三角排污权制度一体化建设的管理者。其职责主要是控制排污权总量、完善排污权交易市场制度政策法规、维护排污权交易市场秩序以及提供排污权交易信息等。最终目的是为排污企业建立一个稳定的市场环境，从而发挥环境容量的最大潜力，充分实现排污权交易制度的效益。公众是长三角排污权制度一体化建设的监督者。一方面，公众通过对排污企业进行监督，对偷排漏排的行为进行检举揭发的方式，保证排污权交易制度的稳定；另一方面，公众对长三角整体环境给予了密切关注，并通过网上评论、留言等手段对长三角排污权制度一体化建设的实施绩效进行反馈，从而有利于政府对于排污总量进行调整。

第 6 章

研究结论与对策建议

本章通过定性分析和定量分析相结合的方法，得出了一系列富有启示意义的研究结论，并将其予以梳理和总结。根据这些研究结论，进一步提出长三角陆海统筹海洋环境治理一体化对策建议。

6.1 研究结论

6.1.1 长三角近岸海域水环境质量令人堪忧

6.1.1.1 长三角近岸海域海水水质总体上呈恶化趋势

根据国家海洋局划分标准，我国近岸海域的海水质量根据各类海水所占面积的比例划分为优秀、良好、一般、差和极差 5 个标准。一类和二类海水面积占比越大，水质越好，反之则越差。2008—2018 年，上海、江苏和浙江三省（市）的海水质量从未达到过“优秀”。江苏的海水水质处于“良好”和“一般”的水平，而浙江和上海则处于“差”和“极差”水平。与此同时，长三角近岸海域水质仍在恶化。浙江近岸海域水质从 2009 年的“差”进一步恶化到 2010 年的“极差”；最为明显的是江苏的海水水质，2011 年以前，江苏省海水水质整体处于“良好”，但 2011 年以后，海水水质逐渐恶化为“一般”，2017 年已被评为“差”。

6.1.1.2 各类海水质量面积占比在长三角三省（市）呈现显著差异

江苏省 2008 年一类和二类海水面积占比达到了 100%，而 2017 年仅为 45%左右，四类和劣四类海水占比则从 0 增加到了 18.2%。上海市仅在 2011 年出现过一类海水，劣四类海水的面积占比常年在 70%以上。浙江的突出问题在于一类海水的减少和劣四类海水的增多。浙江劣四类海水面积的占比从 2008 年的 26%以将近每年 10%的速度逐步增加到 2015 年的 70%。一类海水面积占比则从 2008 年的 12%下降到 2015 年的 2%。与上海和江苏不同的是，从 2016 年开始浙江的海水质量有好转的迹象。

6.1.1.3 长三角近岸海域海水质量要明显劣于其他海域

我国 11 个沿海省（市）的海水质量可以划分为 4 个梯队。海南和广西为第一梯队，两省份的海水质量常年为“优秀”。第二梯队为山东，2008—2018 年，海水质量一直为“良好”水平。第三梯队为广东、河北、辽宁、江苏和福建，2008—2018 年，海水质量在“良好”“一般”和“差”3 个等级之间波动。第四梯队为天津、浙江和上海，海水质量常年为“差”和“极差”。总之，长三角 3 个地区的海水质量只能稍强于天津，落后于大多数滨海省份。

6.1.1.4 陆源污染是长三角近岸海域环境污染最重要的来源

2013—2017 年，江苏的排污口监测达标率呈现一定的下降趋势，2017 年的排污口达标率仅为 15%，上海则维持了较高的排污口达标率，浙江的排污口达标率逐步由 2013 年的 21%提高到 2017 年的 66%。长三角已经没有具有重大危害的 A 类排污口，大多数排污口的等级为 C 类和 D 类，浙江有 6 个几乎没有损害的 E 类排污口。2008—2018 年，对海洋环境污染比较严重的化学需氧量、氨氮和总磷三类污染物的排放量已呈现出逐年下降的趋势。整体来看，直排海污染趋势已有所控制。

然而，长三角排放占比最大的入海河流污染仍然没有减弱的趋势。2017 年，江苏省 61 条入海河流中有 43 条的断面水质为劣Ⅴ类，浙江 6 条河流中，4 条河流的断面水质为劣Ⅴ类，上海的黄浦江为Ⅲ类，长江为Ⅳ类。长三角无Ⅰ类和Ⅱ类水体河流，Ⅲ类水质的河流也仅有 1 条。从各类污染物的排放来看，2014—2017 年，总磷、氨氮、重金属出现了微弱的下降趋势，但油类、砷和化学需氧量的排放量都维持在高位。从占比上看，2017 年化学需氧量污染物占到了污染物总量的 96.86%，只要化学需氧量不减少，入海河流污染状况仍然严峻。

6.1.2 长三角近岸海域环境污染的主要原因是缺乏统筹协调

6.1.2.1 陆海分割，把海洋作为陆地的污染排放池

陆海分割是指陆域生态系统和海洋生态系统在经济发展过程中被人为的割裂开来。海洋环境治理的陆海分割是指海洋环境容量和陆域环境容量被人为分割而且海洋环境容量还往往被认为是无限的，有限的陆域环境容量面对无限的海域环境容量使得排海工程等人类经济活动成为陆海分割困境的极端典型。

由于陆海分割，直排入海在长三角各省（市）对海洋污染的贡献度不可小觑。2017 年，江苏的排污口达标率仅为 15%，上海的排污口达标率仅为 65%，浙江的排污口达标率仅为 66%。河流入海是海洋污染的另一重要成因。与直排入海相似，直排入河的排放

虽然达标但总量控制不到位且不符合递减的总量减排要求会造成严重的湾区和近岸海域海水污染。

没有按照以海定陆原则系统地推进陆域总量减排是长三角近岸海域环境质量持续恶化的关键。以海定陆作为矫正陆海分割的重要机制要求以海洋环境阈值来设定陆域环境阈值。然而，划定生态保护红线、环境质量底线和资源利用上线时往往会忽略陆海统筹和以海定陆原则。尤其是在环境质量底线的划定过程中，缺少海洋环境质量底线是陆域环境质量底线的意识。

6.1.2.2　块块分割，缺乏流域城市水污染治理统筹规划

条块分割是很多国家和地区都存在的一个体制性问题，源于分权性制度安排。区域一体化是改变条块分割格局、克服条块关系弊端的良方。块块分割是条块分割关系的重要方面。长三角的块块分割从省际层面上看有上海、浙江、江苏和安徽四省（市），从城市层面来看有杭州、南京、合肥、苏州、宁波等 40 个地级市和上海市。长三角的块块分割问题从长江经济带层面来看，有青海、四川、重庆、湖南、湖北和江西等沿江省（市）之间的分割问题，有长三角城市群和长江中游城市群之间的分割问题。省（市）地方政府竞争有利于经济转型但市场分割会形成“行政区经济”，晋升锦标赛作为中国政府官员的激励模式是中国经济奇迹的重要根源，但也埋下了冲突隐患。

从长三角区域内部省（市）来看，根据《中国分省份市场化指数报告（2018）》，2016 年浙江市场化指数位列全国第 1，上海位列全国第 2，江苏位列全国第 5，安徽位列全国第 12。在最能实现一体化目标的市场经济维度，长三角“三省一市”不同位次的市场化程度表明块块分割问题突出。陆海统筹视角下近岸海域环境治理的块块分割困境与资源环境等要素市场的发育程度不高密切相关。长三角高度发达的市场经济却碰到了资源环境要素市场化的门槛。

与此同时，水污染治理是长三角突破近岸海域环境治理块块分割的关键领域。太浦河流经江苏、浙江和上海，太浦河是上海的饮用水水源、浙江的生态水域、江苏的污水排放河。围绕水环境治理目标、治理标准、治理体系、治理方式等一体化的实践探索滞后是太浦河及长三角水环境质量迟迟未得以改观的根本性原因。这一根本性原因可以推广至整个长江流域和长江经济带。

6.1.2.3　条条分割，缺乏环境经济部门在区域内的统筹

《中华人民共和国海洋环境保护法》（2017 修正）第五条明确规定，全国海洋环境保护相关工作所涉及的管理部门包括国务院环境保护行政主管部门、国家海洋行政主管部门、国家海事行政主管部门、国家渔业行政主管部门、军队环境保护部门、沿海县级以上地方人民政府。环境保护行政主管部门、海洋行政主管部门和其他行使海洋环境监督

监管权的部门根据职责分工依法公开海洋环境相关信息。事实上还不止这些，我国有关法律赋予海洋、环保、水产、交通、地质、石油、公安、旅游等部门分别对海洋环境保护、资源开发、海上治安和交通安全方面行使管理权。多元的条状主体在近岸海域环境治理中表现得特别复杂，作为陆地污染的排放池，陆地上所有污染排放主体都是海洋环境治理的相关利益主体。

2018 年国务院机构改革方案适当地解决了长期以来海洋环境管理的多主体格局。部门的调整势必带来权力的重新划分，但是海洋环境的“新账”和“老账”问题不会随着部门调整而自动抹平，解决好历史欠账问题是长三角近岸海域环境管理体制变革的内在要求，也是近岸海域环境监管部门的职责所在。追根溯源，以经济增长目标为重的部门和以环境质量目标为重的部门在不同区域不同时间段围绕经济与环境“双重红利”所采取的一系列举措能够极好地印证各部门在处理历史欠账上的努力，但依然任重道远。

鉴于历史欠账依然没有得到较好地解决，经济发展所带来的污染存量和增量之和依然超出了海洋环境阈值，部门减排是“十四五”乃至较长一个阶段上需要持续推进的一个策略。部门减排可以是分主管部门分担减排责任，也可以是分行业分担减排责任。前者系海洋污染减排责任在多元主管部门之间分担，后者系遵从产业经济发展规律实现部门减排。从三次产业部门来看，农业和服务业部门减排相对容易但监管不易，工业部门的边际减排成本相对较高但监管容易。在工业部门率先推进长三角排污权交易制度一体化，有助于充分发挥地区制度先发优势并带动农业和服务业部门以较低成本实现全行业污染减排。

6.1.2.4 条块分割，缺乏环境政策在区域间的统筹协调

块块分割和条条分割的杂糅会形成更为复杂的条块分割问题。不同地方政府采取了不同的环境治理标准或环境经济手段，不同部门在不同的地方因为地市领导人的绿色发展偏好差异以及部门领导人的能力强弱而具有不同的权力，这些问题在长三角不同地市和不同部门相对普遍。在具体实践中，特定地区的“条”往往具有一个国家或地区在特定时间段上的烙印，能够显示出一个国家或地区在特定时间段上的特色；不同国家和地区的特色越明显，不同国家和地区的“条条分割”问题就越突出。

以排污权交易为例，从平台来看，浙江有浙江省排污权交易中心，为浙江省环境保护厅所属公益一类事业单位；江苏有江苏省生态环境评估中心（江苏省排污权登记与交易管理中心），系江苏省环境保护厅直属单位；上海有上海能源环境交易所，是经上海市人民政府批准设立的全国首家环境能源类交易平台。而且，江、浙两省下属的市、县又有各自的排污权交易中心。由此可见，块块分割显而易见，监管部门和行业价格由于块块分割也难以达到一致标准，生态环境部门在长三角各省（市）之间缺乏合作是近岸

海域环境治理条块分割的具体体现。

6.1.3　长三角污染减排要坚持统筹兼顾的基本原则

6.1.3.1　坚持统筹推进原则

（1）海陆统筹原则。长三角近岸海域污染，虽然问题表现为海上污染，但污染的根源主要来自陆源污染，因此，没有海上污染和陆上污染的联动治理，而采取“头痛医头脚痛医脚”的治污策略，很难取得良好的效果。海洋环境污染的来源大致可以分为三类：陆源污染、海源污染和大气污染。其中，大气沉降的污染物主要来自工农业生产活动与交通运输等，因此也可认为是陆地污染所造成的。陆源污染是海洋环境污染的主要来源，根据国家海洋局发布的《2017 年中国海洋环境状况公报》，我国陆源污染物占海洋污染物总量的比例接近 80%。由此可见，海洋环境污染治理的重点在于控制陆源污染。2014—2017 年，长三角近岸海域入海河流污染、直排海污染等陆源污染形势依旧严峻，特别是河流携带入海的污染物总量并没有出现明显的下降趋势，总体污染状况依然严重。陆源污染仍然是导致长三角近岸海域污染迟迟不见好转的根本原因。可见，长三角近岸海域污染的治理，必须转变传统重陆轻海的观念，改变海陆割裂的治污策略，坚持海陆联动的治污原则。

（2）区域统筹原则。长三角近岸海域的污染来源是多方面的，既有沿海城市的污染排放，也有陆地城市的跨境污染输入。在输入性跨境污染物的运输中，入海河流充当了主要的角色。据统计，长三角的主要入海河流有 24 条，其中，上海 2 条，浙江 6 条，江苏 16 条。这些入海河流的污染来源不仅涉及长三角不同省（市），也涉及长三角区域以外的众多地区，情况极为复杂。以长江为例，其流经地区包括四川、重庆、湖北、安徽、江苏、上海等众多省（市），单靠沿海个别省（市）的单独减排，显然是远远不够的，必须统筹推进沿线各省（市）的协同减排，才能达到事半功倍的效果。由于不同地区在地理位置、发展阶段、产业结构、发展目标、考核压力等诸多方面都存在巨大的差异，在污染治理过程中，不可避免地会存在各自不同的利益诉求，最终可能导致治污过程中各地区各自为政，甚至出现地方保护主义等问题。因此，必须从国家层面统筹协调长三角各地区的污染防治工作，各地区应共同制定长江、新安江、太湖、太浦河等重点跨界水体的联保共治方案，建立长江、淮河等干流的跨省联防联控机制，推进跨界生态环境基础设施建设和运营管理的协调机制建设。

（3）部门统筹原则。长三角各省（市）的产业结构差异较大，发展的定位和发展目标也有所不同，各产业部门的污染排放也差异巨大，而且各地区的污染减排重点和考核指标也有所不同。因此，必须统筹协调各产业部门的减排，不仅要从减排总量的确定、减排指标的遴选、减排进度的监督等方面统一进行协调安排，而且要合理确定各产业部门的减排比例，推动产业减排与经济发展状况相协调。

6.1.3.2 坚持兼顾公平与效率原则

（1）公平性原则。公平性原则包含人际公平、能力公平、存量公平及禀赋公平，这4种公平对应的分配标准分别为平均分配标准、支付能力标准、历史排放责任标准及禀赋标准。

- ☞ 平均分配标准：主要体现人际公平，即以人口比例作为污染排放权分配的基础，使得每个人享有污染及免受污染的平等权利。这是公平性原则的本质性要求，目的就是实现人与人之间的公平，满足每个人衣、食、住、行、用等基本消费需求，并据此承担一定的减排责任。常用的指标有人均污染排放量、人均累积污染排放量、年末常住人口数量等。
- ☞ 支付能力标准：主要体现能力公平，通常能力越大应该承担越多的减排责任。具体到长三角跨地区污染减排问题，则富裕的地区应当比贫穷的地区承担更多的减排责任。衡量一个地区支付能力的大小，通常可以使用GDP总量、人均GDP、城镇化率、人均可支配收入等指标。
- ☞ 历史排放责任标准：主要体现存量公平，其特点是考虑不同世代人口之间分配的公平性，即将历史的排放责任包含进来，历史上排放越多的地区应当承担更多的减排责任，可以用包含历史以及现在的累积排放总量来进行衡量。长三角各个城市发展速度不一，有的城市较早进入工业化甚至进入后工业化时期，排放了大量污染物，而有的城市仍处于工业化的起步阶段，积累的社会财富较少，历史上排放的污染物也较少。若单单只考虑当前某个时点上流量公平的话，对于发展较慢的地区而言显然有失公平，因此，将历史排放责任包含进来，更具合理性。通常可以使用累积污染排放量或者人均累积污染排放量来进行衡量，当某地区累积污染排放量或人均累积污染排放量越大时，该地区所承担的污染减排责任应该越大。
- ☞ 禀赋标准：主要体现禀赋公平，是指受人影响的国土面积大小，通常使用人口密度来表示，某地人口密度越大，则承担相应的减排责任就越大，该标准可以对长三角污染物减排责任分担起到调节的作用。

综上所述，公平性原则往往要求长三角的城市或者部门遵循“常住人口越多减排责任越大”“支付能力越高减排责任越大”“历史累积排放量越多减排责任越大”“受人活动影响的国土面积越多减排责任越大”这些原则进行减排配额分担。

（2）效率性原则。效率性是指组织经营活动过程中投入资源与产出成果之间的对比关系，换言之，就是用最小的成本达成预期的产出目标。具体到长三角近岸海域陆源污染的一体化减排，效率的含义可以解释为在污染物减排总量确定的情况下，以最小的成本完成这一减排目标。这里的成本最小是针对长三角整体而言的，而不是针对区域内某个城市而言的。

效率性原则要求边际减排成本较低的地区（或部门），应该承担更多的减排任务，而边际减排成本高的地区（或部门）则应该降低其减排任务。对于边际减排成本较低的地区（或部门），随着其减排量的增加，边际减排成本会不断上升，直到和其他地区（或部门）相等为止，此时就实现了长三角总体减排成本的最小化。

（3）兼顾公平与效率。长三角近岸海域陆源污染一体化减排过程，公平和效率相辅相成，不可偏废。强调公平有利于各地区协同减排的积极性，而强调效率性则有利于降低整体减排成本。当前，兼顾公平与效率的跨区域减排方案有两种：①在确定污染物减排总量的前提下，对公平和效率指标赋以不同的权重，并据此计算出各地区的减排比例；②在确定污染物减排总量的前提下，建立覆盖长三角所有地区的污染物排放权交易市场，并根据公平性原则在各地区之间分配初始排放权，以确保公平性，然后通过市场交易自动达成减排效率，即减排成本的最小化。从世界各国的经验来看，排放权交易制度是兼顾公平和效率的有效制度安排。

6.1.4　长三角污染减排在区域之间要实施差异化政策

（1）长三角城市水污染排放效率大致呈现东南高、西北低的空间分布格局。排放效率呈块状分布，效率高的城市主要集中在上海周边及浙江东南部，效率较低的城市则在西北内陆地带集聚。省际对比来看，上海的水污染排放效率最高，其次是浙江和江苏，安徽则处于最末。

（2）基于三大产业总体污染排放以及工业污染排放的角度进行分析，长三角海洋环境陆源污染的重点区域可以锁定为以下 14 个城市：上海、温州、南京、苏州、南通、杭州、徐州、合肥、宁波、绍兴、嘉兴、无锡、常州和盐城。与其他城市相比，他们最具有减排潜力。整体而言，长三角海洋环境陆源污染主要来自生活源，农业源和工业源的排放规模相差不大。但有部分城市是例外，如工业源排放是苏州海洋陆源污染排放的最主要来源，而合肥、徐州和南通等城市的海洋陆源污染排放则有较大一部分来自农业源。

（3）长三角减排责任最重的 10 个城市依次是苏州、上海、杭州、无锡、南京、绍兴、常州、嘉兴、宁波和南通，他们需要承担长三角近 50%的海洋陆源污染减排责任。

6.1.5 长三角污染减排在部门之间要实施差异化政策

（1）部门间对比结果显示，效率值大小上长三角生活与服务业污染排放效率最高，工业污染排放效率紧随其后，农业污染排放效率最低；效率变化上，三大部门的污染排放效率均呈现上升趋势，但各部门的增长幅度有所差异，其中工业污染排放效率增长幅度最大，年均增长 9.13%，生活与服务业污染排放效率次之，年均增长 7.91%，农业污染排放效率增长幅度最小，仅为 2.3%。

（2）部门内对比结果显示，农业部门污染排放效率上，上海＞浙江＞江苏＞安徽，其中江苏上升幅度最大，上海和浙江上升幅度接近，安徽则呈现下降趋势；工业部门污染排放效率上，上海＞江苏＞浙江＞安徽，“三省一市”工业污染排放效率均呈现上升的趋势，其中浙江和江苏两省工业污染排放效率增长幅度较大，安徽次之，上海的工业污染排放效率增长幅度最小；生活与服务部门污染排放效率上，上海＞浙江＞江苏＞安徽，其中江苏的上升幅度十分显著，上海和浙江生活与服务业污染排放效率的增长幅度较小，安徽则出现明显下降趋势。

（3）长三角不同部门减排责任的分担应按照坚持以海定陆、兼顾公平与效率、兼顾生产与生活 3 个基本原则具体部署和实施。情景分析法的结果表明随着减排目标的变化，不同部门主要减排责任的划分以及主要减排地区均会发生变化。在高减排目标下，三大部门均需承担较高的减排责任，随着减排目标逐步减低，工业、生活与服务业可以逐步降低减排责任的分担，但排污效率较低的农业宜继续承担较高的减排责任。在低减排目标下，农业、生活与服务业可进一步降低减排责任的分担，其中生活与服务业可以以上海为主承担起较低的减排责任，但农业和工业宜保持在中等减排程度。作为相对欠发达地区的安徽可随着减排目标的变化逐步调整为以农业为主要减排部门，为工业、服务业等预留一定发展空间。上海作为核心城市需要在生活污水减排上发挥更多的作用，江苏和浙江等工业发达省份则在高、中、低目标下均需承担一定的工业减排责任。因此，为实现陆海一体化的环境改善，遵循陆源污染减排目标的不断变化，在不同情境下各地区的各部门所承担的减排责任也应有所调整。

（4）在落实减排责任分担的过程中，一方面要设置阶梯化、动态化的减排目标，确保经济发展与环境保护的协同推进；另一方面要适度加大农业应分担的减排责任，倒逼农业绿色化转型发展；同时要循序渐进地推动工业减排，做好不同区域、不同阶段的责任分担；此外还应大力推广节能减排生活方式，开展重要城市生活污染减量治理试点。

6.2 对策建议

长三角海洋环境治理面临的突出问题就是陆海分割、块块分割、条条分割、条块分割、效率不一、发展阶段不一等问题。因此，长三角陆海统筹环境治理一体化就要致力于解决这些突出问题。

6.2.1 基于环境容量和环境阈值陆海统筹确定陆源污染排放总量

6.2.1.1 长三角近岸海域环境容量及环境阈值判断

环境容量是指在人类社会和自然环境不致受害的前提下某一区域所能容纳的污染物的最大负荷量。一个区域的环境容量越大，所能消纳的废弃物数量就越多，反之则越少。随着长三角经济社会的发展，被占用的环境容量已经日趋饱和。

环境阈值是指环境中有害物质的允许临界浓度。环境阈值有两个层次：第一层次是维持生态平衡的环境阈值；第二层次是维持人们满意的环境阈值。第一个层次相对比较客观，其环境阈值具有相对稳定性；第二个层次相对比较主观，其环境阈值具有不稳定性，会随着人们生活水平的提高而发生变化。

以上研究表明，长三角近岸海域沉积物质量和海洋生物群落基本稳定，而海水水质总体呈恶化趋势。这就表明，入海污染物排放已经超过了海洋环境容量和维持生态平衡的环境阈值。因此，入海污染物减排已经成为长三角当务之急。

6.2.1.2 按照目标总量核算法确定入海污染物总量

环境保护中总量控制有两种方法：

（1）容量总量核算法。容量总量核算法是根据环境容量来确定总量控制目标，即从环境质量标准出发，应用环境质量模型，推算在保证给定的环境质量的前提下，某地区的环境所能容纳的最大排污量，在此基础上，确定总量控制指标的一种方法。由于环境系统有一定的自净能力，因此，容量总量控制无疑最符合环境科学，是设置总量控制的最理想的标准。鉴于环境条件和污染物排放的复杂性，准确计算环境容量迄今没有像计算 GDP 一样的国际公认的方法。

（2）目标总量核算法。目标总量核算法是立足于现有的技术水平、立足于现有的排污削减能力及经济发展状况，来确定总量控制指标。具体地说，是根据环境质量现状和污染源排放现状，规定在某个时间内达到或保持某级环境质量标准或保持某年环境质量状况，要求控制区域内污染物排放总量控制在某一水平，同时确定相应的污染物削减总量。

我国的环境保护政策重心已经由浓度控制转向总量控制。按理说，应该以科学的环境容量核算作为依据进行总量控制。但是在容量总量核算法尚未取得公认以前，目标总量核算法不失为一种可行的方法。可以采取逐渐逼近的方式加以处理。即以现状排放总量为基础，逐渐削减排放数量，直至达到生态平衡或居民满意为止。

6.2.1.3 陆海统筹确定逐年递减的陆源污染排放量

长三角陆域水环境保护总体上走在前列。例如，浙江“五水共治”实现了陆域水环境质量的全局性和根本性改善。但是，在环境保护中存在明显的重陆轻海、陆海分割的现象。陆域排放总量的确定仅仅考虑陆域本身的环境容量，没有足够考虑海域环境容量，甚至把海洋当作污染物的“排放池”，把陆域污染物转移到海洋。根据国家海洋局发布的《2017 年中国海洋环境状况公报》，我国陆源污染物占海洋污染物总量的比例接近80%。因此，必须从“陆海分割”转向“陆海统筹”，从“重陆轻海”转向“以海定陆”。具体地说，根据陆域环境容量和海洋环境容量统筹确定入海污染物排放总量。基于长三角近岸海域环境污染已经超过阈值的现状，入海污染物排放必须在总量递减前提下确定总量控制的“总量”。

6.2.2 基于公平效率兼顾原则确定陆源污染减排重点

6.2.2.1 按照公平效率兼顾原则确定区域陆源污染物减排重点

自 2006 年开始实施污染物减排制度以来，成效显著。但是，减排政策制定中存在的一个突出问题是“一刀切”。各个区域，不论环境与经济效率高低、不论资源与环境禀赋状况、不论人口密度与分布结构，均采取统一的减排率政策。在无法因地制宜的情况下，这也是不得已的办法。但是，结合长三角而言，第一，作为中国经济巨龙的龙头区域，污染减排应该走在全国前列，而不是达到国家规定的要求。第二，长三角内部不应该沿袭“一刀切”政策，而应该实施“共同但有区别的污染减排政策”。

从不同的角度看污染物减排的重点区域是不同的。从历史排放量的角度看，历年累计排放量多的地区应该多减排，反之则少减排；从环境效率角度看，单位排放量经济产出小的地区应该多减排，反之则少减排；从排放贡献度角度看，入海污染物贡献度大的地区应该多减排，反之则少减排。总之，可以按照累计排放及排放现状、环境效率及经济效率、排放总量及人均排放量、人口规模及人口布局等不同指标共同确定入海污染物排放总量。从不同角度看，长三角减排的重点区域是不同的甚至是冲突的。因此，可以采取加权平均的方法进行核算。通过这一方法，可以在一定程度上解决陆源污染物减排中的“块块分割”问题。

6.2.2.2　按照公平效率兼顾原则确定部门陆源污染物减排重点

不仅不同地区存在污染物排放差异，而且不同部门或行业也存在污染物排放差异。就三大产业而言，第三产业的单位产出排放量相对较低，因此，要从“二三一”的产业结构转向“三二一”的产业结构。就工业部门而言，高新技术产业的单位产出的污染物排放量相对较低，而石化、制药、印染等传统重化工业的单位产出的污染物排放量相对较低。因此，污染物减排要考虑部门（行业）之间的差异性。

从不同的角度看污染物减排的重点区域是不同的。从环境效率看，单位产出污染物排放量多的部门应该多减排，反之则少减排；从民生角度看，事关吃、穿、用的行业应该首先保障排放指标，其次才是考虑其他部门。每个部门或行业的内部减排也是同样的道理。另外，不同的污染物在不同部门的减排重点也是不同的。可见，从不同角度审视，往往会有不同的重点。此时，可以采取加权平均的方法予以处理。这样，既可以解决不同部门（行业）“一刀切”的问题，又可以解决“条条分割”问题。

6.2.2.3　按照公平效率兼顾原则统筹确定污染物减排的重点区域和重点部门

如果同时考虑区域与区域之间的关系、部门与部门之间的关系，那么，可以通过矩阵观察法进行判断。如果某个地区既是区域之间比较后得出减排重点，又是部门之间比较后得出的减排重点，那么，这个区域的这个部门往往是减排重点。如表 6-1 中的 11、13、32 组合。

表 6-1　条块统筹确定污染减排重点

	区域 1	区域 2	区域 3	……
部门 1	11（▲，◆）	12（△，◇）	13（▲，◆）	
部门 2	21（△，◆）	22（▲，◇）	23（△，◆）	
部门 3	31（△，◇）	32（▲，◆）	33（△，◇）	
……				

6.2.3　基于成本效益最优原则推进排污权有偿使用和交易制度

6.2.3.1　长三角全面推进排污权有偿使用和交易制度

各区域各部门的减排重点的确定，意味着初始排污权分配到各个区域和各个部门，进而可以细分到各个微观主体。无论排污权如何初始分配，总是存在“不尽公平、不尽效率”的问题。即使如此，通过排污权有偿使用和交易制度，完全可以进一步优化环境资源配置。只要各个区域、各个部门、各个主体的环境效率存在差异性，就有可能通过排污权交易实现“双赢”。

长三角是全国最早开展排污权有偿使用和交易制度的地区。上海是最早开展水污染权（COD 等）交易试点的城市，江苏是最早开展大气（SO_2）排污权交易试点的省份，浙江是最早开展排污权有偿使用的省份。从上海最早探索排污权交易迄今已经 30 多年。为何这一制度没有顺利推进？原因不外乎 3 个：一是观念制约。“排污权”怎么可以交易？其实，排污权是在环境容量或排污总量范围之内的污染排放权。二是转移污染。排污权交易的前提是总量控制，但是“排海工程”意味着突破了陆域的环境容量，实际上突破了陆域排放总量、加剧了海洋污染。三是技术障碍。不少地区想方设法计算出排污权的价格，由此导致数量、价格“双锁定”，交易如何可能？实际上，在排污权市场上，政府需要管控的是排污总量，价格则应该交给市场决定。

6.2.3.2 实施区域内部的“清洁发展机制”，通过交易机制实现最低成本减排

由于各城市的污染减排责任与其污染减排能力之间通常存在偏离，这就需要通过市场机制进行再匹配，提升区域减排效率，最小化减排总成本和社会福利冲击。实施长三角清洁发展机制，允许区域内各个城市之间进行项目级的减排量抵消额的转让。对于减排潜力不足、减排成本高或无法完成自身减排责任的城市而言，可以向其他城市购买减排量抵消额；相反，那些减排潜力较大、减排成本低、能够超额完成自身减排责任的城市，则可以向其他城市出售减排量抵消额。通过清洁发展机制、排污权交易等配套制度，可以实现从城市到企业层面的减排潜力和减排责任的市场化匹配，促进区域整体减排目标的实现和减排效率的提升，从而实现长三角生态、经济与社会效益的高度统一。

6.2.3.3 推进长三角排污权交易市场一体化建设

长三角排污权出现“惜售”“有价无市”“价格千差万别”等现象的另一个原因是，排污权市场无限细分。不仅每个省有排污权交易中心，而且每个城市有排污权交易中心，甚至每个县有排污权交易中心。这是一种市场分割的现象，也是属于“块块分割”的现象。解决的办法就是，从块块分割到区域统筹、从市场碎片化到市场一体化，推进长三角排污权交易市场一体化建设。也就是说，整个长三角成立统一的排污权交易中心，而各个地方原有的排污权交易中心可以作为交易窗口。这样，既有利于推进排污权市场一体化建设，又有利于排污权交易平台的规模经济效应。其实，该交易平台还可以进一步放大，不局限于排污权交易。统筹土地资源产权、森林资源产权、水资源产权等自然资源产权，排污权等环境资源产权，能源产权、碳排放权、碳汇等气候资源产权等功能整合到同一的平台进行交易，建设一体化的长三角“两山”转化交易平台。

6.2.3.4　构建长三角排污权市场监管制度一体化建设

（1）创制“长三角排污权交易管理条例”并付诸实施。在国家层面尚未出台“排污权交易法”的情况下，长三角可以先行先试，率先就排污权制度建设进行联合立法、联合执法、联合司法，推进区域治理体系和治理能力现代化建设。

（2）建设长三角一体化水环境监测体系。打破水环境监测中的区域和区域之间的“块块分割”、部门和部门之间的“条条分割”及部门和区域之间的“条块分割”的格局，建立一体化的水环境监测体系，并实现监测数据的共享机制。

（3）实施长三角水环境联合监管和督查机制。由于陆域与海域、流域与流域、流域上游与下游之间均存在相互联系的特征，成立长三角水环境联合监管机制，并定时开展联合督查。

6.2.4　基于兼顾近期和长期原则确定陆源污染控制策略

6.2.4.1　逐步取缔遍布长三角的“排海工程”

“排海工程”就是污染物排放地从陆地的河流、湖泊改变为海洋，而且入海污染物的排放标准低于陆地污染物的排放标准，其实质是污染物排放的转移。因此，要根据长三角经济发展阶段和海洋环境保护要求，逐步取缔“排海工程”。这需要长三角协同推进。对于海洋环境特别严峻的区域，如东海及其长江口和杭州湾沿海地区要率先取缔“排海工程”。

6.2.4.2　严格控制危及海洋生态安全的“涉海工程”

涉海工程包括围海工程、填海工程、围涂工程、连岛工程、跨海大桥等。这些工程尤其是填海围涂工程，表面上看，增加了土地供给，解决了耕地占补平衡问题，实际上是以损害海洋生态安全为前提的。我国工业化进入到中后期后，耕地转化为其他用地的数量不仅要控制，而且要进入“零增长”控制，要“向空间要土地”“向效益要土地”。这样才能真正实现高质量发展。由此也说明围填海等涉海工程的必要性就逐渐下降。这样，就有条件严格控制“涉海工程”。除了国家战略所需，原则上应该禁止填海围涂等“涉海工程”。

6.2.4.3　顺经济风向推进污染减排

污染减排往往是顺经济风向行事。越是经济发展处于繁荣时期，越有可能加大污染减排力度；越是经济发展处于衰退时期，越要顾及经济承受能力。因此，长三角污染减排需要考虑两个因素：①时机选择，即选择合适的时机做合适的事情；②最优选择，按照“最优污染模型”选择污染的最适度。

6.2.4.4 逆经济风向实施滨海生态带建设

公共工程的建设往往是逆经济风向行事。越是经济疲软的时候，越需要投资需求拉动。环境保护工程是抵抗经济衰退实施扩张性财政政策的重要选项之一。滨海生态带建设包括滨海湿地工程、滨海生态景观工程、滨海生态交通工程等。滨海生态带建设有利于强化陆海理念、强化海洋意识、感知海洋存在、加强陆海统筹。

第二篇

淳安深绿产业发展体系构建与空间布局研究[①]

杭州市千岛湖配水工程通水在即，处于水源保护区的淳安如何高质量发展成为杭州市必须关心和回答的一个紧迫问题。“生态优先，深绿发展”是淳安县的必然选择。

绿色发展是针对工业革命以来以生态破坏、环境污染、资源枯竭为代价的黑色增长范式的变革。绿色发展可分为“浅绿色”和“深绿色”两个层次，深绿发展是绿色发展的高级形态。我国正处于浅绿色发展与深绿色发展并存阶段，并致力于转向符合高质量发展要求的深绿色发展的阶段；普通产品供给与生态产品供给并存阶段，并致力于转向满足享受需要的生态产品供给的阶段；生态安全需要与生态审美需要并存阶段，并致力于转向实现自我价值的生态审美需要的阶段。因此，深绿色发展是经济社会发展和生态文明建设的大势所趋。淳安县实施深绿产业发展战略，具有践行“绿水青山就是金山银山”理念的样本意义，是对实施长三角一体化国家战略的重大贡献，是淳安在生态优先前提下实现高质量发展的重大创新。

综合分析淳安深绿产业发展的优势与劣势、机遇与挑战可以发现，只要策略选择得当，优势和机遇可以利用，劣势和挑战可以回避或转化。策略之一：优势产业提质增效，充分发挥“千岛湖”品牌效应。品牌就是声誉，品牌就是利润。策略之二：新兴产业筑

---

① 本篇是在沈满洪教授主持的淳安县政协委托重点项目“淳安县深绿产业体系构建及空间布局研究”（2019）课题报告基础上修改而成的。课题成果的相关内容已经获得原中共浙江省委书记车俊、原浙江省人民政府省长袁家军等领导的肯定性批示，并被淳安县委、县政府采纳。

巢引凤，充分利用长三角一体化国家战略。策略之三：传统产业腾笼换鸟，加快推进新旧动能转换。策略之四：高端产业无中生有，构筑深绿发展的产业高地。策略之五：“飞地经济”跨越发展，“跳出淳安发展淳安”。

基于抓重点、补短板和强弱项的原则，淳安深绿产业发展应坚持“三深产业”发展路径，包括深绿农业、深绿制造业和深绿服务业。深绿农业包括特色农林渔产业以及部分生物质能、先进环保、生物医药和生物农业及相关产业；深绿制造业包括水饮料产业、新一代信息技术产业、部分高端装备制造业、部分生物产业、部分节能环保产业和部分新能源产业；深绿服务业包括生态环境服务、全域旅游、战略性新兴产业服务、数字创意、金融服务业、房地产服务、批发和零售服务。其中，部分生物产业包括部分生物质能产业、部分生物医药产业、部分生物农业及相关产业，部分节能环保产业包括部分先进环保产业，因此深绿农业和深绿制造业存在交叉；同理，深绿农业、深绿制造业和深绿服务业也存在交叉，产业融合是趋势。

淳安县深绿产业的遴选要按照税源经济与富民经济兼顾原则、存量经济与增量经济平衡原则、实体经济与虚拟经济匹配原则、要素驱动与创新驱动并举原则、淳安县经济与淳安人经济协调原则。对接国家、浙江和杭州产业发展规划，结合淳安“十三五”时期的产业发展重点，可以确定生态农业、深绿制造、全域旅游、健康养生、节能环保、文化创意六大产业和数字经济和总部经济两大经济可作为淳安深绿产业发展的重中之重。

深绿产业的发展初期面临高成本问题。因此，要采取支持淳安深绿产业发展的特殊体制与特殊政策，如支持淳安深绿产业发展国家试点，支持淳安创建国家生态价值实现实验区，支持淳安有序推进“多规融合”，持淳安深绿产业发展的项目与资金。

第 7 章

淳安深绿产业发展的提出背景与意义

千岛湖从战略水源地转变为杭州和嘉兴的真实水源地后，面临着更严格的环保标准，这意味着淳安为保护一湖秀水要付出更大的代价。在此背景下，淳安该如何把握“两高”时代带来的机遇以实现“秀水富民”成为一个值得思索的问题。本章在分析淳安县成为“大水缸”后所面临保护水源的刚性要求和“两高”时代来临为其带来的发展机遇，认为淳安只有发展深绿产业才是其实现秀水富民的最佳途径。

7.1 淳安深绿产业发展的内涵与外延

7.1.1 深绿发展的历史演进

7.1.1.1 从黑色发展到绿色发展

18 世纪 60 年代蒸汽机的发明，标志着英国工业革命的开始，工业文明是人类社会迄今为止创造财富最为辉煌的时期，同时也是人类与资源环境之间矛盾激化、资源环境对经济发展的约束日益强化并日益趋近约束边界的时期。这一时期，随着科学技术的不断发展，人类认识和改造自然的能力也不断加强，“人定胜天”的思想横行，人类改造和征服自然的欲望愈加强烈，走上了成本高投入、资源高消耗、污染高排放、产出高增长的黑色发展道路，由此带来了资源危机、生态危机和环境危机。

绿色发展是针对工业革命以来以生态破坏、环境污染、资源枯竭为代价的传统发展范式的变革，其基本特征是低投入、低消耗、低排放、高效率。绿色发展与黑色发展泾渭分明。

（1）在指导思想上。黑色发展观认为，人类要征服自然、驾驭自然、改造自然，甚至提出“对自然的否定就是通往幸福之路”“驾驭自然，做自然的主人”等观点。绿色发展观则认为，人类要顺应自然、保护自然、敬畏自然。要像保护眼睛一样保护自然，像保护生命一样保护生态。

（2）在系统观上。黑色发展观认为，生态系统是经济系统的子系统，经济系统可以无限膨胀。绿色发展观则认为，经济系统是生态系统的子系统，经济发展要考虑环境容量和自然承载力。

（3）在发展模式上。黑色发展观认为，成本高投入、资源高消耗、污染高排放、生态大破坏为代价获得经济高产出的不可持续发展模式。绿色发展观认为，成本低或适度投入、资源低消耗、污染低或无排放的可持续发展模式。

7.1.1.2 从浅绿色发展到深绿色发展

绿色发展是一个不断发展的动态过程。绿色发展思想指导着人们的行为，同时，在经济社会发展的过程中绿色发展思想也不断得到深化。绿色发展思想的核心是对生态环境保护，追求人与自然和谐相处，实现人类社会可持续发展。

绿色发展可分为“浅绿色”和“深绿色”两个层次：

（1）“浅绿色”的思想观念是 20 世纪六七十年代第一次环境运动的基调。它产生的背景是发达国家公众的环境意识的觉醒以及环境保护、清洁生产等绿色行动的蓬勃展开。浅绿色发展思想建立在环境和发展是对立的思想基础之上，强调的是对生态环境的绝对保护，对生态环境的保护要以付出经济发展为代价，两者相互矛盾且不可调和。20 世纪 60 年代后期甚至出现以反增长或零增长为特征的浅绿色发展理念，认为必须停止人口的增长和经济的发展才能停止对环境的伤害。浅绿色发展思想认为，要解决人类面临的环境问题，只能诉诸技术创新，通过推动技术的发展对后现代工业社会进行适当的调整。浅绿色发展虽然在认识上存在一定的局限性，但是促进了民众环保意识的觉醒，使环保的思想深入人心，国家环保立法日益完善、加大了对污染治理和环境保护的投资力度，企业实行清洁化生产、加大环保设施的投资。

（2）“深绿色”发展思想是 20 世纪 90 年代的第二次环境保护运动的指导思想。深绿色发展主张从整体的角度出发考虑发展和环境的关系。深绿色发展不是将人类发展和环境保护对立起来，也不是简单地通过科学技术的创新来解决经济和环境的矛盾，而是通过构建人和自然之间新的相互促进的和谐关系，探索人类发展的绿色走向，实现可持续发展。“深绿色”的发展需要把技术体系的发展和成熟置于一定的社会和政治框架中，技术的发展并不是孤立的，它得益于或者受益于社会制度的发展或滞后，只有推动社会制度的变化，人们环保意识的深化，才能真正实现人类社会的持续性发展。

“深绿色”发展和“浅绿色”发展具有实质性的差别：

（1）从局部与全局的关系上，浅绿色发展是就环境论环境，“头痛医头，脚痛医脚”，岸上和水上、陆上和海洋均被隔离开来；深绿色发展是整体性思维，系统论观点，主张水陆结合、陆海统筹，主张统筹推进经济建设、政治建设、文化建设、社会建设、生态文明建设的新发展理念。

（2）从末端与源头的关系上，浅绿色发展理论是基于线性经济思维的环境治理，表现为“生产—污染—治理”线性链条，走的是一条“先污染，后治理”的末端治理老路。深绿色发展是源头控制论。是基于循环经济思维的环境治理，提倡的是源头的减量化、过程的再使用、末端的再循环。

（3）从环境与经济的关系上，浅绿色发展观认为环境与经济是对立的。经济发展必然影响环境保护，保护环境必须限制经济发展。较多地关注对各种环境问题本身以及它们所带来的严重影响，是人类对未来悲观情绪的体现。深绿色发展观认为环境与经济是对立统一的。保护环境有利于更好发展，更好发展有利于环境保护。“绿水青山就是金山银山”，突破了非此即彼的观点。

（4）从技术与制度的关系上，浅绿色发展观坚持技术决定论，认为环境问题可以通过技术进步彻底予以解决；深绿色发展观坚持“技术创新+制度创新”，而且认为制度具有决定性意义。强调从深层结构上考虑发展问题，把技术创新置于制度创新的发展框架之中。

7.1.2　深绿色发展的内涵与外延

从狭义上讲，深绿色发展包括绿色、发展和深度 3 个概念，“深绿色”指的是绿色的一个阶段。这里的“绿色”是指对生态环境的友好态度，追求人与自然的和谐发展，从而达到人类可持续性的发展。狭义的“发展”指的是人类经济社会的发展；广义的“发展”是指经济、环境、社会 3 个系统的协调发展。联合国在“第一个发展十年”计划中，对发展的定义做了详细的说明，认为发展除包含经济增长之外，还包括社会福利、教育、道德、民主、卫生、生态等因素，是一个广泛的、系统的呈树状扩散的过程。“深绿色”的意思是从更深层次追求绿色发展，只保护不发展是浅层次的绿色，既保护又发展才是深层次的绿色。

综上所述，深绿色发展就是通过技术创新和制度创新，以既保护生态环境又促进经济增长的发展模式，实现经济、环境、社会的和谐统一的高质量发展。

从广义上讲，深绿色发展并不只是经济概念，而是一个综合性的概念，是经济、政治、文化、社会和生态相统一的发展。深绿色发展坚持整体性、系统性的观点，促进经济、环境、社会的协调发展。我国处于供给侧结构性改革的重要时期，主要面对的是经济和环境的关系、经济和社会的关系。

经济和环境并非绝对的对立关系，而是辩证统一的关系。毫无疑问，以高消耗、高污染、高排放、高增长为特征的粗放型的黑色发展模式是不可取的，要推动经济向绿色化方向发展。要推动生产技术不断革新，提高资源利用率，把原来的“生产—污染—治理”的线性发展模式，通过资源高效和循环利用，实现污染的低排放甚至零排放，转变为依靠生态型资源的循环性发展模式。

生态环境是人类生存的基础，其中的任何一环遭到破坏，都会带来社会的不安和动荡。经济和文化是相互促进的。经济基础的变化一定会影响上层建筑的发展，深绿色发展要求人类的价值观念进行绿色化转向，把保护环境的思想观念深植于心。深绿色发展给人类带来更先进的文明的同时，会带来更优美的生存环境，陶冶人们的情操，激发人们创作出更多的文化作品。上层建筑的发展也会影响经济基础的变化，环保的思想观念时刻指导人类的行为活动，渗透到生产、流通和消费的各个环节，推动经济从源头上实现深绿色发展。

深绿色发展离不开技术体系的发展，技术体系的发展和成熟需要在一定的社会和政治框架之中进行，社会对技术的选择受到文化与社会制度的影响。只有深化人们的绿色意识、变革社会制度，才能形成绿色的社会环境，发展绿色技术体系。深绿色发展首先倡导的是人们思想的转变。2008 年，联合国环境规划署将“绿色经济”定义为能提高人类福祉、改善社会平等、降低环境风险、改善生态稀缺的经济发展模式。深绿色发展是实现人的全面发展的必经之路。

党的十八大以来所倡导的绿色发展，就其导向而言就是深绿色发展。党的十八届五中全会提出的创新发展、协调发展、绿色发展、开放发展、共享发展所构成的新发展理念就是高质量发展理念，而深绿色发展是高质量发展的题中应有之义和有机组成部分。

从国内外发展历程看，从黑色发展到浅绿色发展再到深绿色发展，是一个否定之否定的螺旋式上升过程。我国生态文明建设和绿色发展正处于一个独特的阶段：浅绿色发展与深绿色发展并存，并致力于转向符合高质量发展要求的深绿色发展的阶段；普通产品供给与生态产品供给并存，并致力于转向满足享受需要的生态产品供给的阶段；生态安全需要与生态审美需要并存，并致力于转向实现自我价值的生态审美需要的阶段。因此，深绿色发展是经济社会发展和生态文明建设的大势所趋。

7.1.3 深绿产业发展的内涵与外延

党的十九大报告明确提出，大力推动绿色发展，壮大节能环保产业、清洁生产产业、清洁能源产业。推动绿色发展的首要任务是推动绿色产业发展。淳安已经达到浅绿色发展的水平，并且已经开始从浅绿色发展转向深绿色发展。

那么，何谓深绿产业发展？学术界对绿色产业的研究已有不少成果。林毓鹏[①]指出，绿色产业并不是单指环保产业，它是泛指企业采取了低能耗、无污染的技术，产品在生产、使用和回收等过程中不含对环境造成污染、破坏的企业联合体。陈文汇等[②]认为，绿色产业应该包含三部分内容，即农业的绿色转型、传统工业的绿色转型和服务业的绿色转型。刘国涛[③]认为绿色产业，指立足于可更新资源的可持续利用，或虽然消耗不可更新资源但已达到环境标准或满足清洁生产标准的产业。综上所述，深绿色产业是指符合生态文明和高质量发展方向，以低消耗、无污染、高效益为基本特征的产业，通过推动深绿色产业的发展可以实现高标准保护、高质量发展、高品质生活的协调统一。

绿色产业的关键是资源节约型、环境友好型，深绿色产业从绿色产业中区别开来的关键是经济发展与环境保护的协调性。从与环境变化的关系来讲，深绿色产业的发展与环境污染程度之间不能走一条先污染后治理的老路，即不能为了发展经济而以牺牲生态环境为代价，而是通过技术创新和制度创新，实现经济效益与生态效益的“双赢”。从对资源依赖性的角度来讲，传统产业发展倾向于依靠本地自然资源的比较优势，发展与本地资源相关的主导产业，对资源的依赖程度很高，随着技术创新的推动，逐渐降低对资源的依赖程度，而深绿色产业则要求在工业化发展进程中降低资源消耗，提高资源利用效率，加强科技研发和智力投资，推动经济内生增长，实现可持续发展。

7.2　淳安深绿产业发展的提出背景

7.2.1　“两山”理论为淳安深绿产业发展提供理论指导

2005 年 8 月 15 日，时任浙江省委书记习近平同志到安吉县余村考察调研时首次提出了“绿水青山就是金山银山”的重要论断。深刻阐述了高投入、高消耗、高排放的发展模式的不可持续性。时任中央政治局常委习近平同志于 2011 年 2 月就新安江与千岛湖水资源保护工作作出了重要批示：“千岛湖是我国极为难得的优质水资源，加强千岛湖水资源保护意义重大，在这个问题上要避免重蹈先污染后治理的覆辙。”[④]

习近平总书记在论述绿色发展时明确指出：“要科学布局生产空间、生活空间、生态空间，扎实推进生态环境保护，让良好生态环境成为人民生活质量的增长点，成为展

① 林毓鹏. 加快发展我国绿色产业[J]. 生态经济，2000（2）.

② 陈文汇，牛娜娜，王忠昆，等. 我国国民经济行业绿色度测定分析[J]. 林业经济，2015（8）.

③ 刘国涛. 绿色产业与绿色产业法[J]. 中国人口 • 资源与环境，2005（4）.

④ 中共黄山市委理论学习中心组. 争当践行“两山”理论的样板区——学习习近平生态文明思想的新安江实践[N]. 安徽日报，2018-07-25.

现我国良好形象的发力点。”[①]习近平关于绿色发展的多次论述均突出了生态环境保护的重要地位。在长江经济带工作座谈会上，他明确要求长江流域各地“共抓大保护，不搞大开发”。即使是这一论断，也不是指不要发展，而是强调“生态优先，绿色发展”。

60 年来，淳安人民像保护眼睛一样保护着千岛湖的生态环境，为此付出了巨大的经济成本。但是，对于一个拥有 46 万人口的淳安而言，“只要保护，不要发展”并非科学选择，“生态优先，绿色发展”才是正确的方向。千岛湖不仅是淳安人民的千岛湖，更是全国人民的千岛湖。淳安人民不计成本地保护千岛湖的努力如今到了收获的时候，发展深绿产业，可能成为“绿水青山”转变为“金山银山”的样本县，在全国范围来讲都具有借鉴意义，可望成为当之无愧的践行“两山”理论的先行区。

7.2.2 千岛湖成为“大水缸”对淳安深绿产业发展提出高要求

历史上，淳安县为保护千岛湖这一湖秀水付出了相当大的代价。从 20 世纪 90 年代开始，淳安就先后关停了各种高耗能、高污染的企业。近两年，由于统计数字核减、水功能区调整以及沿湖工业项目整治等原因，全县规上企业已由 2016 年的 121 家减少为 2018 年的 85 家。第二产业的萎缩导致淳安无法为本地居民提供足够的就业岗位，大量青年劳动力外流，本地经济发展缺少高质量劳动力，政府税收收入也受到了很大的影响，财政收入增收困难。在环保标准极为严苛的情况下，淳安县在环保方面的财政支出还不断增长，环保财政支出占比居高不下。2010—2018 年累计投入环保资金 96.71 亿元，特别是 2014—2016 年，淳安县的环保投入分别占当地地方财政收入的 81%、75.3%和 73.3%。为了保护环境，农业发展也受到了诸多限制，对畜牧业和渔业进行整治，靠捕鱼和蓄养为生的居民收入断崖式下滑，降低了居民的生活水平。

2014 年杭州市第二水源千岛湖配水工程启动，2019 年下半年建成供水，淳安将先后成为杭州和嘉兴的正式饮用水水源地，千岛湖将由战略水源地转变为真实“水缸”，身份的转变意味着对千岛湖的水质要求将会更高。土地是经济发展必不可少的要素之一，但是根据《淳安县水功能区水环境功能区优化调整方案》，淳安县全县约 93.48%的国土空间属于饮用水水源保护区，新安江水库临湖 1 km 范围基本属于二级引用水源保护区。根据《饮用水水源保护区污染防治管理规定》，饮用水水源二级保护区内禁止新建、改建、扩建排放污染物的建设项目；改建建设项目，不得增加排污量。这使得淳安在引进项目方面受到诸多限制，发展用地严重不足，经济发展受到严格的生态约束，淳安县急需找到一条无污染高产值高质量的经济发展之路。

---

① 习近平在华东七省（市）党委主要负责同志座谈会上强调抓住机遇立足优势积极作为 系统谋划“十三五”经济社会发展[N]. 人民日报，2015-05-29（1）.

一方面，千岛湖作为长三角的“大水缸”，淳安只能选择“生态优先”，确保水质持续向好；另一方面，拥有 46 万人口的淳安，不能选择“不发展”，也难以实现一般的“浅绿发展”。淳安选择深绿产业发展是千岛湖配供水工程和饮用水水源保护区倒逼的结果。

7.2.3 淳安独特的“绿水青山”为深绿产业发展提供自然优势

从新安江水库到千岛湖国家级风景旅游区，再到长三角饮用水水源，几代淳安人为此付出了不懈的努力。在千岛湖主体功能演化的背景下，淳安率先走上了绿色发展之路，大力发展以绿色为底色的旅游业、大水业、生态农业、总部经济、大健康产业等绿色产业。淳安在发展绿色经济方面已经取得了一定的成绩和经验。

得天独厚的生态环境是淳安发展旅游业的基础，孕育了淳安全域旅游和休闲旅游。千岛湖是国家级风景名胜区、国务院首批国家级风景名胜区、全国最大的森林公园，有“天下第一秀水”之称，旅游业一直是淳安县的支柱产业。淳安县 2018 年旅游总人数为 1 705.3 万人次，旅游总收入达到 191.58 亿元，旅游业增加值占地区生产总值的比例达到 12.6%。淳安初步走上以旅游业为核心，带动住宿业、餐饮业等协同发展的道路。千岛湖旅游度假区先后荣获“浙江省级服务业集聚区”“最具文化创意旅游度假区”等殊荣，积极打造全域旅游和休闲旅游，形成了以商务会议、休闲度假、文化创意、美食餐饮、滨湖骑行等为特色的产品体系。

优质的水资源是淳安发展生态水业的必备条件。在水资源方面，千岛湖出境断面水质持续保持国家 I 类，被评为 5 个“中国好水”水源地之一。水饮料产业是淳安重点发展的工业，2018 年水饮料产业入库税金 6.22 亿元，占全县总税收收入的 34.36%。农夫山泉和千岛湖是淳安县最大的两家水饮料企业，两个品牌在全国已经具有很高的知名度。一流的水源也吸引了一批有特色的水产业项目，如谦美、富氢水、标美、乡情山泉、国茶等，丰富了淳安生态水业的种类和产品体系。

淳安县优质的生态资源促进了生态农业的发展。淳安县农业资源丰富，具有茶叶、淡水有机鱼、山核桃、中草药等众多特色农林产品，其中一些农产品已具有一定的品牌效应，如临岐镇的“淳六味”中草药、“千岛湖”鱼头、“常香果”牌山核桃仁等。淳安积极推动农业和旅游业的结合，发展观光农业、采摘农业、精品民宿等新旅游新业态，实现农民的自我就业，加快向生态致富的转变，实现高品质生活的目标。

千岛湖优美的湖光山色、怡人的清鲜空气和千岛湖品牌建设使得淳安在发展康美产业领域具备先发优势。2016 年淳安县县委第十四次党代会提出“坚定秀水富民路、建设康美千岛湖”，明确发展康美产业，打响“养生千岛湖”的旗号。培育高端医疗服务、中医养生、健康管理和医疗美容等产业。

怡人的生态环境和良好的营商环境有利于总部经济在淳安生根发芽。总部经济具有占地面积小、无工业污染、收入高的特点，与淳安县的发展思路十分契合。总部经济是淳安县重要的税源经济，淳安县 2018 年新增阳光大厦、度假区总部经济园两家税收亿元楼。其中阳光大厦从 2018 年开始起步，当年就创造了 1.03 亿元的税收，2019 年已创造了 1.4 亿元的税收，明显增加了淳安的财政收入，缓解了财政压力，为淳安深绿经济发展开发了新的增长极，响应了国家高质量发展的号召。

7.3 淳安推进深绿产业发展的重要意义

7.3.1 深绿产业发展是淳安在生态优先前提下实现高质量发展的重大创新

千岛湖配水工程通水在即。千岛湖的主体功能从风景旅游功能转变为备用水源功能进而由备用水源功能转化为真实水源功能后，为了保障杭州市和嘉兴市等 1 000 多万人口的饮水安全，淳安的环境保护要求只会提高不会下降。通过对经济、社会、生态、人口等多因素的分析，拥有 46 万人口的淳安县不可能选择“只保护，不发展”的路子，只能选择“生态优先，绿色发展”的路子。

淳安县从 20 世纪 90 年代就开始关停有污染的企业、提高环保标准来保护千岛湖的一湖秀水。在千岛湖成为杭州、嘉兴的“大水缸”后，更加强了对优质的水资源和生态环境的保护。为保护这一湖值得人们信赖的好水源，坚持“决不以牺牲环境为代价换取经济一时发展、决不放低环保门槛作为招商引资优惠条件、决不接受产业转移中环境污染企业”的“三个决不”刚性原则，先后婉拒了超 300 多亿元的产业投资项目，足见淳安保护一湖秀水的信心和决心。

杭黄高铁的开通和千黄高速的建设彻底改善了淳安的交通状况，改善了束缚其发展的区位条件，为淳安融入长三角经济圈插上了翅膀，为淳安发展深绿色产业提供有力支撑。发展深绿产业，有利于淳安利用交通基础和区位条件的改善这一有利因素，抓住“两高”时代为淳安带来的发展机遇，实现跨越式发展；有利于淳安在发展湖区旅游的基础上，发展全域旅游和休闲旅游，拓展旅游业发展方式，寻找新的旅游经济增长点；有利于加速淳安与周边城市的要素流动，尤其是资本要素和人力资源要素的转移，为发展总部经济等高新技术产业提供资本和人才支持；有利于淳安发挥千岛湖的生态品牌优势，为淳安的有机农产品寻求更大的目标市场。

特殊严格的环境保护要求，迫使淳安只能选择深绿产业发展的路子。这就意味着，淳安县不可能沿袭其他地区所走过的“先污染，后治理”“先粗放，再集约”的路子。而是要求在倒“U”形环境库兹涅茨曲线中，原本进入污染加剧的阶段就转为环境改善或保持优质环境；要求在资源依赖性倒“U”形曲线中，原本进入资源消耗加剧的阶段就转为资源集约化利用。这种非常规的转化必须依靠深绿科技创新和深绿制度创新。走深绿产业发展之路，淳安有可能为突破常规发展模式提供“淳安经验”。

7.3.2 淳安深绿产业发展是对实施长三角一体化国家战略的重大贡献

2018年在上海举行“进博会”时，习近平总书记宣布长三角区域一体化发展上升为国家战略；2019年十三届全国人大二次会议的政府工作报告正式确立这一战略。杭黄高铁的开通将为淳安融入长三角区域发展提供契机，为长三角贡献更多的优质生态环境、优质生态资源和优质生态产品。

千岛湖配水工程通水后，千岛湖将正式成为杭州和嘉兴的“大水缸”，为两市人民提供饮用水。千岛湖出境断面水质持续保持国家Ⅰ类，是安全优质的水源，从根本上保证了杭州和嘉兴市民的用水安全。此外，杭黄高铁大大缩短了淳安与杭州的距离，淳安进入杭州的“一小时交通圈”，为杭州人民在忙碌的城市工作之余提供安静优美的休闲胜地，成为杭州当之无愧的后花园。

淳安是浙江省大花园，一直以来都是浙江省一颗璀璨的明珠。千岛湖山水景色俱佳，荣获“浙江省优质旅游景点景区”的称号，高分通过省级全域旅游示范县创建评审。乡村旅游提质发展，特色民宿遍地开花，梓桐杜井、中洲厦山等13个村获浙江省AAA级景区村庄认定。近几年，淳安县致力于发展康养产业，着力打造“康美千岛湖”，荣获“浙江省全域疗休养发展十佳县”的称号，为浙江人民提供家门口的疗休养胜地。

杭黄高铁的开通带来交通条件的改善，为淳安接轨长三角提供了快速通道。长三角是我国经济最发达的地区，淳安可承接来自长三角的产业转移。长三角城市密度越来越大，企业生存成本也越来越高。而淳安在发展深绿产业的进程中正好可以承接来自长三角的资本和人才转移。经济新常态下，我国社会主要矛盾已经转化为人民日益增长的美好生活需要和不平衡不充分的发展之间的矛盾，人们对高质量生活环境的需求越来越大，尤其对居民收入水平已经进入“高收入国家”行列的长三角而言，对优质生态环境、优质生态资源和优质生态产品的需求日益提高。淳安正是长三角好山好水好空气的好去处，为长三角人民提供了休闲养生的农家风情，为艺术家提供进行艺术创作的山水长廊。淳安在探索新的旅游发展方式，如体验式旅游、研学旅行、会展经济等，目标市场必定首选长三角，这将为丰富长三角人们的旅游生活，花更少的时间体验到更多的乐趣。淳安的医疗设施也在逐步完善，将为长三角提供一个既交通方便又景色优美的康养胜地。不仅如此，“有机千岛湖”是千岛湖建设的一个重要方向，培育了众多有机农产品，为长三角人民提供有机健康放心的淳安味道。

总之，长三角一体化上升为国家战略，对于淳安而言是一个极为难得的历史机遇。一方面，淳安县通过严格的环境保护向长三角乃至更为广泛的居民提供优质的生态环境，通过深绿产业发展向长三角乃至更为广泛的居民提供优质的生态产品；另一方面，淳安县通过优美的自然环境和优越的营商环境，吸引长三角优质的资本、技术和人才，以深绿产业发展为载体主动融入长三角。无论是“走出去”还是“请进来”，都是淳安深绿产业发展的重大贡献。

7.3.3 淳安深绿产业发展具有践行“绿水青山就是金山银山”理念的样本意义

“绿水青山就是金山银山”是习近平生态文明思想的精华，已经被写入党的十九大报告和《中国共产党章程》。“绿水青山就是金山银山”理念已经成为我国生态文明建设和深绿产业发展的指导思想。淳安是践行习近平总书记“绿水青山就是金山银山”理念的标杆县和先行区。自“绿水青山就是金山银山”理念提出以来，全国各地都在进行绿色发展的积极探索，致力于实现从绿水青山到金山银山的价值转化。

从对生态环境的保护来讲，淳安生态环境保护工作效果显著，淳安是饮用水水源保护区，其执行的环保标准是极其严苛的，2016 年《千岛湖环境质量管理规范（试行）》以全票通过，这标志着最严格的地方标准——“千岛湖”标准的诞生。这是全国首个县级环境质量管理标准，为全国湖泊保护提供了借鉴。[①]淳安县也一直高质量完成水源保护目标，千岛湖出境断面水质持续保持国家 I 类，连续 3 年荣获全省“五水共治”大禹鼎，千岛湖成功列入全国良好湖泊生态环境保护试点和国家江河湖泊生态保护重点支持湖泊，被评为 5 个“中国好水”水源地之一。[①]淳安在保护“绿水青山”方面一直走在浙江甚至全国的前列。

优质的水资源和环境资源、丰富的农业资源为淳安发展深绿色产业提供了得天独厚的生态和物质基础，使得其在发展生态旅游、水饮料产业、生态农业、康美医疗、总部经济方面已积累了一定的经验。从淳安面临的机遇来讲，“两高”时代的到来更是给淳安深绿产业的发展插上了翅膀，为其“西进北上”提供了捷径。从可能性来讲，淳安县临近长三角的核心，杭黄高铁的开通为淳安融入长三角带来前所未有的发展机会，与国内其他相似地区相比，淳安更有可能实现生态保护与经济发展的双赢，打通生态产品与经济价值之间的壁垒，促进生态产品价值化，实现由“绿水青山”到“金山银山”的转化。

---

① 沈满洪，谢慧明，等. 绿水青山的价值实现[M]. 北京：中国财政经济出版社，2019.

保护优质的生态环境，淳安已经做到了。发展深绿产业，淳安已经走在了时代的前列，具有一定的经验积累和先发优势，总结淳安多来发展深绿产业的经验和教训，可以为其他地方践行“绿水青山就是金山银山”理念提供样本。

“绿水青山就是金山银山”理念的精神实质是经济生态化和生态经济化。从经济生态化的角度来看，人民日益增长的生态产品需求与市场供给相对不足的矛盾十分尖锐；从生态经济化的角度，生态环境价值的递增性与生态环境价值转化的缓慢性之间的矛盾十分尖锐。总体来讲，符合深绿发展要求的生态产业尚未成为主导性产业，符合深绿发展要求的生态消费尚未成为时尚性消费，符合深绿发展要求的优质生态环境尚未完成价值转化或基本没有转化。时任浙江省委书记习近平同志多年蹲点淳安下姜村，担任中央政治局常委及总书记后习近平同志依然对千岛湖念念不忘。因此，无论对于淳安县、杭州市还是浙江省，都要以高度的政治责任感，深刻领会“绿水青山就是金山银山”理念的精神实质，深刻领会“绿水青山”和“金山银山”转化的紧迫性，深刻领会淳安深绿产业发展对于践行“绿水青山就是金山银山”理念的重大意义。

第 8 章

淳安深绿产业发展的基础与条件

“十三五”以来淳安开始了产业发展的重大转变：从绿色产业发展转向深绿产业发展。科学分析淳安深绿产业发展的基础与条件，立足自身资源禀赋，正视发展中的不足，抓住发展的机遇，发现所面临的挑战，有利于淳安全面、系统、准确地摸索出一条切实可行的深绿产业发展道路。本章基于 SWOT 分析方法，在分析淳安深绿产业发展的优势、劣势、机遇和挑战的基础上，提出了深绿产业发展策略。

8.1 淳安深绿产业发展的优势

8.1.1 优质生态环境资源丰富

自千岛湖成为长三角战略水源地以来，淳安一直高度重视千岛湖的环境保护。“一湖秀水、满目青山”的生态环境资源是淳安县深绿产业发展最大的优势、最大的财富、最大的潜力。

“一湖秀水”是淳安最主要生态资源。淳安县环保局公布的数据显示，千岛湖湖体水质一直保持“优良”水平。2018 年，千岛湖总体水质符合《地表水环境质量标准》（GB 3838—2002）Ⅰ～Ⅲ类标准，整体水质状况为优且基本保持稳定。2018 年，淳安县对淳安县自来水厂、坪山自来水厂的集中式饮用水水源地水质进行每月一次的常规监测，全年水质达标率为 100%。全域 84 条河流，没有一条“黑河、臭河、垃圾河”，100%为Ⅱ类水质及以上，曾获得浙江省“清三河”达标县称号。千岛湖成功列入全国良好湖泊生态环境保护试点和国家江河湖泊生态保护重点支持湖泊，被评为 5 个“中国好水”水源地之一。

“满目青山”是千岛湖另一大优质生态资源。淳安县在治理湖水的同时，深入实施“护林复绿涵水”工程。淳安县有森林面积 509 万亩，生态公益林 249.7 万亩，活立木蓄积量 2 391 万 m^3，是浙江省森林面积和生态公益林面积最大、活立木蓄积量最多的县。淳安县森林覆盖率达 65%，其中千岛湖内森林覆盖率达 82.5%，生物种类繁多、资源丰富。已鉴定维管束植物 1 824 种，蕨类植物 35 科 69 属 126 种，种子植物 159 科 761 属 1 698 种，属国家保护植物 18 种。2018 年，淳安县主城区环境空气质量实际监测天数 357 d，优良天数为 331 d，空气优良率为 92.7%。城区二氧化硫年均值 0.006 mg/m^3，二氧化氮年均值 0.019 mg/m^3，符合《环境空气质量标准》（GB 3095—2012）一级标准；可吸入悬浮颗粒物 PM_{10} 年均值 0.040 mg/m^3，$PM_{2.5}$ 年均值 0.026 mg/m^3，均符合《环境空气质量标准》（GB 3095—2012）二级标准要求。

优质的生态环境资源，为淳安深绿产业发展奠定了坚实的资源基础。依仗着"一湖秀水、满目青山"，淳安农业、制造业、旅游业等产业正逐步走向深绿发展的道路。

8.1.2 绿色产业拥有先发优势

长期以来，淳安一直坚持生态优先、绿色发展。20 世纪 90 年代淳安先后关停并转造纸、化工、电镀等污染企业；21 世纪以来淳安又开展采砂、网箱养殖、湖区景点污水等"五大整改"；2018 年以来，淳安实施千岛湖临湖地带综合整治攻坚战，在严格生态环境保护的同时，探索推动生态优势、资源优势向产业优势、产品优势转化，在绿色产业发展的道路上取得一定的先天优势，这是深绿产业发展的必要条件。

（1）生态旅游业发展稳定。一流的生态优势为淳安旅游业的发展打下了良好的基础，极其有利于大旅游和全域旅游的发展。淳安 2018 年实现服务业增长值 139.38 亿元，增长 8.8%。在高铁时代全面到来的大背景下，聚焦打造优质全域旅游，全县共接待国内外游客 1 705.31 万人次，实现旅游经济总收入 191.58 亿元，分别同比增长 10.7%、21.5%。高分通过省级全域旅游示范县创建评审。乡村旅游提质发展，新增里商民之宿、金峰观沚等 10 家精品民宿，梓桐杜井、中洲厦山等 13 个村获浙江省 AAA 级景区村庄认定。绿道骑行、运动休闲等业态初具规模，疗休养市场实现新突破，荣获"首批国民休闲旅游胜地""浙江省优质旅游经典景区""2018 中国最美县域""浙江省全域疗休养发展十佳县"。淳安已初步走上以康美环境为引领，康美生活为目的，旅游业为核心，相关产业相互配合的绿色发展道路。

（2）生态工业经济转型提质。水产业是淳安最具时代特征的战略、最为突出的比较优势、最为宝贵的核心竞争力，是最符合淳安发展导向的生态产业。2018 年，水饮料产业实现主营业务收入 84 亿元，同比增长 5.43%，占全县总税收收入的 34.36%。农夫山泉 4 家企业及千岛湖啤酒的主营收入占水饮料产业的 97%，税收占比 98%。除此之外，淳安县还着力于发展高新技术产业和信息经济产业。2018 年，淳安县规模以上高新技术产业增加值占规模以上工业增加值比重达 24.4%。专利申请量 849 件，其中发明和实用新型 735 件，同比增长 92.2%。实现信息经济增加值 14.57 亿元，增长 4.0%。累计完成“企业上云”近 900 家。淳安围绕始终坚持生态发展、精准发力、重点突破的总要求，大力发展资源型的水饮料产业和科技型的高端制造业等新兴产业，着力构筑“无污染、小空间、高科技、资源型”的新型生态工业体系。

（3）生态农业稳定向好。淳安的农业资源相对比较丰富，截至 2017 年年底，全县有茶田 18.7 万亩、蚕桑 5.96 万亩、水果 14.54 万亩、山核桃 32.38 万亩、毛竹 31.1 万亩，蔬菜 13.36 万亩和中药材 9.02 万亩。随着人们对食品安全的重视，环保绿色的生态食品越来越受到市场的青睐。依托资源和环境优势，淳安围绕“有机千岛湖”的理念，大力发展有机农业、品牌农业和特色农业。淳安最为有名的千岛湖鱼头就得益于优质的水源。“千岛湖茶”区域公用品牌实现价值 16.12 亿元，跻身中国茶叶区域公用品牌 50 强。

作为国家重点生态功能区、国家级生态保护与建设示范区、全国生态文明建设试点、浙江省重点生态功能区示范区建设试点、“美丽杭州”试验区，淳安始终坚持生态优先、绿色发展，培育无污染、低排放、高效益的生态产业体系，在绿色产业发展的道路上积累了一定的先天优势，为深绿产业发展奠定了基础。

8.1.3 交通区位条件不断改善

淳安县政府提出“大干交通”口号，推进交通建设的大投入、大提升、大发展，改善了淳安县的区位条件，支撑起深绿产业发展的要求。

（1）高铁高速，构建起开放的交通经济大通道。①杭黄铁路，2018 年 12 月 25 日投入使用，到 2019 年 5 月，输送旅客突破 100 万人次。千岛湖站到全国各地都是直达列车，拉近了与各地时空距离，到杭州约 40 分钟，从时空距离上看，淳安已经成为杭州的“郊区”；到上海 2 小时，成为上海的“后花园”；到北京 5 个半小时，成为北京的大后方。同时，为接轨长三角解决了必备条件，势必在长三角协同发展中取得红利。②千黄高速，2017 年 9 月开工建设，2020 年年底建成，淳安境内途径千岛湖镇、左口乡、金峰乡等 5 个乡镇。千黄高速有机地把“名城名湖名山”这条国际黄金旅游线串联起来，又处在黄山市提出“融杭东进”大背景之下，势必集聚形成新型产业带。③杭淳开高速，已列入省高网的预备项目。起点位于杭州绕城高速西复线富阳富春互通北测附近，在淳安境内经过临岐镇、左口乡、梓桐镇、姜家镇、浪川乡和汾口镇，顺接衢州开化并延伸至江西对接上饶高速，是构建杭州城区与西部区县联系的第二通道，也是基本解决各乡镇 20 分钟都可以上高速的强力保障。

（2）交通发展改善了淳安县的区域条件，给淳安深绿产业发展带来了新的机遇。生态旅游产业焕发活力，杭黄高铁、千黄高速建成后，不仅激活了上海、江苏等近程客源市场，还吸引了原本难以企及的京津冀、环渤海、珠三角等中远程客源。杭黄高铁、千黄高速使淳安与黄山、杭州国际旅游目的地的关系更紧密，可促使区域合作发展，助推生态旅游国际化发展。创新创意类生态产业快速发展，淳安有一流的生态环境，借助交通区位条件的改善，完全有机会逐步吸引创意、创新型人才，相应培育创意创新型企业，孵化新经济新业态。在模式上，可能是“住在淳安、创业在杭州”，也可能是“住在杭州、创业在淳安”，还可能是“异地研发基地”“异地工业园”“总部—生产基地”等。

8.2 淳安深绿产业发展的劣势

8.2.1 人才储备短缺，科技创新能力薄弱

深绿产业的发展，作为一种高质量、高水平的发展模式，需要以一定的人才储备和科技创新能力为依托。但由于自身资源禀赋的限制，淳安在人才和科技创新能力上并不具备比较优势。

淳安是全省 26 个加速发展县之一。人难引、人难留的问题一直是淳安经济社会发展的症结之一。人才问题主要体现在 3 个方面：第一，人才总量严重不足。截至 2018 年年底，全县专业技术人才总量 2.6 万人、高技能人才总量 6 530 人，与“十三五”规划在 2020 年分别达到 3.4 万人、8 000 人的目标还有不小的差距。第二，人才结构不尽合理。专业技术人才中副高以上占比仅 7.15%，高技能人才中技师以上占比不足两成。尤其是高端人才仍然缺乏，“千人计划”仅 1 人，省特级教师 1 人，博士学位 6 人，省首席技师 3 人，正高级职称 100 人，副高级职称 1 761 人，高级技师 152 人。同时，专业技术人才由于体制机制的因素，大部分集中在机关事业单位，对经济发展的支撑力度和直接贡献不明显。第三，集聚人才平台十分有限。由于产业基础薄弱，特色不明显，大企业大平台的缺乏。淳安县拥有省级企业研究所 1 家、院士工作站 2 家、市级专家工作站 1 家、博士后科研工作站 3 家、高校 1 所。全县市级以上高新技术企业 42 家，国家高新技术企业 21 家，拥有市级以上企业高新技术研发中心 23 家。总体来说，淳安县集聚人才平台的数量依旧较少，“人才洼地”效应没有形成。淳安县人才总量不足、人才结构不合理，限制了淳安县产业的发展，而淳安县产业发展的薄弱，造就了淳安县人才吸引力不足的现状。尽管淳安通过一系列人才引进措施，使全县人才队伍得到了一定的提升，但仍然无法满足淳安深绿产业发展的需求。

淳安产业发展创新能力不足。淳安现有康美产业产品较为单一，主要集中于户外运

动、休闲健身、乡村旅游等基础旅游产品，健康管理、美容美体、医疗服务等高科技、高附加值产品较少，规模偏小、档次不高。淳安的有机农业，科技服务的供给能力与农业的需求还有距离，如品种优化搭配、密度控制和测土配方施肥等栽培实用技术推广力度仍待加强，林业加工企业众多，但规模偏小，新产品新技术开发能力弱，机械设备和加工工艺落后。文创产业仍呈“低、小、散”特征，产品技术含量低，缺乏市场影响力与知名度。淳安文化资源丰富，但多数民俗民间艺术、传统文化和非遗项目仍处于自然存在的形态，没有通过市场之手，转化成为消费品和商品。总体而言，仍存在衍生产品开发滞后、产业链短等问题。

人才储备短缺，科技创新能力薄弱作为淳安产业发展的内在劣势，限制了淳安深绿产业发展。较低的工资水平往往留不住人才，科技水平也很难提高。长期以往，淳安就会陷入经济衰退、人才流失和科技发展缓慢之间的恶性循环。

8.2.2 发展空间有限，招商引资制约大

土地资源是经济社会发展的重要基础，自从淳安成为战略水源地以来，土地资源的约束效应越发严重。面对战略水源地如此严格的要求，淳安县在招商引资过程中出现了重重困难，严重约束了深绿产业的发展。

2019 年 5 月，水功能区水环境功能区划优化调整后，淳安全县约 93.48%的国土空间属于饮用水水源保护区（含准保护区），扣除准保护区，一、二保护区面积约占比为 87.73%。总体上，淳安县可供使用的存量空间处于较低水平。考虑到上级政府的政策不确定性，12.27%的可发展空间还有一部分将作为淳安将来的发展预留空间，实际可发展空间仍然不足。

受水功能区水环境功能区划分饮用水水源保护的影响，在招商引资中，淳安承受着远高于相邻县（市）的、特殊严格的环保标准。仅在 2009—2018 年的招商引资中，就婉拒了超过 300 亿元的投资项目，而这些项目在其他地区都是生态型项目，二产招商比例从原来的 50%以上下降至 2014 年的不到 20%，并且招商引资的优势在不断弱化。另外，也造成了企业家信心不足。区域经济发展，“信心比黄金还重要”。由于水功能区调整和临湖工业项目整治，淳安将在较长时期处于功能转换期、结构调整期、矛盾凸显期。“共抓大保护、不搞大开发”的要求被误解为“只要保护，不要发展”或“不惜一切代价抓保护”。由此导致淳安有限的企业家队伍对未来投资缺乏信心。由于缺乏大项目支撑，尚未形成较为完善的产业链及相关集群，带动力和发展后劲不足。

深绿产业的发展，需要重视全产业链、集群化发展。某一个生产环节在淳安不能落地就有可能导致产业链上的所有环节成本增加，从而增加了项目在淳安落地的难度。千

岛湖配水工程实施后，作为饮用水水源保护地，保护范围将会进一步扩大，保护举措会更加严格，可以利用的发展空间会越来越少，势必对淳安今后所有的招商引资项目选址、前期审批等带来影响和限制，对经济发展增量、税收、就业的影响难以估算，给淳安的深绿产业发展带来了现实困境。

8.2.3　产业基础较为薄弱，转型升级亟待提速

淳安在深绿产业不断探索，后劲突出，潜力巨大，但与杭州等其他地区相比，在总量规模上仍然有很大的差距，产业基础较为薄弱。

（1）淳安经济总量较小，产业基础薄弱。淳安传统产业占比偏大，转型升级滞后。2018 年，淳安第一、第二、第三次产业结构分别为 14.8%∶27.9%∶57.3%。农业基础薄弱、发展缓慢，尽管特色鲜明，但在今后很长一段时期内无法支撑起地区财政收入和居民的增收。二产主要以水饮料产业为主导，对环境的依赖程度大。水饮料等产业的优势尚未得到充分发挥，缺乏高端科技创新产品，上下游企业集聚吸引力不足。三产以旅游为主导，对传统商业、房地产和旅游服务依赖高，现代服务业发展缓慢。

（2）新兴产业发展不快，高新技术产业偏少，产品附加值比较低，产业集群度还不够高，新材料、电子信息、生物产业等战略新兴产业薄弱。2018 年，淳安规模以上工业新产品产值率 11.6%，比上年下降 8.1 个百分点。高新技术、装备制造业、战略性新兴产业增加值分别下降 12.2%、16.0%、34.2%。新兴产业的发展缓慢，难以形成强有力的内生增长动力，因为在区域竞争中处于劣势。

（3）特色优势产业不大不强，三次产业发展融合度不高。以文化创意产业为例，文化创意产业发展主要出于文创产业化阶段，但文创产业化的程度还不够高。各乡镇培育的文创企业主要停留在创意农业、乡村旅游、精品民宿等领域，缺乏高新技术、数字传媒等新兴业态作为支撑。旅游业也呈现出业态不够丰富的特征，参与性、体验性及高端旅游产品缺乏，游客人均逗留时间不长，消费不高，千岛湖的影响力、美誉度有待进一步提升。

8.2.4　产业布局不够明晰，基础配套有待提升

由于地形、区位和环境政策约束，淳安可发展土地既少又散，进而造成了淳安产业发展布局不够明晰的问题。进而导致了淳安产业集聚程度低、上下游企业关联融合度不足、产业转型升级缺乏内生动力等一系列问题，严重制约了淳安深绿产业的发展。

（1）淳安产业布局不够明晰。淳安产业发展平台布局分散、规模较小，产业定位、功能分区不够明晰，基础设施及配套功能不够完善，土地集约利用效率较低，需要进一

步整合资源，优化提升产业发展导向和空间布局。

（2）基础配套有待提升。“两高”时代来临，“大进大出”“快进快出”的客流对城市服务配套提出了更高的要求，交通、旅游、商业等基础设施配套能力有待进一步提升。以旅游公共服务设施为例，淳安旅游交通主要依赖于生产生活交通，节假日拥堵明显，且仍有不少公路路段路况较差，高铁场站与主要城市组团距离较远，高速道口与重点乡镇连接线有待优化，服务于全域旅游、乡村旅游、百源经济的毛细血管型道路交通有待进一步提升。

（3）城乡发展出现两极分化状况。淳安地域面积大、居住分散，城镇化率偏低，城镇人口和产业集聚能力不强，城市反哺乡村、工业反哺农业的能力较弱，乡镇及农村公共交通、供电、网络等基础设施仍比较滞后，教育、医疗、文化等公共服务能力仍然薄弱。各乡镇区之间的区域经济发展不平衡，主城区、西部新城及周边区域经济实力提升较快，一些偏远乡镇发展仍然较为缓慢，农业农村自身发展动力不足，不能满足加快乡村振兴发展的需要。淳安的地方财政收入薄弱。2018 年的财政总收入为 34.37 亿元，仅约占全市的 1%。因此，支持产业转型升级和深绿发展的财力有限，社会民间资本对新兴产业及农业农村发展的投入不足。

8.3 淳安深绿产业发展的机遇

8.3.1 “绿水青山就是金山银山”理念已经从理论走向实践

2005 年 8 月 15 日，时任浙江省委书记的习近平在安吉考察时首次提出“绿水青山就是金山银山”这一科学论断。随后，习近平在浙江日报《之江新语》发表“绿水青山也是金山银山”的评论，明确提出，如果把“生态环境优势转化为生态农业、生态工业、生态旅游等生态经济的优势，那么绿水青山也就变成了金山银山”。

十余年来，在“绿水青山就是金山银山”理念指引下，生态经济的理念、绿色发展的理念、美丽经济的理念深入人心。2017 年，“绿水青山就是金山银山”理念被写入党的十九大报告，中国生态文明建设进入了崭新的时期。在新时代，集中精力谋划践行“绿水青山就是金山银山”理念的战术问题，创新思路谋划“绿水青山”与“金山银山”之间的转化问题，系统谋划“绿水青山就是金山银山”的实现路径，是全面建成小康社会的题中应有之义，也是人与自然、生态保护与经济发展和谐统一的必由之路。

“绿水青山就是金山银山”理念的精神实质，在于实现“绿水青山”向“金山银山”的转化。“绿水青山就是金山银山”理念自提出以来，被不断的探索与实践，也取得了一定的阶段性成果。但总体来说，“绿水青山”向“金山银山”的转化也只停留在部分转化的阶段。“绿水青山就是金山银山”理念的深入实践，亟须若干个样本的率先垂范。淳安正是一个最佳的样本。淳安人民倾尽所有保护这一湖秀水。眼下正是凭借着优质的生态环境，实现物阜民丰的时候。这不仅和淳安的深绿产业发展大计密切相关，对全国生态文明建设也有着重大贡献。淳安作为践行“两山”重要思想的先行区，其深绿产业发展正迎来战略机遇期。

8.3.2 长三角一体化进程不断深化推进

2018 年 6 月，由长三角联合办公室编制的《长三角一体化发展三年行动计划（2018—2020）》通过了审议，进一步明确了长三角一体化发展的任务书、时间表和路线图。“三年行动计划”指出，到 2020 年，长三角要基本形成世界级城市群框架，基本建成枢纽型、功能性、网络化的基础设施体系，在此基础上，再经过一段时间的努力，把长三角建设成为全国贯彻新发展理念的引领示范区，成为全球资源配置的亚太门户，成为具有全球竞争力的世界级城市群[①]。2019 年的浙江省政府工作报告指出，坚持全省域全方位融入长三角，充分发挥浙江体制机制、对外开放、数字经济、绿水青山、民营经济等优势，牵头抓好数字长三角、世界级港口集群、油气贸易中心建设，推动重点任务落到实处。

长三角一体化进程不断推进，在市场、环保和科技人才方面给淳安县都带来了新的发展机遇。长三角市场的一体化为淳安的生态产品开辟了广阔的市场。随着绿色消费理念日益深入人心，长三角存在较高的生态产品需求，其生态产品市场广阔。长三角一体化进程，有利于实现淳安县空气、水源、生态农产品等优质生态环境资源的市场价值实现。长三角环保的一体化为新安江流域跨界生态环境保护奠定了坚实的基础。新安江流域跨界生态环境保护，需要上游安徽与下游浙江双方共同的努力。长三角环保的一体化降低了双方的协商成本，有利于跨界生态环境保护体制机制的创新与健全。长三角科技人才的一体化有望吸引上海、南京、合肥、杭州的人才到淳安创新创业。一体化进程削弱了淳安县与周边城市的行政壁垒。区域内的城市的联系更加紧密，促进了淳安与附近地区的深度合作交流。

8.3.3 浙江省大花园、大湾区、大都市区建设不断推进

大花园是自然生态与人文环境的结合体、现代都市与田园乡村的融合体、历史文化与现代文明的交汇体，是浙江统筹保护与开发、推进绿色发展的新载体。毫无疑问，淳

---

① 《长三角一体化发展三年行动计划》审议通过 聚焦交通和环保等 7 个重点领域. 2018. http：//baijiahao. baidu. com/s？id=1602079097426286824&wfr=spider&for=pc.

安是全省大花园建设的排头兵和先行区、示范区，有基础、有动力继续走在前列，能借势争取一批加快将“绿水青山”转化为“金山银山”的新政策。

另外，杭州湾大湾区建设，对于淳安而言也是重大利好。湾区经济作为重要的滨海经济形态，是当今国际经济版图的突出亮点，是世界一流滨海城市的显著标志。国际一流湾区如纽约湾区、旧金山湾区、东京湾区等，以开放性、创新性、宜居性和国际化为其最重要特征，发挥着引领创新、聚集辐射的核心功能，已成为带动全球经济发展的重要增长极和引领技术变革的“领头羊”。

此外，杭州大都市区建设，也不断推动着淳安也周边城市的深化合作。以杭州市区为中心，湖州、嘉兴和绍兴三市市区为副中心，杭州市域四县（市）及德清、安吉、海宁、桐乡、绍兴、诸暨六县（市）为紧密层的杭州大都市区，使得中心城市和周边县市逐步形成差异化的定位分工。对于淳安来说，知识经济、创意经济正日益成为经济结构中的主导力量。

借助“两高”网络，将千岛湖大花园的“绿水青山”、杭州湾大湾区的“碧海蓝天”以及杭州都市区相连，共建一流区域生态。相应地，淳安亦有机会向东深度开放融合，承接湾区资本、高端人才等外溢。

8.4 淳安深绿产业发展的挑战

8.4.1 千岛湖管理体制的纵横交错问题

淳安因千岛湖而美，也因千岛湖而兴。然而，千岛湖管理体制的纵横交错问题，也给淳安的管理带来了困难，而基于淳安优质生态资源的深绿产业也会受到一定的影响。千岛湖管理体制的纵横交错问题，主要体现在 4 个方面：

（1）财政体制与隶属关系的不一致。从行政区划归属上说，淳安县隶属杭州市，但从财政权管辖来看，淳安县的财政属于浙江省政府主管。尽管财政“省直管县”赋予了淳安县较高的财政自主权，但却造成了淳安县与杭州市财政的分离。从而不利于杭州与淳安生态补偿、转移支付等资金的对接，对千岛湖保护工作也会造成阻碍。

（2）上游地区与下游地区的管理不一致问题。新安江安徽段平均出境水量占千岛湖年均入库水量的 60%以上，对水库水质贡献很大。淳安对新安江水库水源保护力度已达到空前高度，按照最新的水环境功能区划分，新安江水库临湖 1 km 范围基本属于二级饮用水水源保护区，而安徽省境内新安江库区则未纳入保护饮用水水源保护区范围。根据鸠坑口国控断面的监测数据，2001—2018 年，水质主要污染指标特别是总磷、总氮等，总体上仍然呈上升趋势（图 8-1），黄山的总磷、总氮、COD_{Mn} 等污染物输入占 70%，是千岛湖污染物的最主要来源。黄山境内采用的是河流环境标准，也远低于千岛湖饮用水水源地湖库监控标准。受上游黄山来水影响，2018 年 1—7 月淳安县小金山断面因总磷指标未达到国家“水十条”考核要求，被环境保护部、浙江省通报，绘淳安县环保工作带来巨大压力。千岛湖水体的保护，需要处于流域上下游的淳安与黄山的通力合作，仅依靠淳安自身的努力是难以达到千岛湖的水质要求的，也不利于淳安深绿产业的发展。但由于流域上下游的淳安与黄山缺乏差异化区域发展政策的支持，水资源与生态环境保护的长效机制尚未建立。

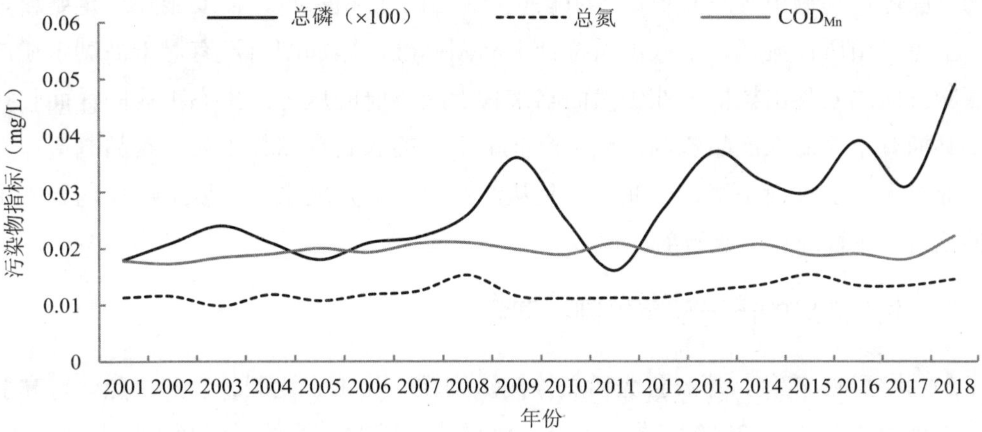

图 8-1　2001—2018 年鸠坑口国家自动监测站主要污染物指标

（3）不同部门之间管理的不一致问题。2013 年浙江省政府印发的《浙江省主体功能区规划》中，淳安县被划分为禁止开发区的面积约为 1 300 km^2。在 2015 年浙江省环保厅印发的《浙江省水功能区、水环境功能区划分方案》中，禁止开发的区域为 4 200 km^2，远大于主体功能区划定方案。

（4）条与块管理不一致问题。2012 年国务院下发的《全国重要江河湖泊水功能区划 2011—2030》对新安江水库淳安饮用水水源区的水质要求为Ⅱ类水体，但 2013 年浙江省颁布的《千岛湖及新安江上游流域水资源与生态环境保护综合规划》对千岛湖水质的要求为Ⅰ～Ⅱ类。“下位法”的要求比“上位法”更高。

8.4.2 特殊严格的环境管控

千岛湖功能变迁后，上级政府对淳安实施了特殊严格的环境管控制度。特殊严格的环境管控包含两个层面：

（1）上级政府从政策层面对淳安的生态环境保护提出了刚性约束。例如，《全国重要江河湖泊水功能区划（2011—2030)》（水资源〔2012〕131 号)、《千岛湖及新安江上游流域水资源与生态环境保护综合规划》（发改地区〔2015〕2679 号)、《浙江省水功能区水环境功能区划分方案》（浙环〔2015〕17 号）等规划均对淳安县环境保护提出了刚性要求。

（2）特殊严格的环境管控还包含上级政府任意提高环境保护要求给淳安县所带来的挑战。上级关于淳安环境保护的要求不一致而标准又比较模糊。而且，由于污染标准比较模糊，在执行过程中往往存在感性大于理性的情况，这就造成了原本一些符合深绿色发展的产业面临重重挑战。以山核桃产业为例，淳安县山核桃产业主要位于瑶山、临岐、屏门、威坪、梓桐镇等淳北乡镇。山核桃产业由于种植特点，需要施加一定肥料。经测算，上述乡镇所在流域、水域水质符合千岛湖标准，施加肥料没有对千岛湖水质产生明显影响。但淳安县山核桃产业仍然面临来自上级政府的压力。生态工业同样面临挑战。淳安县拥有丰富的农产品资源，位于产业链下游的农副食品加工业、食品制造业、中药加工业对于淳安来说是深绿产业。但是从产业目录的角度来说，以上产业均属于工业经济的范畴，难以通过上级政府的审批。

8.4.3 生态产品的市场配置机制不健全

20 世纪 90 年代，淳安县先后关停淘汰钢铁、化工、化肥、农药、焦化等高能耗、高污染企业 40 余家；2010 年之后，又关停纸业、矿业、缫丝、砖瓦等规上企业 30 余家，关停、整治 200 多家低小散企，电镀行业更是整体退出淳安。上述一系列环境保护措施不仅保护了千岛湖的生态环境，还产生了用水权、用能权 、碳排放权和排污权等一系列环境产品。千岛湖水质一直保持优良水平，出境水质始终保持湖泊 I 类标准，被评为 5 个“中国好水”水源地之一。此外，淳安县能耗强度水平、排污水平和排碳水平均走在全省前列。以节能量为例，2017 年单位 GDP 能耗（标煤）为 0.28 t/万元，是杭州市（0.36 t/万元）的 77.8%，是浙江省（0.42 t/万元）的 66.7%。总之，淳安县有丰富的环境产品可供出售。

淳安县环境产权价值的实现主要面临两个问题：①环境产权市场交易机制尚不健全。环境产权价值的实现，需要以环境产权交易机制的建立为前提。尽管淳安拥有丰富的生态环境产权，但是并没有可供其出售的市场。同时，环境产权市场交易机制的建立需要从省级或者国家级的层面统筹规划，淳安作为一个县级行政单位，没有能力去推动环境产权交易机制的建立。②在谈判中处于被动地位。淳安是杭州市下辖县，在环境产权的交易中不是市场中的平等主体。因此，在与杭州市环境产权交易的过程之中，往往处于劣势的地位，不能争取到与环境产品价值等同的利益。以千岛湖引水工程为例，工程的引水量与水价的确定权最终都在杭州市手中，淳安县只能够提出建议。

8.5 淳安深绿产业发展的策略分析

淳安拥有优质的生态环境资源、绿色产业的先发优势、日渐改善的交通区位条件等发展优势，但同时也存在人才储备短缺、科技创新能力薄弱、发展空间有限、招商引资制约大、产业基础较为薄弱等发展劣势。淳安保护了千岛湖的这一方秀水，才有了如此优质的生态资源，促进了绿色产业的萌芽与发展。但从另一个角度来看，也正因为需要保护千岛湖的生态环境，才面临如此严峻的发展约束，又反过来制约了绿色产业向深绿产业的转型升级。淳安深绿产业发展优势本身也正是其发展劣势。随着“绿水青山就是金山银山”理念从理念走向实践、长三角一体化进程不断深化推进及浙江省大花园、大湾区、大都市区建设不断推进，淳安的深绿产业发展迎来重大机遇。淳安依然面临着管理体制纵横交错、环境管控严格、上下游协调存在矛盾和生态产品的市场配置机制不健全等挑战。淳安深绿产业发展虽然前景广阔，但眼下仍会面临重重困难。总体来说，淳安深绿产业发展所迎来的发展机遇大于挑战。基于对淳安深绿产业发展的优势、劣势、机遇和挑战的综合研判，淳安可以在优势—机遇（S—O）策略、劣势—机遇（W—O）策略、优势—挑战（S—T）策略、劣势—挑战（W—T）策略 4 个方面有所作为，至少可以选择下列八大深绿产业发展策略（表 8-1）。

表 8-1 淳安深绿产业发展八大策略分析

机遇/挑战	优势（S）	劣势（W）
	（1）优质生态环境资源丰富，千岛湖中心湖区达到直饮水标准； （2）绿色产业拥有先发优势，形成“千岛湖”品牌； （3）交通区位条件不断改善，进入“两高”时代	（1）人才储备短缺，科技创新能力薄弱； （2）发展空间有限，招商引资制约大； （3）产业基础较为薄弱，转型升级亟待提速； （4）产业布局不够明晰，基础配套有待提升
机遇（O）	优势—机遇（S—O）策略	劣势—机遇（W—O）策略
（1）“绿水青山就是金山银山”理念已经从理论走向实践，亟须转化样本； （2）长三角一体化深化推进，淳安不可或缺； （3）浙江省大花园、大湾区、大都市区建设不断推进	策略之一：优势产业提质增效，充分发挥“千岛湖”品牌效应； 策略之二：新兴产业筑巢引凤，充分发挥长三角一体化国家战略机遇	策略之三：传统产业腾笼换鸟，加快推进新旧动能转换； 策略之四：高端产业无中生有，构筑深绿发展的产业高地

挑战（T）	优势—挑战（S—T）策略	劣势—挑战（W—T）策略
（1）千岛湖管理体制的纵横交错问题，条条、块块、条块矛盾并存； （2）特殊严格的环境管控，深绿发展空间等要素约束； （3）生态产品的市场配置机制不健全，“两山”转化机制尚未建立	策略之五：“多规合一”加快推进，缓解深绿发展空间约束； 策略之六：生态市场加快建设，争创“两山”转化示范区	策略之七：深绿发展上级试点，争取最大的国、省、市三级政府政策支持； 策略之八：“飞地经济”跨越发展，“跳出淳安发展淳安”

8.5.1 优势—机遇（S—O）策略

策略之一：优势产业提质增效，充分发挥“千岛湖”品牌效应

“千岛湖”是淳安最大的品牌，必须充分发挥“千岛湖”品牌效应。“两山”转化的机遇与“千岛湖”品牌优势的结合，可以带来重要的契机。淳安要围绕打造“世界山水公园，东方休闲名湖”的目标，按照“国际化旅游休闲度假小城市”的城市定位，努力建设“康美千岛湖”“度假千岛湖”“有机千岛湖”“养生千岛湖”“智造千岛湖”“创意千岛湖”等千岛湖的品牌，打造品牌优势，让淳安更加全面、具体地呈现在全世界人民的眼中。提高淳安县的国际知名度，先让“绿水青山”为人所知，再实现“绿水青山”向“金山银山”的转化。同时，淳安应继续深化推进其具备优势的生态产业。淳安是一个资源大县，守着绿水青山的资源，如何做好金山银山的文章是淳安产业发展永恒不变的主题。淳安应围绕资源的高效合理利用，依托现有的产业基础，发挥比较优势，发展特色产业，在巩固旅游业第一支柱产业地位的同时，加快培育发展健康产业，做大做强水产业，做精做深特色农业和加工业，推动资源对“富民强县”的带动作用，实现优势产业的提质增速。

策略之二：新兴产业筑巢引凤，充分利用长三角一体化国家战略机遇

淳安的生态优势与“两高”时代的交通优势，与长三角一体化国家战略的结合，可以使得淳安突破一些“不可能”。长三角是我国人口最密集、经济最发达的地区。优质的生态环境是长三角最稀缺的资源之一。淳安主动融入长三角、对接长三角是难得的历史机遇。①敢于梦想、敢于追求，主动接纳上海、杭州等深绿产业的投资项目，尤其是深绿产业的拳头项目；②创造条件、改善环境，主动接受上海、杭州的经济辐射，吸纳高端要素在淳安集聚；③顺应上海、杭州大都市区建设的机会，致力于打造淳安国际会议会展、国际全域旅游、名校名院名所、高端医疗服务首选承接地。

8.5.2　劣势—机遇（W—O）策略

策略之三：传统产业腾笼换鸟，加快推进新旧动能转换

深绿产业是一个动态和递进的概念。深绿产业发展是一个不断进行自我否定、不断进行否定之否定的过程。因此，要按照“亩产论英雄”的要求，不断优化产业结构，推进新旧动能转换，淘汰一些不再适合淳安深绿产业发展方向的低附加值产业，保留符合深绿产业发展要求的生态水业、大旅游等深绿产业，同时不断吸引战略性新兴产业。通过盘活存量、服务增量等举措着力在“腾”和“换”上下功夫、做文章，腾出用地空间、环境容量、资源要素，换上新产业、新模式、新管理机制。总体来看，淳安的产业基础较弱，深绿产业基础也弱，深绿工业的基础同样弱。既然如此，就要“以强补弱，以强去弱”。

策略之四：高端产业无中生有，构筑深绿发展的产业高地

一个 46 万人口的县域深绿产业的发展，没有无中生有的高端产业的接入，是无法形成强大的经济基础的。因此，必须放飞思想、敢于想象。瑞士蒙特勒小镇，可以成就高端医疗养生之都；一个山区县新昌，可以形成全国科技创新的新昌模式；一个横店影视城，可以彻底改变东阳市的整体产业结构。在淳安这样一个灵感无限的区域，深绿高端产业发展的重心有两个：①高新技术产业，实现深绿产业发展的高新化。不断强化科技支撑，围绕新能源、新材料、生命生物工程、信息技术与移动互联网、智能机器人和高端装备制造等重点产业领域展开专业招商，尤其是加快攻克海思达智能机器人研究院等一批有较强自主研发能力和科研能力和科研成果转化能力的科研院所项目，全面提升淳安自主创新能力和高新技术能力，打好转型升级这场攻坚战。②文化创意产业，实现深绿产业发展的轻型化。杭州市是全国著名的文化创意产业发展的高地，淳安县已经有文化创意产业的发展基础。要认真谋划文化创意产业的集群化、特色化。在“高新化”和“轻型化”的进程中，一个重要的方面就是“总部经济”的发展。

8.5.3　优势—挑战（S—T）策略

策略之五：“多规合一”加快推进，缓解深绿发展空间约束

对于淳安而言，生态优势也是生态约束。空间资源显得异常珍贵。如何协调上中下级规划、上中下游规划、不同部门规划和前中后期规划是淳安深绿产业发展亟须破解的体制机制难题，“多规合一”是合时、合适的体制机制创新路径。参照浙江省开化县和德清县的发展经验，可以采取下列措施：①确立核心规划。“多规合一”的实践需要确定其中的某项规划或者某些规划的核心地位，作为其他各项规划的“宪法”性基本规划，以核心规划统筹其他各项规划。②创新审批机制。规划的内部项目审批依据不一致会导致规划难以执行和项目审批程序繁杂，行政效率低下。建立由规划协同平台、审批服务平台、部门服务平台组成的“1+1+N”“多规合一”信息平台。③明确“三区格局”。优化全域空间结构，划定全域城镇空间、农业空间和生态空间，提高空间利用效率和空间管控能力。通过“多规合一”的手段，有利于协调淳安县深绿产业发展过程中政策的摩擦与矛盾，提高政府的管理效率，使得淳安县深绿产业发展有良好的发展环境。

策略之六：生态市场加快建设，争创“两山”转化示范区

淳安的生态优势遭遇生态市场建设的滞后，意味着市场创新和变革的可能。淳安是一个“地区生产总值”（GDP）相对落后、“地区生态总值”（GEP）极其富足的区域。如果按照“两山”思想，把地区生态总值转化成货币化价值，那么，就不会守着绿水青山过穷日子。党的十八大报告已经明确提出，积极开展节能量、碳排放权、排污权、水权交易试点；党的十八届三中全会进一步强调，实施节能量、碳排放权、排污权、水权交易制度；党的十八届五中全会更加准确地表达了生态产权市场，实施用能权、用水权、排污权、碳排放权交易制度。据此，淳安可以争取成为生态市场建设、“两山”转化示范区。统筹开展用水权、林权等自然资源产权交易，排污权等环境资源产权交易，碳排放权、碳汇、用能权等气候资源产权交易。如果这项工作能够有序开展，不仅解决了淳安的问题，还解决了全国生态屏障区域的众多问题。

8.5.4 劣势—挑战（W—T）策略

策略之七：深绿发展上级试点，争取最大的国、省、市三级政府政策支持

现在的千岛湖不仅仅是淳安的千岛湖，已经上升为长三角的水源地。淳安应该继续坚持“生态优先、绿色发展”的原则，不断深化生态文明类试点，争取合理的政策倾斜。淳安主要需要以下产业扶持政策。①项目扶持。招引一批已经成熟的资源型企业来淳安，强化淳安自身的主导型产业，建立淳安的支出型产业，发展淳安的高新技术产业。②人才扶持。转移一批适合淳安发展的企业，助力淳安的劳动力转移，尤其是高端劳动力的转移，实现淳安生产力水平的提升。③基础设施扶持。提高淳安公共交通、供电、网络等基础设施配套，加强对淳安教育、医疗、文化等公共服务，提升淳安自身的造血能力。

策略之八：“飞地经济”跨越发展，“跳出淳安发展淳安”

作为杭州和嘉兴的“大水缸”所在地，淳安的深绿产业发展始终受到严格的管控。因此，还是需要“跳出淳安发展淳安”。“飞地经济”是生态补偿机制的“飞地模式”而登上历史舞台的。淳安已经拥有杭州市大江东“飞地”。为此，需要做好两个方面的工作：①做好存量，在如何发展“飞地经济”上做好文章。对于已有的“飞地经济”，要有工作专班进行认真调研，就发展模式、劳动就业、体制机制、利益分配等一系列问题作出明确回答。②做大增量，在如何提高“飞地经济”贡献度上做好文章。“做好存量”就为“做大增量”奠定了基础。一方面，大江东的“飞地”要扩容，另一方面，嘉兴市的“飞地”要启动。

第9章

淳安深绿产业体系构建及其发展重点

发展深绿产业是淳安奋力推动“两山”高水平转化、康美千岛湖高质量发展的必然选择，是淳安加快定位转型、动能转化、产业转升、素质转提的根本途径，是淳安推进千岛湖特别生态功能区建设和实现腾笼换鸟转型升级的重要举措。相对于黑色产业或浅绿产业的人类实践，深绿产业发展更具整体性思维和系统论观点，强调“山水林田湖草”的有机统一；主张从末端控制向源头控制转变，强调资源的循环利用和可持续发展目标的实现；秉持制度创新和技术创新为环境与经济的对立统一寻找合适的转化路径。从理论到实践，深绿产业发展需要试点先行，明确深绿产业清单是重中之重；从国家到地方，深绿产业发展需因地制宜，明确淳安深绿产业发展重点是关键。

9.1 深绿产业体系构建的总体思路

9.1.1 深绿产业体系的构建原则

（1）战略性。战略是指为了实现某种目标而制定的大规模、全方位的长期行动计划。战略有层级之分，如国家战略和省（市）战略；战略有地区之分，如西部大开发战略和长三角一体化战略；战略有领域之分，如科教兴国和人才强国战略。深绿产业体系至少要满足生态文明和高质量发展两大国家战略。对标生态文明建设战略，深绿产业体系应能够有效支撑生态文明体制机制变革；对标高质量发展战略，深绿产业体系应能够高效助力产业结构转型升级。

（2）基础性。由第一、第二、第三产业所构成的产业结构是国家和省（区、市）产业发展水平竞争力的重要指标。三大产业是深绿产业体系构建的基础框架，细分产业的发展水平及其结构所体现出的地区产业发展特色是重点。深绿产业体系构建应强调不同地区产业发展的基础和特色。不同产业的基础和特色能够揭示出不同地区经济发展过程中所拥有的技术条件和制度环境。

（3）系统性。根据《国民经济行业分类》（2017 年），产业门类包括农林牧渔业，采矿业，制造业，电力、热力、燃气及水生产和供应业，建筑业，批发和零售业，交通运输、仓储和邮政业，住宿和餐饮业，信息传输、软件和信息技术服务业，金融业，房地产业，租赁和商务服务业，科学研究和技术服务业，水利、环境和公共设施管理业，居民服务、修理和其他服务业，教育，卫生和社会工作，文化、体育和娱乐业，公共管理、社会保障和社会组织，国际组织。深绿产业应从系统性产业目录中进行遴选并自成系统。

（4）创新性。创新是产业发展的第一推动力。为了培育发展新动能和获取未来竞争新优势，战略性新兴产业代表新一轮科技革命和产业变革的方向。战略性新兴产业包括新一代信息技术产业、高端装备制造产业、新材料产业、生物产业、新能源汽车产业、新能源产业、节能环保产业、数字创意产业和相关服务业。战略性新兴产业并不一定是绿色，更不全是深绿。基于战略性新兴产业来遴选深绿产业能够满足创新性原则要求。

（5）深绿性。深绿是绿色产业的根本，深绿产业体系构建应在战略性新兴产业的基础上附加深绿性要求。从能源消耗、污染物排放和污染物处理处置等方面构建绿色度指标可以将所有行业进行排序。具体指标可以包括主要生产资料消耗、主要污染物排放、废物处理情况、工业废水排放、工业废气排放、工业固体废物排放、能源消耗等。绿色度高的企业可以认为是深绿。然而，人为的边界划分灵活度过大，多维度深绿指标的选取、对比和综合是深绿性原则的必然要求，如可以新增绿色全要素生产率等综合指标。

（6）融合性。产业名称在地区之间差异显著，多变的产业名称一方面是为了体现地区产业发展特色，但更重要的原因在于产业的融合发展使得原产业名称不再准确反映地区的产业发展状况。有一些产业名称不在国民经济行业代码中但已被广为接纳，如旅游业。旅游业就是一类极具融合性的产业，以至于“旅游+”成为诸多产业规划中的热门词汇。有一些产业名称具有特定的语境但也极具融合性，如相关服务业，此处应为战略性新兴产业相关服务业。深绿产业体系需要明确的清单目录对应国民经济行业代码，但更需要融合后的新经济、新产业、新业态。

9.1.2　深绿产业体系的遴选思路

战略性、基础性和系统性有助于明晰深绿产业体系的基本框架，创新性、深绿性和融合性构成了深绿产业体系构建所必须遵循的内在逻辑。战略性是构思产业体系基本框架的起始点，任何违背国家战略、省（市）战略、地区战略的产业发展路径均不可取。基础性是给定产业体系基本框架的着力点，任何从无到有的产业发展路径必然有其创造性的土壤与环境。系统性是构建产业体系基本框架的基本点，从门类到大类，到中类、再到小类的产业体系应尽可能地与国民经济行业代码相匹配。创新性是深绿产业体系构建的逻辑起点，战略性新兴产业目录及其国民经济行业代码构成深绿产业遴选的关键参照系。深绿性是深绿产业体系区别于战略性新兴产业的关键逻辑节点，无污染、低排放、高效益是关键。融合性是深绿产业体系因时制宜、因地制宜建设的目标点，不管是广为人知的全域旅游还是鲜为人知的康美产业，方向性的顶层设计是地区产业规划和经济发展的根本保障。

在第一、第二、第三产业中寻找深绿产业的足迹是让深绿产业具有可统计和可操作等优良特征。根据传统产业分类或国民经济行业分类，传统的第一、第二、第三产业对应于大农业、工业、建筑业和服务业。农业一般是指农林牧渔业；工业包括采矿业，制造业，电力、热力、燃气及水生产和供应业；服务业包括批发和零售业，交通运输、仓储和邮政业，金融业等。从门类来看，每个地区的实践都会涵盖这些门类的产业活动。在这些活动中，有一些活动极具创新性，但有一些活动只是传统产业活动的延续。创新性的活动集中体现在战略性新兴产业目录中。

根据《战略性新兴产业分类（2018 年）》的清单目录（国家统计局令　第 23 号），我国战略性新兴产业包括新一代信息技术产业、高端装备制造产业、新材料产业、生物产业、新能源汽车产业、新能源产业、节能环保产业、数字创意产业和相关服务业。这些产业可以进一步具体细分，例如新一代信息技术产业可以细分为下一代信息网络产业，电子核心产业，新兴软件和新型信息技术服务，互联网与云计算、大数据服务，人工智能。这些具体的细分产业又可以有更多更具体的产业活动，而这些产业活动均可与国民经济行业分类一一对应。国民经济行业有 20 门类，97 个大类（两位数行业代码）。表 9-1 给出了我国战略性新兴产业的清单目录，以及每一个战略性新兴产业所对应的可能的国民经济行业大类。在 20 门类对应的列下方方格中的“1”代表有相应产业活动，空白代表无相应产业活动。以国民经济行业代码（2017 年）——大类所对应的第 01 类为例，该列下方的“1”出现在生物医药产业，即生物医药产业有第 01 类——农业的活动，其他的战略性新兴产业一般不包括第 01 类——农业的活动。

依此类推，有一些战略性新兴产业可能对应多个国民经济行业活动，此时就出现了频次。频次是指细分的战略性新兴产业包括国民经济行业活动的种类。以生物产业中的生物农业及相关产业为例，它在农林牧渔业中包括了两类国民经济行业活动——第 02 类（林业）和第 05 类（农林牧渔专业及辅助性活动）。97 个大类中两位数行业代码具体指代的行业名称见《国民经济行业分类》（GB/T 4754—2017）。

在所有这些行业中，有一些是深绿的，有一些是浅绿的，还有一些是黑色的。根据北京林业大学陈文汇等（2015）的研究成果，农林牧渔业和服务业均为深绿产业，工业和建筑业中存在若干深绿产业和浅绿产业；工业中的深绿产业有第 20 类（木材加工和木、竹、藤、棕、草制品业）、第 24 类（文教、工美、体育和娱乐用品制造业）、第 38 类（电气机械和器材制造业）、第 42 类（废气资源综合利用业）。浅绿产业有第 11 类（开采专业及辅助性活动）、第 16 类（烟草制品业）、第 18 类（纺织服装、服饰业）、第 21 类（家具制造业）、第 23 类（印刷和记录媒介复制业）、第 30 类（非金属矿物制品业）、第 34 类（通用设备制造业）、第 35 类（专用设备制造业）、第 36 类（汽车制造业）、第 37 类（铁路、船舶、航空航天和其他运输设备制造业）、第 39 类（计算机、通信和其他电子设备制造业）、第 40 类（仪器仪表制造业）、第 44 类（电力、热力生产和供应业）、第 45 类（燃气生产和供应业）、第 46 类（水的生产和供应业）。①

根据湖南大学李斌等（2013）对工业绿色全要素生产率的分析，工业中有 1 类深绿产业具有前沿技术，它是第 24 类（文教、工美、体育和娱乐用品制造业）；有 4 类浅绿产业具有前沿技术，它们分别是第 16 类（烟草制品业）、第 21 类（家具制造业）、第 39 类（计算机、通信和其他电子设备制造业）、第 40 类（仪器仪表制造业）。②综合考虑深绿产业、浅绿产业和黑色产业的划分标准以及绿色全要素生产率标准，可以认为，深绿产业包含陈文汇等（2015）所遴选出的深绿产业以及掌握前沿技术的浅绿产业。

9.1.3 深绿产业体系的清单目录

从国民经济行业分类角度来看，深绿产业包括农林牧渔业、服务业，以及工业中的第 20 类（木材加工和木、竹、藤、棕、草制品业）、第 24 类（文教、工美、体育和娱乐用品制造业）、第 38 类（电气机械和器材制造业）、第 42 类（废气资源综合利用业）、第 16 类（烟草制品业）、第 21 类（家具制造业）、第 39 类（计算机、通信和其他电子设备制造业）、第 40 类（仪器仪表制造业）。

当国民经济行业分类存在深绿和浅绿之分时，战略性新兴产业也可以根据深绿产业活动的概率进行界定。每一类细分的战略性新兴产业都对应一定的国民经济行业活动，其中包含一定的深绿产业活动。深绿产业活动频次除以总频次即可得到新兴产业符合深

① 陈文汇，牛娜娜，王忠昆，等. 我国国民经济行业绿色度测定分析[J]. 林业经济，2015（8）.

② 工业全要素生产率是工业经济增长方式的衡量标准，提高绿色全要素生产率是中国工业发展方式转变的根本途径。李斌，彭星，欧阳铭珂，等. 环境规制、绿色全要素生产率与中国工业发展方式转变[J]. 中国工业经济，2013（4）.

绿产业活动要求的概率。从结果来看，数字创意产业、新一代信息技术产业和相关服务业中包含的深绿产业活动占比分别高达 88%、90%和 100%，可以认为绿色程度相当高；部分高端装备制造产业、生物产业和节能环保产业也具有相当高的深绿产业活动。因此，从战略性新兴产业视角看，融合发展的深绿产业有数字创意产业、新一代信息技术产业和相关服务业，以及部分高端装备制造产业、部分生物产业、部分节能环保产业和部分新能源产业。综合国民经济行业分类和战略性新兴产业视角，农林牧渔业、部分工业和服务业均可以是深绿产业。服务业包罗万象，与实体经济发展密切相关，其深绿与否需要因时制宜、因地制宜。[①]

9.2 淳安深绿产业发展的体系构建

9.2.1 淳安产业发展的重点、弱项与短板

第三产业是淳安产业发展的重点。从三大产业结构看，第三产业一直是淳安的支柱产业，如图 9-1 所示。[②] 不管是政府工作报告还是部门发展报告，服务业都一直是淳安产业发展过程中值得浓墨重彩的一笔，也是淳安人引以为傲的产业。2018 年，全县服务业增加值 139.38 亿元，增长 8.8%，第三产业比重较 2017 年提高 5.3%。[③]

然而，淳安服务业发展存在明显的弱项。2017 年，服务业的细分行业的规模和结构如图 9-2 和图 9-3 所示。从国民经济行业分类来看，淳安服务业存在明显的产业弱项，如金融业及服务业中的文化、体育和娱乐业，科学研究和技术服务业，水利、环境和公共设施管理业。

值得指出的是，淳安服务业虽然是支柱产业但其规模却偏小。在做大服务业的同时也十分需要去补工业的短板和农业的弱项，因为服务业的发展与实体经济高度关联。那么淳安工业到底构不构成产业发展短板需要进一步横向比较。

---

① 鉴于服务业的深绿性，深绿产业中的服业尚未具体化。结合特定资源禀赋和生态环境约束，淳安深绿产业体系构建需要进一步具体化服务业的类型。

② 基于淳安、龙泉、松阳、三门和萧山 2018 年数据均未公布，本部分均采用各地 2017 年的数据。

③ 《淳安县 2018 年国民经济和社会发展统计公报》。

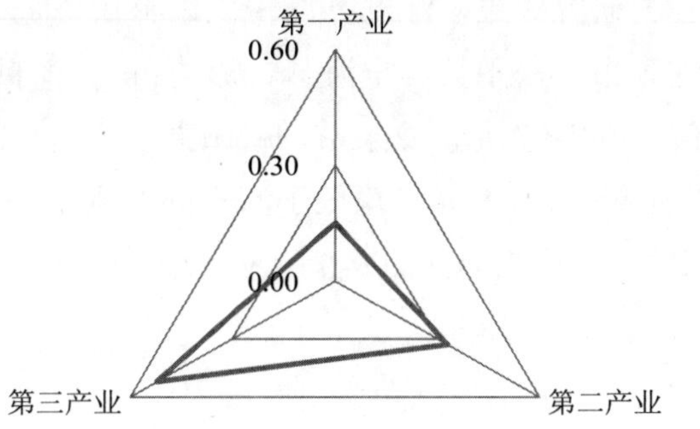

图 9-1　2017 年淳安县三次产业占地区生产总值比重

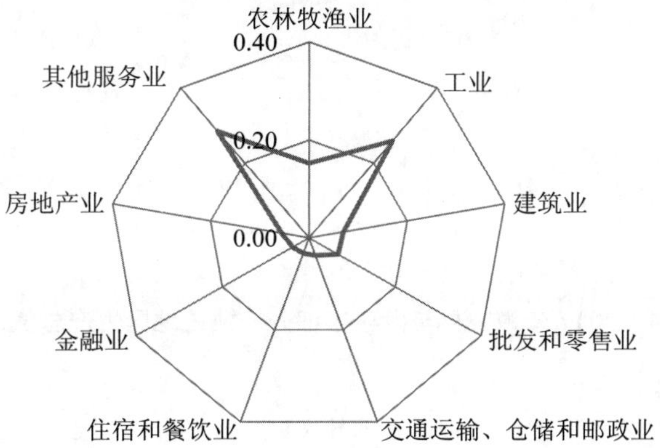

图 9-2　2017 年淳安县细分产业占地区生产总值比重

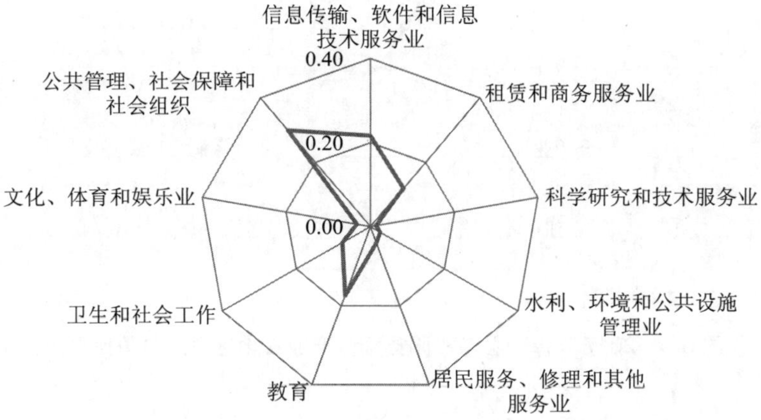

图 9-3　2017 年淳安县细分服务业占服务业比重

根据沈满洪等（2018）研究成果，淳安县应得生态补偿资金核算过程为淳安县所寻找到的合成参考系包括龙泉市、松阳县、宁海县、乐清市、三门县、萧山区。[①]2017 年淳安的人均地区生产总值为 68 397 元，龙泉市、松阳县和三门县的人均地区生产总值分别为 54 032 元、51 853 元和 46 504 元，均低于淳安县。然而，龙泉市、松阳县和三门县的工业占比均高于淳安县，如图 9-4～图 9-6 所示。

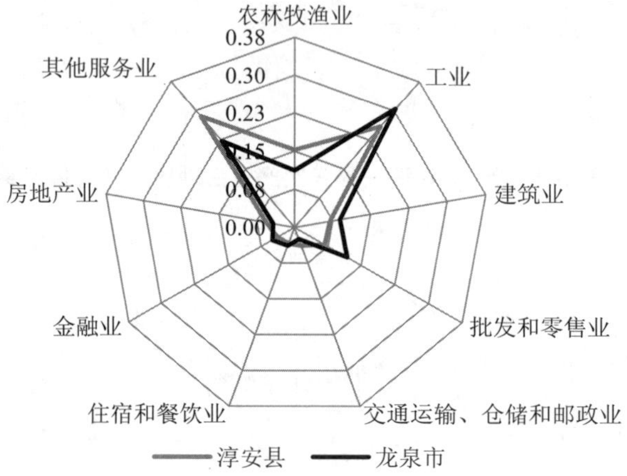

图 9-4　2017 年淳安县与龙泉市细分产业占地区生产总值比重比较

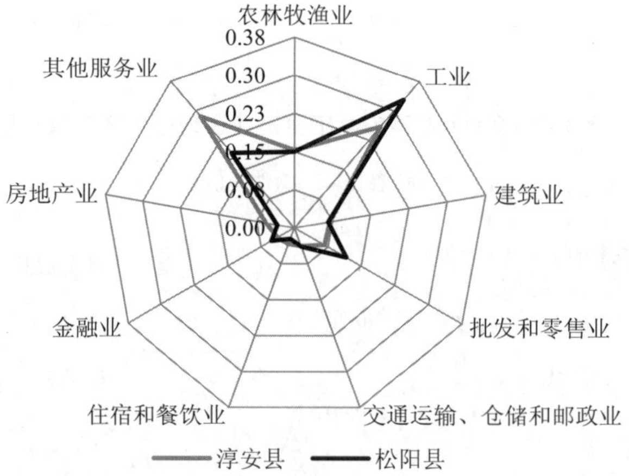

图 9-5　2017 年淳安县与松阳县细分产业占地区生产总值比重比较

① 沈满洪，谢慧明，等. 绿水青山的价值实现[M]. 北京：中国财政经济出版社，2019.

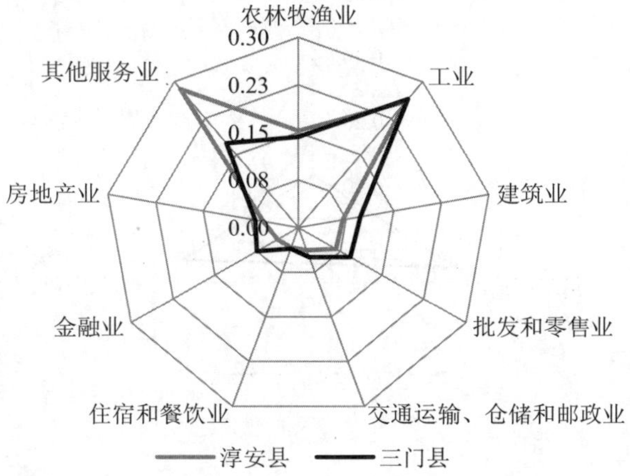

图 9-6 2017 年淳安县与三门县细分产业占地区生产总值比重比较

比较分析后发现，即便淳安县拥有较高的人均地区生产总值，但工业占比却相对偏低，工业发展的短板显而易见。与此同时，批发和零售作为服务业的重要组成部分，淳安县与龙泉县、松阳县、三门县相比也表现出相对偏低，与淳安县自我比较的结果一致。

根据林毅夫在增长甄别与因势利导框架中所给出的产业政策选择标准，淳安应该选择人均地区生产总值是自己两倍的地区作为产业遴选参照系。[①]在生态补偿标准核算的合成参考系中，萧山区的人均地区生产总值约为淳安县的两倍。因此，比较萧山区和淳安的产业结果或许可以给出淳安产业的更大短板和更多弱项。淳安县与萧山区三大产业及其细分产业占地区生产总值比重的比较如图 9-7、图 9-8 所示。图 9-7 表明第二产业依然是淳安县的短板，而淳安农业则比较具有优势，如何强化淳安农业的比较优势是深绿产业发展过程中淳安所需要挖掘的重要领域。图 9-8 进一步揭示了淳安农业和其他服务业的相对比较优势，但也揭示了淳安工业的短板，以及金融业和房地产业的弱项。

① 林毅夫. 新结构经济学：反思经济发展与政策的理论框架[M]. 北京：北京大学出版社，2012.

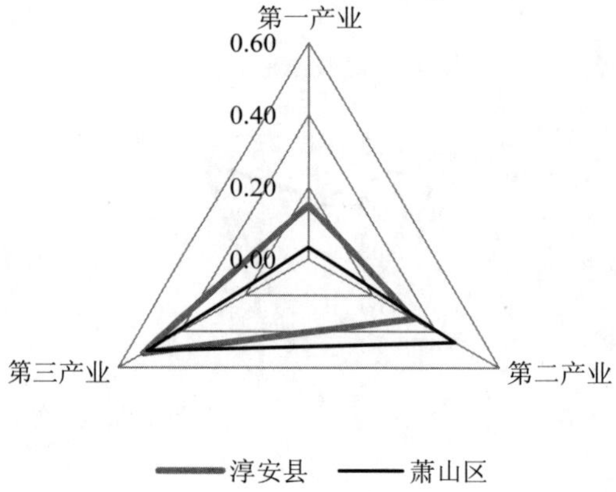

图 9-7　2017 年淳安县与萧山区三次产业占地区生产总值比重比较

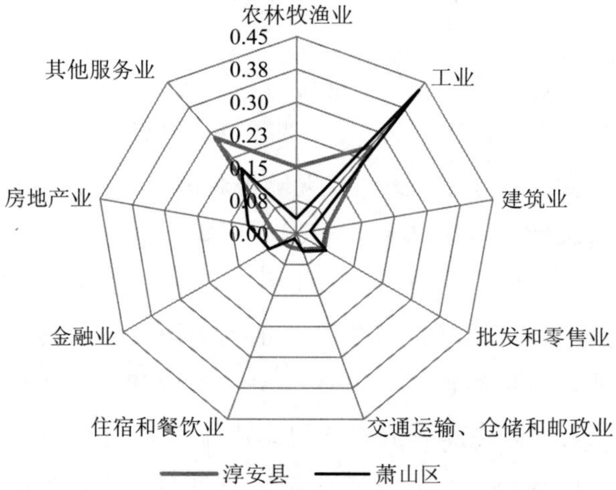

图 9-8　2017 年淳安县与萧山区细分产业占地区生产总值比重比较

9.2.2　“抓重点”式的淳安深绿产业体系构建

基于淳安内部产业结构的分析，以及三大产业和细分产业的横向比较，服务业是淳安产业发展的重点。根据县委书记黄海峰代表县委所作报告《坚决破旧立新　坚持两高发展　以全新姿态拥抱发展新时代》[①]和县长董毓民代表县人民政府所作《政府工作报

① 黄海峰. 坚决破旧立新　坚持两高发展　以全新姿态拥抱发展新时代. 淳安县委十四届六次全体（扩大）会议，2019-01-14.

告》[①]，两份报告就产业发展而言均突出了服务业的重要地位。服务业包罗万象，前者提到的旅游业，包括特色文化、优美生态和多彩旅游；后者提到的旅游业，包括会议会展、运动休闲，以及文创产业、数字经济和金融资本等。

结合深绿产业体系，淳安县深绿产业发展就“抓重点”而言应该是深绿服务业。深绿服务既可以包括国民经济行业分类中的批发和零售，交通运输、仓储和邮政，住宿和餐饮，金融和其他服务，又可以包括战略性新兴产业的相关服务业，包括新材料产业中的新材料相关服务业，新能源汽车产业中的新能源汽车相关服务，新技术与创新创业服务，其他服务及数字创意产业等，还可以包括旅游业等传统优势服务业——会议会展、运动休闲、高端旅游、乡村旅游、精品民宿等。

因此，结合国家发展改革委《绿色产业目录（2019 年版）》（发改环资〔2019〕293 号），淳安县深绿服务业的分类如表 9-1 所示。深绿服务业包括生态环境服务、全域旅游、战略性新兴产业服务和数字创意，每一产业背后都对应着若干重点服务，而相应的重点服务均可与国民经济行业分类两位数代码相匹配，譬如生态环境服务重点对应水利、环境和公共设施管理业（76/77/78/79）及科学研究和技术服务业（73/74/75）。

表 9-1 “抓重点”式的淳安深绿服务业产业名称和重点服务业

产业分类	产业名称	重点服务
深绿服务业	生态环境服务	产业园区绿色升级
		生态保护
		生态修复
		环境基础设施
		城镇能源基础设施
		园林绿化
		绿色项目咨询服务
		绿色项目运营管理
		绿色项目评估审计核查
		绿色项目监测检测
		绿色技术产品认证和推广
		绿色建筑△
	全域旅游	会议会展
		运动休闲
		高端旅游
		乡村旅游
		精品民宿

① 董毓民. 政府工作报告. 淳安县第十六届人民代表大会第三次会议，2019-02-15.

产业分类	产业名称	重点服务
深绿服务业	战略性新兴产业服务	新材料相关服务业
		新能源汽车相关服务
		新技术与创新创业服务
		健康养生服务△
		其他新兴服务
	数字创意	数字文化创意活动
		设计服务
		数字创意与融合服务

注：打△的产业或产业活动系根据淳安实际情况新增，不在国民经济行业分类或国家发展改革委等七部门《绿色产业目录（2019 年版）》内。因为从无到有的行业或行业活动在分类比较和地区比较中无法得到。

9.2.3 “补短板”式的淳安深绿产业体系构建

工业是淳安产业发展的最大短板，也是淳安成为杭州市饮用水水源地后被严格限制发展的一大产业，如何在深绿产业发展框架下为淳安工业发展寻找到新的突破口是关键。在深绿产业体系中，从国民经济行业分类来看，有一部分制造业也是深绿的，如第 16 类（烟草制品业），第 20 类（木材加工和木、竹、藤、棕、草制品业），第 21 类（家具制造业），第 24 类（文教、工美、体育和娱乐用品制造业），第 38 类（电气机械和器材制造业），第 39 类（计算机、通信和其他电子设备制造业），第 40 类（仪器仪表制造业），第 42 类（废气资源综合利用业）。从战略性新兴产业视角来看，深绿制造业包括新一代信息技术产业、部分高端装备制造产业、部分生物产业、部分节能环保产业和部分新能源产业。

深绿制造业虽然是淳安的短板，但或多或少在部分领域也表现出一定的基础。2019 年 1 月 14 日，县委书记黄海峰在淳安县委十四届六次全体（扩大）会议上所作的《坚决破旧立新　坚持两高发展　以全新姿态拥抱发展新时代》中指出淳安寻求发展新兴产业和高新技术产业，其中新兴产业包括水产业、数字产业和特色农林业；2019 年 1 月 15 日，县长董毓民在《政府工作报告》中明确淳安工业重点考虑生态工业、高新技术产业和水饮料产业；《关于淳安县 2018 年国民经济和社会发展计划执行情况与 2019 年国民经济和社会发展计划的报告》明确工业包括水饮料业、高新技术产业和信息产业（企业上云）。[①]高新技术产业主要包括信息技术、生物技术和新材料技术，是战略性新兴产业的重要组成。

基于已有基础，以及遴选出来的具有深绿战略性新兴产业，淳安深绿制造业的目录清单如表 9-2 所示。深绿制造业的每一重点产业活动均对应着国民经济行业分类。

① 淳安县发改委. 关于淳安县 2018 年国民经济和社会发展计划执行情况与 2019 年国民经济和社会发展计划的报告（草案）. 淳安县第十六届人民代表大会第三次会议，2019-02-15.

表 9-2 "补短板"式的淳安深绿制造业产业名称和重点产业活动

深绿产业分类	深绿产业名称	重点产业活动
深绿制造业	新一代信息技术产业	下一代信息网络产业
		电子核心产业
		新兴软件和新型信息技术服务
		互联网与云计算、大数据服务
		人工智能
	高端装备制造产业	航空装备产业
		卫星及应用产业
		海洋工程装备产业
		高端旅游休闲和体育运动用品产业△
	生物产业	生物医药产业
		生物医学工程产业
		生物农业及相关产业
		生物质能产业
	节能环保产业	高效节能产业
		先进环保产业
	新能源产业	智能电网产业
	水饮料产业	瓶（罐）装饮用水制造
	健康有机产品产业△	生态有机农产品精深加工业△

注：打△的产业或产业活动系根据淳安实际情况新增，不在国民经济行业分类或国家发展改革委等七部门《绿色产业目录（2019 年版）》内。因为从无到有的行业或行业活动在分类比较和地区比较中无法得到。

9.2.4 "强弱项"式的淳安深绿产业体系构建

服务业是淳安产业发展的重点也是其优势产业，但从服务业内部结构来看，淳安服务业发展存在一些弱项，如金融业及服务业中的文化、体育和娱乐业，科学研究和技术服务业，水利、环境和公共设施管理业；与龙泉、松阳、三门相比，批发和零售也是淳安服务业的弱项。如何建设淳安服务业的弱项，在深绿发展的进程中体现出淳安服务业的比较优势，是淳安深绿产业体系构建的又一重要目标。

除了服务业的弱项，淳安农林牧渔业比重过高也是淳安产业结构转型升级面临的一大困境。在淳安农业的发展过程中，①种植业的特色尤为明显，生态茶园、精品果园、放心菜园、特色菌园和道地药园的格局业已基本形成；②淡水养殖业也是淳安农业的重要组成部分，"保水渔业"业已形成一定的行业知名度；③特色农林产业中的"林上经济"和"林下经济"也已产生显著成效。淳安农业在转型升级的过程中的最大困惑在于其是否深绿，如林上经济和林下经济给千岛湖水质带来的影响及其潜在风险等影响着淳安农业的绿色化和智慧化之路。

从深绿产业划分过程看，有一些产业发展本身就是绿色或深绿的，可以称之为“绿色内源发展”型的产业；有一些产业发展只是使用了绿色技术/深绿技术，从此有了绿色产业/深绿产业的内核，可以称之为“使用绿色技术”型的产业；有一些产业可能并不绿色，仅服务绿色产业或深绿产业，可以称之为“服务绿色发展”型的产业。伴随着工业化和现代化，农业的绿色性或深绿性备受挑战，但生态农业一般认为是“绿色内源发展”型的产业。至少，根据国家发展改革委等七部门《绿色产业目录（2019 年版）》（发改环资〔2019〕293 号），生态农业是绿色产业。如果生态农业的基础上再附加创新性，那么战略性新兴产业中所涉及的农林牧渔业就是深绿产业，对应第 01 类（狭义农业）、第 02 类（林业）和第 05 类（农林牧渔专业及辅助性活动）国民经济行业分类。战略性新兴产业涉及农业的主要有 6 处，而 4 处均为第 05 类（农林牧渔专业及辅助性活动）。因此，强化农林牧渔专业及辅助性活动是强化农业弱项的关键，主要可通过生物质能产业活动、先进环保产业活动、生物医药产业活动、生物农业及相关产业活动等推进。

因此，从“强弱项”角度看，淳安深绿产业体系构建包括两类：①强化服务业的弱项，即深绿服务业的产业活动项目可以进一步拓展；②强化农业的弱项，发展深绿农业应在改善淳安产业结构的同时加快农业转型提质（表 9-3）。深绿农业在特色农林渔产业的基础上增加部分生物质能产业、部分先进环保产业、部分生物医药产业和部分生物农业及相关产业，相应的重点产业活动对应第 02 类——林木育种和育苗，第 05 类——其他农业专业及辅助性活动、其他林业专业及辅助性活动、畜禽粪污处理活动、中草药种植、其他中药材种植、种子种苗培育活动、畜牧良种繁殖活动、鱼苗及鱼种场活动。

表 9-3 “强弱项”式的淳安深绿服务业和农业产业名称和重点产业活动

深绿产业分类	深绿产业名称	重点产业活动
深绿服务业	金融服务	绿色金融
		能源金融
		生态产品交易/期货市场
		生态产权交易/期权市场
	批发和零售服务	有机农产品批发和零售
		中药批发和零售
	文化创意产业△	文化创意创作△
		研学旅行△
		教育培训△
		影视摄影△

深绿产业分类	深绿产业名称	重点产业活动
深绿服务业	体育运动服务△	体育赛事△
		运动休闲△
		康体健身△
深绿农业	生物质能产业	生物相关原料供应体系活动
	先进环保产业	环境保护及污染治理服务
	生物医药产业	现代中药与民族药制造
	生物农业及相关产业	生物育种
	特色农林渔产业	生态有机种植业
		保水渔业
		林上经济
		林下经济

注：打△的产业或产业活动系根据淳安实际情况新增，不在国民经济行业分类或国家发展改革委等七部门《绿色产业目录（2019 年版）》内。因为从无到有的行业或行业活动在分类比较和地区比较中无法得到。

基于抓重点、补短板和强弱项的原则，淳安深绿产业发展应坚持“三深产业”发展路径，包括深绿农业、深绿制造业和深绿服务业。由“三深产业”构成的淳安深绿产业体系如以上的表 9-1～表 9-3 所示。深绿农业包括特色农林渔产业，以及部分生物质能、先进环保、生物医药和生物农业及相关产业；深绿制造业包括水饮料产业、健康有机产品产业、新一代信息技术产业、部分高端装备制造业、部分生物产业、部分节能环保产业和部分新能源产业；深绿服务业包括生态环境服务、全域旅游、战略性新兴产业服务、数字创意、金融服务业、批发和零售服务、文化创意产业、体育运动服务。其中，部分生物产业包括部分生物质能产业、部分生物医药产业、部分生物农业及相关产业，部分节能环保产业包括部分先进环保产业，因此深绿农业和深绿制造业存在交叉；同理，深绿农业、深绿制造业和深绿服务业也存在交叉，产业融合是趋势。

9.3 淳安深绿产业发展的重点遴选

9.3.1 淳安深绿产业发展重点的遴选原则

9.3.1.1 税源经济与富民经济兼顾原则

淳安深绿产业发展既要惠及政府，又要惠及居民，还要惠及社会。产业发展惠及政府主要表现为政府在产业遴选过程中对税源经济的考察。产业发展惠及居民和社会主要表现为政府在产业遴选过程中对富民经济的考察。从具体产出指标来看，财政收入/产业增加值、城镇居民可支配收入/产业增加值、农村居民可支配收入/产业增加值三类是重要的衡量指标。工业的税源经济特征和服务业的富民经济特征使得淳安在遴选深绿产业发展重点时需要特别关注工业的短板和服务业的弱项。

9.3.1.2 存量经济与增量经济平衡原则

淳安在优化产业结构的同时需要进一步做大产业规模。虽然服务业是淳安的支柱产业，但是淳安服务业的总体规模较小，2017 年淳安服务业增加值为 125.02 亿元，为萧山的 12.29%；此时，淳安工业和建筑业依然低于服务业的规模，为萧山的 7.25%，那么进一步说明淳安的工业是短板。淳安的“三、二、一”产业占比顺序是低水平和小规模的，这就需要存量经济和增量经济并重。存量经济的发展可以保证现有的“三、二、一”产业结构得以延续，而增量经济则需要从深绿产业中找到行业增长的突破口并带动三大产业协调发展。做强存量经济和做大增量经济是深绿产业发展重点遴选的必然要求，需要特别关注传统优势产业与战略性新兴产业之间的取舍与平衡。

9.3.1.3 实体经济与虚拟经济匹配原则

虚拟经济有广义和狭义之分，狭义的虚拟经济是指金融业和房地产业，广义的虚拟经济构成第三产业的重要组成部分并涉及多个层次。[①]服务业是淳安产业发展的重点，更多地带动着虚拟经济的繁荣。然而虚拟经济的繁荣离不开实体经济的基础，如服务业的发展需要做到因时制宜和因地制宜一样，不同的实体经济产业需要不同的服务业来保障。战略性新兴产业的发展需要战略性新兴产业服务，高新技术产业的发展需要高新技术产业的服务，即便是特色农林渔业等传统产业的发展也需要相关服务业。因此，重点深绿服务业的遴选需要有相应的深绿制造业和深绿农业作为支撑，否则深绿服务业的发展就会成为无源之水。

9.3.1.4 要素驱动与创新驱动并举原则

低水平的“三、二、一”产业结构与要素驱动密切相关，“一湖秀水”给淳安带来的水饮料产业及富饶的新安江流域给淳安带来的特色农林渔业，表明淳安的产业发展模式过分依赖要素驱动。在从要素驱动变为要素约束的大背景下，突出创新驱动的产业发展模式是新时期淳安深绿产业发展的必然要求，因此，具有明显战略性和创新性的新兴产业应该成为淳安深绿产业发展重点遴选的主要对象。当然，依靠要素驱动和创新驱动两条腿走深绿产业发展之路不可偏废。

9.3.1.5 淳安县经济与淳安人经济协调原则

淳安县经济是指淳安县域范围内地区生产总值的总和，淳安人经济是指淳安境内外的所有淳安人在一定期限内所创造的国民生产总值的总和。由于淳安存在着较大规模的

---

① 黄群慧．论新时期中国实体经济的发展[J]．中国工业经济，2017（9）；赵洪江．广义虚拟经济的产业归属、历史演变及发展前景[J]．广义虚拟经济研究，2014（1）．

劳动力输出，因此淳安人经济一般大于淳安县经济。输出的淳安人在不同的产业部门从事着不同的劳动，他们所积累的从业经验和产业发展规划对他们回乡创业和创新具有重要的指导意义。发展淳安县经济与淳安人经济不可偏废，高智力人群可以从事具有较高创新性的行业，而低端劳动力人群只能从事传统农业或传统制造。本着做大淳安县经济的初衷，深绿产业重点应适当向劳动密集型行业倾斜，这也是富民经济、存量经济和增量经济的联合要求。

9.3.2　淳安深绿产业发展重点的遴选结果

根据《坚决破旧立新 坚持两高发展 以全新姿态拥抱发展新时代》①《政府工作报告》②和《关于淳安县 2018 年国民经济和社会发展计划执行情况与 2019 年国民经济和社会发展计划的报告》③，淳安县总体的产业发展定位为康美产业，包括现代农业、特色文化、优美生态和多彩旅游；淳安产业发展的细分提法有绿色农业、生态工业、服务业，以及具体的健康产业、文创产业、数字经济、金融资本和旅游业。在诸多产业中，符合深绿方向的已有提法，但被淳安淡化或分散的行业为服务业，即淳安到底发展什么样的服务业和服务业的方向并不清晰；与此同时，水饮料和生态工业等产业发展也由于上级政府政策的不明朗而受到了极大的约束。

淳安深绿发展需要通过发展“三深产业”——深绿农业、深绿制造业和深绿服务业来实现。“三深产业”的发展重点归纳如表 9-4 所示。深绿农业是对现阶段绿色农业的提质增效，是对特色农林渔业的综合。深绿制造业是对生态工业的具体化，包括七大制造和五类产业。“深绿制造业的七大制造”为烟草制造业，家具制造业，文教、工美体育和娱乐用品制造业，电气机械和器材制造业，计算机、通信和其他电子设备制造业，仪器仪表制造业和高端装备制造*。“深绿制造业的五大产业”为废弃资源综合利用业，新一代信息技术产业，生物产业*，节能环保产业*，新能源产业*（“*”代表部分产业）。深绿服务业可以分为两类：一是传统服务；二是文创产业和数字经济等新型服务，包括“六大服务”和“两大产业”。“深绿服务业的六大服务”包括生态环境服务、战略性新兴产业服务、体育运动服务、批发服务、零售服务、金融服务；“深绿服务业的两大产业”包括全域旅游和数字创意。

---

① 黄海峰. 坚决破旧立新　坚持两高发展　以全新姿态拥抱发展新时代. 淳安县委十四届六次全体（扩大）会议，2019-01-14.

② 董毓民. 政府工作报告. 淳安县第十六届人民代表大会第三次会议，2019-02-15.

③ 淳安县发改委. 关于淳安县 2018 年国民经济和社会发展计划执行情况与 2019 年国民经济和社会发展计划的报告（草案）. 淳安县第十六届人民代表大会第三次会议，2019-02-15.

表 9-4　淳安深绿产业发展重点的整理与归纳

<table>
<tr><th>淳安县现阶段重点关注和发展的产业</th><th>对比国民经济产业分类目录，符合深绿方向的明细产业但尚未被关注的生态工业中的具体产业</th><th>对比战略性新兴产业分类目录，符合深绿方向的明细产业但尚未被关注的具体产业</th></tr>
<tr><td>绿色农业</td><td></td><td>特色农林渔业</td></tr>
<tr><td>生态工业
（水饮料）</td><td>烟草制造业
家具制造业
文教、工美体育和娱乐用品制造业
电气机械和器材制造业
计算机、通信和其他电子设备制造业
仪器仪表制造业
废弃资源综合利用业</td><td>新一代信息技术产业
高端装备制造产业*
生物产业*
节能环保产业*
新能源产业*</td></tr>
<tr><td>服务业
（具体包括旅游业、健康产业和金融资本）</td><td rowspan="3"></td><td>生态环境服务
战略性新兴产业服务
体育运动服务
批发服务
零售服务
金融服务
全域旅游</td></tr>
<tr><td>文创产业</td><td rowspan="2">数字创意</td></tr>
<tr><td>数字经济</td></tr>
</table>

总之，“三深产业”——深绿农业、深绿制造业和深绿服务业，包括“六大服务性产业”“七大制造类产业”和“八大其他产业”。

☞ “六大服务性产业”为：①生态环境服务，包括工业园区绿色升级、生态保护、生态修复、环境和能源基础设施建设，以及绿色项目的咨询服务和运营管理等；②战略性新兴产业服务，包括新材料服务、新技术和创新创业服务等；③体育运动服务，包括体育赛事、运动休闲、康体健身等；④批发服务，包括深绿农业品和深绿制造品的批发；⑤零售服务，包括深绿农业品和深绿制造品的零售；⑥金融服务，包括能源金融和绿色金融等。

☞ “七大制造类产业”为：①烟草制造，包括烟叶复烤和卷烟制造；②家具制造，包括木质家具制造和竹、藤家具制造；③文教、工美体育和娱乐用品制造，包括乐器制造和工艺美术及礼仪用品制造；④电气机械和器材制造，包括输配电及控制设备制造；⑤计算机、通信和其他电子设备制造，包括广播电视设备制造和非专业视听设备制造；⑥仪器仪表制造，包括工业自动控制系统装置制造和环境监测专用仪器仪表制造；⑦高端装备制造，包括航空装备制造、卫星及应用、海洋工程装备制造。

☞ “八大其他产业”为：①特色农林渔业，包括第一产业中的农业、林业和渔业、健康有机产品产业；②废弃资源综合利用业，包括材料回收、废物的处理和处置；③新一代信息技术产业，包括互联网与云计算、大数据服务、人工智能；④生物产业，包括生物农业及相关产业、生物质能产业、生物医药产业和生物医学工程产业；⑤节能环保产业，包括高效节能产业和先进环保产业；⑥新能源产业，包括新能源汽车相关服务；⑦全域旅游产业，包括会议会展、运动休闲、高端旅游、乡村旅游和精品民宿；⑧数字创意产业，包括数字文化创意活动、设计服务、数字创意与融合服务。

“六大服务性产业”“七大制造类产业”和“八大其他产业”从相对开放的思路上指明了淳安深绿产业发展的方向。然而，有一些产业是管制性行业，如烟草制造，即便市场上有“新安江”等品牌，淳安是否可能在政策上寻找突破值得期待；有一些产业的招商引资存在极大的资金和技术门槛，如人工智能，淳安只能在深绿的战略性新兴产业中寻找到有基础和有条件发展的细分方向，如互联网和云计算；有一些细分产业的边界很难清晰划定，如新能源产业中适合淳安发展的是新能源汽车相关服务而战略性新兴产业服务中也包括该项服务。因此，综合考虑淳安深绿产业发展重点的遴选原则和已有产业发展基础，21 个重点深绿产业中的特色农林渔业、新一代信息技术产业*、生物产业*、节能环保产业*、高端装备制造业*、战略性新兴产业服务业、生态环境服务业、全域旅游产业、数字创意产业、水饮料产业十大产业是重中之重（*表示部分），即需要从对应产业中寻找到淳安有基础和有条件发展的细分行业。

基于上述战略性新兴产业的遴选结果，对接国家、浙江和杭州产业发展规划，结合淳安“十三五”时期的产业发展重点，生态农业、深绿制造、全域旅游、健康养生、节能环保、文化创意、数字经济和总部经济的“六大产业”和“两大经济”是淳安深绿产业的“6+2”模式。“6+2”产业与战略性新兴产业的重中之重遴选结果可高度匹配且可进一步细化（表 9-5）。表 9-5 中大类即为遴选出的“6+2”，中类包含从战略性新兴产业中遴选出的所有重中之重产业，小类是对中类的进一步细化，包含一些具体的产业活动。

表 9-5　淳安县重中之重深绿产业遴选结果

<table>
<tr><th>大类</th><th>中类</th><th>小类</th><th>是否为深绿第一产业</th><th>是否为深绿第二产业</th><th>是否为深绿第三产业</th></tr>
<tr><td rowspan="16">生态农业</td><td rowspan="10">特色农林渔业</td><td>蔬菜、食用菌及园艺作物种植</td><td rowspan="16">√</td><td rowspan="16">√</td><td rowspan="16">√</td></tr>
<tr><td>水果种植</td></tr>
<tr><td>茶叶种植</td></tr>
<tr><td>香料作物种植</td></tr>
<tr><td>中药材种植</td></tr>
<tr><td>林木育种和育苗</td></tr>
<tr><td>森林经营、管护和改培</td></tr>
<tr><td>木材和竹材采运</td></tr>
<tr><td>内陆养殖</td></tr>
<tr><td>内陆捕捞</td></tr>
<tr><td rowspan="4">农副食品加工制造业</td><td>水产品加工</td></tr>
<tr><td>蔬菜、菌类、水果和坚果加工</td></tr>
<tr><td>营养食品制造</td></tr>
<tr><td>精制茶加工</td></tr>
<tr><td rowspan="2">农产品批发与零售服务</td><td>深绿色农产品批发</td></tr>
<tr><td>深绿色农产品零售</td></tr>
<tr><td rowspan="15">深绿制造</td><td rowspan="3">家具制造</td><td>木质家具制造</td><td rowspan="15"></td><td rowspan="15">√</td><td rowspan="15"></td></tr>
<tr><td>竹、藤家具制造</td></tr>
<tr><td>智能家具制造</td></tr>
<tr><td rowspan="4">文教、工美体育和娱乐用品制造</td><td>乐器制造</td></tr>
<tr><td>工艺美术及礼仪用品制造</td></tr>
<tr><td>专项运动器材及配件制造</td></tr>
<tr><td>智能玩具制造</td></tr>
<tr><td rowspan="4">高端装备制造</td><td>智能制造装备产业</td></tr>
<tr><td>航空装备产业</td></tr>
<tr><td>卫星及应用产业</td></tr>
<tr><td>轨道交通装备产业</td></tr>
<tr><td rowspan="4">水饮料</td><td>瓶（罐）装饮用水制造</td></tr>
<tr><td>啤酒制造</td></tr>
<tr><td>果菜汁及果菜汁饮料制造</td></tr>
<tr><td>茶饮料及其他饮料制造</td></tr>
<tr><td rowspan="5">全域旅游</td><td rowspan="5">全域旅游</td><td>旅游会展服务</td><td rowspan="5">√</td><td rowspan="5"></td><td rowspan="5">√</td></tr>
<tr><td>运动休闲</td></tr>
<tr><td>高端旅游</td></tr>
<tr><td>乡村旅游</td></tr>
<tr><td>文化研学</td></tr>
</table>

大类	中类	小类	是否为深绿第一产业	是否为深绿第二产业	是否为深绿第三产业
全域旅游	旅游配套服务	精品住宿业	√		√
		特色餐饮业			
		旅游客运			
		旅游货运			
健康养生	医药健康产业	中药制造		√	√
		现代中药与民族药制造			
		先进医疗设备及器械制造			
		医学工程相关服务			
	健康管理产业	个性化健康检测评估			
		健康咨询服务			
		养生服务			
		健康理疗服务			
		健康用品产销			
	保健品产业	保健食品产业			
		健康用品产业			
节能环保	生态环境服务	工业园区绿色升级		√	√
		生态保护和修复			
		环境和能源基础设施建设			
		绿色项目咨询服务和运营管理			
	节能环保产业	绿色节能建筑材料制造			
		节能工程施工			
		节能研发与技术服务			
		环境保护专用设备制造			
		环境保护监测仪器及电子设备制造			
	废弃资源综合利用产业	城乡生活垃圾与农林废弃资源利用			
		农林废弃物资源化利用			
	新能源产业	生物质能及其他新能源产业			
		智能电网产业			
文化创意	数字创意产业	创意设计			√
		工艺美术			
		信息传媒			
		动漫游戏			
		音乐制作			
		影视摄影			
	特色高端培训	艺术培训			
		青少年素质培训			
		亲子教育市场			

大类	中类	小类	是否为深绿第一产业	是否为深绿第二产业	是否为深绿第三产业
文化创意	特色会展服务	科技会展服务			√
		体育会展服务			
		文化会展服务			
数字经济	电子商务	互联网商品批发平台			√
		互联网物流平台			
		互联网商品交易平台			
		互联网货物租赁平台			
		互联网商务服务平台			
	互联网与云计算、大数据服务	工业互联网及支持服务			
		互联网平台服务（互联网+）			
		云计算与大数据服务			
		互联网搜索服务			
	人工智能	基础软件开发			
		应用软件开发			
		信息系统集成服务			
总部经济	现代金融服务	能源金融			√
		绿色金融			
		互联网消费金融			
		股权众筹融资			
		创业投资基金			
		天使投资			
		金融信息服务			
	战略性新兴产业服务	创业指导服务			
		科技中介服务			
		创业空间服务			
		新技术研发服务			

（1）生态农业。作为一个农业大县，淳安有着丰富的农产品资源，千岛湖有机鱼、王阜山核桃、界首柑橘、白马番薯、金峰蜂蜜等地方农特产品品牌市场认同度不断提高。随着生态农业种养进一步发展，农副产品加工制造业成为稳定农民收入、降低农业风险的关键。未来淳安应以规模化、产业化、品牌化为主攻方向，为以百源经济、现代农业园区、特色农业精品园（基地）建设为载体，以新技术、新品种推广应用为支撑，以土地规模化流转为突破口，着力推动桑、竹、果等传统农业提质增效，积极发展食用菌、高山蔬菜、油茶等特色新兴产业，加快无公害、绿色有机农产品基地建设，加强“千岛湖”农产品区域品牌推介和营销，着力打造国内知名的生态精品农产品原产地。同时，

着力推动农副产品加工制造业发展，拉伸产业链，提高农产品附加值和竞争力。加快建立山核桃、水果、番薯、鱼肉等农产品加工基地，引进生物科技、农业科技研发企业，开发适应市场需求的山核桃露、蜂蜜、蔬果汁、番薯干、千岛湖有机鱼干等健康绿色食品，建立集产地、批发、零售、电子商务于一体的农产品四级营销系统，尽快形成一乡一品的农业产业化发展格局。

（2）深绿制造。淳安应该重点发展“无污染、小空间、高科技、资源型”的深绿制造业，坚持资源型与战略型并重，绿色生态与高效节约相结合。首先，坚持以水产业发展为重点。水产业是淳安的重要支柱产业之一，拥有农夫山泉、千岛湖啤酒等多家知名企业，品牌基础和产业基础较好。淳安应进一步利用千岛湖良好的品牌效应，向附加值较高的水产业发展，重点推进水饮料生产基地、产业园区建设，开发形成天然纯净饮用水、小分子高端水、功能型饮料、保健型饮料、天然有机食品饮料和地方特色饮品等系列产品。同时，也要兼顾高端装备制造、家具制造和文教、工美体育和娱乐用品制造等深绿制造产业的发展，促进与全域旅游产业和节能环保产业的协同发展，构建淳安深绿制造产业体系。推动深绿产品、深绿工厂、深绿园区和深绿供应链全面发展，建立健全深绿制造业发展长效机制，走高效、清洁、低碳、循环的绿色发展道路。

（3）全域旅游。淳安旅游业发展还停留在小而散的阶段，整体附加值不高，对税收的带动作用不明显。应以全县景区化、国际旅游休闲度假目的地建设为目标，推进旅游休闲产业全面发展，树立大旅游意识，提升运动休闲旅游、推进乡村旅游、发展高端旅游、壮大文化研学旅游，培育旅游会展服务，补齐“冬天经济”“月光经济”短板，进一步做大、做好、做强、做优、做美大旅游产业，实现全域旅游转型升级。随着全域旅游的推进，完善旅游服务体系和促进旅游服务标准化建设成为重中之重。重点完善旅游公共服务体系，提升旅游环境、服务及管理国际化水平。加快大型旅游设施、文化基础设施及风情旅游、运动休闲等特色小镇建设，推进旅游度假区进贤湾、界首区块，高铁新区丰茂半岛、天堂半岛区块及姜家、威坪、安阳、梓桐、里商等地旅游综合体规划建设，丰富精品住宿、特色餐饮、旅游交通等服务业态，提升旅游综合服务能力和水平。

（4）健康养生。健康产业是以维护、修复与促进健康为中心，直接或间接为广大人民群众提供健康生活解决方案的融合性产业，主要涵盖医药健康、健康管理、保健品产业等领域。随着生活水平的大幅提高和生活方式的迅速转变，人们的健康意识不断增强，健康需求进一步提升，淳安凭借优良的生态环境资源，重点围绕生物医药、养生养老、健康服务等领域，构建“药、医、游、食、养、管”“六位一体”的大健康产业体系，全面促进健康产业发展。①发展医药健康产业，重点培育发展现代中药、生物技术药和医疗器械制造业，延伸发展中医药化妆品、日用品、香精香料及健康护理用品等新医药衍生产业。②做优健康管理产业，以高端化为目标，重点发展以健康疗（休）养为主题的养生养老产业。着力培育中医药休闲养生，引进科学规范的综合性中医养生机构，发展中医药养生保健服务和产品。③拓展保健品产业，结合淳安千岛湖的品牌优势，利用淳安丰富的资源，发展保健食品、功能性饮料、健康用品产销等产业。

（5）节能环保。随着环境质量的逐步恶化，相关行业排放标准不断加严，节能环保技术研究等领域市场前景巨大。淳安县作为水源涵养型国家重点生态功能区，应在探索生态环境服务、节能环保、废气资源综合利用和新能源等，积极引进污染治理设备技术开发、研发制造等高新技术企业，大气污染控制领域环保产品的研发设计、制造安装、调试运营企业以及环境监测专用仪器仪表制造企业，逐渐打造标准化、模块化、系列化的环保装备生产体系。积极探索和研究新能源的利用，重点关注生物质能产业，充分利用生活污水和工业有机废水、城市固体废物和畜禽粪便等生物质资源。发展智能电网产业，研究并应用调度技术、自动化技术和柔性输电技术，为可再生能源和分布式电源的开发利用提供保障。

（6）文化创意。一流的生态环境、丰富的历史文化资源和红色文化资源是滋生文化创意产业发展的天然土壤。依托淳安的资源条件和产业基础，淳安应将文化创意元素融入产业发展，基于文化旅游、文创产品制造，推动本土文化元素与现代文化元素融合，打造形成“1+2”（“1”为数字创意产业，作为龙头；“2”为特色高端培训和特色会展服务，作为重点）的多元化文化创意产业发展格局。促进文化创意产业与竹木加工、八都麻绣等传统手工业的融合发展，以新的艺术表现形式开发适应现代市场的文化创意产品，激活传统产业的发展活力。加快建设各类文创基地、园区和平台，引进影视制作、摄影创作、文学艺术创作、数字内容制作等项目，吸引影视剧、娱乐节目来淳安拍摄。鼓励发展音乐制作、动漫游戏制作，定期举办音乐节、动漫节，进而带动周边延伸产品开发。

（7）数字经济。全球信息技术发展正处于跨界融合、加速创新、深度调整的历史时期，呈现万物互联、万物智能的新特征。在杭州市全面推进“三化融合”打造全国数字经济第一城战略部署下，淳安也应加快数字经济的发展，实现与杭州城区产业的承接与融合。淳安应该明确发展重点，构建以电子商务、互联网与云计算、大数据服务和人工智能为中心的数字经济体系。聚焦淳安基础产业，推动数字产业强基。实现与淳安基础产业的有机结合，在数字化制造，数字农业、数字贸易、数字文创、数字金融等领域打造和开发一批创新化产品，构建具有淳安特色的数字化转型技术和标准体系。同时，强化企业引育，精准施策、分类指导，推动大中小微企业协同融合发展。既要引进一些如阿里云等领军企业入驻淳安，也要吸引技术水平领先、竞争力强、成长性好的科技企业群，打造数字经济企业和人才集聚地。

（8）总部经济。充分利用千岛湖宜居宜业宜游的发展环境优势和争取保持加快发展县的财政政策优势，积极推进总部经济产业园、总部经济大厦建设，大力招引和培育总部经济，打造环千岛湖生态资本金融圈。依托总部经济园、总部经济大厦，集聚一批创新创业资源，吸引新经济、新业态、新模式项目入驻。积极培育淳安本土企业总部，重点吸引大型企业集团、行业领军企业来淳安建设区域性总部和研发、营销等职能总部，努力吸引各路创业投资基金、股权（投资）基金、财富管理机构入驻千岛湖，打造产业基金集聚区。建设上市公司培育基地，设立政府引导基金，建立电子商务平台和互联网供应链金融平台，通过电子商务平台、政府引导基金及互联网供应链金融平台的互动，帮助中小企业与其他企业或纵向一体化或横向一体化进行重组上市。积极培育和发展创业指导、科技中介、创业空间、新技术研发等战略性新兴产业服务。

第 10 章

淳安深绿产业发展的路径选择

在千岛湖生态功能区和引水工程建设的大背景下，构建低消耗、无污染、高效益的深绿产业体系，培育深绿增长极，是淳安实现生态富民、绿色强县的必由之路。遵循深绿产业发展的总体轨迹和根本途径，在充分考虑淳安县资源禀赋、产业基础、区位条件、规制要求的基础上，从优势产业提质增效、传统产业腾笼换鸟、新兴产业筑巢引凤、高端产业“无中生有”、规模壮大“飞地”经济 5 个方面提出淳安深绿产业发展的实现路径。

10.1 深绿产业发展的总体轨迹

10.1.1 深绿产业发展的环境质量变化轨迹

深绿产业发展的环境质量变化轨迹可以借助于环境库兹涅茨曲线进行阐述。环境库兹涅茨曲线是指在工业化的过程中，随着人均 GDP 的增长，环境污染的程度呈现出先加剧后减缓的趋势，即当一个国家经济发展水平较低的时候，环境污染的程度较轻，但是随着人均 GDP 的增加，环境污染不断加剧，到达十分严重的阶段，老百姓对环境污染忍无可忍，环保主义运动崛起，迫使政府开展环境治理，环境质量逐渐得到改善①。发达国家在工业化进程中普遍走过了一条先污染后治理的路子。图 10-1 中，横轴 Y 表示人均收入水平或工业化进程，纵轴 P 表示环境污染程度，ABC 为环境库兹涅茨曲线的一般形态，呈现出倒 U 形的轨迹。库兹涅茨曲线是美国经济学家西蒙・史密斯・库兹涅茨②在 1955 年提出的收入分配状况随经济发展过程而变化的曲线，是发展经济学中重要的概念。

① 马丽梅，史丹. 京津冀绿色协同发展进程研究：基于空间环境库兹涅茨曲线的再检验[J]. 中国软科学，2017（10）.

② Kuznets S . Economic Growth and Income Inequality[J]. American Economic Review，March，1955（1）.

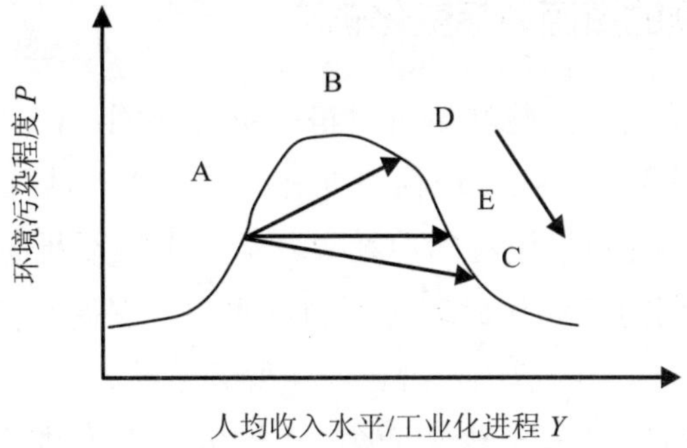

图 10-1 深绿产业发展的环境质量变化轨迹

传统的工业化模式往往是经历了 A—B—C 的轨迹，也就是随着经济的发展，环境污染不断加剧，达到顶点后被迫开展环境治理，然后走上了“末端治理”的浅绿色发展的路子。伦敦泰晤士河治理就是“先污染后治理”的典型案例。泰晤士河全长 402 km，流经伦敦市区，被称为英国的母亲河。19 世纪以后，随着工业革命的兴起和泰晤士河两岸人口的激增，大量的城市生活污水和工业废水未经处理就被直接排入河内。1858 年，伦敦发生了著名的“大恶臭”事件，从而拉开了泰晤士河治理的序幕。英国政府通过加强污水处理设施与管网建设、立法严控污染排放、强化流域综合管理等一系列措施，历时 100 多年，终于使泰晤士河基本恢复了河流生态系统。

深绿色发展要求污染物的零排放或循环利用，强调污染物排放的源头控制和过程控制，迫使环境变化的路径不经过 B 点，直接从 A 点到 C 点，形成 A—C 的发展轨迹，即使进入工业化中期阶段也不允许环境污染的加剧，甚至要实现比原来更低的环境污染程度。当然，从 A 点向 C 点的跳跃可能不是一蹴而就的，可能的过渡路径还包括 A—D—C 和 A—E—C，即先进入“工业化后期——更高的环境污染程度”（D）或“工业化后期——持平的环境污染程度”（E）的次优发展状态，随后再通过渐进调整，逐步趋向经济效益和生态效益有机统一的发展状态（C）。

淳安县的深绿产业发展正是需要避开历史上普遍存在的 A—B—C 路径，走一条 A—C 路径或 A—E—C 路径。对于淳安县而言，A—B—C 路径是绝对不被允许的，甚至 A—D—C 路径也是不被允许的，因为“水质不下降”是基本要求。而要走上 A—C 路径或 A—E—C 路径，就需要有非常规的措施和手段及非常规的深绿科技创新和深绿制度创新，需要构建以强力政府、有效市场和理性公众为主体的深绿发展创新体系。

10.1.2 深绿产业发展的资源消耗变化轨迹

深绿产业发展的资源消耗变化轨迹可以借助资源依赖性倒“U”形曲线。资源依赖性倒“U”形曲线，是指随着工业化进程的推进，一国或一地区经济发展对自然资源依赖性程度（以每年人均某种自然资源的消耗量表示）先是不断递增，到达顶点时处于工业化中期，从工业化中期向工业化后期转型的过程中，资源依赖性程度不断递减①。之所以资源依赖度递减，是因为经济的发展已经从要素驱动转向创新驱动。

资源依赖型经济是指依靠区域自然资源的比较优势，通过对自然资源的开采、初级加工并形成初级产品的经济增长模式。其主要特征是，主导产业依赖相关资源而发展。主要后果：①产业结构单一。资金投入集中于资源开采，造成其他产业因投资匮乏而发展缓慢。②发展的不可持续性。由于自然资源的有限性和不可再生性，随着资源被不断开采利用，可开发利用的资源将逐渐减少并最终耗尽，依赖资源而形成的产业链条就会断裂。③对环境生态破坏严重。自然资源的持续开采，严重破坏了地下结构和地表植被，使环境生态恶化并难以逆转。依赖自然资源的初加工造成的大量粉尘和有害气体，更加剧了环境恶化。④人们对原有模式的路径依赖，忽视了技术创新能力的培育，伴随着资源的开发殆尽，其发展模式的转型将更加困难。

图 10-2 中，横轴 Y 表示工业化进程，纵轴 R 表示资源依赖度。传统的工业化模式下资源依赖度的轨迹是从 A 点到 B 点再到 C 点，是一个倒“U”形轨迹。深绿产业发展的资源依赖度轨迹要求跳过 B 点，直接从 A 点过渡到 C 点，即跨越工业化中期的资源高消耗阶段，直接进入工业化后期的资源低消耗状态。当然，除 A—C 路径外，可能还存在 A—D—C、A—E—C 的渐进趋优过渡路径，无论演进的路径如何，最终都将实现从资源依赖型经济向内生增长型经济的跨越，经济增长的内生动能和可持续性将大大提升。

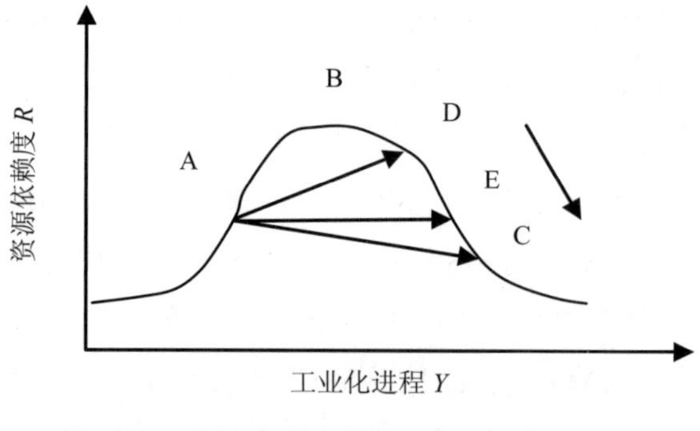

图 10-2 深绿产业发展的资源消耗变化轨迹

---

① 周晓博，魏玮，董璐. 资源依赖对地区经济增长的影响——基于经济周期和产业结构视角的分析[J]. 现代财经，2017（7）.

淳安县的深绿产业发展正是需要避开传统模式下的 A—B—C 路径，走向 A—C 路径或 A—E—C 路径，这就像通过“摆渡”走上捷径。可能的“摆渡”之“船”有：推动产业转型链条延伸，构建深绿发展新格局；建立深绿产业发展的智力促进机制，加强技术研发和人力资本投资，以“软资源”带动“硬资源”发展；搭建深绿产业发展服务平台，如创新技术转化平台、绿色金融服务平台、专业化的资源产权交易平台等；培育深绿产业发展的市场主体，着力激发企业这一核心主体的创新创造活力。

10.1.3　深绿产业发展的收入分配变化轨迹

深绿产业发展的收入分配轨迹可以借助于库兹涅茨曲线进行阐述。库兹涅茨曲线表明，在经济发展过程的开始阶段，尤其是在国民人均收入从低收入上升到中等收入水平时，收入分配差距先是不断扩大的，而随着经济发展和人均收入水平的继续上升，收入分配差距逐渐缩小，最后达到效率和公平可以兼顾的收入分配状况，总体上呈倒“U”形轨迹。图 10-3 中，*G* 轴表示基尼系数或收入分配差距，*Y* 轴表示人均收入水平，ABC 曲线就是库兹涅茨曲线的一般形态。

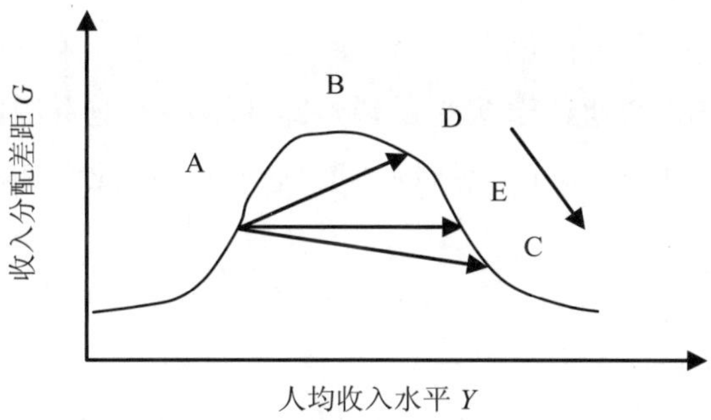

图 10-3　深绿产业发展的收入分配轨迹

图 10-3 表明，传统的发展模式是，在工业化进程中，一个国家或区域的收入分配是从 A 点到 B 点再到 C 点，即收入分配差距先不断扩大然后逐渐缩小。但是，深绿产业发展模式是一种包容性增长，不仅要妥善处理好人与自然之间的关系，还要妥善处理好人与人之间的关系。因此，深绿产业发展的收入分配路径要求直接从 A 点过渡到 C 点，即跨越工业化中期，直接进入工业化后期阶段，同时实现比原来更低的收入分配差距。与环境变化的路径类似，除 A—C 路径外，可能还存在 A—D—C 和 A—E—C 的渐进趋优过渡路径。而无论演进的路径如何，最终的归宿都将是以 C 点为代表的经济效益和社会效益“双赢”的发展状态。

淳安县的深绿产业发展正是需要避开其他地方曾经走过的 A—B—C 路径，走一条 A—C 路径或 A—E—C 路径，A—B—C 路径是不允许的，甚至 A—D—C 路径也是不允许的。实现过渡的具体手段包括：明确目标精准施策，打好“消薄增收”攻坚战；加强中央、省级财政转移支付的力度；建立市场化、多元化生态补偿机制，探索生态补偿横向转移支付机制，加大生态补偿力度等。

在关于收入分配的库兹涅茨曲线的基础上，产生了关于第二产业发展的库兹涅茨曲线。该库兹涅茨曲线表明，在从农业社会向工业社会或从传统社会向现代社会转变过程中，第二产业的增加值比重和劳动力比重在工业社会初期呈现上升趋势，当人均 GDP 达到一定程度之后，第二产业的增加值比重和劳动力比重就会下降。

中华人民共和国成立以来，随着我国人均 GDP 的不断上升，我国第二产业占比从 1952 年的 20.9%上升到 2006 年的 47.6%，之后逐步降低，至 2013 年第三产业的产值比重超过第二产业，达到 46.7%，2017 年已经上升至 51.6%，相应地，2013 年、2017 年第二产业比重下降至 44%和 40.5%。第二产业占比变化呈现倒“U”形曲线关系，而 2013 年以来已经处于倒“U”形曲线顶端的右侧。

图 10-4 比较了淳安县与全国和浙江省的三次产业结构。2000 年以来，与全国和浙江省相比，淳安县第一产业占比偏高，第二产业占比偏低，第三产业占比基本持平且呈现超越态势。这是淳安县产业结构演变受到外部环境和本地资源约束，第二产业未能得到充分发展的明证，更是淳安县产业结构不遵循一般的产业结构演变规律，走非常规、跳跃式发展的结果。

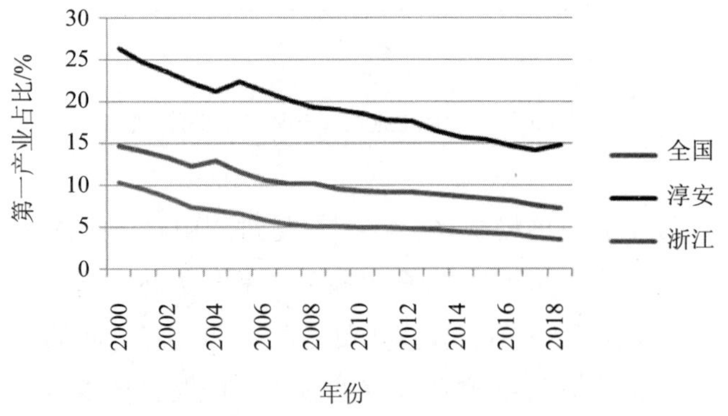

（a）淳安与全国、浙江第一产业占 GDP 比重对比（2000—2018 年）

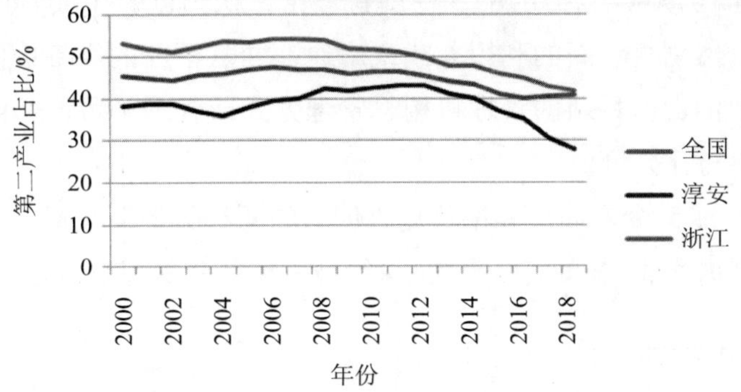

（b）淳安与全国、浙江第二产业占 GDP 比重对比（2000—2018 年）

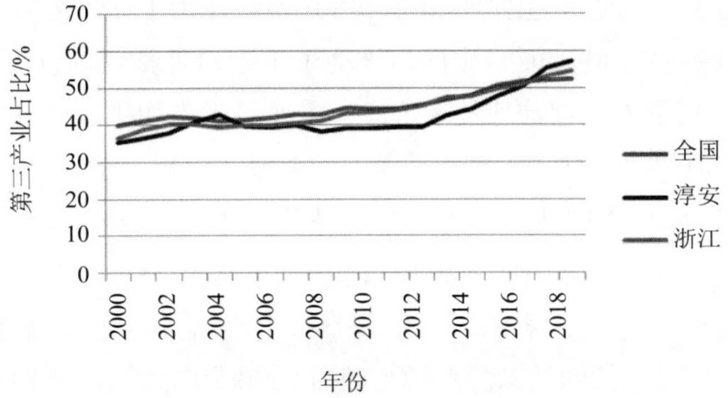

（c）淳安与全国、浙江第三产业占 GDP 比重对比（2000—2018 年）

图 10-4　淳安县与全国、浙江省三次产业结构对比（2000—2018 年）

10.2　淳安深绿产业发展的根本途径

对深绿产业发展的环境质量变化轨迹、资源消耗变化轨迹和收入分配变化轨迹的分析深刻揭示出，淳安要走不同于一般工业化进程的路径，创新不仅是引领发展的第一动力，而且是引领深绿产业发展的第一动力。深绿发展是发展方式的根本性转变，是发展质量和效益的突破性提升。推动深绿产业发展，要牢牢扭住创新这个关键。

根据熊彼特[①]的创新理论，创新就是“建立一种新的生产函数”，就是对生产条件和生产要素进行“新组合”，以此获得“企业家利润”或“潜在的超额利润”。他将创新概括为 5 个方面：引入一种新的产品、采用一种新的生产方法、开辟一个新的市场、掠取或控制原材料或半制成品的一种新的供应来源、实现一种新的组织。

① Schumpeter，J. A. The theory of economic development：An inquiry into Profits，capital，credit，interest and business cycle[M]. Harvard University Press，1934.

美国管理学家德鲁克[①]也提出了一种创新理论，认为创新主要有两种类型：①技术创新，指为某种自然物找到新的利用方式或用途，并赋予新的经济价值；②社会创新，指在经济与社会中创造一种新的管理机构、管理方式或管理手段，从而在资源配置中取得更大的经济价值与社会价值。

熊彼特“创新的 5 个方面”和德鲁克“创新的两种类型”概括起来就是科技创新和制度创新，对于深绿产业发展而言，就是深绿技术创新和深绿制度创新。

10.2.1 深绿技术创新

10.2.1.1 深绿技术

绿色技术的历史，最早可追溯到 20 世纪 60 年代，由于环境公害的出现，欧美发达国家制定了一系列控制环境污染的法规，推动了末端治理技术的创新与发展。20 世纪 70 年代绿色技术发展进入过程治理技术阶段，主要是污染物排放减量。20 世纪 80 年代的绿色技术指的是清洁生产技术，旨在从源头控制减少污染排放。20 世纪 90 年代美国《污染预防法案》将清洁生产技术称为“污染预防技术”，并提出了深绿色技术和浅绿色技术。E.Brawn 等[②]首次提出绿色技术的概念，他们认为绿色技术应该以保护环境为基本理念，是涵盖减少环境污染排放，降低原材料、自然资源和能源消耗的方法、工艺和产品等几乎所有与环境相关的技术的总称，随后绿色技术的概念迅速传播开来。

王伯鲁[③]认为，按照技术对生态系统影响，可以把技术划分为两类，处于生态系统容量之内的技术就是绿色技术，反之则为非绿色技术。按照技术生态负效应从小到大的顺序，又可进一步将绿色技术分为“深”绿色技术与“浅”绿色技术。叶薇[④]指出，所谓绿色技术，是指遵循生态学基本原理和生态经济规律，节约资源和能源，避免、消除或减轻生态环境污染和破坏、生态负效应最少的“无公害化”或“少公害化”的技术、工艺和产品的总称。余淑均[⑤]认为，绿色技术指所有有利于环境保护与生态保持的技术，包括科学技术、应用技术和管理技术。根据绿色技术对于环境作用的深度和广度，可将绿色技术分为 3 个层次：基础绿色技术、创新绿色技术和生态绿色技术。王世杰[⑥]指出，绿色技术实质上应当是一种可保持人类社会持续发展的科学技术体系，它强调自然资源

① 彼得·德鲁克. 管理：使命、责任、实务[M]. 北京：机械工业出版社，2009.

② Brawn，E.，Wield，D. Regulation as a means for the social control of technology[J]. Technology analysis & strategic management，1994（3）.

③ 王伯鲁. 绿色技术界定的动态性[J]. 自然辩证法研究，1997（5）.

④ 叶薇. 中国绿色技术现状及成因分析[J]. 科技进步与对策，2002（8）.

⑤ 余淑均. 对绿色技术内涵与类别的再思考[J]. 武汉工程大学学报，2007（9）.

⑥ 王世杰. 绿色技术评价特性及价值[D]. 北京：中国矿业大学，2015.

的合理开发、综合利用和保护增值，强调发展清洁生产技术和无污染的绿色产品，提倡文明的、适度的消费和生活方式。

综合以上对绿色技术内涵的研究，得出深绿技术的定义，深绿技术是指所有遵循生态学基本原理和生态经济规律、与生态环境系统相协调并利用现代科技潜力，最大限度地实现生态效益、经济效益、社会效益等综合效益最大化的技术。绿色技术是针对黑色技术的，深绿技术是针对浅绿技术的。因此，深绿技术是对浅绿技术的否定，它强调整体性思维而不是片面性思维、强调源头控制技术而不是末端治理技术、强调环境和经济的对立统一而不是相互对立、强调制度与技术的共同作用尤其强调制度创新的决定性意义。

10.2.1.2　深绿技术创新

关于绿色技术创新，不同的学者有着不同的理解。李平[①]认为，绿色技术创新是企业把可持续快速发展作为目标，运用系统学原理产生新技术和更新管理手段，以便于人与自然和谐相处，实现经济、社会和生态有机统一增长和可持续发展。周玉梅[②]认为，绿色技术创新是从生态—经济—社会复合系统整体考虑的技术创新，它以实现生态综合效益即经济效益、生态效益和社会效益的有机统一为目标。技术创新不仅包含技术系统本身的创新，更主要的是把社会价值和生态价值引入技术创新并提高经济价值的全过程。李香菊等[③]指出，企业绿色技术创新不仅仅是一个技术概念，更多的是强调技术创新的“绿色观念”，通过对绿色产品和绿色工艺的研发与应用，实现产品整个生命周期的绿色化，同时实现经济效益与环境效益。

结合以上文献，得出深绿技术创新的定义，深绿技术创新是为实现技术、经济、社会、环境的和谐发展，最大限度地节约资源、减轻甚至消除对生态环境的破坏和污染的一系列技术创新的总称。与绿色技术创新相比，深绿技术创新以生态负效应最小化、经济正效应最大化为价值取向，是一种更符合时代要求的新型技术创新。

归结起来，深绿技术创新可以分为三类：①深绿工艺创新，其目的在于减少甚至消除生产过程中污染产生的清洁工艺技术创新和减少甚至消除已产生污染物排放的末端治理技术创新；②深绿产品创新，即开发各种能够节约能源、原材料、少使用昂贵或稀缺原材料等生产的产品，在使用过程中及使用后不危害或少危害人体健康、影响生态环境的产品，以及易于回收利用和再生的产品；③深绿意识创新，是指培养、形成保护环境减少污染的意识的过程，如绿色教育、绿色营销和绿色消费等。

---

① 李平. 技术创新从传统迈向绿色[J]. 贵州社会科学，2002（1）.

② 周玉梅. 构建发展循环经济的绿色技术支撑和保障机制[J]. 学术交流，2007（12）.

③ 李香菊，贺娜. 地区竞争下环境税对企业绿色技术创新的影响研究[J]. 中国人口·资源与环境，2018（9）.

10.2.1.3 淳安深绿技术创新的实现路径

以实现方式为标准，技术创新可分为自主创新、引进消化吸收再创新与合作创新 3 种类型[①]：①自主创新是指通过拥有自主知识产权的独特的核心技术以及在此基础上实现新产品的价值的过程。自主创新的成果，一般体现为新的科学发现以及拥有自主知识产权的技术、产品、品牌等。②引进消化吸收再创新是指通过国际技术贸易等方式，取得的先进技术或装备，并通过掌握其设计理论、工艺流程等技术要素，成功地运用于生产经营，以及在此基础上开发新技术、新产品并实现商业化的活动。③合作创新是指各创新主体为了共同的研发目标而投入各自的优势资源所形成的合作，合作各方共同投入、共同参与、共享成果、共担风险，以实现尽快开发新技术和新产品目标的创新行为。淳安深绿技术创新应综合考虑产业特点与自身发展基础，分类推进，精准施策。

基于第 9 章淳安深绿产业遴选结果，与此相对应，淳安深绿技术创新的模式选择见表 10-1。

表 10-1 基于产业遴选结果的淳安深绿技术创新模式选择

<table>
<tr><th>大类</th><th>中类</th><th>小类</th><th>自主创新</th><th>引进消化吸收再创新</th><th>合作创新</th></tr>
<tr><td rowspan="16">生态农业</td><td rowspan="10">特色农林渔业</td><td>蔬菜、食用菌及园艺作物种植</td><td rowspan="10">√</td><td rowspan="10">√</td><td rowspan="10">√</td></tr>
<tr><td>水果种植</td></tr>
<tr><td>茶叶种植</td></tr>
<tr><td>香料作物种植</td></tr>
<tr><td>中药材种植</td></tr>
<tr><td>林木育种和育苗</td></tr>
<tr><td>森林经营、管护和改培</td></tr>
<tr><td>木材和竹材采运</td></tr>
<tr><td>内陆养殖</td></tr>
<tr><td>内陆捕捞</td></tr>
<tr><td rowspan="4">农副食品加工制造业</td><td>水产品加工</td><td rowspan="4">√</td><td rowspan="4">√</td><td rowspan="4">√</td></tr>
<tr><td>蔬菜、菌类、水果和坚果加工</td></tr>
<tr><td>营养食品制造</td></tr>
<tr><td>精制茶加工</td></tr>
<tr><td rowspan="2">农产品批发与零售服务</td><td>深绿色农产品批发</td><td rowspan="2">√</td><td rowspan="2">√</td><td rowspan="2">√</td></tr>
<tr><td>深绿色农产品零售</td></tr>
<tr><td rowspan="3">深绿制造</td><td rowspan="3">家具制造</td><td>木质家具制造</td><td rowspan="3">√</td><td rowspan="3">√</td><td rowspan="3"></td></tr>
<tr><td>竹、藤家具制造</td></tr>
<tr><td>智能家具制造</td></tr>
</table>

① 俞立平，李守伟，刘骏. 技术来源对高技术产业创新影响的比较研究[J]. 科研管理，2016（4）.

大类	中类	小类	自主创新	引进消化吸收再创新	合作创新
深绿制造	文教、工美体育和娱乐用品制造	乐器制造	√	√	
		工艺美术及礼仪用品制造			
		专项运动器材及配件制造			
		智能玩具制造			
	高端装备制造	智能制造装备产业		√	√
		航空装备产业			
		卫星及应用产业			
		轨道交通装备产业			
	水饮料	瓶（罐）装饮用水制造	√	√	√
		啤酒制造			
		果菜汁及果菜汁饮料制造			
		茶饮料及其他饮料制造			
全域旅游	全域旅游	旅游会展服务	√	√	√
		运动休闲			
		高端旅游			
		乡村旅游			
		文化研学			
	旅游配套服务	精品住宿业	√	√	√
		特色餐饮业			
		旅游客运			
		旅游货运			
健康养生	医药健康产业	中药制造	√	√	√
		现代中药与民族药制造			
		先进医疗设备及器械制造			
		医学工程相关服务			
	健康管理产业	个性化健康检测评估	√	√	√
		健康咨询服务			
		养生服务			
		健康理疗服务			
		健康用品产销			
	保健品产业	保健食品产业	√	√	√
		健康用品产业			
节能环保	生态环境服务	工业园区绿色升级	√	√	√
		生态保护和修复			
		环境和能源基础设施建设			
		绿色项目咨询服务和运营管理			

大类	中类	小类	自主创新	引进消化吸收再创新	合作创新
节能环保	节能环保产业	绿色节能建筑材料制造	√	√	√
		节能工程施工			
		节能研发与技术服务			
		环境保护专用设备制造			
		环境保护监测仪器及电子设备制造			
	废弃资源综合利用产业	城乡生活垃圾与农林废弃资源利用	√	√	√
		农林废弃物资源化利用			
	新能源产业	生物质能及其他新能源产业		√	√
		智能电网产业			
文化创意	数字创意产业	创意设计		√	√
		工艺美术			
		信息传媒			
		动漫游戏			
		音乐制作			
		影视摄影			
	特色高端培训	艺术培训	√	√	
		青少年素质培训			
		亲子教育市场			
	特色会展服务	科技会展服务	√	√	
		体育会展服务			
		文化会展服务			
数字经济	电子商务	互联网商品批发平台		√	√
		互联网物流平台			
		互联网商品交易平台			
		互联网货物租赁平台			
		互联网商务服务平台			
	互联网与云计算、大数据服务	工业互联网及支持服务		√	√
		互联网平台服务（互联网+）			
		云计算与大数据服务			
		互联网搜索服务			
	人工智能	基础软件开发		√	√
		应用软件开发			
		信息系统集成服务			
总部经济	现代金融服务	能源金融		√	√
		绿色金融			
		互联网消费金融			
		股权众筹融资			

大类	中类	小类	自主创新	引进消化吸收再创新	合作创新
总部经济	现代金融服务	创业投资基金		√	√
		天使投资			
		金融信息服务			
	战略性新兴产业服务	创业指导服务		√	√
		科技中介服务			
		创业空间服务			
		新技术研发服务			

根据技术创新的分类，淳安深绿技术创新的实现路径主要有3条：

路径之一：推动自主创新，增强创新源头供给

面向经济社会发展重大战略需求，坚持问题导向和产业应用方向，集中力量开展科技攻关，在节能环保、医药健康、水饮料等领域加强应用基础研究，力争取得一批重要原始创新成果。加快推进重大科研基础设施和重点技术创新平台建设，支持企业设立研发中心，集聚创新资源。落实国家推动战略性新兴产业发展的重大部署，鼓励支持企业承担国家及省（市）级重大科研项目或工程，积极争取相关项目在淳安布局。出台具有吸引力的人才政策，优化人才发展环境，切实做好人才引进的公共服务配套，强化自主创新的高层次人才支撑。

路径之二：强化引进吸收消化再创新，缩小前沿技术差距

以高端装备制造、新能源、人工智能等领域为重点，通过引进消化关键技术，加快形成一批具有自主知识产权的核心技术，切实提升淳安深绿发展的创新动能。引导有条件的企业“走出去”，通过充分利用国外科技资源，跟踪学习世界先进技术，不断提高企业技术开发和创新能力。加快推进国际技术转移服务平台建设，组织开展综合性及专题性的技术交流对接活动，为企业提供技术信息和合作渠道等高质量的服务。鼓励深绿技术领域的国内外企业、科研机构在淳安设立高层次研发中心，引导本地企业与该类研发中心开展深度合作。

路径之三：深化合作创新，形成深绿发展合力

围绕电子商务、数字创意、互联网与云计算、大数据服务等关联度高、带动性强、发展前景好的深绿产业领域，构建跨区域创新网络，推动区域间共同设计创新议题、互联互通创新要素、联合组织技术攻关。围绕共性需求，加强各类开发区和产业园区之间的协作创新，优势互补、整体联动。探索建立产学研技术创新战略联盟，实现创新资源的有效分工和合理衔接，打造和壮大深绿产业集群，提升深绿产业的整体竞争力。

10.2.2 深绿制度创新

10.2.2.1 制度创新

制度创新理论是制度经济学与熊彼特创新理论两个学术流派的融合。对制度创新的概念及内容的完整表述是由诺斯和戴维斯给出的，他们认为，制度创新指的是能够使创新者获得追加或额外利益的、对现存制度的变革。促成制度创新的因素有 3 种：市场规模的变化、生产技术的发展，以及由此引起的一定社会集团或个人对自身收入预期的变化。[①]

制度经济学认为，制度创新基本上可分为两种类型：一种是强制性制度变迁；另一种是诱致性制度变迁。强制性制度变迁是国家在追求租金（利益）最大化和产出最大化目标的前提下，通过政策法令和法令引入并实施的制度安排变化，具有政府为制度变迁的主体、程序自上而下、带有激进性质及存量革命性质的特点。诱致性制度变迁指的是现行制度安排的变更或替代以及新制度安排的创造，是由个人或一群人，在响应获利机会时自发倡导、组织和实行的，具有改革主体来自于基层、程序为自下而上、带有边际革命和增量调整性质、在改革成本的分摊上向后推移、在改革的顺序上先易后难、先试点后推广和从外围向核心突破相结合、改革路径是渐进式等特点。

10.2.2.2 深绿制度创新

深绿制度创新是指对深绿制度因素进行新的组合，使之比原有的组合能创造更多的产出（包括经济、社会、生态产出）。这一概念强调两点：①有效组织，有效组织应能保证创新者预期纯收益大于预期成本，减少个人收益与社会收益之间的差异，激励组织或个人充分利用和合理配置各种资源；②经济效益，即能够使创新者或组织获得追加利益的现存制度的变革。深绿制度创新在很大程度上决定着企业深绿转型的速度、程度及效果，因此进行深绿制度创新具有客观必然性。

可以从 3 个角度阐述深绿制度创新：①从深绿制度创新的目标角度看，深绿制度追求的是生态效益、经济效益、社会效益等综合效益的最大化，不再是纯粹的经济效益的最大化；②从深绿制度创新的结构角度看，深绿制度是由正式规则、非正式规则、实施机制等部分构成的，注重制度各个部分之间的相互衔接和匹配；③从深绿制度创新的主体角度看，深绿制度并非仅有政府一个主体，而是政府、企业和公众的共同创新及公共治理。

---

① R. 科斯，A. 阿尔钦，D. 诺斯. 财产权利与制度变迁：产权学派与新制度学派译文集[M]. 三联书店上海分店，1994.

10.2.2.3　淳安深绿制度创新的实现路径

依据制度经济学对制度创新的两种分类，可以将深绿制度创新体系定义为由别无选择的强制性制度、权衡利弊的选择性制度、道德教化的引领性制度构成的有机整体①。

别无选择的强制性制度是指政府通过法律或行政手段对不同经济主体进行“命令—控制”式的刚性约束，从而实现深绿发展目的的制度与政策，如污染排放总量控制制度、产业准入负面清单制度、环保标准制度、生态红线制度、环境责任终身追究制等；权衡利弊的选择性制度是指政府向各类经济主体提供一套包含直接或间接利益的经济政策，使之通过成本—收益比较的优化选择实现深绿发展目标的政策手段，如环境税费制度、生态补偿制度、水权交易制度、排污权交易制度、政府绿色采购制度等；道德教化的引领性制度是指政府通过道德教育对各类经济主体施加软约束，使之内化为内心信念从而实现深绿发展目标的非正式制度安排，如考核评价奖励制度、绿色认证制度、绿色消费教育制度、绿色团体建设制度等。

基于以上三类制度内涵的界定，提出淳安深绿制度创新的路径：

路径之一：严格落实别无选择的强制性制度，确保绿水青山的保值增值

积极落实千岛湖特别生态功能区制度，以“条”与“条”“块”与“块”“条”与“块”的管理体制创新为保障，切实落实“共抓大保护，不搞大开发”“生态优先，绿色发展”理念，突出水生态治理重点，加强跨流域协调，推进水岸同治、湖山兼治、上下游共保共治，统筹好生态、生活、生产三大空间，大力引导、支持深绿产业发展。建立健全生态保护红线管控制度，探索建立和完善源头严防、过程严控、后果严惩的制度体系，严守生态保护红线、环境质量底线、资源开发上线，保障生态安全，确保生态功能不降低、面积不减少、性质不改变，为子孙后代和受水区与保护好一湖秀水。完善生态环境责任追究制度，建立领导干部任期生态文明建设责任制，完善相关问责制度，对造成生态环境损害的责任者严格实行责任追究制度，加大执法力度，提高违法成本。

路径之二：积极探索权衡利弊的选择性制度，走出绿水青山价值转化的新路

实行“双管齐下”的绿色财税制度，以环境税和资源税等绿色财政收入制度倒逼传统产业深绿化发展，以生态补偿、循环补助、低碳补贴等绿色财政支出制度激励深绿产业发展。推行绿色金融制度，完善绿色金融的政府政策扶持机制，如建立绿色担保基金、绿色融资贴息及财政补贴制度等，撬动更多社会资本投入深绿产业领域。构建绿色产权制度，加快推进绿色产权市场化，借鉴已试点地区的有益经验，建立健全用能权、用水权、排污权、碳排放权等环境权益的有偿使用、预算管理和投融资机制，培育和发展绿色产权交易市场，高效推进绿水青山的价值转化。

---

① 沈满洪. 生态文明制度建设：一个研究框架[J]. 中共浙江省委党校学报，2016（1）.

路径之三：大力倡导道德教化的引导性制度，努力形成深绿发展的文化氛围

推行深绿发展考评制度、绿色认证制度，借力千岛湖秀水节、民俗文化节、新安文化及诗画社、水生态博物馆等平台载体并不断探索创新，使深绿发展观念深入人心。进而以“一化”（绿色文化普及化）带动“五化”（深绿产业主导化、绿色消费时尚化、生态资源经济化、生态环境景观化和生态城乡特色化），将淳安打造成生态文明制度改革创新的试验区、绿水青山向金山银山有效转化的实践区和城乡融合生态富民的示范区。

强制性制度、选择性制度和引导性制度各有利弊，也各有不同的适用范围，因此应根据适用条件开展深绿制度创新，进行深绿制度的优化组合。强制性制度的优点是具有立竿见影的速度，缺点是实施成本过于昂贵；选择性制度的优点是经济主体具有多方案选择的权力且实施成本较低，缺点是对市场体制和技术条件具有较高的要求；引导性制度的优点是通过道德教化形成的信念往往较为稳定，缺点是这种制度缺乏强制力，易引发道德风险。当几种制度存在替代性关系时，应权衡利弊，在其中选取一种适宜的制度；当几种制度存在互补性关系时，应实行制度的优化组合，通过优势互补最大化政策目标；在同时使用多项具有替代性的制度时应特别谨慎，注意规避政策叠加后对经济体造成的短期冲击。

10.3 淳安深绿产业发展的具体路径

就林水资源而言，淳安是一个资源大县，守着绿水青山的资源，如何做好金山银山的文章是淳安产业发展永恒不变的主题。遵循深绿产业发展的总体轨迹和根本途径，结合淳安的资源禀赋、产业基础、区位条件和产业发展的规制要求，淳安可分类选择深绿产业发展的具体路径。

10.3.1 优势产业提质增效

淳安坐拥优美的千岛湖风景，良好的生态环境资源，空气优良率达到 99%，因此，生态是淳安最大的优势，也是千岛湖最亮丽的名片。发展深绿色产业，首先要依托资源，做大做强特色优势产业。可依托独特资源沿产业链上下游链式拓展，提升特色优势产业发展质量和效益。

（1）做足深绿水产业。千岛湖拥有丰富的优质水资源，2015 年入选首批“中国好水”水源地。多年来，千岛湖区全年平均水质为地表 I 类，在全国列入监控的 53 个淡水湖泊中排名第 5；是华东地区蓄水量最大的湖泊，库容量达 178 亿 m^3，年均入湖水量约 95 亿 m^3。依托得天独厚的优质水资源，淳安已经形成了以饮用天然水和啤酒饮料为代表的特色支柱产业——水产业。2018年，全县实现水饮料产业不含税销售额78.62亿元，同比增长4.3%，占全县规模以上工业企业的66%，入库税金实现6.22亿元，占全县总税收收入的34%。未来在做大水产业的同时，淳安应该加快水资源的高效利用，开发婴幼儿用水、茶道用水、化妆水、小分子水等个性高端水，提高水产品的附加值，促进水产业向高端化发展，打造中国百亿水产业基地。

（2）做深深绿旅游业。千岛湖旅游始于1982年，是国家级风景名胜区、国家AAAAA级旅游景区，旅游业是淳安最具潜力、最有活力、最富魅力的支柱产业。凭借以一湖秀水为核心的一流生态环境，随着高速开通、高铁通车，淳安的交通条件得到改善，2018年淳安吸引1 700余万人次的游客，实现旅游经济收入191.6亿元，旅游业税收占地方财政收入的43.6%。未来随着杭黄高速、淳衢开高速的开通，淳安的交通条件将得到进一步改善。美丽的千岛湖风景、良好的生态环境和不断改善的交通条件，为淳安发展大旅游提供了现实条件。在现有千岛湖旅游的基础上，以“世界山水公园、东方休闲名湖”为特色，争创国家级旅游度假区、打造全国知名休闲运动基地和省级全域旅游示范县。一方面，全面实施全县景区化、全域旅游发展战略，探索独特的千岛湖全域旅游发展模式；另一方面，从观光旅游走向休闲度假、从低端项目转向高端项目，在千岛湖旅游容量有限的前提下，提高入湖项目、入湖游客的消费门槛，更加注重吸引高净值游客，通过提高单个游客的消费水平来提高旅游收入。

（3）做强深绿农业。淳安县农业资源丰富，具有茶叶、蚕桑、淡水有机鱼、山核桃、铁皮石斛等众多特色农林产品，“千岛湖有机鱼”“千岛玉叶”“千岛湖蚕茧”“野娇娇食品”等品牌响誉市场。依托中药材、茶叶、蚕茧、干水果、毛竹等特色农林资源，农产品加工产业发展态势良好。未来淳安应围绕农业产业化链式拓展，促进农林产品特色种植、精深加工、商贸、品牌文化塑造一体化发展，逐渐向价值链高端延伸，促进生物医药、农产品精深加工等高端产业发展，争创省农业绿色发展先行县，打造国家生态原产地产品保护示范区和全国原生态农产品示范基地。

（4）做活深绿文创业。淳安具有优良的生态优势和文化底蕴，近年来在文创产业方面持续发力，进一步打响了“创意千岛湖”的文化品牌。2018年淳安实现文创产业增加值40.35亿元，占第三产业增加值29%，2017年以35.5%的增幅跃居杭州地区首位。紧紧把握“两高时代”重要机遇，淳安以文化旅游、康美养生和影视摄影产业为主导的“3+4+*X*”产业体系加速形成。影视摄影产业发展态势良好，千岛湖成为“中国醉美摄影旅游目的地”，每年吸引超过10万对新人前来旅拍，成功举办三届“醉美千岛湖”全国摄影大赛和首届中国浙江千岛湖国际摄影大赛等富有影响力的国际赛事，姜家镇荣获“中国摄影艺术乡村”。文创发展平台建设初具成效，秀水街文创园获评首批浙江省文创街区，姜家乐水小镇、临岐百草小镇等县级特色小镇不断涌现，培育出威坪镇茶合村、梓桐镇杜井村等一批各具特色且产业导向鲜明的文创村。未来淳安应进一步提升文创产业的规模和集聚化程度，持续营造产业创新氛围，发挥高新技术、数字传媒等新兴业态的支撑作用，深度挖掘民俗民间艺术、传统文化和非遗项目资源，出台文创产业扶持性政策，将文创产业打造成为县域经济的重要增长点和城市文化新名片。

10.3.2 传统产业腾笼换鸟

淳安是水源涵养型国家重点生态功能区，在充分考虑水源涵养型生态功能要求，处理好发展与保护之间的关系，主动退出非深绿色产业，积极引入深绿色产业，为未来发展留足弹性空间。

（1）提升标准退出非深绿色产业。围绕产业转型升级，依托产业准入负面清单，通过提高环保标准倒逼产业升级，推动纺织、建材等污染型、效益低的传统产业逐步有序退出，加快现有产业平台腾笼换鸟，有效盘活现有空间资源，提高土地集约利用效益。

（2）提升门槛引进深绿色产业。提高现有及新建产业平台的产业准入门槛，坚持“深绿、生态、高端、有质量、有效益”的原则，走“无污染、小空间、高科技、大产业”的生态工业发展之路，优选和招引“大好高”项目，大力培育创新创意产业、高新技术产业、互联网产业、健康产业等新兴产业。

自从将千岛湖定位于长三角备用水源以来，淳安始终坚持以“腾笼换鸟”为主抓手，盘整存量资源、健全腾换机制、强化督导推进，腾换工作取得积极成效。2019 年上半年利用闲置资源推进项目数十个，县域实体经济发展空间和质量进一步提升。以青溪新城为代表，淳安积极对接农夫山泉迁建、修正健康产业园等重点项目，进一步做强水饮料产业、提升高端制造业、改造传统产业，全面推进产业绿色升级。千岛湖修正健康产业园按打造百亿健康产业的战略布局，盘活闲置土地 297 亩、厂房 4.8 万 m^2；大可智能家居项目已开工建设，1 号厂房完成改造及设备安装；农夫山泉扩迁建项目拟盘活美澳、凯盛及卓尔纺织（开发区已收储）工业用地，所涉地块已完成收储。为实现由绿色发展向深绿发展的转换，在现有成果的基础上，淳安“腾笼换鸟”工作应进一步提质升级。不仅要加速低小散企业有序腾退、盘活闲置土地资源，更要坚持“项目为王”理念，抢抓产业发展时机，有的放矢补好短板，以大项目、好项目助推产业深绿转型。

10.3.3 新兴产业筑巢引凤

长期以来，限于环保要求、交通条件和人才规模等因素，淳安产业发展基础较为薄弱，处于产业低梯度区。“两高”时代，淳安将加速融入长三角一体化国家战略与杭州大都市区建设，将有更多机会与杭州、上海等城市在共建高端产业链、产业平台、特色小镇等方面展开合作。

（1）承接产业功能，外引内联。凭借良好的生态环境资源、自然景观资源和人文资源，积极承接杭州、上海等地产业链的拆分外移，重点做好商务商贸、会议会展、休闲养生、体育运动、健康服务、大数据、文化创意、教育科研等产业和城市服务的承接。

（2）承接高端要素，内育产业。加快引资、引技、引智，促进淳安与杭州、上海等地就“资源共享”深化合作，实施资源就地转化和产业整合，加快对杭州、上海等地高校的科技成果转化，推动高端制造、电子信息、生物医药等高新技术产业的发展。

（3）引进总部经济项目，打造生态资本金融圈。建立完善的总部经济发展服务体系，吸引中小企业总部、科创总部、风投总部、销售总部等区域性和职能型总部落户，培育一批优势本土总部企业。通过总部项目引进，有效导入资本流、信息流和高净值人群流，带动千岛湖生态资源价值化，促进产业融合和产城融合，全面提升淳安总部经济发展能级，打造极具活力的总部经济生态圈和生态资本金融圈。

10.3.4 高端产业无中生有

充分发挥淳安县在产业空间、租赁成本、项目资源等方面的“洼地效应”，以及宜居宜业的生态环境优势，吸引高端产业及资源向淳安集聚，构筑深绿发展的“产业高地”。

（1）引进代表未来科技发展方向的高端智慧产业。实施“互联网+”行动计划，引进互联网领域科技研发和智慧平台企业，发展以移动互联网、云计算、大数据、人工智能等为核心的高端智慧产业。通过引进若干具有引领性的重大产业项目，吸引一批具有较强竞争力的大型智慧制造企业，建成具有一定区域影响力的“低碳智谷”。

（2）引进代表未来引领生活的高端康美产业。以“精致”和“特色”为指导思想，瞄准高端客群，致力打造康美产业示范区。根据淳安的资源禀赋特点，引进国内外一流高端资源和管理模式，实现高端医疗美容、中医康复、健康管理等项目的“无中生有”，建设集医养、游养、健养、食养于一体的康美产业综合体。同时，应统筹规划、突出特色，引导各乡镇、平台差异化发展，扩大“康美千岛湖”的全国知名度和影响力。

（3）引进代表未来社会风尚的数字创意产业。立足大文化引领，大投入推进，大项目带动，大平台支撑，大力度创新，以创意设计、数字内容、数字硬件、高端工艺美术等为引进重点，通过硬软件打造和产业全链贯通，培育多元主体，深耕产业基础，深层次打造产业实力。促进数字创意产业与传统产业的融合发展，以“数字创意+”提升产业的附加值与竞争力。

10.3.5 “飞地”经济跨越发展

作为杭州市等长三角地区的重要饮用水水源地，淳安县较大比例的区域纳入生态红线，深绿产业发展空间受到很大限制。但是，淳安可以“跳出淳安发展淳安”，积极发展“飞地”经济，留出县域更大生态空间，推动“两山”高水平转换、康美千岛湖高质量发展。

（1）扩大杭州市大江东“飞地”空间，要求嘉兴市落实“飞地”空间。淳安在杭州市大江东的“飞地”，是在习近平总书记的亲自关心下设立的，只能做好不能做差，只能做大不能做小。在千岛湖水即将输送到嘉兴市的前提下，嘉兴市当然也要提供“飞地”，实现淳安—嘉兴的优势互补。

（2）以科技型、文创型、总部型深绿产业为导向，打通淳安与上海、杭州等地的人才链、资本链、产业链。紧抓长三角一体化建设的重要机遇，利用以上地区在改革创新、产业培育、发展规划、管理运营等方面的先进经验，引领带动淳安高起点规划、高标准开发和高水平管理，努力打造全省乃至全国的异地发展新示范。

（3）用好、用足、用活各类政策，强化精准招商引资。建立和完善“飞地经济”激励政策，坚持招大引强、创新招引方式、狠抓项目落地。重点推进区域性定向招商、产业性专业招商、龙头企业带动集群化招商，提高招商的质量与成功率，努力实现“小空间、大产出”。

（4）创新政府与社会资本合作机制，释放民间投资活力。推动政府间的通力合作，调动资源、搭建平台，激发社会资金投资热情。鼓励合作方共同设立投融资公司，吸引社会资本参与“飞地”园区开发和运营管理。抓紧精简、合并民间投资项目报建审批，做到限时办结。完善民营企业信用评级制度，加大对“飞地”园区中小微企业、科技创新企业的金融支持。

第 11 章

淳安深绿产业发展的空间布局

面对千岛湖核心功能发生变化、保护标准更高更严的新挑战，以及“两高”时代交通区位条件变化带来的新机遇，淳安应按照生态保护优先、促进集聚发展、优化空间利用的原则调整产业布局，主动由“临湖开发”转向“后靠发展”，将经济重心向北聚、往西移。产业布局强调严守生态红线、构建生态屏障、退出敏感区域，以有效化解临湖区域生态资源环境压力，为确保千岛湖水质持续向好、景观持续优化提供坚实保障。通过加快发展城市新区促进核心区域集聚，通过推进“走廊式”发展促进点轴集聚，通过培育多中心组团促进局部集聚，最终形成全县域有序协作、集聚发展的良性局面。充分利用新交通枢纽的辐射带动作用，实施“北聚、西移、南提升、东更新”[①]的空间利用优化战略，打造“一主三副，六区多点，一环百源”的产业空间布局模式，通过提升产业集聚度来实现高质量发展和高标准保护的相互促进。

11.1 淳安深绿产业空间布局原则

11.1.1 生态保护优先

从增强“四个意识”、落实“两个维护”的高度，坚决贯彻习近平生态文明思想，不断追求生态文明高线。按照打造“千岛湖特别生态功能区”要求，推进“共抓大保护、不搞大开发”，坚定不移走“生态优先、绿色发展”之路，破旧立新，奋力推动“两山”高水平转化、康美千岛湖高质量发展，争当全国饮用水水源地的示范区、生态价值实现的实验区和高标准保护、高水平转化、高质量发展的先行区。顺应千岛湖核心功能的巨大变化，破除一般县域区划的传统定位，产业布局强调严守生态红线、构建生态屏障、

① 这里的东西南北是根据淳安县地图所作出的大致判断，例如“南”更准确地说是“西南”，“东”更准确地说是“中东”。

退出敏感区域，以有效化解临湖区域生态资源环境压力，为确保千岛湖水质持续向好、景观持续优化提供坚实保障。

11.1.1.1 严守生态红线

随着杭黄高铁全面通车、千黄高速贯通在即，“两高”时代的到来将使淳安的交通区位条件得到根本性改善，人员、资金、信息等要素更易导入，以往制约多种产业发展的关键因素将不复存在。然而，更多产业的发展和扩张，将会对淳安的生态环境产生更大压力，从而对千岛湖的保护工作形成巨大挑战。只有牢固树立“两山”理念，对产业类型、项目规模、业态选择等进行科学规划和严格把控，在产业空间布局中严守生态红线，加快推动产业体系实现新陈代谢，才能有效化解保护与发展的潜在冲突，实现生态环境与民生福祉相得益彰。

产业空间布局要严格遵循水环境功能区划、生态保护红线划定方案及沿湖一千米管控线，项目落地要严格依照临湖地带一千米范围内空间规划和景观修复提升规划，严控临湖地带开发建设和沿湖景观风貌，保护湖岸线、山脊线、天际线，坚决不碰规划红线、守住防控底线、追求生态高线。

11.1.1.2 构建生态屏障

千岛湖即将成为现实水源地，做到水质持续向好、景观持续优化“两个确保”须采取更严密的部署、付出更多的努力。要在产业空间布局中落实系统保护和精准保护思维，强调预留和构建多层次生态屏障，加速环保提标，破单一治污、片面保水之旧，立系统治理、水景共护之新。

临湖地带产业布局要服从于临湖地带综合整治。扎实推进生态修复、植树增绿和景观提升，推动还湖于民、还绿于民、还生态于民，重点建设“一湖百源百湿地”生态系统。修订千岛湖环境质量管理规范标准，提标扩面至水、气、土、废全领域和规划、建设、运维、监管全过程以及湖区、农村、城镇全地域。深化“污水零直排区”创建，强化农村污水处理设施运维管理，提升沿湖村庄治污能力。

纵深地带产业布局要与“净土行动”的全面开展相协调。推进农业面源、景观绿化污染防治行动，注重肥药双控，强化政策激励和利益引导，加强技术保障，推进肥药科学化减量化使用。全面推进节能减排工程，加大对燃煤烟气、餐饮油烟、工地扬尘等空气污染整治力度。

11.1.1.3 退出敏感地带

按照“临湖做减法、内陆可优化”的原则部署产业，为更加精准、科学地保护千岛湖提供有效保障。加速产业布局优化，破临湖开发、囿于本域之旧，立乡村振兴、异地突破之新，推进产业布局向乡村腹地延伸、向都市城区延伸。

全力推进临湖地带综合整治，深入推进“污水零直排区”创建。按照“不留余地、不留死角、不留尾巴”和“还湖于民、还绿于民、还生态于民”的要求，对位于饮用水水源保护区内的建设项目全面排查，列出 4 张清单，制定实施办法和分类实施方案，开展“拆、退、改、整、控”，拆除各类生态敏感点及环境不协调建筑。

11.1.2　促进集聚发展

受制于特殊复杂的地形条件，以及严格的生态环境保护和农业空间保护要求，淳安适宜开发利用的土地既少且散，造成了淳安产业发展平台布局分散、规模较小、功能分区不明晰的局面。这一方面导致淳安产业集聚度低，上下游企业关联融合度不足，产业转型升级缺乏内生动能，粗放式发展模式难以得到根本性改变，土地集约利用效率较低，经济发展受到极大制约。另一方面也导致各产业发展平台基础设施及配套功能不够完善，环境治理设施建设和运维难以发挥规模经济优势，从而不利于高标准、高水平开展生态环境保护。要打破以上困局，亟须顺应“两高”时代的全新交通区位条件变化，加快调整国土开发空间配置，优化产业平台空间布局，通过提升产业集聚度来实现高质量发展和高标准保护的相互促进。通过加快发展城市新区促进核心区域集聚，通过推进“走廊式”发展促进点轴集聚，通过培育多中心组团促进局部集聚，最终形成全县域有序协作、集聚发展的良性局面。

11.1.2.1　加快发展城市新区

良好的交通条件是产业发展的关键基础。淳安应充分利用新交通枢纽的辐射带动作用，加快发展城市新区。推动城市空间由“临湖开发”向“后靠发展”跨越。在有效疏解沿湖主城区资源环境压力的同时，依托交通枢纽培育能级更高的产业增长极，促进高端要素集聚，为深绿产业孕育和发展提供足够空间，实现高质量发展。

长期以来，淳安的产业主要集中于千岛湖镇区、经济开发区和沿湖区域，发展空间已趋饱和。“两高”时代，交通条件的升级驱动城市经济跨越发展，而淳安主城区所辖区域面积过小，发展空间不足，将会制约整个县域产业的集聚和城镇化的推进。由于千岛湖高铁站、杭黄高速建成通车，主要乡镇对接中心城区的便利度提高，中心城区的内聚动力将进一步提升。在现有城市化空间有限的情况下，需顺势推进中心城区的扩围，促进中心城区综合服务能级跃升和县域空间集聚集约开发态势形成。

建议加快推进千岛湖镇撤镇设置街道，调整县城行政区划。依托高铁新区，将文昌、富文、左口、金峰纳入城区规划。一方面能够加强对高铁新区发展的支持力度，提升城市服务功能，借力主城区辐射，促进新城产业人口加速集聚。另一方面，还可以迅速提升乡镇基础设施建设水平，优化城市功能布局，拓展产业发展空间。

11.1.2.2 推进“走廊式”发展

“走廊式”发展即产业布局沿交通干线逐步向外扩展，充分利用沿线土地的发展潜力，形成辐射式增长。在交通系统成本和通勤时间等因素的约束下，城市扩张过程会遵循“最经济”即“阻力最小”的规律。相对于“圈层式”发展，“走廊式”发展更为经济，因而也是全球主要城市由核心区向外围区扩张过程中普遍采取的模式。

杭黄高铁的建成通车大幅提升了淳安对人员、资金、技术等外部要素的吸引能力，这些要素将以千岛湖高铁站为枢纽，沿主要交通干线向四周扩散。千黄高速的贯通将进一步改善沿线拥有互通口的乡镇（威坪、宋村、千岛湖等）的交通便捷程度和产业发展条件。由于交通干道的存在，改善了各地区间的通达性，并将“走廊”上的组团有机串联起来。新的交通干线对产业和劳动力具有吸引力，形成有利的投资环境，使产业和人口向交通干线集聚，产生新的工业区和居民点，以交通干线为“主轴”将逐渐形成一条产业带。

11.1.2.3 培育多中心组团

受制于长期以来的交通区位劣势和山水地形分隔影响，淳安县域产业空间布局呈现出单中心多组团发展的模式。这种模式的问题在于，不仅中心城区的资源要素难以辐射到外围组团，而且外围组团的资源要素也难以为中心城区充分利用，要素流动不畅、溢出效应不彰，导致资源得不到优化配置、产业发展举步维艰。并且，由于各组团缺乏聚合力，资源投入过于分散，基础设施建设和公共服务职能难以有效提升，从而无法支撑起内生式的可持续发展。要解决上述问题，必须实现由单中心组团向多中心组团模式转变。按照“点轴开发、面上保护”的思路，顺应“两高”带来的交通区位条件变化，将资源要素优先向重点区块、重点轴线及主要产业平台集聚，形成多中心组团联动的产业空间布局。

经过多年开发建设，青溪新城已经与主城区在功能地位、用地规模等各方面分量相当，淳安县城的城市空间结构应逐步由单中心组团的空间结构模式向“主城区+青溪新城”双中心组团转变。远期，围绕高铁站培育新的城市中心，形成“主城区+青溪新城+高铁新城”的多中心组团结构，各组团除各自功能内部完善、整体互补之外，通过交通廊道的建设保证相互之间保持良好的交通联系。

此外，通过培育多中心组团让部分资源要素向强镇集聚，能够放大特色小镇、美丽乡村、百源经济、小城镇环境综合整治等建设成果，推动产业发展上山下乡，让美丽资源变成美丽经济。经过大力整治，淳安大部分乡镇面貌焕然一新，但也存在明显的产业空心化问题。培育多中心组团有利于为乡镇地区深绿产业发展导入稀缺要素，使小城镇既有颜值，也有内涵，更有活力。

11.1.3　优化空间利用

新安江大坝建成以前，借江河之利、舟楫之便，淳安经济重心主要为姜家、威坪、汾口一带。新安江大坝建成以后，淳安被动后靠发展，依湖而兴，经济重心主要为千岛湖镇周边。如今，在千岛湖已成为直接饮用水水源，生态保护标准更为严格的背景下，淳安应主动后靠发展。顺应“两高”建设带来的新机遇，根据交通枢纽和干线的辐射范围优化国土空间利用，将经济重心向北聚、往西移的同时，统筹提升南部乡镇基础设施建设和公共服务职能水平，加快沿湖中心城区城市更新步伐，破重外延扩张、粗放增长之旧，立优内涵结构、高质发展之新，进一步加快腾笼换鸟，构建淳安发展新模式。

11.1.3.1　北聚

“两高”建成通车以后，沿线要素导入能力大大提升，相应乡镇的产业平台发展机遇与动力得到较大提升。淳安北部地区将迎来更大的发展优势，其中心地位需更加明确。发挥高铁新区交通和区位优势，科学推进生态产业园区整体开发，辐射文昌区块、临岐、屏门、左口、富文等乡镇。县城沿 05 省道向北拓展，重点发展燕山林场—收费站区块、翁家村—桥西区区块、高铁生态产业园、高铁小镇等，打造集休闲度假、康美养生、总部经济、高新技术产业于一体的淳安新门户。县城沿高速跨东北湖区发展，重点发展进贤湾区块、天堂半岛、丰茂半岛等沿湖区块，打造高端综合旅游度假区。同时，沿昌文线布局发展，联动发展临岐区块，打造淳北中医药养生和运动休闲基地。沿线乡镇在职能分工上将有所调整，选择发展基础和发展潜力均较好的临岐镇作为县域副中心，引领北部山区发展。

11.1.3.2　西移

沿千汾线、千威线向西布局发展，重点发展威坪区块、界首区块、姜家区块和汾口浪川中洲区块，打造未来淳安发展的主要产业带和增长极。选择发展基础和发展潜力均较好的威坪镇和汾口镇作为县域副中心，引领淳安西部发展。持续推进姜家产业区块集镇业态升级改造，打造产业兴旺的特色小镇升级版。

11.1.3.3　南提升

东南湖区的石林、里商区块，与建德市接壤，是淳安东南门户，同时距离中心城市区位优势较好，有潜力分担和疏解中心城市的部分旅游和公共服务职能。因此，可将石林、里商、大墅、安阳与枫树岭镇统筹考虑，提升该区块基础设施建设和公共服务职能水平。

11.1.3.4　东更新

经过多年发展，淳安中心城区发展空间已基本饱和，城镇建设用地已基本无增量空间。然而，产业不够高端、缺乏系统规划、土地集约利用效率不高等现象较为突出，不仅阻碍了经济高质量发展，也在一定程度上对千岛湖高质量保护构成了压力。因此，亟须通过城市更新淘汰落后产业，释放闲置、低效用地的发展潜力，从而实现破解土地资源困境、疏解生态保护压力、优化产业空间布局的多重目的。

要深化“亩均论英雄”要素配置改革，完善企业综合评价体系，建立健全资源要素差别化配置和“一标两制”（标准地+承诺制+代办制）、新增产业项目用地全生命周期管理制度。加快多规融合，坚持临湖地带做“减法”、内陆适度做“加法”，科学利用综合整治后适合开发的空间，提升门槛、优选项目，让宝贵空间产生最大效益。

扎实推进经济开发区“腾笼换鸟”和创新驱动，完成控规修编，加快“退二进三”和业态改造步伐，专注深绿发展，成为产业特色鲜明、产城人融合的特色平台。加快旅游度假区存量资源盘活，加大休闲度假和会议会展产业培育力度，争创国家级旅游度假区。

11.2 淳安深绿产业空间布局模式

淳安县域现有产业发展平台主要位于经济开发区、旅游度假区、高铁新区和姜家区块，此外临岐、威坪、汾口、大墅、梓桐等乡镇也形成了一定规模的产业集聚区块。随着“两高”建成通车，沿线区域产业条件、土地资源、竞争基础都将发生巨大变化，依托交通节点将形成新的增长极，通过增长极推进高铁站场周边新区的形成，实现淳安经济重心北聚发展，带动县域产业空间结构由单中心组团向多中心组团转变。在拉大城市发展框架的同时推动产业空间的重构，引导产业和人口向交通干线沿线集聚，并沿交通廊道继续向外形成辐射式增长，有机串联交通廊道沿线区块，促进沿线区域整体竞争力的提升。

根据强化生态保护、促进集聚发展、优化空间利用的布局原则，立足县域“一主两副、环湖四区，三大中心镇、特色多节点”的既有地域发展结构和“一核两区、东西双城，依山拥湖、珍珠组团，三湖九湾、五源六坪”的总体空间发展架构，充分顺应“两高”时代的全新交通区位条件变化，淳安深绿产业空间布局宜采取“一主三副，六区多点，一环百源”的模式（图 11-1）。

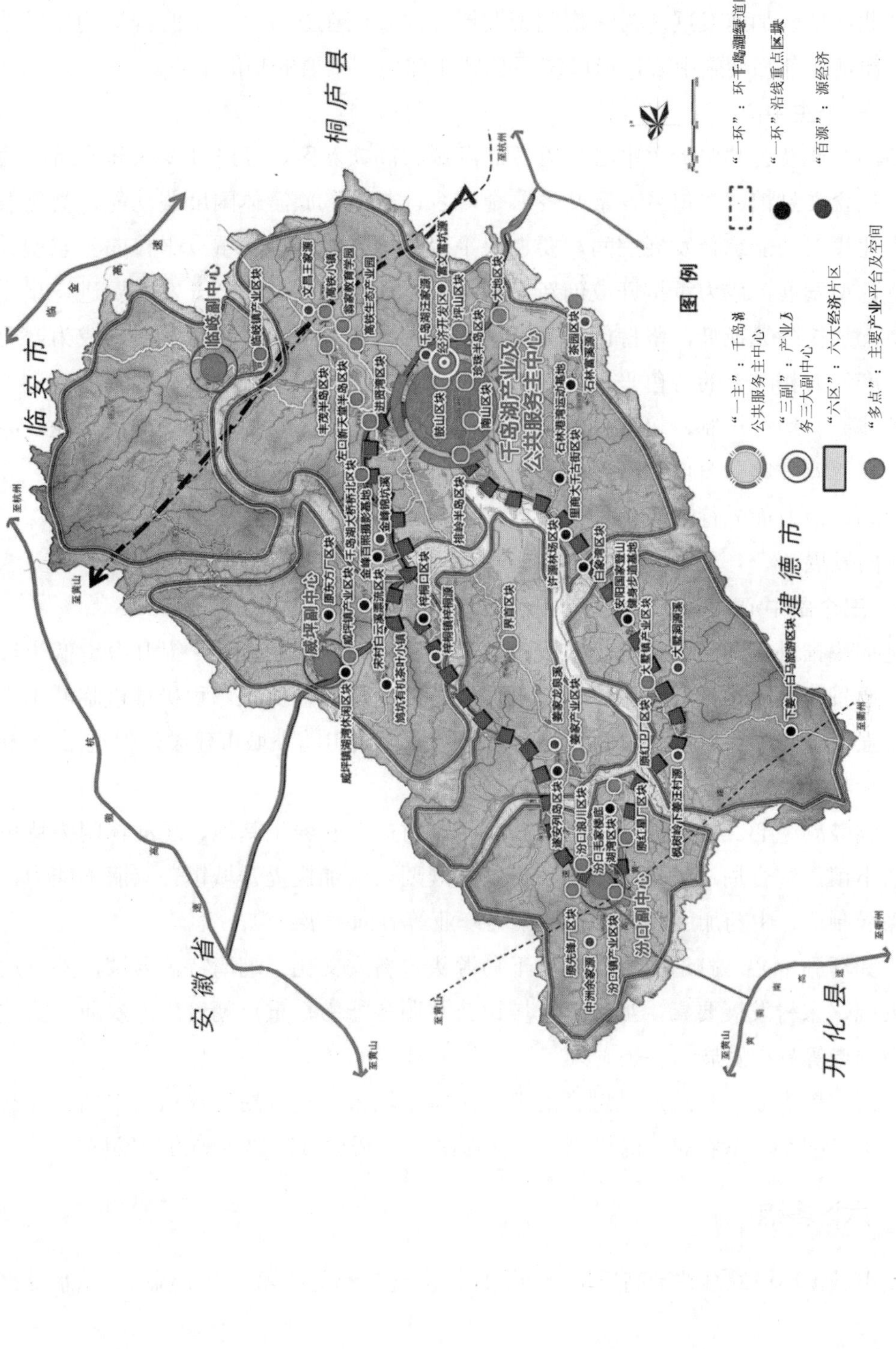

图 11-1　淳安深绿产业发展平台布局

11.2.1 一主三副

杭黄高铁和千黄高速的建成通车将在交通枢纽附近区域形成较强的要素集聚效应，带动县域北部地区加速发展。为加快北聚发展，淳安应在县域“一主两副”的发展架构基础上，新增北部临岐副中心，形成统筹县域北部地区重要的功能节点。

11.2.1.1 一个主中心

千岛湖产业及公共服务主中心。以千岛湖镇、高铁新区、经济开发区和旅游度假区为中心，包含文昌镇、左口乡、富文乡、金峰乡，是区域旅游休闲度假功能、县级服务功能、产业集聚功能综合发展空间。要加快平台转型升级，推动重点平台向生态型、创新型、特色型发展，成为承接开放创新、深绿发展的主载体。经济开发区要进一步完善规划体系，加快腾笼换鸟，坚持创新驱动，剥离社会事务，专注深绿发展，成为产业特色鲜明、产城人相融合的特色平台。旅游度假区要深化国家级旅游度假区创建，进一步完善管理体制、运行机制，培育打造休闲度假、会议会展、总部文创等支柱产业。高铁新区要对标“淳安第一窗口、浙江第一门户”，开展产业规划修编，坚持“五高”方向，谋定而后动、后发而先行。聚焦于健康养生、文化创意、数字经济、总部经济和深绿制造业等方向发展。

11.2.1.2 三个副中心

通过加快推进千岛湖大桥至临岐段改造和杭淳开高速规划建设，提升改造低等级和通乡镇、通景区公路，推行环湖“五位一体”智能交通运输体系，积极推进临岐国家级农业产业强镇、威坪省级特色农业强镇创建和汾口现代田园小城市建设，促进 3 个县域副中心持续壮大。

（1）临岐副中心。打造淳北片区中心、中药材产业和养生基地、运动休闲为特色的康养运动小镇，整合周边王阜、屏门、瑶山发展要素，加快提升城镇公共服务能力，重点朝着深绿制造、中药加工制造、运动康养产业等方向发展。

（2）威坪副中心。打造浙皖边界的千岛源头、新安文化、湖湾特色名镇，整合周边梓桐、鸠坑、宋村发展要素，加快提升城镇公共服务能力，重点朝着生态农业、文旅融合、深绿制造等方向发展。

（2）汾口副中心。打造产城融合的现代田园小城市，整合周边浪川、中洲、姜家发展要素，重点朝着生态农业、深绿制造、文旅融合、新型城镇建设等方向发展。

11.2.2 六区多点

淳安小城镇环境综合整治高质量全面完成，涌现出都美威坪、长乐瑶山、乐水姜家、百草临岐、文茗里商、运动石林、书画梓桐、水韵安阳等一批省（市）样板。按照“分区统筹，强点集聚”的策略，适度集聚资源要素，带动片区的特色化、品牌化崛起，同时形成一定规模的节点，打造县域主副中心以外城乡统筹、人口集聚、服务配套的重要载体。

11.2.2.1　六大片区

以“弱化行政边界，强化分区统筹”为导向，以产业区块为单元引导资源要素优化配置和高效整合，按逆时针方向规划形成千岛湖片区、临岐片区、威坪片区、姜家片区、汾口片区、大墅片区六大经济片区。加快临岐中药材小镇、姜家乐水小镇、石林港湾运动小镇、鸠坑有机茶小镇、威坪桑果小镇等特色小镇建设，充分发挥“小镇经济”辐射带动作用。六大片区范围及深绿产业发展方向具体见表 11-1。

表 11-1　淳安六大片区深绿产业发展方向

片区	范围	深绿产业发展方向
千岛湖片区	千岛湖镇、文昌镇、左口乡、富文乡、金峰乡、石林镇、里商乡 7 个乡镇	以千岛湖镇为核心，以旅游度假区为依托，整合周边乡镇优势资源，大力推进农旅、文旅、体旅、商旅、工旅融合发展，打造国际旅游度假小城市；以高铁新区、经济开发区为依托，打造以大水业、健康养生、节能环保、高端装备制造、文化创意、数字经济、总部经济为主导的深绿产业集聚区；以百源经济为载体，积极推进传统农业转型和新兴农业发展，打造以现代农业园区、特色精品农业园为重点的生态有机农产品基地
临岐片区	临岐镇、屏门乡、瑶山乡、王阜乡 4 个乡镇	以临岐镇为核心，整合周边乡镇优势资源，打造以高山森林、台地运动、峡谷风光等为特色，以中药材、干水果等有机农业为载体的农旅融合片区。以临岐镇产业区块为依托，打造以中药材加工、中药制造、菌类和干果加工、碳素新材料、运动装备制造为主导的片域产业集聚区
威坪片区	威坪镇、宋村乡、鸠坑乡、梓桐镇 4 个乡镇	以威坪镇为核心，整合周边乡镇优势资源，融入千黄旅游线，与名山黄山观光旅游、深渡新安江画廊适度错位，打造浙皖边界旅游休闲服务中心、旅游集散中心；以威坪镇产业区块为依托，打造以农产品精深加工、农业科技研发、生物科技为主导的片域产业集聚区；充分挖掘乡村文化旅游资源，加快建设研学旅行基地；以百源经济为载体，积极推进传统农业转型和新兴农业发展，打造以现代农业园区、特色精品农业园为重点的绿色生态有机农产品基地
姜家片区	姜家镇、界首乡 2 个乡镇	以姜家镇为核心，以姜家产业区块、界首旅游综合体区块为依托，整合周边乡村优势资源，重点发展旅游度假、运动休闲、文化创意等产业，打造千岛湖旅游副中心和特色旅游休闲服务业集聚区；充分挖掘乡村文化旅游资源，加快建设研学旅行基地；以百源经济为载体，积极推进传统农业转型和新兴农业发展，打造以现代农业园区、特色精品农业园为重点的绿色生态有机农产品基地

片区	范围	深绿产业发展方向
汾口片区	汾口镇、中洲镇、浪川乡 3 个乡镇	以汾口镇为核心，整合周边乡镇优势资源，着力发展商贸服务业和中洲红色文化旅游、特色培训产业，培育县域西部经济、文化、商贸副中心；以汾口浪川产业区块为依托，打造以农产品精深加工、旅游运动休闲装备制造、新材料产业为主导的县域重要生态工业平台；以现代农业园区、特色精品农业园建设为重点，积极推进传统农业转型和新兴农业发展，打造绿色生态有机农产品基地
大墅片区	大墅镇、枫树岭镇、安阳乡 3 个乡镇	以大墅镇为核心，以枫树岭镇红色文化教育培训、安阳国家健身步道为依托，形成区域性特色文化和运动休闲板块。以大墅镇产业区块为依托，打造以健康饮品食品、装备设备制造、农产品精深加工为主导的片域产业集聚区；以百源经济为载体，积极推进传统农业转型和新兴农业发展，打造以现代农业园区、特色精品农业园为重点的绿色生态有机农产品基地

11.2.2.2 多个极点

以高铁站和高速互通口为枢纽，沿主要连接线向外辐射，通过“走廊式”发展形成多条产业轴，从而将原来较为分散的主要产业平台和区块有效整合起来，最终形成一系列特色鲜明、相互协作的强节点。按照集聚集约、高精特优的产业发展导向，着力建设 20 个左右创意型现代服务业平台和 10 个左右创新型生态工业平台，成为淳安经济发展的新引擎和增长极。对于已有产业区块，重点做好提质增效，以及退低进高、退小进大、退弱进强、退二进三的“四退四进”工作，提升整体品质和形象。对于产业待招引区块，提高产业准入门槛，做好引资引智工作，按照产业特色完善功能设施配套，打造宜居宜业宜游的产业新空间。淳安县域各个产业平台及其深绿产业发展方向见表 11-2。

表 11-2 淳安县域各产业平台深绿产业发展方向

序号	产业发展平台及空间	用地潜力	产业现状	发展导向类型	未来产业发展方向
1	经济开发区	可开发面积约 6.79 m^2	已形成水饮料、纺织服装和先进制造业三大主导产业	转型发展和重点发展结合型	建设“高端制造先导区”“文创产业引领区”“保健产品集聚区”、产城融合现代园区和新城
	南山区块	已无可开发用地	主要为水饮料、纺织业	转型发展型	实施腾笼换鸟和产业转型，重点引导发展现代金融服务和战略性新兴产业服务
	鼓山区块（含丰家山）	剩余可开发面积约 0.2 km^2	主要为纺织服装、机械制造、食品加工业	转型发展型	实施腾笼换鸟和产业转型，重点引导发展高端装备制造、医药健康、节能环保、新能源与新材料等高新技术产业和新兴产业
	坪山区块	剩余可开发面积约 0.8 km^2	主要为纺织、机械、食品、啤酒制造业	转型发展型	

序号	产业发展平台及空间	用地潜力	产业现状	发展导向类型	未来产业发展方向
1	珍珠半岛区块	剩余可开发面积约 1.17 km^2	主要为电子信息产业、文创和商贸服务业	重点发展型	重点引导发展互联网与云计算、大数据服务、医药健康产业及文化创意、总部经济、科技服务、信息技术、商贸商务等现代服务业
	大地区块	经过规划调整可开发面积约 0.82 km^2	原有企业已腾退，待引入水业产业	重点发展型	重点打造大型水业基地
	茶园区块	基本无可开发用地	水饮料业	一般发展型	提升发展水饮料制造及其配套仓储物流业
	汾口浪川区块	可开发面积约 3.8 km^2	待引入产业	重点发展型	重点引导发展旅游运动休闲装备制造、新材料、医药健康等新兴生态工业及农产品精深加工业
2	旅游度假区	可开发面积约 4.03 km^2	主要为酒店、度假房产、休闲娱乐购物、骑行、餐饮、水上乐园、养生养老等产业	重点发展和一般发展结合型	打造旅游会展服务、健康监测评估、康体养生、文化创意、商务商贸、主题游乐、运动休闲为主导的国家级旅游度假区
	排岭半岛及主城沿湖区块	剩余可开发面积约 0.57 km^2	主要为酒店、休闲娱乐购物、骑行、餐饮、养生养老等产业	一般发展型	优化发展旅游会展服务、总部经济、休闲娱乐购物、运动休闲、特色餐饮、健康管理等产业
	进贤湾区块（含千岛湖大桥桥北区块）	剩余可开发面积约 2.29 km^2	主要为酒店、度假房产、骑行等产业	重点发展型	重点引导发展康体养生、休闲度假、大型主题游乐、运动健身等产业
	界首区块（含原雨润、教育综合体区块）	可开发面积约 1.17 km^2	待引入产业	重点发展型	重点引导发展高端旅游、运动休闲、康体养生、生态农业、婚庆摄影、文化创意等产业
3	高铁新区	剩余可开发面积约 4.81 km^2	主要为机械制造、木材加工、保健食品、化妆品等产业	重点发展型	重点发展总部经济、生物医药、健康饮品、康体养生、商贸物流等产业，打造产城融合的新平台和新门户
	高铁生态产业园	剩余可开发面积约 2.06 km^2	主要为机械制造、木材加工、保健食品、化妆品等产业	重点发展型	重点引导发展生物医药、营养保健食品、健康护理用品、总部经济等
	丰茂半岛区块	剩余可开发面积约 1.33 km^2	待引入产业	重点发展型	重点引导发展高端旅游度假、康体养生等产业

序号	产业发展平台及空间	用地潜力	产业现状	发展导向类型	未来产业发展方向
3	天堂半岛区块	剩余可开发面积约 0.73 km^2	待引入产业	重点发展型	重点引导发展康体养生、总部经济等产业
	翁家教育学堂区块	剩余可开发面积约 0.26 km^2	原有企业已腾退，待引入新产业	重点发展型	重点引导发展科技研发、特色高端培训等产业
	高铁小镇	剩余可开发面积约 0.43 km^2	待引入产业	重点发展型	重点引导发展商务会展、商贸物流、文化创意等产业
4	姜家镇产业区块	剩余可开发面积约 1.35 km^2	主要为旅游度假、文化创意、运动休闲等产业	重点发展型	重点引导发展旅游度假、运动休闲、文化创意等产业，打造千岛湖旅游副中心和省级特色小镇（乐水小镇）
5	汾口镇产业区块（含原红星、红卫、先锋厂区块）	剩余可开发面积约 560 亩	主要为轻纺、建材加工业	转型发展型	实施腾笼换鸟和产业转型，重点引导发展旅游运动装备制造、新材料等新兴生态工业以及农产品精深加工业；原红星、红卫、先锋重点引导发展养生养老、民宿度假、红色记忆体验等服务业
6	威坪镇产业区块（含原东方厂区块）	剩余可开发面积约 535 亩	主要为食品、船舶、中草药加工等产业	重点发展和转型发展结合型	重点引导发展生物科技、农业科技研发、农产品精深加工等产业；原东方厂区块重点引导发展民宿度假、野外拓展、亲子教育、红色记忆展示体验等服务业
7	临岐镇产业区块（含梅口木材加工厂区块）	剩余可开发面积约 300 亩	主要为机械制造、碳材料加工、农副产品加工等产业	重点发展和转型发展结合型	重点引导发展碳素新材料、自行车及运动装备制造、农产品精深加工等产业；梅口木材加工厂区块实施腾笼换鸟，重点引导发展中药材加工及仓储物流产业
8	大墅镇产业区块	剩余可开发面积约 304 亩	主要为纺织、农产品加工业	重点发展型	实施腾笼换鸟和产业转型，重点引导发展保健食品、健康用品、装备设备制造、农产品精深加工等产业
9	梓桐镇产业区块	剩余可开发面积约 113 亩	主要为食品加工业	转型发展型	实施腾笼换鸟和产业转型，重点引导发展研学旅行、乡村旅游、文化创意、运动休闲等产业
10	安阳乡白象湾区块	可开发面积约 2.13 km^2	待引入产业	一般发展型	重点引导发展运动休闲、乡村风情旅游为主的旅游业态

11.2.3　一环百源

按照“还湖于民、还绿于民、还生态于民”的要求，扎实推进临湖地带生态修复、植树增绿和景观提升，将“一湖百源百湿地”生态系统建设工程与发展全域旅游有机结合，以产业深度融合为方向打造“一环百源”观光体验产业带。实现以保护兴发展、以发展促保护，充分彰显千岛湖生态环境优势，推进山、水、林、田、湖、草生命共同体的有机结合与互促共进，形成城乡共兴、湖区山区协调发展的格局。

11.2.3.1　环湖产业带

以环千岛湖绿道网为依托，串联环湖产业区块，打造大淳安旅游的能量集聚环。依托环湖绿道布局旅游观光、休闲度假、康体养生、运动休闲、高端养老等产业，结合各湖区资源特色分为千汾线、淳杨线、05 省道—文左线、千威—梓桐线 4 段进行产业布局引导。纵深延伸绿道，向乡镇腹地延伸，串联乡村旅游资源。积极引进社会资本，在加大驿站等硬件建设的同时，更加重视软件建设，完善并充实绿道重要节点的服务功能，加强绿道两侧绿化美化，积极举办具有国内外影响力的体育赛事，推动赛事经济发展。

11.2.3.2　百源经济圈

编制全县乡村建设规划，科学适度利用“百源”空间，打造农房风貌管控示范带，推进村庄、民居、庭院、田园、公路、河道等“最美系列”创建，进一步提升乡村美丽颜值，努力争创美丽浙江大花园的典型示范县。以县域内千岛湖主要溪流源谷为依托，发展“源经济”，打造辐射全县域的淳安特色山区经济。以规模化、产业化、品牌化为导向，综合发挥山区农业资源禀赋和产业优势，着力推进现代农业综合园区、特色精品农业园、田园综合体、精品民宿建设。充分发挥“农业+”优势，发展休闲观光农业、旅游度假、养生养老、加工流通业等，通过特色集聚和优化提升，打造具有淳安特色的集群融合、优势突出、生态高效特点的农村经济发展格局。深化农村产权制度改革，加快盘活闲置农房等“沉睡”资源，建设一批金融、文创、科研、康养及高端民宿等主题特色村落，激发乡村产业活力。

11.3　重点产业空间布局

11.3.1　大旅游产业：一城五区

以千岛湖旅游度假区为主平台，姜家旅游副中心和文昌高铁小镇为两大旅游集散中心，将各主要乡镇按旅游资源分为“一城五区”，“一城”：千岛湖国际旅游小城；

“五区”按逆时针方向分别为康美养生度假区、森林峡谷观光区、乡野风光游览区、主题公园体验区、红色旅游户外区。按照“旅游+”的理念，加快推进全域旅游建设，引导旅游业与文化创意、生态农业、健康养生、数字经济、体育运动休闲等产业实现融合发展。具体空间布局见图 11-2。

11.3.1.1 千岛湖国际旅游小城

充分依托千岛湖山、水、岛、林构成的得天独厚的生态环境，以排岭半岛旅游度假区、进贤湾高端旅游度假区为引领，重点发展旅游会展服务、精品住宿、健康管理、特色高端培训等产业。以千岛湖城市核心区为主平台，集聚文创资源要素，促进研发设计、文化创意、运动休闲、会议会展等深绿产业发展，打造文创科研新发地、旅游会展目的地。按照千岛湖镇“全国最整洁最温馨最具魅力的旅游休闲城市”的战略定位，进一步完善道路交通、夜景照明体系、公共服务设施等，围绕全球绿色城市建设要求，打造山水生态优美、环境整洁有序、低碳低污染的生态美城，使千岛湖成为中国的千岛湖、世界的千岛湖。

11.3.1.2 康美养生度假区

主要包含文昌镇、富文乡、左口乡、金峰乡等乡镇。①围绕文昌高铁新区丰茂半岛、天堂半岛，引导发展康美度假、养生养心、健康管理、康体运动等“旅游+健康”相关功能，重点布局养生度假村、高端医疗健康中心、新概念运动基地等项目；②依托富文乡、左口乡、金峰乡已有民宿基础，提升民宿发展相关标准，拓展“民宿+休闲农业”“民宿+文化创意”“民宿+养生养老”等产业；③积极发展百源经济，建设特色精品农业园、田园综合体，推动农旅融合发展。

11.3.1.3 森林峡谷观光区

主要包含临岐镇、屏门乡等乡镇，同时联动瑶山乡、王阜乡。依托金紫尖、千亩田优质的山体资源，开发高山避暑休闲、峡谷瀑布观光、户外运动探险、乡村民俗体验旅游产品。积极打造国家山地户外运动休闲示范基地（公园），重点开展徒步、登山、速降、溯溪、攀岩、定向越野等户外运动项目，完善停车场、自行车道、房车营地、人行步道、环山步道、玻璃观景台等户外运动基础设施的建设。依托中药材、干水果等特色农林产业优势，积极推进临岐中医药养生基地、特色精品农业园建设。

11.3.1.4 乡野风光游览区

主要包含威坪镇、梓桐镇、鸠坑乡、宋村乡等乡镇。依托区内山、林、水、田、湖湾等生态环境优势以及茶叶、干水果等特色农林产业，重点开发景观资源、文化资源、民宿资源，着力推进威坪湖湾特色镇、梓桐西湖十里景观飘带、鸠坑有机茶小镇及特色旅游度假平台建设，积极打造国家农业公园。以百源经济为载体，着力推进农林产业与

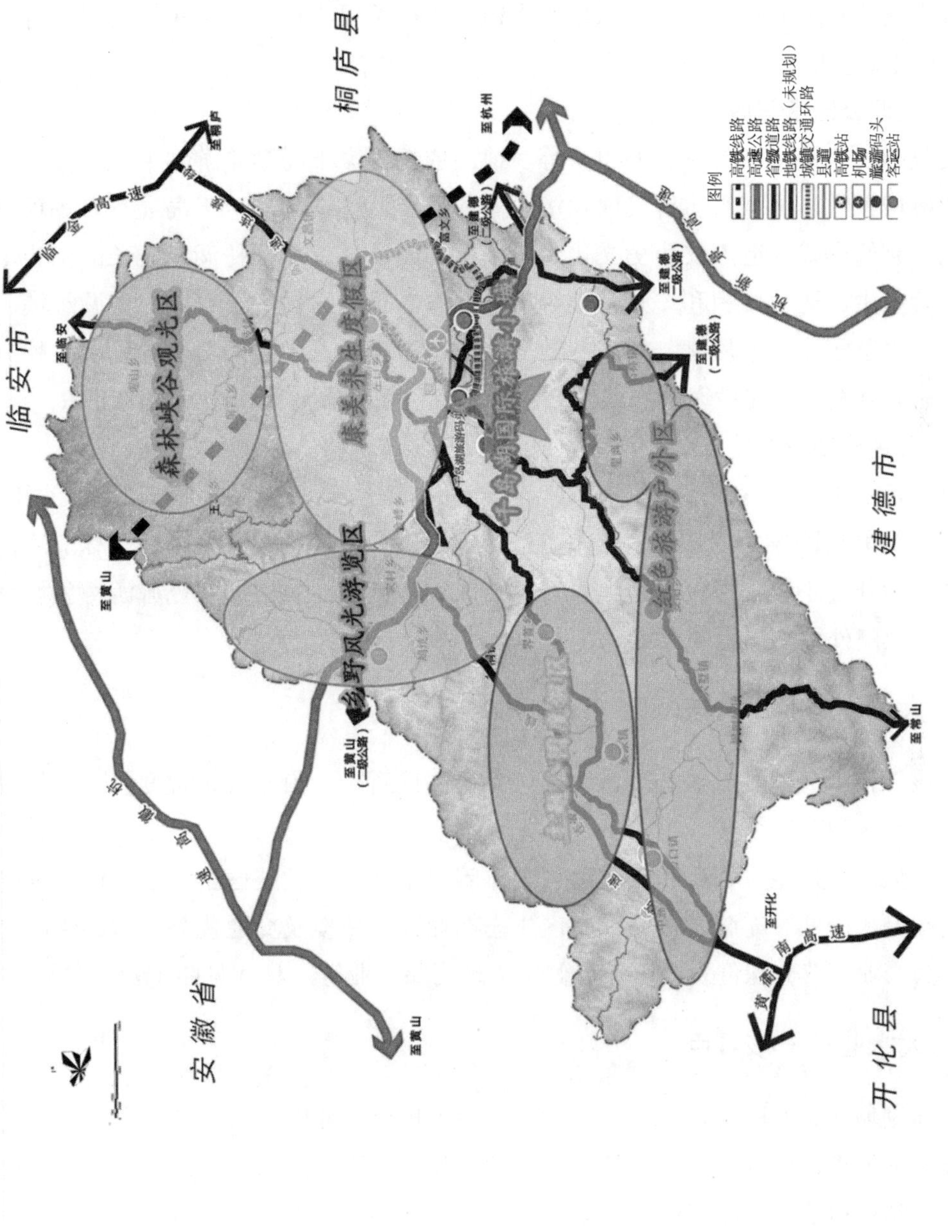

图 11-2　淳安大旅游产业空间布局

旅游业结合，打造田园综合体，丰富四季大地景观，发展亲子采摘、森林学校、耕读体验等产品类型。推进文化创意与旅游、农业深度融合，举办摄影采风、水墨画展等文创活动以及元宵龙灯会等传统民俗活动，开发文创农产品、文创农业工艺品、文创农艺体验展示等。支持梓桐书画小镇、姜家乐水小镇、威坪桑果小镇等特色小镇建设，打造文化研学体验地。

11.3.1.5 主题公园度假区

主要包括姜家镇、界首乡、浪川乡等乡镇。依托姜家千岛湖旅游副中心，提升龙川湾、文渊狮城景区，结合周边狮城博物馆、安麓酒店、遂安列岛“千岛迷宫”等项目，按照主题公园的形式打造淳安历史文化体验主题公园。界首乡依托湖岸线长的优势，大力发展健康养生、运动休闲和户外营地等新型业态，重点布置亲子农园、主题小镇、营地教育、康养茶园、艺术村落、婚庆基地等区块，积极引入国际知名主题乐园品牌。积极推动农旅融合发展，建设现代农业综合园区、特色精品农业园，丰富旅游业态。

11.3.1.6 红色旅游户外区

主要包括白小线的石林镇、里商乡，淳杨县的安阳乡、大墅镇、枫树岭镇，同时联动汾口镇以及中洲镇等乡镇。该区域旅游资源丰富，发展基础较好。围绕石林港湾运动小镇、枫树岭红色小镇等特色小镇建设，串点成轴，打造县域南部红色旅游特色教育培训基地，以及户外运动休闲集聚地。

11.3.2 大健康产业：一核两区

“一核”指千岛湖城市核心区，“两区”指高铁新区、国家级旅游度假区；其中核心区分为主城区和青溪新城。

依托主城区医疗卫生资源和旅游度假区休闲养生资源，发展健康养生、体检复健、美颜等高端健康产业。充分发挥高铁新区生态产业园的环境及交通优势，发展生命信息与生物医药产业、营养保健食品产业、健康护理用品产业等。具体见图 11-3。

11.3.3 大水业：一核多点

以千岛湖城市核心区为增长核心，大地区块、坪山工业区、汾口镇、石林镇以及大墅镇为集聚强节点，围绕水饮料产业做足文章，加快推进大型水业基地（小镇）建设，打造集深绿制造和节能环保产业于一体的大水业。

通过培育“千岛湖”品牌促进大水业深化发展，加快农夫山泉迁扩建，积极招引和培育一批饮料细分领域的专业化“小巨人”企业，鼓励发展母婴水、运动功能饮料等新产品，提升行业竞争力。具体见图 11-3。

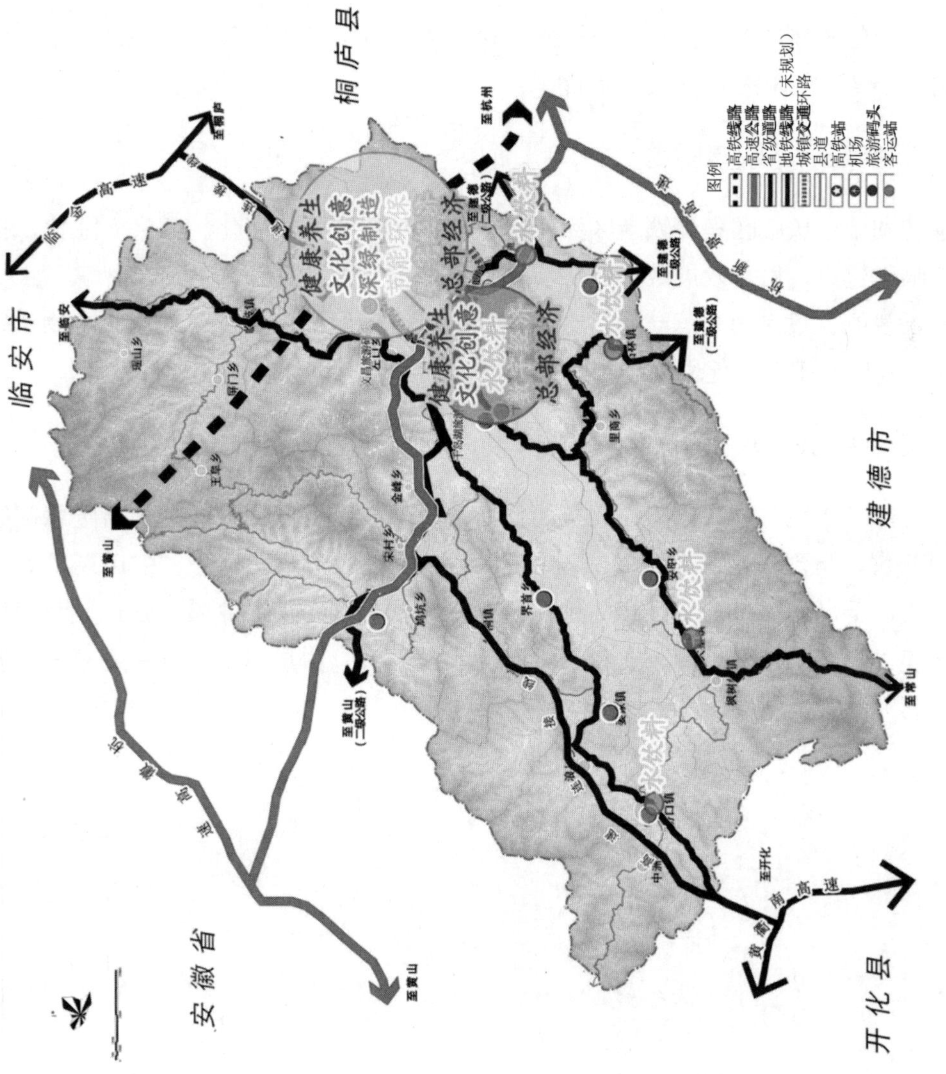

图 11-3　淳安核心区域深绿产业布局

11.3.4 生态农业：多点联动

按照“乡乡出精品，村村有特色”的理念引导和培育生态农业，推动“一二三产”加快融合，沿 227 省道和 302 省道形成多点联动的生态、有机、观光农业空间布局。深化茶叶有机肥替代化肥试点县建设，以无污染、低排放、高效益为方向，培育壮大中药材、蚕桑等特色农林产业，提升千岛湖农品馆功能，推动各类产品接轨高铁、掌上销售，统筹打响“千岛湖”生态有机农产品品牌。

11.3.5 数字经济：双核驱动

以千岛湖城市核心区和高铁新区为驱动核心，加快产业数字化、数字产业化，推动“城市大脑”建设，培育发展数字经济。重点打造电子商务、互联网与云计算、大数据服务、人工智能、数字创意等产业。支持建立一批互联网商品批发、物流、货物租赁、商务服务等互联网平台。促进动漫游戏、信息传媒、创意设计等产业加快发展。

11.3.6 总部经济：双核引领

淳安总部经济现有分布以阳光大厦为核心，以开发区、度假区、高铁新区总部经济产业园为三翼，呈现出全县乡镇多级发展的“一核三区多级”态势。中远期发展目标应该是形成以千岛湖城市核心区和高铁新区为双核的总部经济产业园，强化并利用集聚效应，构建千岛湖生态资本圈，变税源经济为实体经济，引导总部经济深度参与淳安经济发展，助力淳安全域产业升级。

第12章

淳安深绿产业发展评价指标体系构建

绿色发展是生态文明建设的基础，也是未来经济社会发展的引擎。推进绿色产业向深绿产业转型、使传统产业深绿化、新兴深绿产业规模化是淳安发展的现实需求。探讨影响深绿产业发展的因素，筛选出能够反映深绿产业发展状况的指标体系，是对深绿产业发展进行合理评价的关键，有利于指导淳安深绿产业健康发展。

12.1 绿色产业发展指标体系的评析

建立绿色产业评价指标体系不仅可以通过定量的方法完善评价理论与方法，还能合理、真实地反映绿色产业发展状况。合理、有效的绿色产业发展评价指标体系有助于更清晰地界定绿色产业，可以及时发现绿色产业发展中的有利因素与不利因素，更加科学地评估出绿色发展的短板环节，及时纠正产业发展中出现的问题，建立更具针对性的绿色产业政策。因此，建立一套科学合理的绿色产业发展评价指标体系对区域发展具有更重要的现实意义。

12.1.1 现有绿色产业指标体系

长期以来，在世界范围内对绿色产业的界定没有规范、统一的标准，各国统计部门都尚未给出官方标准的绿色产业统计口径，绿色产业相关的统计数据搜集也是无从下手。这给绿色产业的发展测度、绿色产业对经济贡献的影响评价等相关研究都造成了很大障碍。

虽然国际组织、研究机构和学者对绿色经济的认识和理解存在一些差异，但殊途同归，对绿色发展的认识和理解都强调经济增长、生态环境和社会包容性之间的相互依存关系。世界各国和地区也都在依据自身实际情况探索形式多样、各有侧重的绿色经济发展模式。随着绿色经济理论研究的不断深化，国内外与绿色经济相关的指标体系研究和实践也日趋深入。联合国环境规划署（UNEP）、经济合作与发展组织（OECD）、世界自然基金会（WWF）等国际组织和机构，国家发改委、环境保护部以及北京师范大学等国内行政部门和研究机构都研究提出了以测度绿色经济为核心内容的指标体系和构建方法。本研究对国际、国内有关绿色产业发展的评价指标体系进行了梳理，见表 12-1。

表 12-1 有关绿色产业发展的评价指标体系梳理

评价指标体系名称	主要构成内容	发布机构
	国际	
绿色增长评价指标体系	环境与资源生产率、自然资产基础、生活质量与政策响应 4 个方面，下设 14 个二级指标	OECD
全球绿色经济指数	指标体系设有气候变化绩效、行业效率、市场和投资、环境 4 个维度（2018 年中国的绿色经济指数排世界第 28 位）	Dual Citizen LLC
包容性绿色经济测度指标体系	环境、政策与幸福公平 3 个准则层、14 个要素层	UNEP
绿色经济指标指导手册	为各国制定绿色经济指标体系提供了指导，从问题识别指标、政策制定指标、政策评估指标 3 个方面设置了具体的评级指标	UNEP
	国内	
中国绿色发展指数	设置资源利用、环境治理、环境质量、生态保护、增长质量、绿色生活与公众满意度一级指标 7 个、细分二级指标 56 个	国家发改委、国家统计局、环境保护部、中央组织部
面向绿色经济决策的指标工具及实证研究报告	设置一级指标 6 项，包含资源能源、环境质量、生态系统、农村环境、环境健康和风险、全球环境挑战，并设置了废水排放量、能源消费总量等 28 项细分指标	环境保护部环境与经济政策研究中心（PRCEE）与世界自然基金会（WWF）
中国绿色产业景气指数报告 2017	由中国绿色产业景气指数（GICI）和绿色经理人指数（GMI）构成，通过绿色产业经理人从订单、存货、业务、配送、雇员 5 个方面针对绿色产业的制造业和非制造业分别构建了综合指标体系	中央财经大学绿色经济与区域转型研究中心
中国绿色产业发展指数报告——区域比较	经济增长绿化度、资源环境承载潜力、政府政策支持力度等 3 个一级指标、9 个二级指标、60 个三级指标	北京师范大学经济与资源管理研究院、西南财经大学发展研究院、国家统计局中国经济景气监测中心

国际上绿色经济评价指标体具有代表性的有：OECD 发布的《面向绿色增长：给政策制定者的一个总结》[①]，构建了一套完整涵盖经济、环境和人类福祉等方面的绿色增长评价指标体系；UNEP 于 2014 年发布了《绿色经济指标指导手册》，其中建立的绿色经济评价指标体系为各国制定绿色经济指标体系提供了指导[②]；Dual Citizen 公司每年都会根据相应指标对全球 120 多个国家的绿色经济发展情况进行评估，并发布《全球绿色经济指数》[③]；为更好地理解和利用绿色经济指标，支持并跟踪各国的绿色经济政策，UNEP 还建立了一套衡量绿色经济进展的指标体系，即《包容性绿色经济测度指标体系》[④]。

国内具有代表性的有关绿色经济评价指标体系包括：国家发改委、统计局、环境保护部、中组部在 2016 年联合颁布的《绿色发展指标体系》[⑤]；环境保护部环境与经济政策研究中心（PRCEE）与 WWF 合作建立的《面向绿色经济决策的指标工具及实证研究》[⑥]；此外还有一些高校、科研机构建立的指标体系，如《中国绿色产业景气指数报告 2017》[⑦]《中国绿色产业发展指数报告》[⑧]等。

12.1.2 现有绿色产业评价指标体系评述

通过对以上与绿色产业发展有关的评价指标体系的比较与分析，可以得出既有指标体系的构建过程基本考虑了以下几点：

（1）指标体系充分体现绿色发展内涵，能衡量绿色发展的经济效益、社会效益、环境效益及其综合效益。对绿色经济的测度在指标的设置上多侧重于产业发展与经济增长，但也都整体考虑了社会福利与环境效益，如《全球绿色经济指数》；对绿色发展的评价在指标的选取上更偏向于环境质量、生态保护等方面，如《中国绿色发展指数》。

---

① 经济合作与发展组织. 面向绿色增长：给政策制定者的一个总结. 2011 年，http//：www.oecd. org/greengrowth/48012345. pdf.

② 联合国环境规划署. 绿色经济指标指导手册. 2014 年，https：//www. un-page. org/files/public/content-page/unep_indicators_ge_for_web. pdf.

③ Dual Citizen 公司. 全球绿色经济指数. 2018 年 9 月 18 日，http：//www. dualcitizeninc. com/global-green- economy-index/.

④ 联合国环境规划署. 包容性绿色经济测度指标体系. 2014 年，https：//wedocs. unep. org/bitstream/handle/20. 500. 11822/9532/-Using%20indicators%20for%20Green%20Economy%20policymaking-2014IndicatorsWorkingPaper. pdf?sequence=3&amp%3BisAllowed=.

⑤ 国家发改委. 关于印发《绿色发展指标体系》《生态文明建设考核目标体系》的通知（发改环资〔2016〕2635 号），2016 年 12 月 12 日：http：//www. ndrc. gov. cn/gzdt/201612/t20161222_832304. html.

⑥ PRCEE&WWF. 《面向绿色经济决策的指标工具及实证研究》2015 年 6 月 24 日，http：//www. wwfchina. org/content/press/publication/2015/publication-20150624-green. pdf.

⑦ 中央财经大学. 中国绿色产业景气指数报告. 2016 年 7 月 14 日，http：//www. gov. cn/xinwen/2016-07/14/content_5091198. htm.

⑧ 北京师范大学经济与资源管理研究院. 中国绿色产业发展指数报告（2018）[M]. 北京：科学出版社，2018.

（2）指标体系可以为绿色经济发展提供决策咨询服务，帮助决策者发现绿色经济发展在不同领域和具体要素上存在的问题。例如，UNEP 发布的《绿色经济指标指导手册》，提出了按照政策决策过程构建指标体系的方法，从而使绿色经济指标可以更贴近于绿色经济政策的决策过程，更好地服务于绿色经济政策的制定和执行，这一绿色经济评价指标已经在加纳、毛里求斯等国家进行了推广，并取得了较好的进展。

（3）指标体系的选取要能体现国家和区域发展特色，还要与国际对接，易于理解和比较。例如，《面向绿色经济决策的指标工具及实证研究报告》就是在结合 UNEP 提出的指标体系构建方法基础上，基于中国基本现状，运用指标工具开展实证研究并提出针对中国绿色经济发展的政策建议。但在世界范围内建立一套统一的既能充分涵盖绿色经济内涵，又能充分体现不同国家和区域差异性的绿色发展指标体系难度非常大。UNEP 提出，各国应按照各自发展特点探索各具特点的绿色经济指标体系，提倡暂时避开对于具体指标的选取，把重点先放在运用现有指标来指导绿色经济的政策制定方面。

现有评价指标存在的问题：①国内外权威机构的评价指标体系研究目的各异，大多仅是关注了生态环境、经济等方面的发展状况，并没有从绿色产业的内涵出发，构建反映绿色产业发展状况的指标体系。②现有大多指标体系研究过程并未检验指标体系是否存在冗余信息，一个合理的体系不但要反映绿色产业的内涵，还要保证能用较少的关键指标评估绿色产业发展状况。③一些客观的指标筛选过度依赖数据，因此会舍弃掉一些重要的指标，或忽略了指标的实际含义。④在指标权重的设定方面，迄今国内外还未开发出一种方法能够很好地解决指标赋权问题，客观赋权法、主观赋权法都存在自身的问题，指标赋权方案还需在大量的讨论与实践中不断调整完善。⑤现有指标体系都存在指标计算复杂的问题，直接选用基础性数据作为指标的非常少，大多指标需要计算。例如，《中国绿色发展指数》中的资源产出率指标，其计算过程较为复杂，不是一般研究团队在短期内就能完成的任务；再如，《面向绿色经济决策的指标工具及实证研究报告》中的生物多样性综合物种指数指标与地区生态系统脆弱性和可恢复性指标的数据，都需要专业人员在大量计算基础上得出，这无疑会降低评价工作的可操作度、延长评估周期。

综合上述分析，结合指标体系的系统性、权威性、适用性，以及研究对象淳安县的实际，本书将参考借鉴 PRCEE 与 WWF 联合制定的《面向绿色经济决策的指标工具及实证研究报告》，以及国家发改委发布的《中国绿色发展指数》制定深绿产业评价指标体系。参考《面向绿色经济决策的指标工具及实证研究报告》主要是因为该指标体系充分借鉴了 UNEP 指标工具基础框架并结合了中国实际，运用这一方法在国家和地方层面制定的绿色发展体系更易于得到认可，且便于比较分析与推广。而《中国绿色发展指数》是我国生态文明建设评价考核的依据，指标的筛选与确定在中国各地区具有普遍适用性。

12.1.3 深绿产业评价指标体系基本特征

判断指标体系是否属于深绿发展首先要从深绿产业的内涵出发。深绿色环境观念通过构建整体性和系统性的发展体系，追求环境保护和生态发展的“双赢”模式。深绿产业的发展可体现出与自然、社会各相关群体的良性互动，达到短期利益和长期发展的统一，实现产业的可持续发展。深绿产业的指标选取应体现以下几点。

12.1.3.1 突出产业深绿发展的经济性

首先，指标应突出平均概念，减少总量指标，人均或单位 GDP 指标相对于总量控制更能符合区域发展具体要求。此外，指标体系中同时含有总量与人均指标，极有可能出现指标数据的重复，而使模型估计失真或难以估计准确，因此，在《中国绿色发展指数》中，基于总量的指标本书暂不考虑在内。其次，深绿产业的发展应考虑经济成本与经济损失，根据指标评价来判断哪项政策可以以最低的经济成本实现最大的效益，《面向绿色经济决策的指标工具及实证研究报告》中，环境治理的成本、生态服务价值损失等都可以作为深绿产业衡量指标。最后，深绿产业应重点增加第三产业与战略性新兴产业增加值占 GDP 比重等指标的权重。

12.1.3.2 增加产业深绿发展的公众评价

《中国绿色发展指数》中指标的选择多侧重于生态环境，涉及对人类福祉和社会福利产生的影响的指标则相对较少，仅设置了公众满意程度一项指标，但并未设置权重；《面向绿色经济决策的指标工具及实证研究报告》考虑到这点，设置了环境健康和风险一级指标与 4 项二级指标，但仅是涉及环境污染给人们健康及经济带来的损失，并未考虑公众对绿色产品的接受程度，以及公众对绿色产业的认识度、满意度等。

12.1.3.3 删除环境质量中的“浅绿”指标

浅绿发展需要应对污染物排放总量高、生态受损严重、环境突发事件频发、二氧化碳排放总量大等环境问题，应将此类指标严格约束在一定区间内。而深绿产业发展要求指标的选取更加严格，一些无法体现深度节能减排或可能致使生态破坏的指标应该予以删除，以充分体现生态环保的特征。例如，在两套指标体系中涉及劣Ⅴ类水体占比的指标就应作删除处理。基于《中国绿色发展指数》《面向绿色经济决策的指标工具及实证研究报告》两套指标体系，本书对指标是否符合深绿产业发展进行了判断，并据此进行遴选，见表 12-2、表 12-3。

表 12-2 《中国绿色发展指数》指标体系深绿产业指标筛选　　单位：%

一级指标	二级指标	权数	是否符合深绿发展指标
资源利用（权数=29.32%）	能源消费总量	1.83	
	单位 GDP 能源消耗降低	2.75	√
	单位 GDP 二氧化碳排放降低	2.75	√
	非化石能源占一次能源消费比重	2.75	√
	用水总量	1.83	
	万元 GDP 用水量下降	2.75	√
	单位工业增加值用水量降低率	1.83	√
	农田灌溉水有效利用系数	1.83	√
	耕地保有量	2.75	
	新增建设用地规模	2.75	√
	单位 GDP 建设用地面积降低率	1.83	√
	资源产出率	1.83	√
	一般工业固体废物综合利用率	0.92	√
	农作物秸秆综合利用率	0.92	√
环境治理（权数=16.50%）	化学需氧量排放总量减少	2.75	
	氨氮排放总量减少	2.75	
	二氧化硫排放总量减少	2.75	
	氮氧化物排放总量减少	2.75	
	危险废物处置利用率	0.92	
	生活垃圾无害化处理率	1.83	√
	污水集中处理率	1.83	√
	环境污染治理投资占 GDP 比重	0.92	√
环境质量（权数=19.25%）	地级及以上城市空气质量优良天数比率	2.75	√
	细颗粒物（$PM_{2.5}$）未达标地级及以上城市浓度下降	2.75	
	地表水达到或好于III类水体比例	2.75	√
	地表水劣V类水体比例	2.75	
	重要江河湖泊水功能区水质达标率	1.83	√
	地级及以上城市集中式饮用水水源水质达到或优于III类比例	1.83	
	近岸海域水质优良（一类、二类）比例	1.83	√
	受污染耕地安全利用率	0.92	
	单位耕地面积化肥施用量	0.92	√
	单位耕地面积农药施用量	0.92	√
生态保护（权数=16.50%）	森林覆盖率	2.75	√
	森林蓄积量	2.75	√
	草原综合植被覆盖度	1.83	√
	自然岸线保有率	1.83	√
	湿地保护率	1.83	√
	陆域自然保护区面积	0.92	
	海洋保护区面积	0.92	
	新增水土流失治理面积	0.92	
	可治理沙化土地治理率	1.83	
	新增矿山恢复治理面积	0.92	

一级指标	二级指标	权数	是否符合深绿发展指标
增长质量（权数=9.15%）	人均 GDP 增长率	1.83	√
	居民人均可支配收入	1.83	√
	第三产业增加值占 GDP 比重	1.83	√
	战略性新兴产业增加值占 GDP 比重	1.83	√
	研究与试验发展经费支出占 GDP 比重	1.83	√
绿色生活（权数=9.18%）	公共机构人均能耗降低率	0.92	√
	绿色产品市场占有率（高效节能产品市场占有率）	0.92	√
	新能源汽车保有量增长率	1.83	√
	绿色出行（城镇每万人口公共交通客运量）	0.92	√
	城镇绿色建筑占新建建筑比重	0.92	
	城市建成区绿地率	0.92	
	农村自来水普及率	1.83	
	农村卫生厕所普及率	0.92	
公众满意程度	公众对生态环境质量满意程度	—	√

表 12-3　《面向绿色经济决策的指标工具及实证研究报告》指标体系深绿产业指标筛选

分类	指标			
	资源环境指标	是否深绿指标	经济社会指标	是否深绿指标
资源能源	土地资源			
	1. 耕地面积（hm^2）	√		
	2. 耕地退化面积占国土面积比例（%）			
	水资源			
	3. 水资源总量（亿 m^3）	√		
	4. 供水总量（亿 m^3）			
	能源			
	5. 石油探明储量（亿 t）			
	6. 煤炭探明储量（亿 t）			
	7. 天然气储量（亿 m^3）			
	8. 能源利用总量增长率（%）	√		

<table>
<tr><th rowspan="2">分类</th><th colspan="4">指标</th></tr>
<tr><th>资源环境指标</th><th>是否深绿指标</th><th>经济社会指标</th><th>是否深绿指标</th></tr>
<tr><td rowspan="4">环境质量</td><td>水环境质量
9. Ⅳ～Ⅴ类水质断面比例（%）
10. 劣Ⅴ类水质断面比例（%）
11. 地下水较差和极差水质比例（%）</td><td></td><td>21. 水污染经济损失（元）
22. 水污染治理成本（元）
23. 大气污染经济损失（元）
24. 大气污染治理成本（元）</td><td>
√
√
</td></tr>
<tr><td>大气环境质量
12. 二氧化硫年均浓度（μg/m^3）
13. 二氧化氮年均浓度（μg/m^3）
14. 一氧化碳年均浓度（mg/m^3）
15. 臭氧平均浓度（μg/m^3）</td><td></td><td></td><td></td></tr>
<tr><td>16. 颗粒物（PM_{10}）年均浓度（μg/m^3）</td><td>√</td><td></td><td></td></tr>
<tr><td>17. 颗粒物（$PM_{2.5}$）年均浓度（μg/m^3）
18. 总悬浮颗粒物年均浓度（μg/m^3）
19. 氮氧化物年均浓度（μg/m^3）
土壤环境质量
20. 土壤污染超标率（%）</td><td></td><td></td><td></td></tr>
<tr><td>生态系统</td><td>25. 人均生物承载力（ghm^2/人）
26. 水土流失面积占国土面积比例（%）
27. 外来物种入侵数量（个）
28. 生物多样性综合物种指数
29. 地区生态系统脆弱性和可恢复性</td><td>√

√
√
</td><td>30. 生态退化经济损失（元）
31. 生态服务价值损失（元）</td><td>√
</td></tr>
<tr><td>农村环境</td><td>32. 农村饮用水水源地水质超标比例（%）
33. 农村地表水黑臭水体比例（%）
34. 农村地下水水质超标比例（%）</td><td></td><td>35. 环境贫困人口数量（人）
36. 农村环境污染事件数量（件）</td><td>√
</td></tr>
<tr><td>环境健康和风险</td><td>37. 个人最大暴露风险</td><td></td><td>38. 因空气污染导致的呼吸道疾病人数
39. 因环境污染而导致的癌症发病率
40. 环境污染导致的健康经济损失</td><td>

√</td></tr>
<tr><td>全球环境挑战</td><td>41. 气候变化指数</td><td></td><td></td><td></td></tr>
</table>

12.2　淳安深绿产业发展评价指标体系初探

建立淳安深绿产业评价指标体系，一方面需要以现有的绿色发展评价指标体系为基础，遵循现有的评价指标数据统计与实证方法；另一方面，深绿产业评价指标不是原有绿色经济、绿色发展领域统计指标的简单照搬、相加和堆积，而是原有评价指标的提炼、升华和一定程度上的创新。深绿产业的发展要最大限度地体现经济、环境和社会的统筹发展。

12.2.1　深绿产业评价指标构建

通过对上述既有评价指标体系的分析可以看出，国际社会构建的评价指标更关注生态环境、社会包容和人类福祉等方面，国内则更多从经济发展和资源环境来构建指标体系。绿色产业指标体系的构建应满足经济效益、社会效益与生态环境效益，但深绿产业指标体系的构建则更应该关注环境效益。

深绿产业发展倾向于在促进产业结构不断优化升级的同时，改善就业环境，提高社会效益；此外，政府可以通过对深绿产业发展的引导与干预，按照比较优势原则进行产业分工，通过产业结构调整提供基本公共服务体系，缩小区域之间发展差距，提高公众的幸福指数。生态环境效益的基础是生态平衡和生态系统的良性、高效循环。深绿产业的发展应在产业体系的调整中去寻找实现环境与经济共赢的路径，这要求产业发展过程要充分实现资源的合理利用，设置严格的节能减排目标约束，以实现良好的生态环境效益。

从深绿产业的经济效益、社会效益与生态环境效益的角度出发，结合国内外权威机构报告中的高频指标，以及淳安当地产业发展实际，海选出包含资源产出率在内的 27 项深绿产业评价指标体系，分别涉及产业发展水平、产业发展潜力、资源综合利用、生态环境控制、社会福利、公众满意度。其中，产业发展水平与产业发展潜力属于经济指标，资源综合利用与生态环境控制属于生态环境指标，而最后两项属于社会指标范畴，细分指标见表 12-4。

表 12-4 深绿产业指标的构建

一级指标	二级指标	三级指标	单位	指标正逆向
经济指标	产业发展水平	深绿产业*产值占区域 GDP 的比重	%	+
		第三产业增加值占区域 GDP 的比重	%	+
		战略性新兴产业增加值占区域 GDP 的比重	%	+
		环境治理投资占区域 GDP 的比重	%	+
	产业发展潜力	深绿产品市场占有率	%	+
		节能环保专利项目数	件	+
		深绿产业集聚度	%	+
		科技投入占 GDP 的比重	%	+
环境指标	资源综合利用	单位 GDP 能源消耗下降率	%	+
		万元 GDP 用水量下降率	%	+
		一般工业固体废物综合利用率	%	+
		危险废物安全处置率	%	+
		污水处理率	%	+
	生态环境控制	化学需氧量（COD）减排比例	%	+
		二氧化硫（SO_2）减排比例	%	+
		氮氧化物（NO_x）减排比例	%	+
		臭氧平均浓度	$\mu g/m^3$	−
		总悬浮颗粒物年均浓度	$\mu g/m^3$	−
		空气质量达标率	%	+
		自然保护区面积	hm^2	+
		地表水达到或好于Ⅱ类水体比例	%	+
		重要湖泊水功能区水质达标率	%	+
社会指标	社会福利水平	深绿产业的年就业扩张率	%	+
		深绿产业投资额	元	+
		深绿产品利税率	%	+
	公众满意程度	公众对深绿产品的接受程度	%	+
		公众对深绿产业发展的满意度	%	+

* 深绿产业为本书第 3 章所遴选出来的产业。

指标的遴选过程中遵循以下几点：①符合深绿产业内涵，并体现经济性特征，即“既经济，又深绿”；②遴选的指标为国内外权威机构发布的指标体系中高频出现的指标；③保留关键指标，删除了非关键指标及对评价对象排序无影响的指标，保证了筛选出的指标对评价结果有显著影响；④指标数据的重复利用与计算会导致后期实证分析中出现共线性，在上述指标体系构建过程中尽可能地避免指标数据的相关性；⑤保证数据可得性，采集第一手数据往往需要投入极大的工作量，本书在指标遴选过程中剔除了较多计算复杂、计算方法不统一的指标数据，较多地采用了《淳安县统计年鉴》《淳安年鉴》《淳安县国民经济和社会发展统计公报》《淳安县环境质量公报》，以及县环保局公开的文件等可获得的基础数据作为指标。

12.2.2 深绿产业评价指标权重确定

12.2.2.1 层次分析法（AHP）

层次分析法是一种能解决多目标的复杂问题的定性与定量相结合的决策分析方法。该方法将定量分析与定性分析结合起来，用决策者的经验判断各衡量目标能否实现的标准之间的相对重要程度，并合理地给出每个决策方案的每个指标的权数，利用权数求出各方案的优劣次序，能比较有效地应用于那些难以用定量方法解决的问题。AHP 对人们主观指标的权衡进行了加工整理，为决策制定提供了相对有说服力的依据。但层次分析法也有其局限性，主要表现在它在很大程度上依赖于人们的经验，主观因素的影响很大，它至多只能排除思维过程中严重的非一致性，却无法排除决策者个人可能存在的严重片面性；当指标量过多时，数据的统计量过大，此时的权重难以确定。AHP 至多只能算是一种半定量（或定性与定量结合）的方法。

AHP 的主要原理是根据问题的性质和所要达到的总目标，将问题分解为不同的组成因素，并按照因素间的相互关联影响及隶属关系，将因素按不同层次聚集组合，形成一个多层次的分析结构模型，从而最终使问题归结为最低层（供决策的方案、措施等）相对于最高层（总目标）的相对重要权值的确定或相对优劣次序的排定。通过利用较少定量信息使决策的思维过程数学化，从而为多目标、多准则或无结构特性的复杂决策问题提供简便的决策方法。

绿色产业指标体系是一个集资源节约、环境保护、产业发展、公共参与等多方面于一体的复杂体系，本书选取的要素为 27 个，需要评价的方面众多。当指标较多时，会给指标体系的评价带来困难，数据收集工作量更大。本书的研究对象淳安县的一些指标数据的获得难以保证精确性，即使获得数据也需对统计口径、统计数据的可用性逐一进行检测与计算，操作周期较长，因此本书仅采用了产业发展水平、产业发展潜力、资源综合利用、生态环境控制、社会福利水平、公众满意程度 6 个二级指标，通过 AHP 方法确定各指标权重。

12.2.2.2 基于 AHP 二级指标权重的确定

在采用 AHP 进行权重分析时，建立有序递阶的指标体系后，通过比较同一层次各指标的相对重要性来计算指标的权重系数，对各二级指标重要性按照表 12-5 进行重要性标度，然后构造判断矩阵，求出矩阵的近似特征向量作为权重。为体现产业深绿发展特征，本研究对环境质量赋予了较高分值。

表 12-5 重要性标度

i 因素比 *j* 因素	极重要	很重要	重要	略重要	同等	略次要	次要	很次要	极次要
a_{ij}	9	7	5	3	1	1/3	1/5	1/7	1/9
备注	取 8、6、4、2、1/2、1/4、1/6、1/8 为上述评价值的中间值								

实证过程中指标矩阵均通过一致性检验，各指标对深绿产业遴选的权重见表 12-6。与国内其他评价指标体系有所不同，环境指标的权重远高于经济指标，社会指标的权重值依然为最小。判断矩阵一致性 0.054 5，满足一致性检验。本章的 AHP 模型由软件 yaahp 10.1 实现。

表 12-6 淳安深绿产业评价指标权重

单位：%

一级指标权重	二级指标权重	三级指标权重		
			指标类型	指标权重
环境指标 68.62	资源综合利用 37.34	单位 GDP 能源消耗降低	I	9.34
		万元 GDP 用水量下降率	I	9.34
		一般工业固体废物综合利用率	II	7.00
		危险废物安全处置率	III	7.00
		污水处理率	II	4.66
	生态环境控制 31.28	化学需氧量（COD）减排比例	I	4.17
		二氧化硫（SO_2）减排比例	II	3.13
		氮氧化物（NO_x）减排比例	II	3.13
		臭氧平均浓度*	I	4.17
		总悬浮颗粒物年均浓度	II	3.13
		空气质量达标率	II	3.13
		自然保护区面积	III	2.08
		地表水达到或好于 II 类水体比例	I	4.17
		重要湖泊水功能区水质达标率	I	4.17
经济指标 21.27	产业发展水平 12.42	深绿产业产值占区域 GDP 的比重	II	3.73
		第三产业增加值占区域 GDP 的比重	IV	1.24
		战略性新兴产业增加值占区域 GDP 的比重	I	4.97
		环境治理投资占区域 GDP 的比重	III	2.48
	产业发展潜力 8.85	节能环保专利项目数	II	2.66
		深绿产品市场占有率	I	3.54
		深绿产业集聚度	III	1.77
		科技投入占 GDP 的比重	IV	0.89

一级指标权重	二级指标权重	三级指标权重		
			指标类型	指标权重
社会指标 10.10	社会福利水平 5.79	从事深绿产业的年就业扩张率	Ⅲ	1.95
		深绿产业投资额	Ⅳ	0.97
		深绿产品利税率	Ⅱ	2.90
	公众满意程度 4.31	公众对深绿产品的接受程度	Ⅲ	1.72
		公众对深绿产业发展的满意度	Ⅱ	2.59

注：* 根据《2018 年杭州市环境状况公报》，淳安县主要污染物为臭氧。

12.2.2.3　三级指标权重的设置

参考《中国绿色发展指数》，并结合深绿产业内涵，本研究将指标分为Ⅰ、Ⅱ、Ⅲ、Ⅳ四类。其中Ⅰ类为《国民经济和社会发展第十三个五年规划纲要》确定的资源环境约束性目标，权重相对最高。结合淳安实际，二氧化硫（SO_2）减排比例、氮氧化物（NO_x）减排比例虽属于“十三五”规划纲要的约束指标，但根据淳安各年份的环境质量公报，二氧化硫、氮氧化物变化率始终在 0.15%左右，多年变动值都较小，因此将其设为Ⅱ类，而淳安县的全年环境空气主要污染物为臭氧，因此将其臭氧指标设为了Ⅰ类，体现了深绿发展“适度偏严”的原则。Ⅱ类为《关于加快推进生态文明建设的意见》等文件提出的主要监测评价指标。Ⅲ、Ⅳ分别为其他比较重要监测评价指标与重要监测评价指标。四类指标的权数之比为 4∶3∶2∶1 进行计算，Ⅰ类指标权数为 14.81%，Ⅱ类的指标权数为 11.11%，Ⅲ类的指标权数为 7.41%，Ⅳ类的指标权数为 3.7%，详见表 12-6。

12.2.3　深绿发展指数测算方法

在确定各级指标权重后，深绿发展指数测算与分析主要需要解决以下问题：

（1）指标的标准化处理。

指标的标准化处理可采用离差标准化法进行处理，横向数据中，式（12.1）中 X_{tj} 表示第 j 个三级指标在第 t 年的数值，$\max X_{tj}$ 表示第 j 个三级指标在第 t 年所有地区中的最大值，$\min X_{tj}$ 为最小值，A_{tj} 表示第 j 个二级指标在第 t 年的无量纲指标值。27 个三级指标中的 25 个正向指标采用式（12.1）进行标准化处理，其余两个负向指标采用式（12.2）进行标准化处理，纵向比较同理处理。

$$A_{tj}=\frac{X_{tj}-\min X_{tj}}{\max X_{tj}-\min X_{tj}} \tag{12.1}$$

$$A'_{tj} = \frac{\max X_{tj} - X_{tj}}{\max X_{tj} - \min X_{tj}} \tag{12.2}$$

（2）综合指数合成。

二级指标指数由三级指标个体指数加权平均计算而成，计算公式如式（12.3）所示。

$$y_i = \sum_{j=1}^{n} W_{ij} x_{ij} \tag{12.3}$$

式中：y_i —— 二级指标 i 的指数；

x_{ij} 和 W_{ij} —— 分别为二级指标 i 下三级指标的 j 个体指数和权重；

n —— 二级指标 i 下的三级指标的个数。

深绿发展指数由 6 个二级标指数加权平均计算而成，计算公式如式（12.4）所示。

$$Z = j = \ln w_i y Z = \sum_{j=1}^{n} w_i y_i \tag{12.4}$$

式中：Z —— 绿色发展指数；

n —— 二级指标个数；

w_i —— 二级指标 i 的权数。

此指数计算方法具有普遍适用性，可操作性较强。

12.3 淳安深绿产业发展评价的政策建议

深绿产业是当今社会发展的一个较新、较热的词汇，它代表着人们对生态和谐、自然保护与可持续发展的新的关注与追求。为了更加准确、客观地建立深绿产业评价指标体系，本书在全面分析国际、国内各绿色发展评价指标体系的基础上，结合深绿产业的内涵与特征，建立淳安深绿产业评价指标体系。本书在对淳安充分调研的基础上，构建了适合淳安发展的深绿色产业评价指标体系。这不仅对淳安发展深绿色产业具有实际意义，而且能为我国其他地区的深绿色产业发展提供参考。评价指标的确立是考核产业是否深绿发展的基础，深绿产业指标评价工作的开展有利于对淳安产业与环境实施精细化管理。对于深绿产业的考核评价工作需做到以下几个方面。

12.3.1 上级政府对淳安的考核评价要实事求是、一县一策

上级政府对淳安的考核评价应从淳安经济发展水平、环境质量水平与居民生活水平实际出发，全面深入地对淳安绿色产业发展的过去和现在进行了解，以实现淳安产业深绿化发展，为公众提供深绿公共产品为目标，科学评估淳安深绿产业发展的状况及淳安

环境保护工作的效能，保障对淳安深绿产业发展评价的目的性与方向性。上级政府对县域的深绿产业发展指标评价工作要实施一县一策的原则，从整体上把握淳安产业发展与生态环境状况。一县一策要求上级政府对淳安的考核要“量身打造”，针对淳安深绿农业、深绿工业、深绿服务业各自的发展重心，同时兼顾淳安各乡镇发展不平衡、产业侧重差异等客观情况，通过考核评价工作发现淳安各地区深绿产业发展的障碍并给予倾斜支持，确保各乡镇深绿产业的发展精准发力。

12.3.2 淳安政府对淳安的自我考核要拉高标杆、与时俱进

面对中央、省、市三级政府对淳安的新期望，以及深绿产业发展的要求，淳安政府对自身的考核评价工作要努力跳出淳安看淳安，提高评价标杆，提高考核标准。首先，要保证考核评价的精确度。淳安政府须对考核主体、考核目标、考核范围清晰界定，对考核工作的执行严格控制，避免工作过程中出现多头考核、重复考核的现象。淳安政府须要求各部门按要求准确、按时上报数据，淳安统计机构对上报的指标数据进行精确统计并公开信息。其次，淳安深绿产业评价指标应坚持与时俱进，深绿产业指标的数据统计、评价维度、指标筛选、指标权重设置要与国际、国内权威研究机构最新发布的有关绿色产业发展评价指标体系接轨，并勇于批判创新，不断完善评价指标体系，实现深绿产业考核工作的优质推进。

12.3.3 淳安政府对下属单位的考核要科学合理、因地制宜

深绿产业发展指标体系的设置与其要达到的评估目标、要体现的评估作用密切相关，要推动淳安产业不断深绿化发展，就需要探索建立动态评价系统，实现对淳安各乡镇产业深绿发展水平和演变的动态跟踪，因此对指标体系的设置应该是动态的。对于不同的乡镇，指标的取舍与权重的设置应从不同的经济、生态环境实际出发，根据淳安各乡镇不同的发展定位与发展目标，对各维度的评估指标进行一定的取舍，并根据地方特色对指标权重进行合理调整。譬如，在发展深绿产业不会形成新增污染源的乡镇，生态环境质量具有相对稳定的特点，持续开展评估工作后，其指标数值变化不大甚至无变化，此时应对指标进行剔除，或减少评价工作频次，或延长对该乡镇相应指标的评价周期。但无论是指标的设置还是评估工作的开展，最重要的都是要突出生态环境保护，以提高产业深绿发展水平为首要目的。为保证考核体系的科学性，在评价工作初始阶段，对各乡镇开展的基础调查要做到规范、全面。

第 13 章

淳安深绿产业发展的域外经验与启示

无论是从学术研究还是政策实践上看，深绿产业发展均处于探索阶段。深绿产业发展的域外初步经验对淳安不无启示意义。因此，本章选取瑞士的蒙特勒高端医疗养生之都、台湾地区的精致农业之路、江苏省射阳县的绿色崛起、浙江省新昌县的创新驱动的实践之路、浙江省仙居县的化“生态优势”为“发展动能”5个典型案例，以供借鉴。

13.1 瑞士蒙特勒——高端医疗养生之都

13.1.1 基本情况

蒙特勒，瑞士沃州的小镇，位于日内瓦湖的东岸，背靠阿尔卑斯山，拥有湖、山、城堡的美景及古朴的地方风情，是瑞士的度假旅游胜地。蒙特勒借羊胎素的发源地之机，开展高端医疗养生旅游项目，服务于高端人群，至今已有 70 多年的历史。蒙特勒拥有静港医疗中心等高端机构，拥有完备的度假配套服务，服务于高端医疗美容旅游市场，至今已经成为闻名世界的高端医疗养生之都。蒙特勒为淳安发展高端医疗养生产业提供了宝贵的经验。

13.1.2 主要做法

（1）羊胎素起源地。羊胎素是蒙特勒产业发展的核心。通过打造羊胎素发源地的名片，吸引爱美、高消费人群的到来，并衍生羊胎素的周边产品与技术，发展整形、养颜、保健、高级体检等医疗服务。其中奢华的抗衰老医疗旅游体验是一大特色，通过提供基于羊胎素的抗衰老体验和细胞活化治疗，形成地区医疗旅游的核心竞争力。除满足国内需求外，主要客源为来自俄罗斯、近东、中国及印度等的高消费人群，每年有 5 万外国人到瑞士接受治疗，人均消费超过百万瑞郎。

（2）私人化星级服务。蒙特勒私立医院林立，这些医院除了有先进的诊疗技术、洁净的空气和用水，五星级酒店标准的个性化服务也是其独有的优势，其服务有两大特点：一是充分保证贵宾的私密空间；二是大多数医院选址在环境优美、山水环绕的地方，营造放松、享受的诊疗氛围。静港医疗中心作为全球著名的抗衰老专业机构，传承了瑞士羊胚胎素活细胞疗法的光辉荣誉。静港的客户中包括了已故的前南非总统曼德拉（Nelson Mandela）及 64 岁的法国影星阿佳妮（lsabelle Adjani）等众多名人明星，为瑞士静港赢得了世界范围的声誉。

（3）配套发展休闲度假产业。在医疗事业发展的过程中，蒙特勒逐步形成了发达的配套度假休闲产业，包括：全球顶尖的酒店度假业，域内拥有众多酒店及家庭旅馆，著名的蒙特勒酒店管理学院坐落于此；疗养业，包括特色 SPA、温泉疗养；娱乐业，包括演出、节庆等文化活动，如一年一度的爵士音乐节；体育业，包括体育赛事、户外运动等，如有小世界杯之称的蒙特勒女排精英赛等。同时，将医院加入旅游路线，在医院周围配套便利的旅游交通设施，形成完整的医疗旅游体系。

13.1.3 经验借鉴

（1）瞄准高端客群，发展高端医疗养生。蒙特勒针对健康疗养的高端服务需求的市场，借助城市自身资源优势和医疗技术力量，使高端医疗养生产业发展成为支柱性的旅游产业之一。淳安应重点打造以服务于高净值人群为核心的、以完备服务著称的高端医疗养生旅游项目，引进国内外知名医疗机构、医学美容机构、养生保健机构等，加速对接国际医疗旅游市场，充分挖掘本县的生态资源优势，享受高端医疗养生产业发展释放的“健康红利”。

（2）促进医疗、养生、休闲相互融合。淳安当下医疗、养生、休闲 3 个产业均具有一定的发展基础，但相对独立，融合性较低。可在之后的发展中，将三者相结合，完善配套服务设施，形成医疗、度假、养生、旅游的全套服务链，既满足了顾客多重体验需求，也有助于提升产业附加值。

（3）提供星级服务、配套与环境。充分利用淳安山水、人文特色，将医疗、疗养机构的分布和建设与其自然风景和人文资源交相呼应，并提供全方位的个性化星级服务，在健康疗养之外，以独特的视角和行程安排让顾客体验淳安本身的美，减轻医疗压力，修身养性、回归本心、陶冶情操。

13.1.4 淳安高端医疗养生产业的发展条件分析

随着我国亚健康人口比例上升①、中产阶级崛起、老龄化程度加剧，人们对医疗保健、中医康复、医疗美容等需求将呈现快速增长趋势。2017 年，我国医疗健康产业的市场规模达 5.1 万亿元，根据《“健康中国 2030”规划纲要》，预计到 2020 年，我国医疗健康产业总规模将超过 8 万亿元，发展空间巨大。

发展高端医疗养生产业，淳安在地理区位、自然生态资源禀赋、产业基础等方面具有一定优势，但在配套设施、政策支持上尚存在提升空间。具体表现为：医疗资源不足，千人医师、千人护士和千人床位数远低于杭州平均水平；配套支撑力度不够，龙头医院——县第一人民医院和县中医院均为二甲医院；政策扶持精准度不够，已出台政策不足以起到引导作用。

但是，淳安优越的生态环境条件将会长期保持，而发展高端医疗养生产业所需要的其他条件完全有可能创造出来。

13.2 台湾地区——精致农业之路

13.2.1 基本情况

台湾有 2/3 的面积为山地丘陵，气候温暖、雨量充沛。2014 年，台湾农业以大约 400 多万的农业人口、1 300 万亩左右的耕地，创造出 4 000 亿新台币的产值，农业产值占地区生产总值的 3.3%。台湾农业的成功秘诀是发展生产、生活、生态相融合的精致农业。台湾的精致农业具有生产科技化、生态景观化、农业创意化、产品精细化和经营组织化的特征，其基础是高投入和高科技，核心是高标准和高质量，目标是高竞争力、高价格和高收益，基本形态是“三精农业”。台湾“精致农业”的发展对淳安进行以农业为抓手的深绿产业链整合具有重要的借鉴意义。

13.2.2 主要做法

（1）精准的设施农业。台湾引进发达国家普遍采用的大棚等设施，借助自动化管理、网室栽培、超高密度水养殖等技术，逐步由粗放分散的大田生产发展形成设施园艺业、设施畜牧业和设施渔业，生产由露天逐步走向工厂化。设施园艺业主要是进行网室栽培

① 中国符合世界卫生组织关于健康定义的人群只占总人口数的 5%，与此同时，有 20%的人处在疾病状态中，剩下 75%的人处在“亚健康”状态。

与穴盘育苗，培植蔬菜、花卉和果树；设施畜牧业是指实现畜禽喂饲、排泄物处理利用等环节的自动化管理；设施渔业致力于室内超高密度循环水养殖、高附加值的网箱养殖和深海养殖。

（2）精深的农产品加工、运销业。在农产品加工方面，台湾积极推行果、菜、肉食品和渔业食品的分级包装技术，并将农产品精细加工，生产出多样化的食品以及具有保健功能的生物制品，满足岛内外市场的需求。2004 年，台湾开始实行“农产品产销履历”制度，从农场到工厂到商场到餐桌，每个步骤都可验证、可追溯。台湾还推出《精致农业健康卓越方案（2009—2012）》，开辟多元行销市场，如银发族饮食休闲养生市场、高所得与婚庆精品市场、节庆与旅游伴手礼市场、大陆高收入地区市场等。

（3）精品的创意休闲农业。台湾主推观光农园，包括民俗农庄、自助采摘园、休闲农场、农民旅馆等，以区域特色重塑农村风情，让游客在休闲观光中增长对农业多功能价值的认知和对乡土的关怀。着力开发岛外新兴市场，推动“机场+农场”便利行。截至 2017 年 7 月底，台湾累计划定 82 处休闲农业区，每年吸引游客前往农村休闲旅游逾 2 550 万人次，创造 106 亿新台币。台湾还在海岸线上打造兼具休闲观光功能的现代化渔港，设置多条渔业旅游路线，游客可乘游艇观光，体验近海渔业及渔村文化。

13.2.3　经验借鉴

（1）严格水源和土壤保护。台湾曾颁布“土壤与地下水污染整治法”，并配套“实施细则”“监督基准”“管制办法”等 10 多种行政法规以保证农业生产的安全。法律规定，主管部门可勒令污染者立即停业，同时对有污染之虞的农渔牧产品进行检测或销毁，一切损失由污染者清偿。台湾还有完善的土地登记制度，记录历史使用、流转情况，一旦发现污染，可追查原始责任人，这从源头上保证了农业的安全。淳安可通过加强土壤和水源的监管、惩治力度，以保证农产品的高质量发展及农业的深绿发展。

（2）培养知识化、技能化的新型农民。台湾有一支活跃在乡村的专业技术服务队伍，常年举办各种训练班或登门为农户服务，传授实用性、可操作性的技术，宣传、讲解经营管理知识和相关的法律法规，并根据国际上农业现代化的发展不断调整和完善。淳安可效仿台湾的做法，面向相关项目负责人、农业领头人等开展专业技术培训与市场培训，并将培训常态化。同时，积极与相关科研机构合作，完善农业技术的研发推广，加快前沿新兴技术应用。

（3）休闲农业的文创转型。台湾在加强农产品的精细化、生态化发展的同时，借助文创力量，实现休闲农业的文创转型，形成产业整合联动的品牌体系，全面提升产业价值。清境农场、初鹿牧场、飞牛牧场、梅子梦工厂等均是文创转型的典型范例。在之后的休闲农业开发中，淳安要注重利用文化和创意手段改造农业，将农业生产、生活、生态更加完美地呈现在消费者面前，打造淳安休闲农业新名片。

13.3 江苏省射阳县——后位县城的绿色崛起

13.3.1 基本情况

射阳县位于江苏省盐阜平原东部，是江苏省盐城市下辖县。国家级丹顶鹤自然保护区坐落于境内，2019 年作为中国黄（渤）海候鸟栖息地（第一期）的组成部分被列入《世界遗产名录》，限制和禁止开发的“生态红线”面积占全域的 25%。2013—2014 年，射阳的 GDP 实际增速在盐城 9 县中处于末位，通过实施绿色发展战略，射阳经济实现“V”形反转，主要经济指标增幅连续多年保持盐城市前列，连续多年蝉联盐城市综合考核先进县，2018 年获评全国县域经济综合竞争力百强县。淳安千岛湖作为杭州市等地的饮用水水源，县域经济发展同样面临严格的“生态红线”限制，因此射阳的发展经验对淳安具有较强的借鉴意义。

13.3.2 主要做法

（1）科技创新赋能绿色升级。射阳县以“产业生态化、生态产业化”为目标，通过给纺织、健康食品和机械电子等三大传统产业注入绿色科技因子，加速传统产业绿色化重构、生态化提升。作为传统的棉纺大县，射阳纺织产业占工业比重近 40%，通过行业制造智能化升级，昔日棉纺大县正向绿色科技纺织强县嬗变。现代高端纺织产业区获评全省唯一的“全国智能印染示范园区”，2019 年新跟踪亿元以上项目 38 个，新签约项目 23 个，新开工项目 8 个。盐城市染整园区是江苏省唯一通过环评的纺织染整服装工业区，盐城市纺织染整研发基地 6 万 m^2 的研发和孵化中心建成后，先后吸引上海东华大学、南京大学等一批产学研平台落户。

（2）发挥禀赋优势，打造沿海生态产业带。射阳利用 103 km 海岸线和 73 万亩滩涂，深入推进陆海联动、生态开发，全力打造集绿色产业带、生态风光带和现代产业港于一体的黄金海岸经济带，推动生态资源产业化，2018 年该经济带产值突破 200 亿元。培大做强航空装备、新能源及装备和新兴建材等新兴产业。坚持风电、太阳能发电、生物质发电、火电和热电联产“五电齐上”，引进包括远景新能源海工装备（全球风电装备前 3 强）项目在内的风电和太阳能发电项目 8 个，建成江苏省新能源及其装备集聚示范基地。射阳还是江苏省唯一同时拥有海港、渔港和空港的县，依托通用机场，建设 20 km^2

的射阳航空科技城，已吸引富翔轻航机、云天军用靶机等近 20 个航空产业项目落户。

（3）以生态旅游为重点，创塑多元化旅游品牌。射阳重抓总投资 202 亿元的日月岛生态旅游区建设，突出造景、造形、造势，打造环岛绿廊、万亩彩色林及沿湖系列节点景观；不断提升洋马十里菊香景区建设品质，在千个品种、万亩菊花竞相开放的同时，推动中药文化广场、药膳馆、中医养生体验区等特色景点的建设，首届菊花节入园游客即超 8 万人次。同时，加快开发城市旅游。继建成投运 600 亩的千湖公园之后，射阳进一步建设总投资 12 亿元的安徒生童话乐园，建成后将成为国内第二家安徒生童话乐园。

13.3.3 经验借鉴

（1）化劣势为优势，循绿色理念奋力后发崛起。射阳严守耕地利用、开发强度、生态保护 3 条红线，以绿色发展理念为引领，把长期被当成“制约因素”的丹顶鹤保护区转变为生物资源、旅游观光、风力发电的滨海湿地宝库，并通过大力发展绿色生产力和绿色高端产业、培育壮大生态型经济，实现了生态效益和富民效益的“叠加双赢”。淳安应在明确自身资源禀赋、要素基础和产业优势的基础上，创造性开展深绿产业体系规划，着力推动生态资源的价值实现，助推县域经济“深绿崛起”。

（2）打破路径依赖，“无中生有”培育深绿发展增长极。摆脱路径依赖，射阳创新发展航空装备、新能源及其装备和新型建材等三大新兴产业，实现“无中生有”。依托通用机场，射阳航空科技城快速集聚航空产业；用好沿海港口、风电资源，打造辐射全球的风电装备制造基地；依托射阳港口岸河海联运优势，吸引以钱江石材、闽商石材为代表的一批新型建材企业入驻，打造华东地区石材行业一级生产加工中心。传统产业发展空间受限的淳安可“无中生有”发展文化创意等新兴深绿产业，培育经济发展的“深绿动能”。

（3）借力国有资本，增强深绿产业发展内生动能。入选全国优选旅游项目名录的日月岛生态旅游度假区按照政府引导、国企先行、市场主体的开发思路，区域内环岛绿廊、道路管网等 28 个基础配套类项目由县属国企旅游公司投资。对太阳塔、月亮宫等 98 个开发经营类项目通过招引国际、国内文旅百强企业和国企、央企、上市公司、大型民营企业前来开发建设，真正实现生态效益和经济效益双丰收。针对投资规模较大的深绿产业发展项目，淳安可同样发挥国有资本的作用，借助国有资本撬动更多的社会资本。

13.4 浙江省新昌县——创新驱动的实践之路

13.4.1 基本情况

新昌是浙江典型的山区县，交通不便、资源匮乏。“十一五”时期以来，新昌通过大力实施“科技兴县”战略，破“四不”促转型，实现了从欠发达山区县到全国百强县、从全省重点污染县到国家级生态县的转变。2018 年全县财政科技投入 6.27 亿元，占公共财政支出的 11.05%，研发经费占 GDP 比重连续 5 年保持在 4%以上，每万人发明专利拥有量达 42.7 件。2018 年新昌被列入科技部全国首批创新型县（市）建设名单，2019 年科技创新“新昌模式”被列入浙江省政府工作报告，并要求在全省复制推广。“新昌模式”对于科教资源等创新要素同样相对缺乏的淳安实现创新驱动的深绿发展具有借鉴意义。

13.4.2 主要做法

（1）深化产学研合作，夯实科技创新基础。针对高层次的科教资源较为稀缺的现状，新昌积极健全“企业出题、院所解题、政府助题”的产学研协同创新新机制、新模式。新昌连续多年开展“新昌・上海”“新昌・首都高校（科研院所）”等大规模高层次的科技合作对接活动，引进中科院宁波材料所、浙江大学等 11 家高校，科研院所在新昌建立技术研究院或转移中心。截至 2018 年，新昌已与美国肯塔基大学等 10 所国际知名院校建立定向合作机制，新昌企业与 110 多所国内外高校、科研院所建立了长期产学研合作关系，规模以上企业与高校的合作率高达 90%。

（2）围绕产业升级抓创新，做强做精主业。①推进传统产业网络化、智能化。2018 年新昌两化融合发展指数达到 84.58，其中工业应用指数全省第一。新昌率先在轴承行业实施智能制造“百企提升”行动，形成了“数字化制造、平台化服务”的“新昌模式”。②聚焦培育战略性新兴产业。新昌聚焦做强最有优势和竞争力的高端装备制造和生物医药两个战略性新兴产业，发展通用航空、数字经济等新兴产业，2018 年战略性新兴产业产值占比达 55%。③围绕做强主业创新。新昌 90%以上的工业企业坚守主业，向“专、精、尖、特”方向发展。现有销售额超百亿元企业 3 家、上市企业 10 家，培育了一批全球细分市场的“单打冠军”，形成了维生素 E、四通换向阀、合金轮毂等一批在全球都有话语权的拳头产品。

（3）加大创新投入，优化创新环境。①加大财政投入，明确科技财政投入占比不低于 10%，每年安排 4 亿元用于科技创新、人才引进和战略性产业发展；②深化知识产权保护，构建“政府前置保护、企业自我保护、司法强力保护”的“三层防护”体系，成立县知识产权司法保护服务中心，实现 3 年侵犯知识产权案件零发案；③优化引才留才机制，实施“天姥英才”计划，探索企业柔性引才机制，实行“户口关系在外地、平时工作在新昌”模式。通过人才公租房、专用房建设等保障措施，解决人才后顾之忧。引导企业采取股权激励、科技项目销售分成等多种创新激励机制。截至 2018 年，引进国家、省“千人计划”人才各 12 人，省“万人计划”人才 2 人，海外工程师、外国专家 200 多人。

13.4.3 经验借鉴

（1）充分发挥政府的推动作用。新昌建立创新驱动领导小组，县委书记、县长任组长，每周研究创新改革工作，每月召开创新驱动领导小组会议，每年召开科技创新大会，协调推进科技创新各项工作。同时，全面建立科技指导员制度，选调 200 多名副科级以上领导干部担任科技指导员，帮助企业解决创新发展问题。淳安政府可同样发挥政府的推动作用，助力本地企业构建产学研联盟，营造创新发展的良好生态。

（2）重点抓好科技创新平台建设。①设立专项扶持资金，鼓励在淳企业建立研发机构，加大研发投入，强化技术攻关，争创国家级、省级企业技术研发中心；②加快特色科技园区建设，以龙头企业为核心，合理规划布局，创新园区服务模式，搭建园区服务平台，实现园区资源共享；③推进创新创业孵化平台建设，围绕优势特色产业，把大力引进、培育科技企业孵化器作为工作重点，支持有条件的创业孵化平台建设公共服务平台。

（3）加快推动科技体制改革创新。①健全技术市场导向机制，加快构建有利于技术市场发展的政策体系，推进技术成果市场化配置，积极引导民间资本投向创新领域；②完善鼓励创新利益导向机制，完善和落实知识产权、科技成果转化为股权、期权等的各项政策；③建立与科技投入产出相匹配的科技管理体制，实行科技经费竞争性配置和第三方评价机制，对产业发展亟须解决的难题进行市场性竞标。

13.5 浙江省仙居县——化“生态优势”为“发展动能”

13.5.1 基本情况

仙居是浙东南“八山一水一分田”的加快发展县，生态优越，环境优美。作为浙江省唯一的县域绿色化发展改革试点县，仙居坚守发展和生态“两条底线”，肩负富民和惠民“两大重任”，着力推动经济绿色转型，现已进入绿色富民、绿色强县“快车道”。

已连续两年在全省 26 个加快发展县实绩考核中名列第一，税收收入实现年均 16%增长[①]，居民人均可支配收入高于全省平均水平，城乡居民人均可支配收入比由 2009 年的 2.20∶1 缩小为 2018 年的 1.93∶1（图 13-1）。仙居先后被评为国家级生态县、“美丽中国”十佳旅游县、中国百佳深呼吸小城。仙居在县域经济发展、全业深绿转型方面，对淳安有积极的借鉴意义。

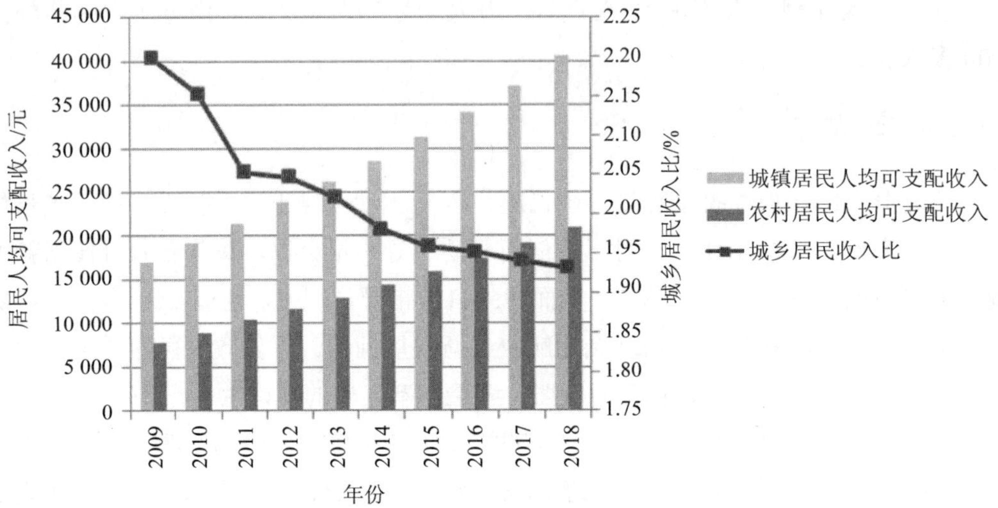

图 13-1　2009—2018 年仙居居民人均可支配收入及城乡居民收入比

13.5.2　主要做法

（1）坚持全业绿色转型，培育绿色经济的“仙居模式”。①打造智慧高端农业，积极推广“互联网+”智慧农业模式，构建循环化、标准化、智能化的农业生产体系，实现农产品全程溯源，扩大绿色农产品品牌效应；②打造生态工业新高地，实施传统产业生态化改造、科技创新、平台整合、新产业倍增等“六大行动”，构建生态工业发展指标和评价体系，推动产业向中高端迈进；③打造“旅游+”产业融合新业态，大力推进“旅游+”战略，重点打造生态健体休闲、地域文化体验、美丽田园风光 3 条全域旅游带，催生了花海经济、民宿经济、景观房产、养生养老、影视文化等美丽经济新业态，使产区变景区、田园变公园、产品变礼品。

（2）坚持全域绿色治理，打造绿色生态的“仙居样本”。①实施全域生态保护，围绕“全域生态化”的目标，加强全域生态空间开发保护，积极推进“多规合一”空间规划体系，严格保护山系、水系、文系，注重城乡建筑与自然环境的有机融合；②实施全

① 计算区间为 2009—2018 年。

域生态建设，以永安溪生态绿道为支撑，打造永安溪健康养生经济带，以绿道串起沿线美丽宜居示范带，重点打造 5 条具有乡村风情展示、文化示范、三产联动、休闲体验等不同功能的示范带，形成串点成片推进乡村深度开发格局。已建成的 102 km 永安溪绿道网，成为吸引旅客平台，成为连片乡村纽带，成为转变农村经营、生活方式的助推器。

（3）坚持全程绿色保障，提供创新体制机制的“仙居方案”。①创新考评体系，在全国率先发布《县域绿色化发展指标和评价体系》，制定由绿色经济、绿色社会、绿色环境、绿色机制 4 类指标构成的县域绿色化发展指标体系，并探索领导干部自然资源资产离任审计制度；②创新政策保障机制，完善绿色发展财政投入、金融保障、产业激励等政策体系，其中县财政建立 1 亿元的绿色化发展基金；③创新智力支持机制，与中国生态文明研促会合作，举办中国县域绿色发展仙居论坛，并在全国率先成立县域绿色发展专家智库，先后与北京大学经济学院、北京新发展产业创新战略研究院等达成合作。

13.5.3 经验借鉴

（1）实施全业深绿发展的标准化战略。以“标准化”打造高端有机农业，制定绿色农业地方标准，推进千岛玉叶、山核桃、“淳六味”等特色农产品标准化生产，坚持把绿色有机标准贯穿于选种、生产、加工等各个环节，着力建设农产品溯源体系；以“标准化”打造生态工业，制定生态工业标准和绿色企业创建地方标准，建立生态工业发展指标和评价体系；以“标准化”推动全域旅游，制定淳安绿色旅游业标准体系，通过“标准化”提升旅游产品服务质量、规范旅游市场秩序、整合品牌形象。

（2）深化深绿发展的体制机制改革。建立绿色考评机制、出台绿色政策，全力营造深绿发展观和政绩观。构建绿色政绩考核评价体系，对淳安县级部门、乡镇、平台实施绿色化发展考核，把对干部考核奖惩的重点向绿色生态领域延伸。创新政策保障机制，完善深绿发展财政投入、金融保障、产业激励等政策体系，除县财政设立一定规模的深绿产业发展基金外，其余各部门可出台深绿发展的“政策清单”，全面激活淳安深绿产业发展后劲。

（3）激发高水平开放的发展活力。仙居始终坚持开放发展，积极探索了以“依托高校—集聚人才—培育企业”为路径的开放式创新要素引智聚集机制，破解县域人才“瓶颈”。以“绿色智库”“绿色论坛”为载体，发挥县域绿色化发展改革专家智库力量，拉高顶层设计水平；通过与高校、科研院所的深入合作，借力借智，提升企业创新水平。“两高”时代，淳安应充分把握交通经济大通道带来的重要机遇，以开放协作构筑深绿产业发展的坚实支撑。

第 14 章

淳安深绿产业发展的保障措施

发展深绿产业是实现千岛湖环境保护与淳安经济发展从矛盾冲突到和谐协调转变的必由之路。千岛湖不仅是淳安的，也是杭州的、浙江的乃至是全国的；淳安发展深绿产业，不仅是淳安的事，而且是杭州的事、浙江的事乃至全国的事。淳安发展深绿色产业需要一系列的保障措施，有的是淳安内部可以解决的，更多是需要外部尤其是上级予以保障的。

14.1 发展深绿产业的上级试点保障

试点建设不仅能够扩大淳安的知名度，而且能够得到上级政府的政策倾斜和财政补助，极大地帮助淳安加快深绿产业发展。本研究通过搜集相关资料，梳理了淳安已经入选的试点名录（表 14-1）。

表 14-1 淳安已入选试点名录

名称	级别	入选时间
全国生态文明建设试点	国家级	2013 年
国家主体功能区建设试点	国家级	2014 年
首批国家级生态保护与建设示范区	国家级	2015 年
国家重点生态功能区建设试点	国家级	2016 年
省级重点生态功能区示范区建设试点	省级	2014 年
重点生态功能区小城市试点	省级	2017 年
第二批省级生态文明建设示范县	省级	2018 年
“美丽杭州”实验区建设试点	市级	2013 年
服务业强县培育试点	省级	2018 年
首批全域旅游示范县	省级	2018 年
农业绿色发展先行县建设试点	省级	2018 年

从表 14-1 中可以发现，淳安以其优美的自然环境，已经入选了一大批生态文明类试点，并发挥了积极的示范引领作用，为淳安深绿产业发展打下了良好的基础。今后应继续加强统筹协调，完善政府服务，鼓励先行先试，继续深化和努力创建各类试点。

14.1.1　继续深化生态文明类试点

淳安生态环境优美，据淳安县环保局统计资料显示，新安江大坝出口和出境断面水质持续保持 I 类标准，出湖水质显著优于入湖水质。2017 年，千岛湖区 88 条河流中 51 条为 I 类水质；23 个乡镇断面中 I 类水质断面有 22 个。全年环境空气优良天数 333 d，优良天数比例 95.1%。全县森林覆盖率达到 65%，其中千岛湖内森林覆盖率达 82.5%，名列全省第一。淳安已有的试点建设也大多集中于生态文明类，如“国家重点生态功能区建设试点”“首批国家级生态保护与建设示范区”“国家主体功能区建设试点”“全国生态文明建设试点”“省级重点生态功能区示范区建设试点”“‘美丽杭州’实验区建设试点”“重点生态功能区小城市试点” “第二批省级生态文明建设示范县”等。淳安应继续坚持“生态优先，绿色发展”的原则，不断深化生态文明类试点，为深绿产业发展打造坚实的生态环境基础。

14.1.2　努力创建深绿产业类试点

淳安深绿产业类试点已经具备一定的基础，如 2018 年获评“全域旅游示范县”，同时批准设立 “服务业强县培育试点”，以及为响应浙江省国家农业可持续发展试验示范区和农业绿色发展的试点先行区建设批准实施“农业绿色发展先行县建设试点”。但是，与生态文明类试点相比，深绿产业类试点数量偏少、层级偏低，尚未入选国家级试点。因此，浙江省和杭州市要依据淳安已有的现实基础和今后产业发展的方向，支持淳安积极申报深绿产业类的国家级试点。

14.1.2.1　国家生态价值实现实验区

习近平总书记关于“绿水青山就是金山银山”的重要论述已经深入人心，但是，绿水青山转化为金山银山的程度还严重不足，亟须通过生态价值实现实验区建设提供可推广的经验。淳安生态产品价值转化主要有“千岛湖水”“千岛湖茶”和“千岛湖鱼”等生态产品的销售收益，因特殊严格的生态保护所获得的生态补偿资金。其实千岛湖的生态产品远不止这些，例如，以水权、林权为代表的自然资源价值的实现，以生态权、排污权为代表的环境资源价值的实现，以碳权、能权、碳汇等为代表的气候资源价值的实现等。总之，在资源总量控制并且递减的前提下，生态文明产权交易制度必然兴起，这对淳安来说是一个巨大的商机。为此，需要各级政府协助淳安申报建设“国家生态价值实现实验区”，探索生态价值的评估、生态产品的有偿使用及生态产权的交易机制等一系列问题。

14.1.2.2 国家创新型产业集群试点

淳安已经发展的深绿产业中，有一大批属于创新型产业，如大健康产业、梓桐镇的文化创意产业等，这些均为申报国家创新产业集群试点奠定了坚实的基础。今后的深绿产业发展中，淳安也会继续推进“旅游+”，充分利用千岛湖优美的自然环境，加快旅游与运动休闲、健康养生、文创、商贸等产业融合发展，探索沉浸式旅游、高端陆游产品的开发。同时重点培育发展以新技术、新产品、新业态、新模式为特征的“四新经济”。此外，也会依托杭州互联网经济的基础，积极引导“互联网+”模式下的消费方式变革，大力发展基于大数据分析、互联网思维的休闲旅游、文化创意、时尚消费等新兴服务业态。这些也为淳安申报国家创新型产业集群试点提供了可能。

14.1.2.3 国家级健康产业示范区

淳安已经成功举办了国际泳联 10 km 马拉松游泳世界杯赛、环千岛湖公路自行车赛等赛事。安阳国家登山健身步道也已建成开放，并且新增富文浪黄等 10 条绿道支线。石林镇也已入选全国首批运动休闲特色小镇试点。浙西千岛湖中药材交易市场投入使用，成功举办首届中国浙西中药材交易博览会，淳安被命名为浙江省中药材产业基地，临岐镇被授予“浙江省中药材之乡”。由此可见，淳安具备成为“国家级大健康产业示范区”的良好基础。

14.2 发展深绿产业的土地资源保障

作为重要的水环境功能区，淳安的发展空间一直受到严重的制约。虽然《浙江省水功能区水环境功能区划分方案》将淳安饮用水水源二级保护区范围比例有所压缩，在一定程度上缓解了淳安发展空间严重不足的问题，但是这一问题依然十分严峻。特别是“两高”的开通，县域城镇体系布局将无法满足新的区位变化，而大量人流、物流迅速流入，除高铁新城外，原有的千岛湖镇空间及城市功能有限，承接外来产业及人口的空间亟须扩充。此外，偏远乡镇发展基础比较滞后，国、省道干线公路少、农村公路技术等级低，通行条件差，阻碍了产业和人口的快速辐射和流通。同时，淳安产业发展平台布局分散、规模较小，产业定位、功能分区不够明晰，基础设施及配套功能不够完善，土地集约利用效率较低，这些都是淳安在深绿产业发展过程中仍需面对的空间问题。因此，需要进一步整合土地资源，优化提升深绿产业的空间布局。

14.2.1 优化配置：合理分配用地指标

第一，在已有用地指标有限的情况下，要尽可能地通过挖潜盘活城镇存量土地和城乡建设用地增减挂钩节余的土地指标，同时以撤村建居方式提高城市建设用地效率，加快农地流转，提高农地用地效率。第二，淳安深绿产业发展应分清轻重缓急，将调整出来的用地指标重点分配给已有一定的深绿产业发展基础或已初步形成特色的区块和乡镇。如以书画文创产品为特色的梓桐镇、以中药产业为主要发展导向的临岐镇等，优先保障深绿产业发展的重点领域、重点项目的用地，并将其纳入项目审批“绿色通道”，提高项目落地和建设的效率。

14.2.2 腾笼换鸟：推进产业平台业态改造

淳安的深绿产业发展必将通过引进一大批无污染、低能耗的深绿产业来实现，在现有发展空间严重不足的情况下，就必须分门别类地、系统地“腾笼换鸟”。以开发区为重点，同时兼顾其他产业平台及各乡镇产业区块，将原有的不符合淳安深绿产业发展方向的产业项目和产能落后、效益低下企业从各区块腾退，为深绿产业项目留出空间。同时，对于依法取得土地的企业利用已有存量建设用地和原厂房发展深绿产业的，经相关部门批准后，可改变建筑物用途或土地用途。此外，沿湖整治腾出来的土地可以用于建设一批与深绿产业发展相配套的公益项目，如生态科研机构、生态创意园区等。在具体的工作中应注意以下几点：①要加快机制的建设，快速推进腾退前期工作机制的制定，完善资产评估机制，明确工作决策机制，形成倒逼机制，规范腾退工作的开展；②要加快工作推进，体现腾换的成效，针对具体工作计划，倒排时间节点，加强督查并及时通报，形成比学赶超的氛围；③要加强工作衔接，提高腾换的绩效，各职能部门和责任单位要在时间紧、任务重的背景下，贯彻新发展理念，坚持质量第一、效益优先原则，体现担当精神，突出责任意识，形成合力，共同推动产业结构调整和经济转型升级。

14.2.3 异地发展：发挥大江东飞地作用

“跳出淳安发展淳安”，积极发展“飞地经济”，留出县域更大生态空间，发挥生态优势，打响生态品牌，是淳安深绿产业发展的重要举措。淳安已从杭州大江东地区争取了总计约 1 500 亩的净地，规划建设江东杭千（扶贫）开发区。2018 年年底，作为淳安“飞地经济”重要项目之一的千岛湖智谷也已按期顺利实现了主体工程结顶。工程竣工并全部投产后，预计将为淳安带去近亿元租税收入。

在今后飞地经济的发展过程中，仍需做好以下几点：①继续推进“飞地”政策落地。迄今淳安实际落实的飞地面积仅有 200 亩左右，远未达到预期的要求，因此需要利用杭千开发区的区位优势，加快引进孵化一批高层次人才集聚、科技含量高、发展潜力大的创新创业项目，推进江东、敏迪和新塘三大区块的绿色产业协同发展，与淳安县域的深绿产业形成互补格局。此外，嘉兴也已基本确定要从千岛湖引水，作为生态补偿的一部分，应尽快将与嘉兴进行“飞地经济”合作的事宜提上议事日程。②明确利益分配机制。淳安县和杭州市是江东杭千开发区的直接利益分配主体，需明确双方对于开发区内各项目的投资比例，以及对于开发区内税收、经营利润等收益的分配比例。作为大江东飞地的补偿主体，在利益分配时应给予淳安更高的比例。③积极探索“人口飞地”。“授人以鱼不如授人以渔”，飞地的收益不仅应体现在税收上，更应为淳安深绿产业发展解决就业和人才问题。淳安 46 万人口中有超过 12 万人口外出务工，常年外出人口超过 10 万人，“人口飞地”的实施要求开发区给予淳安人民优惠的就业政策，吸引更多的淳安人民就近选择江东开发区作为工作地点，解决淳安本地劳动力就业困境，同时为淳安今后深绿产业发展培育人才。

14.3 发展深绿产业的资金投入保障

深绿产业发展需要较长时期的前期投入，如基础设施建设、核心技术研发、高技能人才培训、信息化平台建设、品牌建设等，这些投入往往数量大而周期长，但又是深绿产业发展中必不可少的关键环节，因此，在深绿产业发展前期，企业往往陷入绿色不经济的境地。而在“不搞大开发，共抓大保护”的方针指引下，淳安又婉拒了大量的投资项目，失去了很多增加税收的机会，使淳安地方财政收入十分有限。此外，为保护千岛湖水资源和水生态，淳安县政府每年需要投入大量的人力、物力、财力，县政府一直承受着巨大的财政负担。因此，为确保淳安深绿产业发展拥有足够的资金保障，需要以省政府为主、杭州市政府为辅给予一定的资金支持。

14.3.1 生态文明建设及试点的投入

良好的生态环境是深绿产业发展重要的物质基础。千岛湖是淳安的眼睛，生态是淳安的生命，淳安深绿产业发展必须要依托千岛湖优美的生态环境。在生态文明建设中，淳安已经取得了令人瞩目的成绩。在今后深绿产业发展过程中，一方面，仍需确保千岛湖生态保护的资金投入，继续推进临湖地带综合整治工作，确保水质持续向好、景观不破坏；另一方面，继续投入资金开展城乡环境提升工程，建立健全城镇环境综合整治机制，深化清洁乡村工作，彰显淳安环境全域优美的特色。

14.3.2 深绿产业发展及试点的投入

①强化省（市）深绿产业统筹布局。按照水源涵养型国家重点生态功能区建设要求，结合淳安资源禀赋和产业基础，由省、市级层面与淳安共同研究和确立淳安产业发展导向，明确产业准入正负面清单，将淳安作为深绿产业首选承接地。加大区县协作、山海协作等工作力度，把大旅游、大健康、大水业、数字经济、总部金融等产业发展纳入省（市）一体化布局，特别是明确支持全国性国际性会议会展的永久会址、重大赛事的永久举办地以及浙江大学科研中心等机构落户淳安，支持在杭企业来淳安设立总部和分支机构，以实际举措支持淳安发展会议会展、文创科研、总部经济等深绿产业。②将深绿产业发展经费纳入财政预算中，由省政府牵头设立淳安深绿产业发展专项资金，支持深绿产业发展的重点项目和重点方向。制定深绿产业发展专项资金管理办法，明确规定资金申报条件、支持标准、审批过程和监管机制，并根据深绿产业发展需要和财力逐步增加资金规模。③继续支持淳安享受税收优惠类政策。税收优惠类政策不仅能够减缓淳安的财政压力，而且更重要的是能够凸显淳安招商引资的比较优势，省政府要研究制定类似“海岛政策”的税收优惠政策，实施税收地方留存部分全额返还措施，支持淳安全力加快深绿产业发展。④充分发挥市场机制的作用，营造良好投资环境和回报机制，拓宽深绿产业发展的融资渠道，吸引省内外的各种资本，努力构建以政府投入为引导、以企业投入为主体、各种投资主体共同参与的多元化融资体系。

14.3.3 千岛湖引水工程的生态补偿

千岛湖引水工程通水在即。与此对应，引水工程生态补偿机制应该同步推进。至少需要明确几个问题：①在补偿主体上，坚持中央政府、浙江省政府、杭州市政府、嘉兴市政府几级联动，共同筹资，同时在用水户水价上体现生态补偿成本；②在受偿主体上，不仅应体现在淳安县政府，更应充分考虑水源保护区居民和企业对生态保护做出的贡献；③在补偿金额上，尊重专家学者测算结果，尽可能提高生态补偿标准，使实际补偿金额接近应补偿金额；④统筹处理好省内补偿和省际补偿、货币补偿和飞地补偿的关系，明确具体的补偿方式。

14.3.4 保障淳安达到全省平均水平的差额补助

作为集库区、老区、边区和山区于一体的加快发展县，淳安的人均可支配收入远低于全省平均水平，而作为国家级的生态文明建设“示范区”、浙江省的“大花园”、杭州市和嘉兴市的“大水缸”，淳安为保护千岛湖的生态环境放弃了诸多发展机会。千岛湖成为饮用水水源后，淳安县经济水平更是从加快发展县的最前列降到最后列。可以说淳安的深绿产业发展之路不仅需要淳安县人民的努力，更需要省、市政府的各项转移支付，给予保障淳安经济发展达到全省平均水平的差额补助。

14.4 发展深绿产业的人才技术保障

作为淳安深绿产业发展的重要的智力支持，人才支撑和深绿技术仍然存在诸多不足。一方面，县域人才吸引力不足，自身人才培养能力有限，本地人才外流严重。同时高技能人才占比偏低，已有的高技能人才主要集中在交通和旅游两大行业，尽管有旅游是支柱产业的导向性原因，但是制造类、信息类等高新技术行业高技能人才占比低，直接导致企业创新力提升和深绿技术的研发受到制约。此外，农村从业人员综合素质不高、老龄化兼业化问题也是十分突出。因此，应继续深化“三招三引”工作，保证淳安深绿产业发展拥有充足的人才和配套的深绿技术。

14.4.1 完善人才引进政策

①坚持“以产业集聚人才、以人才引领产业”的招才引智战略，加强深绿产业人才发展的顶层设计，制订人才柔性引进计划，重点加强深绿产业复合型领导人才、高层次企业管理人才和高素质专业技术人才队伍的引进。②在淳安当前不具备吸纳高端人才落户的情况下，打破国籍、户籍、地域、身份、档案、人事关系等人才流动中的刚性制约，采取智力引进、智力借入、业余兼职、人才创业、人才派遣等多种途径，引进企业发展急需人才。③强化人才配套服务保障，重视解决高层次人才的就医、住房、子女就学问题，推行绿色通道制度，使高层次人才无后顾之忧，不仅要做到人才“引得进”，更要保障人才“留得下”。④与杭州联动，推行人才双向认证制度。淳安引进认定的人才相当于杭州市引进认定的人才，可在杭州落户，享受杭州市的人才政策，以此激励人才留在淳安发展。

14.4.2 积极培育本地人才

①鼓励各有关单位、企业加强校企合作对接，积极挖掘和培养旅游、大健康、文创、绿色农业等产业的淳安本土人才。②对本地人才留在淳安工作的要加大奖补力度，出台本科以上毕业生落户淳安的直补政策，引导淳安在外人才回归。③建立深绿产业人才公共实训基地，制订人才培养计划，定期组织开展技能培训，不断提升本地人才素质，为

深绿产业发展提供充足的人力资源保障。

14.4.3　加快创新绿色技术

①加强企业技术中心的建设，积极培育和完善“产学研”紧密联合的绿色技术创新体系，促进科技成果产业化。②围绕淳安深绿产业发展的战略目标，以骨干企业为主，加强与高校及科研院所的战略合作，组织重点项目的申报和实施，吸引和鼓励研究平台落地淳安，解决和攻克淳安深绿产业发展中的关键技术和重大难题。③加强对知识产权的保护，对在绿色技术创新方面做出贡献的企业和个人进行奖补，营造良好的绿色技术研发与创新环境，提升企业和个人创新绿色技术的积极性。

14.5　发展深绿产业的体制机制保障

建设“千岛湖特别生态功能区”这一构想虽然已经得到了上级政府的明确支持，但特别生态功能区的建设依然面临着需要妥善处理好上级与下级、部门与部门、部门与地方等诸多矛盾和冲突的问题。这一背景下需提出配套的深绿产业发展的体制机制，破除与特别生态功能区建设不相适应的管理体系、机构职能和考核机制，做好深绿产业发展的顶层设计，促进深绿产业科学化布局。

14.5.1　组建淳安深绿产业发展领导机构

淳安的深绿产业发展不是淳安可以自主的，因此建议由省政府牵头组建淳安深绿产业发展领导小组，将其作为“千岛湖特别生态功能区管委会”的下设机构，这一机构主要负责淳安深绿产业发展的重大决策，协调解决深绿产业发展的困难和问题。领导小组组长可由淳安县县长担任，领导小组办公室设在县发改局，县发改、商务、旅委、财政、卫计、体育、农办、经科、环保、科技等各相关部门及乡镇为成员单位。在领导小组组建完成的基础上，由其牵头，做好以下工作：①依据各部门意见统一组织制订任务计划表，将各项具体任务落实到具体单位和具体责任人员。②建立深绿产业发展联席会议制度和责任追究制度，每季度召开会议听取有关部门、单位及重点产业、项目业主的情况汇报。③建立健全深绿产业的统计调查、监测和评价体系，实现深绿产业统计全社会、全行业覆盖。④加大行政审批制度改革力度。要充分借力行政体制改革，减轻审批制度的束缚，为重点产业、重点企业、重大项目审批建立“绿色通道”。

14.5.2 有序推进多规融合

成立多规融合工作专班，配置相应的专班人员，专门负责淳安绿色发展规划立项管理、统筹协调、审议发布、监督实施及评估修订等工作。针对规划数量偏多、内容较差和定位不清等问题，构建一套淳安绿色发展“1+3+*X*”的规划体系。“1”是根据国家发改委、国家测绘局关于市县发展总体规划技术规范和编制导向，在统一的基础数据和统一的技术标准上制定《淳安深绿产业发展总体规划》。“3”是以总体规划为指引，推进县域城乡、土地利用和环境功能区三大空间规划内容的调整和衔接。“*X*”是大力缩减专项规划数量，提升规划实施效率。

14.5.3 推进行政区划调整

为配合淳安深绿产业发展的总体布局和空间需求，做好深绿产业发展的统筹工作，建议由县民政局牵头，启动县城行政区划调整工作，将千岛湖镇撤镇设置街道，同时将文昌、富文、左口、金峰纳入城区规划中，优化城市功能规划布局。同时要继续加大千岛湖镇现有城中村改造力度，有序推进撤村建居地块规划建设，实现城区的有机更新。

14.5.4 构建差异化的考核体系

浙江省是全国最早进行差异化考核的省份，如对丽水市、淳安县等生态功能区不考核 GDP。但是，在考核机制的运行中，依然存在一些自相矛盾的问题。例如，对不考核 GDP 的地区依然需要考核招商引资、固定资产投资、财政税收等项目，而这些项目都是与 GDP 紧密关联的刚性指标。建议省、市政府对淳安等地构建“一县一策”的政绩考核机制，针对淳安主体功能定位的差异性，对不同定位地区确立不同的考核指标体系，对于优化开发和重点开发的区域，经济指标的权重比例可以大一些；对于部分限制开发的区域，经济指标的权重比例要低一些；对于整体属于限制开发的区域（如全省 10 个生态功能区），经济指标可不考核但对生态环境的指标考核必须加强。真正构建科学化、差异化的政府绩效考核机制，发挥指标考核在千岛湖水环境保护和淳安深绿产业发展中的指挥棒作用。

第三篇

象山海洋绿色发展模式研究①

根据国家发改委和原国家海洋局《关于促进海洋经济发展示范区建设发展的指导意见》，2018 年 11 月 26 日，包括宁波在内的全国 14 个城市获批建设国家海洋经济发展示范区，象山凭借其独特的自然地理条件、雄厚的海洋经济基础以及丰富的绿色转型经验成为浙江宁波海洋经济发展示范区的主体区。“十三五”期间，象山深入贯彻海洋强国战略和生态文明战略，主动谋划、大胆创新，积极推进“两区”创建，积极建设示范区主体区，取得了临港工业增长强劲、滨海旅游业再攀新高、新旧发展动能加速转换、海洋生态环境持续向好等诸多成效。与此同时，形成了若干海洋绿色发展模式：涉海产权制度变革模式、涉海产业融合发展模式和资源依托集聚发展模式。

然而，与中国其他最有效率的沿海县市相比，象山经济发展效率水平有待进一步提高，海洋经济绿色发展需要突破一些约束和瓶颈。突出问题主要有：①路径依赖明显，缺少转型动力。存在明显的第一产业、第二产业向第三产业转型缓慢问题，传统产业受制于远洋捕捞技术水平，在海洋管理体制模式中存在浓郁的陆域管理色彩。②粗放发展为主，缺少生态路径。经济发展动能主要还是集中在海洋传统产业，替代发展的海洋养殖业在许多养殖海区存在以粗放型养殖方式为主、渔业产品附加值低的问题。③就海洋论海洋，缺少陆海统筹。陆海环境、陆海经济、陆海交通等亟待统筹协调。④研发能力

---

① 本篇是在谢慧明教授主持的象山县人民政府委托项目“海洋绿色发展模式研究”（2019—2020 年）课题报告的基础上修改而成。

偏弱，缺少自主创新。研发创新水平低、缺乏核心技术，创业的氛围和创新的实力相对薄弱。⑤推广单一制度，缺少体系建设。县域内产业经济政策、生态环境政策、社会治理政策缺乏有效衔接。

基于“转变理念，规划先行；突出特色，优化结构；陆海统筹，区域协同；科教兴海，转换动能”四大基本原则，象山海洋绿色发展创新模式包括“政府—市场”耦合式的双驱发展模式、“新发展理念”指引的循环经济模式、“倒逼联动”机制上的陆海统筹模式、“自主创新”道路下的技术引领模式和“三权分置”基础上的制度创新模式。五大模式从内在驱动、增长方式、空间统筹、科技支撑及制度体系层面提出了海洋绿色发展模式的创新方向和实现路径。总之，象山海洋绿色发展需要创新海洋绿色发展模式，引领示范区生态文明建设；积极探索建设海洋强县，提供海洋强国的象山样本；遵循“碧海银滩也是金山银山”的理念，积极推进陆海环境治理一体化；遵循“保护环境就是保护生产力”的理念，积极推进海洋产业转型升级；推广“三权分置”制度创新经验，完善海洋绿色发展制度体系；瞄准“制造 2025”技术创新目标，汇聚绿色技术创新于海洋产业；积极招商选资，有序推进象山海洋产业绿色转型；努力招才引智，构建海洋产业绿色发展长效机制。

第 15 章

象山海洋绿色发展的背景与意义

海洋绿色发展涵盖海洋经济、海洋资源、海洋环境、海洋科技、海洋制度、海洋文化等多方面和全过程，海洋经济绿色发展是重中之重。海洋经济绿色发展是指以海洋资源高效利用为基础，以优先保护海洋环境为前提，以海洋生态科技创新和海洋生态制度创新为驱动，通过现代海洋产业的体系化、现代化和绿色化实现海洋经济高质量发展。

15.1 国家战略要求海洋经济建设必须走绿色发展之路

15.1.1 海洋绿色发展是建设海洋强国战略的重要举措

党的十八大报告指出，“提高海洋资源开发能力，发展海洋经济，保护海洋生态环境，坚决维护国家海洋权益，建设海洋强国”。[①]这标志着海洋强国已经上升为我国的国家战略。党的十九大报告强调“加快海洋强国建设”，进一步提高了对海洋事业的重视程度。海洋强国建设包括提高海洋资源开发和环境保护能力、发展海洋经济和挖掘海洋文化、建设海洋法律体系和维护国家海洋权益等。其中，海洋经济是海洋强国建设的物质基础，全面发展海洋经济要求在做到合理开发利用海洋资源的同时保护好海洋生态环境，加强对海洋的综合管理，保障海洋绿色可持续的生态环境，努力发展高端绿色的海洋产业，使我国海洋经济向更具国际竞争力的方向发展。中国是海洋大国，但不是海洋强国。海洋是高质量发展战略要地，是中国未来发展的空间、潜力、优势所在。海洋绿色发展要求中国在应对海洋生态环境挑战的过程中，不仅要立足本国发展，对可持续利用海洋自然资源、保护海洋环境统筹规划，建立完善的海洋政策和法律体系；还要从全人类的视角出发，积极参与海洋环境污染、气候变化治理，加强在海洋科技研究、公

① 习近平. 进一步关心海洋认识海洋经略海洋推动海洋强国建设不断取得新成就. 2013. http：//news. Xinhua-net. com/politics/2013-07/31/c_116762285. htm.

海保护区建设、海洋灾害应对等领域的合作，积极参与海洋生物多样性保护、国际海底区域矿产资源开发等热点海洋问题的国际谈判，共同解决全球海洋环境问题，构建海洋命运共同体。

15.1.2 海洋绿色发展是推进生态文明建设的必然要求

党的十八大报告将生态文明建设纳入“五位一体”中国特色社会主义总体布局。中国海洋经济的发展正处于增效、提质的重要阶段，海洋产业的发展要坚持“创新发展、协调发展、绿色发展、开放发展、共享发展”的理念，主动适应经济发展新常态。调整优化海洋产业的发展结构，打造优势特色海洋产业集群，扶持新兴的海洋产业，提高海洋产业在国民经济中的比重，促进海洋发展的良性循环，实现经济、社会、资源、环境的协调发展。“生态兴则文明兴、生态衰则文明衰”。生态文明建设是关系中华民族永续发展的根本大计。海洋生态文明建设要求培育壮大海洋战略性新兴产业，坚持绿色化、高端化、现代化发展导向，统筹实施海洋传统产业升级计划和海洋新兴产业振兴计划；海洋生态文明建设要求改变发展理念，更新海洋生产技术；推动海洋可再生能源等绿色行业的发展，以科技创新驱动绿色发展；海洋生态文明建设还需要政府、企业、公众等主体共同承担起保护海洋生态环境的责任，增强海洋生态文明意识，努力将我国的海洋资源充分转化为绿色发展动力和发展优势。

15.1.3 象山海洋绿色发展是两大国家战略的县域实践

县域经济是国民经济重要单元，也是最活跃的样本。改革开放以来，象山经济社会发展取得了长足进步。象山因海而兴，与海共生。象山依托“海洋、生态、文化”优势，以新发展理念为引领，以“工业旅游双突破、改革创新双驱动”为主战略，集成政策、集聚资金、集中力量加速培育壮大一批优势产业，积极融入长三角一体化建设。海洋生态文明建设的提出、海洋强国战略的规划、科学技术变革释放的创新红利催生了象山新一轮产业融合的增长点，给象山带来了极大的发展机遇。实践中，象山积极统筹海洋产业优化、海洋科技创新、海洋文化培育、海洋旅游升级、海洋生态环境保护、海洋管理机制创新，重视发展海洋高端装备、海洋新材料、海洋生物、智慧海洋等产业，加快科创中心、人才培养基地等科技平台建设，完成旅游由“景点游模式”成功转向“全域游模式”，积极探索“三权分置”等体制改革，多策并举努力将象山打造成海洋环境优越、产业特色突出、潜力重点明晰的海洋强县，把海洋做大做强，激发象山发展新活力。

15.2　区域战略要求海洋产业体系建设必须高效可持续

15.2.1　绿色发展是浙江海洋产业发展的新动力

浙江海域面积是陆域面积的 2.6 倍，海岸线长达 6 600 多 km，港口深水岸线长 600 多 km，居全国第一。浙江沿海地区位于中国“T”形经济带上，交通区位非常优越、资源禀赋得天独厚。2011 年，国务院正式批复《浙江海洋经济发展示范区规划》，浙江凭借其优越的海洋经济区位优势承担起探索发展海洋经济新模式的重要任务。2017 年颁发《浙江省现代海洋产业发展规划（2017—2022）》，5 年内计划建设 344 个现代海洋产业重大项目，形成“一核两带三海多区”现代海洋产业空间布局。多年来，海洋经济显著拉动浙江经济增长，对经济增长的贡献度不断提升。2017 年，全省海洋生产总值 7 540 亿元，占全省 GDP 的 14.6%，其中，滨海旅游业增加值超 1 000 亿元，船舶海工装备制造业、绿色石化产业增加值超 700 亿元。但海洋产业的新旧动能转换相对滞后，海洋渔业、船舶装备制造与滨海旅游等传统海洋产业发展稳健，海洋油气、海洋新能源等高端海洋产业发展则相对缓慢，海洋生物医药、海洋新材料增速较快但增量相对有限。海洋产业绿色发展将会进一步优化浙江海洋产业区域布局，提升海洋产业结构和层次，提高浙江海洋科技创新能力。

15.2.2　浙江海洋产业发展整体面临着环境压力

根据《2017 年浙江省海洋环境公报》，浙江海洋生态环境损害和污染依旧较为突出，违法违规围填海问题较为严重，杭州湾、象山港、乐清湾、三门湾重要海湾水质堪忧。2017 年，浙江近岸海域水质富营养化状况明显，全年最高 34%的海域呈现重度富营养化状态。海洋环境灾害频发。2017 年，近岸海域共发现赤潮 33 次，累计面积约 2 068.3 km^2。全省的 44 个入海排污口 2017 年排放入海的污水总量约为 7.43 亿 t，其中 11 个排污口对海洋环境有一定危害或潜在危害。杭州湾、乐清湾生态系统分别处于不健康和亚健康状态。为强化近岸海域污染防治和生态保护，加强对海洋生态环境的监视监测，浙江各级海洋环境监测机构在近岸海域共设监测站 2 061 个以对海洋环境质量、海洋功能区、入海污染源、海洋环境风险实施监测，浙江省对海洋生态环境治理工作的重视程度持续加深。[①]严峻的海洋生态压力倒逼浙江的海洋产业必须走绿色、循环、高效、可持续的发展道路，减轻海洋环境压力。

① 2017 年浙江省海洋环境公报，2017，http：//www. zjepb. gov. cn/art/2019/5/10/art_1629501_34071430. html.

15.2.3 象山海洋绿色发展是两大省级战略的县域实践

时任浙江省委书记习近平同志指出，要把浙江建设成为“海洋经济综合实力强、海洋产业结构布局合理、海洋科技先进、海洋生态环境良好的海洋经济强省”，将海洋经济的发展纳入“八八战略”。[①]为建设海洋强省，推动海洋经济健康可持续发展，浙江须进一步优化海洋产业结构、建立现代海洋产业体系、构建一体化海洋经略模式、实施科技兴海战略，选准海洋经济发展的新增长点和突破口，发展海洋战略性新兴产业，尽快形成现代化、绿色化的海洋产业体系。[②]象山积极参与“大湾区”“大通道”等重大平台建设，努力发挥海洋经济的引领作用。在做大做强滨海旅游业、临港制造业等优势产业的同时，做足做优高端海洋装备制造、海洋医药与生物制品、高端航运服务业、海洋环保与新材料等海洋新兴产业；持续推进涉海涉港重大建设项目，加快推进“大目湾新城基础设施建设”“临港装备工业园基础设施建设”“大中庄通用码头建设”“石浦LNG气站及管网工程”等，为海洋经济发展提供坚实支撑和有力保障；坚持“在开发中保护、在保护中开发”，严格执行海洋资源生态红线制度，实施海洋生态环境修复，建设美丽海洋。

15.3 行业战略要求象山主体区创新海洋产业绿色发展模式

15.3.1 海洋经济发展示范区的引领作用要求象山走在海洋经济绿色发展前列

2018 年国家发改委、自然资源部联合下发《关于建设海洋经济发展示范区的通知》，支持 10 个设立在市和 4 个设立在园区的海洋经济发展示范区建设，浙江宁波位列其中。[③]2019 年 7 月 15 日《浙江宁波海洋经济发展示范区建设总体方案》获得浙江省政府正式批复。宁波海洋经济发展示范区主要以象山半岛为主体，以象山港湾和三门湾相关区域为拓展。示范区需要率先贯彻落实海洋经济高质量发展的新要求。首先，示范区要求实施高质量的产业布局，示范区建设要以生态文明理念为引领，制定高标准的海洋产业目录和产业标准，弥补产业发展短板。其次，示范区要求配备高要求的人才、科技、资金等要素，为海洋绿色发展提供配套化、产业化的综合服务。最后，示范区要

① 刘亭. 习近平“经略海洋”思想在浙江的实践与发展[J]. 党政视野，2015（6）：47.

② 谢慧明，马捷. 海洋强省建设的浙江实践与经验[J]. 治理研究，2019，35（3）：19-29.

③ 国家发展改革委，自然资源部. 关于建设海洋经济发展示范区的通知. 2018-11-23. http：//www. ndrc. gov. cn/gzdt/201812/t20181225_923452. html.

具备高效率的要素配置，要紧抓海洋综合开发新机遇，实现海洋资源资产化管理，推动海洋资源的最佳配置，努力把示范区打造成绿色发展的高地。海洋经济示范区的标杆作用要求象山海洋科技研发与产业化水平在海洋产业绿色发展模式上形成示范，因此，象山必须在发展过程中通过技术创新和产业发展来实现经济和环境的双赢。

15.3.2 海洋经济发展示范区的辐射拉动作用要求象山不断完善绿色创新机制

海洋经济示范区被视为浙江海洋经济发展的重要增长极，以及海洋强省建设的重要功能平台，海洋经济示范区要积极对接长三角一体化发展国家战略，坚持陆海统筹、创新驱动、生态优先、绿色发展。示范区的巨大效应将会对示范区主体、示范区周边的海洋绿色发展形成带动效应，推动浙江海洋产业的绿色发展，进而对长三角形成辐射作用。示范区强调创新驱动，要建设现代化海洋经济体系，最终目标是在自身高质量发展的基础上，成长为引领区域高质量一体化发展的新引擎。《浙江宁波海洋经济发展示范区建设总体方案》提出，到 2025 年示范区成为全国乃至全球具有重要影响力的海洋绿色发展、创新发展战略平台和长三角南翼的重要增长极。因此，示范区要依托海洋特色产业，依靠创新带动整个地区产业链的发展；要坚持绿色发展，树立绿色发展理念，成为周边海域、长三角乃至全国的海洋生态发展样板区。

15.3.3 海洋经济发展示范区的建立将成为象山海洋经济绿色发展的重要机遇

示范区建设过程要突出现代海洋产业发展，促进海洋高端科技研发和转化，加快海洋绿色协调发展。象山作为主体区承接了海洋工程装备、海洋智慧科技、海洋旅游（影视休闲）、渔港经济 4 大功能区块建设。这为象山形成新的海洋产业结构布局、海洋产业空间布局指明了方向与目标。《浙江宁波海洋经济发展示范区建设总体方案》还指出，将把示范区建设成为国家现代海洋产业示范基地、国家海洋高端科技研发和转化引领区、国家海洋绿色协调发展样板区，高标准、高要求的战略部署为象山海洋科技研发的投入、传统海洋产业的转型升级、海洋新兴装备制造业的培育提供了机遇，为象山培育了新的经济增长极。

第 *16* 章

象山海洋绿色发展的 SWOT 分析

象山海洋经济规模逐年增加，海洋产业结构不断优化，成为县域经济新的主要增长点。但是，海洋经济迅速发展的同时也面临资源环境的巨大挑战，需要科学分析象山海洋绿色发展的优势条件，需要正视象山海洋绿色发展中的阻碍因素，需要紧抓象山海洋绿色发展中的机遇，需要迎接象山海洋绿色发展中的各类挑战。对象山海洋绿色发展的优势（Strengths）、劣势（Weaknesses）、机遇（Opportunities）和挑战（Threats）的分析，即 SWOT 分析有利于明晰象山海洋绿色发展策略。

16.1 象山海洋绿色发展的优势

16.1.1 海洋绿色发展拥有优质的资源禀赋

海洋资源是发展海洋经济的基础。象山拥有丰富的海洋资源，具备发展海洋绿色经济的上佳条件。良好的海洋资源禀赋及其广阔的开发利用前景为象山海洋绿色发展奠定了坚实的资源基础。

象山拥有辽阔的海域。象山整体呈现半岛型，兼具“海、山、滩、涂、岛、礁、湾”，具有十分丰富的海洋资源。①象山半岛区域地处宁波、舟山和台州交汇处，坐拥象山港和三门湾两大港湾，兼具陆海之利，地理位置优越。海域面积为 6 618 km^2，占整个宁波海域面积的 84%，海岸线（含岛礁海岸线）长达 925 km。海面上大小岛礁密布，韭山列岛为国家级自然保护区，渔山列岛是国家级海洋生态特别保护区和国家级海洋牧场试验区。

港口航道资源十分丰富。南有深水良港——石浦港，能满足 5 000 t 级以下船舶通行，

① 董俊平，沈亚伟，杨周顺. 从海洋大县走向海洋强县——象山县发展海洋经济情况调查[J]. 政策瞭望，2012（5）：32-34.

港区东部以旅游业为主；沿港重点布局了滨海工业园、石浦科技园等产业园。北有象山港，可满足 3.5 t 级散货船进港，航道远期建设可满足 5 万 t 级船舶通航，沿港布局了西周生态循环工业园等产业园。象山计划推出《象山岸线资源保护与利用规划》，对象山 564.68 km 的岸线进行规划，以推动对岸线资源更精细合理的利用。

根据《2018 年宁波市生态环境状况公报》，象山 $PM_{2.5}$ 浓度为 26 $\mu g/m^3$、二氧化硫浓度为 7 $\mu g/m^3$，空气质量居宁波之首。①优质的生态环境是象山海洋产业发展、尤其是海洋服务业发展的重要资源依托。象山坚持“全程生态、全境生态、全民生态”，实施洁净、碧水、修复等三大工程，持续提升生态优势，打造“生态象山”品牌，已成功列入国家级生态示范区、省级生态县、国家级生态县。2017 年，环保部批复象山成为首批国家生态文明建设示范县。2019 年，象山入选“全国绿色发展百强县市”。

16.1.2　海洋绿色发展拥有扎实的产业基础

海洋经济是象山的支柱产业和重要增长点，也是象山社会经济发展的潜力所在，海洋经济的稳步发展和产值的提升是象山发展海洋生态产业的重要经济基础。象山的海洋渔业、水产品加工业、海洋船舶工业等传统的涉海产业具备较好的基础；同时，象山大力扶植发展“海洋+”新兴产业，重点推进海洋新装备制造、海洋药物和生物制品业、海洋可再生能源业等新兴产业规模化发展。根据《2018 年象山国民经济和社会发展统计公报》，2018 年象山规模以上工业高新技术产业增加值 59.54 亿元，同比增长 14.3%。②

临港工业快速发展、海洋新兴产业重点推进。象山依托“象山港、环石浦港”较长的岸线资源和优质的港口区位优势，发展以海洋工程装备、海洋新能源装备、港航物流等为核心的临港产业，着力打造海洋装备工业集聚区、临港重型装备制造基地（象保合作区、临港装备工业园、南湾新区等）。以临港装备工业园的新乐造船为例，2018 年该企业建造了中国第一艘自主设计 LNG 船的船体核心部件，突破了多项技术壁垒，填补了国内造船业在该领域的空白。此外，象山十分重视海洋公共服务业的发展，象山拥有合法海洋渔船 3 000 多条，仅 2019 年上半年，象山投资 1 100 多万元用于智慧渔港建设项目，在环石浦港区域及鹤浦、高塘渔船进出港口门安装了渔船进出港识别管理系统。

滨海生态旅游业较为发达。2018 年，象山接待国内外游客 2 510 万人次，旅游综合收入 276 亿元，同比分别增长 14%和 15%。成功创建“浙江省首批全域旅游示范县”，

---

① 宁波市生态环境局. 2018 年宁波市生态环境状况公报，http：//sthjj. ningbo. gov. cn/art/2019/6/4/art_16699_3756200. html.

② 象山县统计局. 2018 年象山县国民经济和社会发展统计公报，http：//www. xiangshan. gov. cn/art/2019/2/22/art_114624_8478028. html.

荣获“浙江省全域疗休养发展十佳县”等称号。象山将滨海休闲旅游业作为服务业的龙头和引擎产业，着力推进特色化发展，加快培育生态旅游休闲产品。2018—2019 年，石浦渔港古城充分整治港、城、海、鲜、岛等旅游资源，全力发展海洋海岛生态旅游。

传统水产品加工业有效转型。水产品加工业是象山的优势产业。2018 年以来，象山不断推进水产品加工产业转型升级，新建水产品精深加工产业创新服务综合体，发展现代化渔业产业体系。象山通过采用“互联网+创新服务”模式，联合象山 5 家水产品加工龙头企业、水产行业协会与浙江高校开展产学研联盟，建设“检测中心”“精深加工中心”“保鲜技术中心”等共享服务平台，打造“技术研发—检验检测—成果中试—创新孵化”的产业创新生态链。2019 年，象山水产品精深加工产业创新服务综合体被列入“宁波市产业创新服务综合体建设”名单。

16.1.3 海洋绿色发展拥有良好的文化特色

海洋是象山人民生存发展的摇篮，象山拥有丰富的海洋文化资源。象山海洋渔文化积淀厚重，素来重视人与自然的和谐相处。面对海洋资源的有限性与海洋休渔的重要性，保护渔业资源已内化成渔民们的自觉意识。象山是中国渔民“蓝色保护”志愿者活动的发源地。“蓝色保护”是我国首个保护海洋生态的非政府组织，在象山共青团组织的指导下，青年自觉参与蓝色护海行动，在国内外产生了积极的影响。

2010 年 6 月，象山被文化部批准设立海洋渔文化（象山）生态保护实验区，该试验区是全国唯一以海洋渔文化为保护内容的国家级生态保护区。此外，象山政府在休渔期大力扶持第三产业，保障渔民就业、保护海洋资源。象山优秀的渔文化培育了海洋现代文化生态和谐的理念，对推动海洋强县建设以及海洋绿色发展具有强有力的文化支撑。

海洋事业是一项开创性的事业。象山以海为伴，形成了勇于开拓、勇于创新的海洋精神。为实现海洋生态保护、海洋产业发展、乡村振兴“多赢”，象山实施用海海域“三权分置”改革。这一制度创新将开放式养殖用海海域的所有权、使用权和经营权分离，通过招标、拍卖、挂牌的方式公开出让海域使用权，对促进海洋资源合理利用、规范海域管理、增加村集体经济收入都具有积极意义。象山是宁波市首例养殖用海“三权分置”的试点，这一模式也将被推广至更多地区。

16.1.4 海洋绿色发展拥有前期环境治理基础

多措并举推进沿海污染源治理。象山对县域内 8 个重点污染源排海口实施在线监测管控，实施“污水零直排区”建设；加快推进沿海电镀、印染等重污染行业生产工艺和装备技术水平提升，实施清洁生产改造，对工业园区污水开展集中处理工程建设和提标改造，降低主要工业污染物的入海总量；并持续推进近岸海域表面固定的垃圾处理工作。截至 2019 年，象山内 15 条入海河流水质达到功能区要求。

持续推进海洋生态修复工作。象山自 2012 年开始一直在持续开展海岸线、海岛整治修复工作。利用中央海域使用专项资金 7 866 万元支持地方生态修复，总投资 2.4 亿元，相继实施松兰山、下沙大岙、檀头山岛、石浦港 4 个海域、海岛、海岸带修复工程。其中，大岙沙滩整治项目是一个有力佐证，爵溪街道的大岙沙滩的沙子在 20 世纪 70 年代后被大量采挖用作建筑用料，造成“沙荒”。象山购进 44 万 m^3 沙子对下沙沙滩及大岙沙滩进行治理，恢复沙滩原生态。象山还在渔山列岛海域实施增殖放流。为缓解黄沙岙区域用海项目对海域海洋生态系统带来的不利影响，象山分四期投入 227.51 万元进行增殖放流活动。

象山划定并严守生态保护红线。象山被列入生态保护红线省级勘界试点单位，严格执行规划管控措施，按期完成红线勘界定任务。①象山的生态保护红线划定工作已于 2017 年 10 月完成，共在全县国土规划陆域范围内划出 9 个区块，主要为水源涵养生态保护红线、生物多样性维护生态保护红线、水土保持生态保护红线，总面积 210.092 km^2。象山将西周镇清风寨森林公园列为试点区块，出台了《象山清风寨森林公园生物多样性维护、水土保持生态保护红线》，2018 年 10 月正式启动现场勘界工作并形成了以生态保护红线为底线的空间规划体系。

16.2 象山海洋绿色发展的劣势

16.2.1 产业特色不明显

立足于象山的资源禀赋，海洋经济是象山的优势，象山在海洋产业绿色发展的道路上具有巨大潜力，但与浙江其他地区如舟山等地区相比，绿色产业的发展还未形成显著特色，不具较大的优势。

象山正处于产业转型升级换挡期。象山长期依赖海洋渔业、海洋装备制造业等传统产业，生产的涉海产品仍主要以传统产品为主，具有高附加值、广阔市场前景的产品则相对匮乏。具体表现为水产品加工业较多为粗产品加工，海洋装备制造业长期注重产业规模扩张，部分技术密集度较低的细分行业出现产能过剩。而海洋生物药物和海洋功能食品等产业由于产品研发周期长、市场不确定性大、对高技术人才依存度大等特点则发

---

① 我县启动生态保护红线勘界定标试点，2019 年，http：//www. xiangshan. gov. cn/art/2019/1/3/art_114598_8380384. html.

展相对较慢。海洋药物和生物制品业、海洋能源等海洋新兴产业尚需实现从亮点向增长点的转变。

优势产业的产业链条相对较短。象山的海洋渔业、海洋船舶工业、海洋运输服务业尚处于价值链的中端或低端，品牌优势、人才优势、科研优势还未形成。此外，临港产业的发展过于关注单独行业的发展，行业之间发展不匹配，协同度不够，不利于资源的集约利用，制约了海洋产业的绿色化发展。

旅游业产品结构单一。象山的旅游开发层次还有待提高，客源市场也主要是长三角为主，缺少市场竞争力，无法延长游客的旅游停留时间，旅游的整体效益不高。此外，旅游景区缺乏专业的景区管理团队，人才输出培养亟须加强。截至 2019 年，象山共有注册导游 212 名，其中中、高级导游 44 名、市级金牌导游 1 名。象山须进一步推进旅游创新，全力推动全域旅游示范区创建，高标准、高质量推进旅游项目建设，算好“生态账”，优化旅游发展环境，不断拉长产业链，提高旅游业对象山县域经济增长的贡献度。

16.2.2 管理效率不够高

象山应把海洋绿色发展作为陆海联动发展的动力，完善海陆一体化污染防治的协调和处理机制，以共建、共治、共享来推进探索海洋绿色发展新路径。象山各部门针对海洋绿色发展仍存在职能交叉、协调性不够等问题。

海洋绿色发展职责划分有待明晰。海洋经济覆盖面广泛，不同的海洋产业分属不同的政府职能部门管理。象山尚未设有专门的机构来推进海洋产业绿色发展，相关部门的职能边界存在交叉。例如，在渔业船舶企业的污染防治方面，生态环境局与海洋与渔业局存在职能交叉；对于海洋生态调查监测评价工作，生态环境局、自然资源规划局、水利和渔业局等部门均有涉及。因此，厘清职能边界有利于海洋污染管控的高效实施。

各部门协同有待加强。陆源污染是海洋环境污染的重要来源之一，陆域、海域排污需要系统化整治。但各部门之间缺乏海洋经济协调机构和统筹管理机制，存在管理体制不对接，入河排污口、入海排污口整治分别进行，陆域、海域排污许可未能统筹协调，没能发挥出区域协同发展的政策叠加效应。这导致象山沿海区域海陆经济互动统筹协调度较低，海洋产业的整体优势没有充分发挥出来。

16.2.3 要素配置不齐全

交通上现代化集疏运网络不完善。公路、水运、铁路和航空网络化的交通运输体系尚未形成，推进难度较大。象山还未开通铁路，没有形成方便快捷的输运网络，海洋产品运输成本较高。这将会影响象山海洋产业与其他地区的交流，对海洋运输业、海洋服务业、水产品价格业的发展均不利。为适应海洋产业绿色发展的需求，象山亟须突破此困境。

融资上缺少专业性金融机构与金融服务。海洋产业的发展需要巨大的资金注入同时也面临较高风险。浙江民间资本较为活跃，但难以发挥规模效应并有效化解风险。临港新兴产业发展资金缺口很大，传统的以银行贷款为主的融资渠道不能满足产业转型阶段的发展需求。海洋保险服务需进一步创新。象山海洋保险服务业主要针对渔业发展，例如，象山较大的东海航运保险公司主要险种有船舶保险、船舶建造保险、航运货物保险、航运责任保险等，为海洋渔业生产的恢复和发展上起到了保障作用，但在海洋生态损害险、海洋物流责任险等方面险种不多。

人才上尚未形成高端创新人才的培养和集聚效应。在新一轮海洋产业转型阶段，培育高素质综合应用型的海洋人才极其重要。海洋产业在县域整个经济活动中占据的比重较大，但象山面临着海洋专业高素质人才相对较少、海洋科研机构严重缺乏、海洋科技力量薄弱等问题。象山引进了中国机械科学研究总院南方中心、中国电子科学研究院创新分中心、浙江理工大学象山针织研究院来吸引更多人才。2018 年年底，引进博士 22 名、硕士 86 名，新增人才 1.05 万人。但总体来说，象山的涉海人才仍非常少，还远远无法支撑起象山海洋产业绿色发展的需求。

16.3 象山海洋绿色发展的机遇

16.3.1 海洋生态文明建设走向实践

2005 年 8 月，时任浙江省委书记习近平在浙江安吉余村考察时，提出了“绿水青山就是金山银山”的科学论断。各地应按照绿色发展理念，把生态文明建设融入各方面建设的全过程。对于象山来说，不仅“绿水青山就是金山银山”，而且“碧海银滩也是金山银山”。

象山在绿色发展理念指引下，严格控制过度捕捞行为、积极改善近岸海域环境质量。具体表现为提高涉海项目环境准入门槛，进一步淘汰落后产能，积极推进海洋生态修复工作。2013 年就开始的象山石浦港海域海岸带整治修复和保护项目于 2019 年 9 月 20 日通过了竣工验收。[①]

党的十九大报告提出：“坚持陆海统筹，加快建设海洋强国。”陆海统筹要求要对

① 象山县自然资源和规划局. 中央分成海域使用金支出项目——宁波市象山县石浦港海域海岸带整治修复和保护项目通过市级竣工验收，2019，http：//www. nbplan. gov. cn/art/2019/9/23/art_21714_3960194. html 航天智慧科技城.

陆域、海域进行综合治理，其中陆域污染治理工作更加紧迫。近年来象山积极开展陆源排海污染物控制工作，大力推进截污纳管工作，完善配套管网建设。2019 年，象山生活污水处理厂和工业污水处理厂日处理能力分别达到 14 万 t 和 7.5 万 t。象山还开展了生态红线划定等方面试点工作，设立石浦海洋站以对海洋生态环境进行风险监测，这几项工作具有很强的前瞻性，并取得了显著社会效益和生态效益。

16.3.2 海洋经济示范区带来新机遇

浙江宁波海洋经济发展示范区重大项目建设库总投资 1 700 多亿元，其中海洋经济基础设施项目、海洋产业转型升级、海洋科技创新、海洋公共服务提升、海洋生态环境保护等重大项目共落地象山 65 项，占据项目库半数之多。其中海洋生态环境保护项目总投资 12.26 亿元，其中 3 项为象山的“蓝色海湾修复工程”“渔业资源增殖放流”“海洋牧场示范区建设”项目。投入资金之多、项目设置之广，都充分体现国家及省（市）对象山的重视程度，象山将抓住这一有利时机，推动政策、资金、服务等要素资源向重大平台倾斜，重点建设好经济开发区，推动海洋经济转型升级，先行探索海洋绿色发展，着力创建海洋生态文明先行指向牌、航标灯。

《浙江宁波海洋经济发展示范区建设总体方案》提出，到 2020 年，示范区生态高效、科技创新的现代海洋产业体系基本成型；水清岸绿的海洋生态环境保护取得成效。但是，象山海洋产业的发展还局限于传统装备领域，新型高端装备已出现但涉及领域有限，整体处于产业链的低端。示范区重大项目的建设、对海洋科技创新的重视与投资，为海洋产业的发展提供了资金保障。这将会极大地带动海洋领域的技术革新，激励关键核心技术的突破，使中低端海洋产业逐渐撤离，推动产业高端化，并带动相关配套产业发展。

象山主要是海洋经济示范区海洋工程装备、海洋智慧科技、海洋旅游（影视休闲）、渔港经济区块的承接主体；宁波象保合作区、石浦科技园、滨海工业园重点发展以海洋装备、港航物流等为核心的临港产业，同时通过与中国航天科工集团合作，发展航天科技等新兴产业；东部的大目湾生态低碳城以及宁波影视文化产业园区着重关注海洋资源优化利用与影视休闲文化发展。南部的石浦港则强调海洋生态养殖、水产品加工等渔港经济的新发展。这为象山产业发展的空间新布局提供了方向，有利于海洋资源集约利用、发展具有区域特色的海洋产业，同时也避免了同一区域产业同质化竞争。

16.3.3 长三角一体化带来新契机

长三角一体化已上升为国家发展战略，长三角“三省一市”接连对全方位推动长三角高质量一体化发展做出了具体部署。长三角一体化程度不断加深，2019 年 10 月 29 日，国务院批复了《长三角生态绿色一体化发展示范区总体方案》，为跨行政区域的生态环境治理提供了指导与保障。[①]长三角一体化进程的持续推进，打破长三角示范区内的行政壁垒，推动了产学研结合，为象山在海洋产业转型和新兴海洋产业发展过程中的资金吸引、科技人才等方面带来了新的发展机遇。

海洋经济发展的示范区规划建设过程中，海洋现代产业的发展需要大量的海洋高端科技研发人才。长三角一体化将会推动上海、南京、杭州、宁波等地人才的流入，象山有更大的机会吸引掌握海洋高科技的研究团队及相关人才，为海洋产业发展提供人才保障。

长三角一体化给新区发展注入创新活力。宁波市在 2019 年发布的《宁波市推进长三角区域一体化发展行动计划》中提到要加快推进航天智慧科技城建设。航天智慧科技城项目由宁波市政府与中国航天科工集团合作共建，位于象保合作区。[②]长三角一体化战略的推进首先便捷了交通，使新区位于上海、杭州的 2.5 h 交通圈内，便捷的交通有利于吸引产业项目的落地，也有利于吸引更多的投资资金注入。

16.4 象山海洋绿色发展的挑战

16.4.1 复杂国际趋势与激烈的县域间竞争

随着国际海洋权益争夺和全球渔业资源竞争的加剧，渔业发展空间严重拥挤，尤其是中日渔业协议的签订使中日形成大面积共同作业海域，迫使原本从事外海捕捞的渔船拥挤在狭小的传统渔场。此外，日本等远洋渔业大国掌握全球远洋水产品的市场定价权，对象山的远洋渔业的发展空间形成了挤压；对于大型 LNG 项目的开发，美国、日本等海洋大国掌握着核心技术与专利，尽管一些设备已经实现国产化，但设备大型化方面自主知识产权较少。浙江省“以亩均论英雄”，积极开展制造业高质量发展。2019 年的中国百强县榜单，浙江占据 26 席。各百强县在产业结构优化、科技创新投入、绿色协调高效方向迈出了坚实的步伐。各县域为抢占发展先机，抢占转型升级“智高点”，纷纷出台相关产业政策，余姚市制定《全面改造提升传统制造业实施方案（2018—2020 年）》，发展面向制造环节的分享经济，培育智慧集群；慈溪市制定《智能经济行动计

① 国务院关于长三角生态绿色一体化发展示范区总体方案的批复，2019 年，http：//www. gov. cn/zhengce/content/2019-10/29/content_5446300. html.

② 宁波：宁波航天智慧科技城落户象山，2016 年，http：//www. zjkjt. gov. cn/html/node18/detail0104/2016/0104_69675. html.

划（2018—2020）》，以传统企业智能化改造和发展智能制造新模式为重点，展开战略布局。面对县域间在人才引进、招商引资等要素吸纳方面激烈的竞争，象山在发展中面临着巨大的压力，在如何盘活海洋经济、突出绿色发展特色、催生培育新增长点等方面还需进一步科学布局。

16.4.2 近海巨大的环境压力与脆弱的生态环境

不合理的海洋资源开发与利用、传统粗放型的海洋产业生产模式，以及严重的海水富营养化，势必都会成为海洋绿色化进程中的巨大挑战。象山海洋绿色发展水平仍处在环境库兹涅茨曲线的爬坡阶段，主要污染物并未真正越过排放的峰值阶段。积累的污染物总量较高，近岸海域水质不容乐观。象山虽多年来持续不断地对沿岸生态环境进行管控，但由于污染累积总量加大，再加上海水养殖业的迅速发展，超出了海域的自净能力，影响了沿海水域的生态平衡，对滨海旅游等相关产业的发展将会产生不利影响。根据《2018 年宁波市生态环境状况公报》按照近岸海域水质营养等级划分，石浦港为重度富营养化，与往年比近岸海域水质富营养化并没有改善。此外，受象山域外排污的影响象山港、大目洋等海域赤潮时有发生，海水水质以四类或劣四类为主。围填海问题造成沿海自然生态环境相对脆弱。象山沿海地区为经济相对发达的区域，产业数量和密度增加给生态环境带来了巨大的压力，因此出现了“向海要地”情况。围填海现象不仅占用了大面积的海域空间资源，也使沿海地区自然生态环境更加脆弱。填海围垦在很大程度上改变了石浦港周边的自然环境，致使港内淤积加剧，给港内众多码头作业营运和船舶航行靠泊带来了安全隐患。临县宁海县下洋涂 5.4 万亩的围垦工程导致三门湾纳潮量降低，从而打破了石浦港内的泥沙动态平衡，造成了石浦港整体性淤积。这无疑给海洋旅游业、海洋交通运输业的快速发展带来巨大挑战。

16.4.3 海洋产业转型升级遭遇技术“瓶颈”

技术研发能力相对薄弱。技术在产业转型升级过程中起着无可替代的作用。面对激烈的竞争环境，只有通过技术革新，提高产品科技含量，才能实现质的飞跃，进而提升综合竞争力。以象山的海洋装备制造业为例，其发展面临着我国普遍面临的难题，自主创新能力不强、核心技术研发能力薄弱。象山的海洋装备制造业承接中低端海洋装备订单较多，核心技术大部分需要引进，导致企业产品竞争力弱，更新换代缓慢。此外，受限于科研能力与高端技术人才匮乏，科研团队大多青睐于能迅速产生利润的项目，同时大多企业受制于成本投入，不愿组织、从事周期较长的基础研发。象山现有的研发能力还远不能适应海洋现代化、高端化、绿色化发展的现实需要。海洋新兴产业与传统临港产业未形成配套。象山已初步形成船舶制造、海洋运输业、水产品加工业的临港工业体系，但毋庸置疑，临港工业给生态环境带来了巨大的压力。近些年兴起的海洋装备制造业专注于新的领域，较少涉及海洋水质与生态监测仪器设备制造、海洋生态修复及装备制造、船用环保配套设备制造，没有跟传统的临港工业形成产业配套，海洋产业体系的完备发展还需统筹规划、系统布局。

16.5　象山海洋绿色发展的策略

象山海洋绿色产业的发展面临着优势与劣势同在、机遇与挑战共存的新形势。一方面，海洋绿色产业发展具有优质的资源禀赋、扎实的产业基础与良好的文化特色，海洋生态的前期治理工作也给产业的发展提供了环境基础。但同时又存在产业特色不明显、管理效率不够高、要素配置不齐全等发展短板。另一方面，在海洋绿色产业发展的外部环境方面，既有海洋生态文明思想的引导，又有长三角一体化发展战略带来的新契机，以及海洋经济示范区带来的重要机遇。但也面临着国际国内竞争激烈、近海环境压力巨大、转型升级遭遇瓶颈等绿色产业发展的一些挑战。具体如表 16-1 所示。总体来说，象山海洋绿色发展的优势大于劣势、机遇大于挑战。基于对象山海洋绿色发展的优势、劣势、机遇、挑战的分析，象山可基于优势-机遇、劣势-机遇、优势-挑战、劣势-挑战做出下列发展策略。

表 16-1　象山海洋绿色发展策略

机遇/挑战	优势-S （1）海洋绿色发展拥有优质的资源禀赋； （2）海洋绿色发展拥有扎实的产业基础； （3）海洋绿色发展拥有良好的文化特色； （4）海洋绿色发展拥有前期环境治理基础	劣势-W （1）产业特色不明显； （2）管理效率不够高； （3）要素配置不齐全
机遇-O （1）海洋生态文明建设走向实践； （2）海洋经济示范区带来新机遇； （3）长三角一体化带来新的契机	S-O 策略一：创新海洋绿色发展模式，引领示范区生态文明建设； 策略二：积极探索建设海洋强县，提供海洋强国的象山模式	W-O 策略三：遵循“碧海银滩也是金山银山”的理念，积极推进陆海环境治理一体化； 策略四：遵循“保护环境就是保护生产力”的理念，积极推进海洋产业转型升级

挑战-T	S-T	W-T
（1）复杂国际趋势与激烈的县域间竞争； （2）近海巨大的环境压力与脆弱的生态环境； （3）海洋产业转型升级遭遇技术“瓶颈”	策略五：推广“三权分置”制度创新经验，完善海洋绿色发展制度体系； 策略六：瞄准“制造 2025”技术创新目标，汇聚绿色技术创新于海洋产业	策略七：积极招商选资，有序推进象山海洋产业绿色转型； 策略八：努力招才引智，构建海洋产业绿色发展长效机制

16.5.1 优势-机遇策略

策略一：创新海洋绿色发展模式，引领示范区生态文明建设

一是依托平台紧抓项目建设。象山应紧抓海洋经济示范区建设这一有利时机，全力招商引资一批大项目、好项目。二是强化生态修复。象山连续多年开展增殖放流、沙滩整治与修复等海洋生态修复工作，并实施监督职能，推进并持续完善生态修复赔偿机制。生态修复是一项长期工程，要持之以恒地予以推进。三是发展智慧海洋。为提升渔港渔船管理水平，象山应对环石浦港区域等重要渔船进出港口门实行智能化管理，实现渔港管理可视化、信息化。四是强化综合治理。象山要以海洋资源禀赋为依托，在开发利用海洋资源的同时加强对海洋环境的治理与保护，努力将海洋资源优势转化成生态优势，全力打造海洋开发与保护并存的“象山模式”，从而引领整个示范区生态文明建设。

策略二：积极探索建设海洋强县，提供海洋强国的象山模式

海洋强县建设要求象山海洋绿色发展做到以下几点：一是要坚持“破”中有“立”。要勇于打破限制海洋经济发展的传统方式、传统模式，要坚持海洋生态文明新理念、新方法，重视海洋经济示范建设质量，助推浙江海洋强省及我国海洋强国建设。二要坚持“全”中有“特”，要保证在海洋经济基础设施建设、海洋科技创新、海洋文化建设、海洋监督管理、海洋生态环境保护方面均衡发展，同时又要在特定领域突出发展特色，具备重要地位；三是要坚持“质”优于“量”，海洋经济的转型升级要在海洋经济发展基础好的区块先行先试，遵循好中选优，形成示范带动效应。

16.5.2 劣势-机遇策略

策略三：遵循“碧海银滩也是金山银山”的理念，积极推进陆海环境治理一体化

碧海银滩就是象山的金山银山。发展“碧海银滩”，要坚持陆海统筹，健全陆海联动治理机制，加强陆海环境治理的同规划、同部署、同落实，加强部门环境治理部门之间的合作，使陆海治理工作做到相互衔接、相互支撑、共同推进；要深入推进对入海排污口的监督管理工作，严格控制排污量，强化近岸海域环境监测数据和海洋环境监测数据的有效衔接；统筹加强海洋生态环境修复，全面推进“海湾修复工程”“增殖放流”工程，加强对围填海区域生态化利用，全力修复重要岸线生态系统；开展陆海生态环境综合评价，完善陆海基础环境治理数据处理系统及技术指标体系。

策略四：遵循“保护环境就是保护生产力”的理念，积极推进海洋产业转型升级

生态环境保护和发展经济是有机统一的，保护生态环境就是保护生产力。象山海洋绿色发展必须要加快传统海洋产业的转型。要加快淘汰一批高污染、高排放、高消耗的产业，压减原材料行业的过剩产能。对于象山的支柱性产业、受市场需求影响短期无法有效释放的产业，应加大绿色生产技术的投入，避免后期对整体产业绿色化发展形成拖累。船舶装备制造业在象山具有一定的产业基础，且海洋高端装备制造业属于绿色发展产业。因此，象山应围绕海洋高端装备制造业，加大对该产业领域内企业的投资，加强创新，使其成为象山突出特色产业，进而形成产业链，辐射其他新兴产业。对于海洋新兴产业，加快超大型龙头企业建设，发挥龙头企业的拉动作用，填补传统产业去产能的缺口。象山的海洋绿色发展模式要“在摸索中前行，在实践中成长”，打好产业转型升级攻坚战。

16.5.3　优势-挑战策略

策略五：推广“三权分置”制度创新经验，完善海洋绿色发展制度体系

象山首例“三权分置”试点海域成功挂牌出让是象山谋发展的新思路、新举措，值得在更加广泛的地域、领域推广。海洋绿色发展也要积极进行制度创新，首先，要促进政府职能转变、打造服务型政府。简化行政手续、提高审批效率，全方位减轻企业与公众的负担。全面推进“最多跑一次”改革，推广政务服务网上办理，最大限度地便捷公众；其次，要建立有效的生态环境管理协调机制，成立专门保护生态环境工作协调小组，建立部门定期沟通协商机制，负责及时协调解决海洋绿色发展过程中的难点和重点问题，扩大各部门合作领域，提升合作成效，为建立完善的海洋绿色发展体系做出积极贡献；最后，要加强配套基础设施建设，实现海洋产业的协调发展，严格避免同质性重复建设，以提高生产经营的效率。

策略六：瞄准“中国制造 2025”技术创新目标，汇聚绿色技术创新于海洋产业

“中国制造 2025”是实施制造强国战略的行动纲领，展望了 2025 年重点领域技术创新趋势。县域技术多以外源性技术输入为主，对产业技术升级的引领作用十分有限。象山要以“中国制造 2025”技术路线图为参考和指引，加快实现“传统制造”到“智能制造”的转变，抢抓技术进步与产业融合新机遇，把握“互联网+”“5G+”等信息化发展新趋势，助力海洋产业发展迈向新台阶。象山要进一步深化海洋监测技术的研究，加强与其他沿海地区的交流合作，吸纳国际、国内先进海洋污染监测技术，保护海洋绿色发展。对于海洋环境修复等复杂的生态问题，需要区域统筹、完整规划。且生态修复类工作过程周期较长，需要与专业人员长期合作。象山需引育掌握关键技术，引领海洋绿色发展的高层次人才，储备一批创新能力强的涉海专业人才。象山在海洋风能和潮汐能等新能源方面具有很大的资源优势，然而受资金、人才等多项因素制约，象山的科技水平还相对较低，对海洋能的研发工作相对滞后。象山要加快对海洋新能源等新兴产业领域的关键技术、原创技术的研发，提升高新技术产业带来的实际经济价值。

16.5.4 劣势-挑战策略

策略七：积极招商选资，有序推进象山海洋产业绿色转型

一方面应加快转变海洋产业发展理念，注重现代产业体系的构建、供给质量的提升和资源利用效率的提高，在促进优质项目招引、强化金融支持实体经济、降低企业负担等方面培育海洋产业高质量发展的土壤。立足资源禀赋、交通区位和人力资源优势，做好顶层设计，创新体制机制，持续优化投资环境。另一方面，针对海洋产业转型升级过程中的融资困境，象山应有针对性地提供绿色海洋产业专项金融政策扶持。通过搭建间接融资服务平台和直接融资服务平台，充分发挥好政府在绿色海洋产业融资中的引导作用。此外，应加强海洋产业绿色转型项目的科学性与可行性研究，有选择性地承接国内外特色优质项目。

策略八：努力招才引智，构建海洋产业绿色发展长效机制

浙江现有涉海类高校已达 21 所，涉海类“十三五”省一流学科 43 个，拥有以海洋二所为引领的涉海科研院所 1 家，国家级海洋研发中心 4 家，海洋科技创新平台 15 家，但并无一家国家级涉海类智库项目落户象山。为此，象山应积极主动投入当前的招才引智浪潮，通过对科研单位、大专院校、技术推广机构服务于重点发展的海洋产业技术成果转让、技术培训、技术服务等项目给予专项政策和资金支持，为高校、科研院所及大型企业“智力项目”引进创造有利的软硬环境。此外，象山处于资本密集度、人才密集度最高的长三角区域，理应充分利用长三角一体化的机遇。通过主动加强与浙江大学、宁波大学、上海海洋大学、浙江海洋大学等长三角涉海高等院校的合作，增强象山海洋产业绿色发展的智力储备，构建海洋产业绿色发展长效机制。

第 17 章

象山海洋绿色发展的实践模式

象山紧紧抓住海洋经济发展战略上升为国家战略的有利契机，立足海洋资源优势加快培育壮大海洋经济，稳步推进一批产业性、功能性项目建设，取得了临港工业强劲增长、滨海旅游业再创新高、新旧发展动能加速转换以及海洋生态环境持续向好等一系列显著成就。象山推进绿色海洋发展的重点模式主要包括 3 类：涉海产权制度变革模式、涉海产业融合发展模式和资源依托集聚发展模式。象山已经形成海洋绿色发展的初步经验：理顺海洋综合管理体制，打造“有为政府”；提升市场主体参与广度与深度，培育“有效市场”；鼓励海洋金融创新，保障海洋投入经济高效；注重人才引育，保障海洋科技人才支撑；强化生态环境保护，保障海洋资源安全。

17.1 象山海洋绿色发展的主要成就

“十三五”时期以来，象山深入贯彻习近平总书记海洋强国的重要论述，紧紧抓住海洋经济发展战略上升为国家战略的有利契机，主动谋划、大胆创新，积极推进“两区”创建。立足海洋资源优势，加快培育壮大海洋经济，着力建设海洋产业发展集群。在加快发展临港工业、加速新旧发展动能转换的同时，做大做强滨海旅游，转型发展现代渔业，稳步推进一批产业性、功能性项目建设，取得了阶段性成效。

17.1.1 临港工业增长强劲

2018 年，象山临港工业总产值达到 112 亿元，实现规模以上工业总产值 627.1 亿元，增长 12.9%。战略性新兴产业、高新技术产业、高端装备制造业增加值均呈两位数增长。“三翻”行动逐步显效，华翔集团成为市千亿级工业龙头培育企业，合力模具入选国家单项冠军示范企业，锦浪科技通过上市审核，申菱机电、瑞德能源、博禄德电子上市进程稳步推进。2018 年，象山动建投产亿元以上项目 36 个，完成固定资产投资 189.8 亿元，增长 25.4%，增速位居宁波全市前列。民间投资成为中坚力量，完成投资 114 亿元，增长 27.7%。产业类投资 81.5 亿元，增长 38.5%，增速居宁波全市第一。实际利用外资 1.6 亿美元、内资 70 亿元，签约亿元以上项目 41 个、10 亿元以上项目 11 个，并引进中化膜材料等一批优质项目。

17.1.2 滨海旅游业再攀新高

2018 年，象山接待国内外游客 2 510 万人次，实现旅游综合收入 276 亿元，分别增长 14%和 15%。成功创建“浙江省首批全域旅游示范县”，荣获“浙江省全域疗休养发展十佳县”等称号。松兰山国家级旅游度假区、影视城 AAAAA 级旅游景区创建通过评审，半边山旅游度假区、阿拉的海水上乐园建成营业。影视文化产业区接待剧组数、游客数稳居全国影视基地前列，完成营业收入 25.2 亿元、税收 1.5 亿元，分别增长 54.7%和 74.5%。新增 A 级以上景区村 43 个，建成精品民宿 44 家，民宿床位数近 1.5 万张，占宁波全市一半以上。茅洋蟹钳港景区被评为 AAA 级旅游景区，新桥成为市乡村全域旅游示范区，涂茨东海仙子湾获评市民宿经济集聚区，墙头溪里方村建成全市首个乡村文旅中心。象山定塘沙地村、墙头方家岙村、新桥黄公岙村等村旅游年收入均突破千万元，其中村集体收入均超过百万元。

17.1.3 新旧发展动能加速转换

新兴产业加速成长，重点产业转型升级，发展动能加速转换。2018 年，象保合作区航天智慧科技城生产力中心主体建成，航天科工 2 个重点项目入驻云制造示范基地。经济开发区主阵地作用增强，大中庄通用码头动建，企业服务中心建成，技改投资占全县 55%，引进落户企业 32 家。2018 年，象山第一产业增加值 73 亿元，增长 2.9%；第二产业增加值 225 亿元，增长 5%；第三产业增加值 232 亿元，增长 10.6%。三次产业占比结构调整为 13.8∶42.4∶43.8。

传统产业转型提升。成立汽模配产业联盟，开展传统产业转型和汽配产业联盟行动，2018 年完成产值 143.9 亿元，增长 15.7%，合力模具入选国家单项冠军示范企业。实施水产品加工制造业改造提升行动，推进产业能级跃升。2018 年完成产值 29.6 亿元，增长 13.8%。石浦门前塘水产品加工园积极创建宁波市战略性新兴产业专业园。加快针织产业提质转型，2018 年完成产值 96.9 亿元，与浙江理工大学合作设立现代针织研究院。

科技创新不断加速。2018 年象山高新技术产业投资 19.4 亿元，增长 39.2%，增速居宁波全市第二。研发经费占 GDP 比重逐年提高，2018 年内达到 2.5%。科创中心、半岛农业星创天地建成开园，省研究生联合培养基地挂牌成立，中国机械科学研究总院南方中心、中国电子科学研究院创新分中心签约落户。全年新增国家高新技术企业 16 家、省级企业研究院 2 家、省级技术中心 3 家、市级创新型初创企业 104 家，科技型“小巨人”培育企业达到 22 家。累计安排科技计划项目经费 1 930 万元，支持各类科技项目 99 项。日星三期、波威重工、钰烯腐蚀等一批新装备、新材料项目加快建设。电子信息制造业稳步发展，引进宇喆电子科技、启象信息科技、频纳科微电子等集成电路设计企业，2018 年完成产值 31.1 亿元。

浙台（象山石浦）经贸合作区建设有序推进，国际水产冷链物流基地一期竣工投产。物流业加快发展，现代物流园区一期开园、入驻企业 70 家，海运业运力增长 47%。金融服务能力增强，新增全市首创保险项目 4 个，存贷款余额分别增长 7.3%、10%。成立宁波首家乡镇跨境电商服务中心，大塘港列入国家级农村一二三产业融合发展先导区。服务业增加值增速保持全市前列，预计对经济增长的贡献率提高到 62%。

17.1.4 海洋生态环境持续向好

象山坚持以完善规划为龙头，以优化产业招商为抓手，以港口岸线资源和配套基础设施建设为支撑，围绕海洋经济核心示范区建设要求，统筹基础设施、产业布局、区块功能等规划建设。创新海洋管理，成为国家海洋管理创新试点县，坚持保护海洋资源，建成韭山列岛、渔山列岛两个国家级海洋自然保护区。严格保护各类原生态环境资源，坚持生态环境保护第一，促进海洋经济绿色发展。一批投资强度大、产业带动能力强、环境污染少的重大临港制造业项目落户，呈现出良好的发展态势。

深化全域环境治理，创成 10 个“污水零直排区”。改造公共厕所 533 座，城乡生活垃圾源头分类处置覆盖面分别达到 60%和 80%。加快国家森林城市创建，完成平原绿化 1 861 亩，建成市森林城镇 2 个，荣获省森林资源保护管理工作突出贡献奖。新建绿道 22 km，创建成为省首批美丽经济交通走廊示范县。推行“多村联建、多线联创”，建成市级以上美丽宜居示范村 21 个，新增市美丽乡村示范镇村 8 个、风景线 3 条。狠抓中央环保、国家海洋督察问题整改，年度任务按期完成。

象山污染防治攻坚实现突破，城乡生活垃圾源头分类处理覆盖面分别达到 60%、80%，累计建成配套污水管网 32.5 km，城市污水处理率达到 94.4%，蝉联省治水“大禹鼎”。城乡争优行动扎实开展，2018 年完成年度投资 82.7 亿元，新增城区绿地 22 万 m^2、绿道 22 km，全国文明城市、国家森林城市加快创建。美丽集镇建设加速，10 个美丽集镇创建达标。乡村振兴扎实起步，建成一批示范镇村、风景线和文明示范线，获评“四好农村路”全国示范县。

17.2 象山海洋绿色发展的重点模式

17.2.1 涉海产权制度变革模式

涉海产权制度变革模式的核心内涵在于明确海洋资源资产的产权归属，其目的是充分发挥市场机制在涉海资源配置中的基础性作用，从而优化海洋资源开发利用效率。在涉海产权制度变革模式的推进过程中，象山主要采取了以下做法：

（1）加快完善海洋资源资产基础数据。准确掌握海洋资源资产的范围、数量、权属等信息，是实现海洋资源市场化配置的关键前提。2019 年 11 月，象山完成了海洋功能区划、海岛保护规划、海洋生态红线、海洋权属数据、不同用海类型海域海岛使用权出让方案等基础资料收集工作。并于 2019 年 12 月重新成立象山海洋价格审核工作领导小组，综合相关因素确定海域海岛使用权出让价格，为浙江省海域基准价格修订提供支撑。下一步，象山将进一步优化海洋资源市场化配置，持续深化海域海岛管理、投融资、渔业经营等体制创新。继续探索设立海洋资源一级市场评估单位，完善海域海岛基准价格评估体系，有序推进海域海岛公开出让工作。

（2）积极推进海域“三权分置”改革。积极探索完善水域滩涂养殖权利体系，加快确立浅海滩涂所有权归国家，使用权归镇乡（街道）下属国有企业，经营权由村经济合作社或者从事生产经营的企业和个人行使的“三权分置”模式。开放式养殖用海海域的所有权、使用权和经营权“三权分置”改革是继宅基地“三权分置”后的又一重大制度创新。经营性开放式养殖用海通过招标、拍卖、挂牌的方式公开出让海域使用权，竞得后可承包给养殖户。实际从事养殖生产经营活动的单位和个人可以凭海域使用权证书或者租赁协议、资信证明等向县渔业主管部门申请办理水域滩涂养殖证，取得开放式养殖用海海域经营权。养殖用海“三权分置”改革，对于推进海域规范化管理、促进海洋资源合理利用、增加村集体经济收入等具有积极意义。

象山在宁波市率先开展养殖用海“三权分置”改革试点。2019 年 9 月，包括象山黄避岙乡浅海滩涂养殖用海在内的 7 宗海域成功挂牌出让，总面积为 313.6 hm^2，使用年限为 15 年，由黄避岙农业开发有限公司以 5 907 万元的价格竞得，计划用于滩涂海水养殖、海上网箱养殖等。在黄避岙乡 7 宗浅海滩涂养殖用海已通过“三权分置”改革试点成功挂牌出让的基础上，象山于 2019 年年底出台《关于推动开放式养殖用海海域“三权分置”的实施意见》等配套的登记办法和规则，编制浅海滩涂使用权出让方案，加快完成浅海滩涂开放式养殖用海“三权分置”改革试点出让合同签订和不动产权办理。通过依法推进浅海滩涂有偿使用制度，象山将养殖用海海域“三权分置”改革辐射到全县，实现生态保护、产业发展、乡村振兴的多赢。

（3）大力推动海洋资源市场化配置。通过深度梳理批而未用海洋空间资源，建立海域海岛储备管理制度，象山加快制定无居民海岛使用权转让、出租、抵押二级市场试点实施方案，依托海洋资源公共产权交易中心这个平台积极搭建自然资源二级市场交易“超市”，编制年度储备计划、建立储备数据库，深化无居民海岛使用权市场化转让。加强与国内高等院校和研究机构的合作，积极开展海洋管理制度专题研究，围绕海洋使用权属出让、流转和海洋使用权登记，为海洋资源市场化配置提供制度保障。例如，象山积极推动汏网山岛无居民海岛使用权市场化交易，招标、拍卖、挂牌的具体方案获批并完成公开出让。招标、拍卖、挂牌方案已报省生态环境厅，2019 年 12 月底前已经被省人民政府批准。

17.2.2　涉海产业融合发展模式

涉海产业融合发展模式的核心内涵在于加强各个产业之间的资源、技术及信息等要素共享，其目的是充分发挥不同海洋产业之间的协同效应，从而打造综合性强、关联度高、环境影响小、经济拉动作用显著的海洋经济产业群。[①]依托象山港和石浦港的经济辐射力，象山大力构建以特色临港先进制造业为主导，海洋服务业、海洋渔业协同发展的产业体系，培育海洋经济发展的增长极。在涉海产业融合发展模式的推进过程中，象山主要涌现出了以下典型做法：

（1）渔业+光伏发电：渔光互补。光伏发电是我国重要的战略性新兴产业，推进光伏电站建设对太阳能技术进步、产业升级、优化能源结构和防治大气污染具有重大意义。象山“渔光互补”大型项目将太阳能发电和现代养殖业相结合，太阳能光伏系统架设在鱼塘之上，不额外占用土地，最大化利用空间资源，形成“上面发电、下面养殖、科学开发、综合利用”的建设模式，促进农业和新能源产业同步发展。

以黄沙塘渔光互补光伏发电项目为例，其占地面积 750 亩，装机容量为 25 MW，共计铺设多晶硅太阳能组件 90 800 块，是象山最大的集光伏发电、渔业养殖于一体的渔光互补综合基地式示范项目。该项目旨在打造象山最大的基地式光伏电站和光伏渔业养殖互补项目，让农业和新能源产业同步发展，农业资源的主题开发、深度开发与科学开发相结合，成为集水产养殖、科研示范、旅游观光于一体的特色渔业产业园、综合示范基地、清洁能源生产示范基地。

---

① 马丽卿，施希琛，朱永猛. 产业融合下浙江大海洋旅游管理体制构建及运行[J]. 浙江海洋学院学报（人文科学版），2015，32（1）：6-11.

为保障光伏电站按期并网发电，象山税务、电力等部门为其开通绿色通道，实现项目建设“加速跑”。2018 年 5 月，该项目 1.2 万支桩柱全部安装到位，建成后年发电量可达 2 373 万 kW·h，折合标准煤 9 492 t，可减少二氧化碳排放量 23 658 t，减少二氧化硫 700 t 以上、粉尘 6 454 t。同时，作为清洁可再生能源项目，该项目可持续运营 25 年以上，平均年利用小时数为 950 h，所发电量将全部并入当地电网，这对于改善本地大气质量、调整能源结构等具有重要促进作用。

（2）旅游业+商贸+科技研发：生态港湾。象山拥有无与伦比的海蚀地貌景观，也是宁波市唯一拥有山、海、岛、崖、滩、物、景的滨海旅游资源地区，是华东地区最具特色的休闲、养生、康疗、度假基地。湾区经济是港口城市都市圈与湾区独特地理形态相结合聚变而成的一种独特的经济形态，其发展需要良好的环境进行支撑。[①]同时，湾区经济的发展与环境改善是相辅相成的，一流的湾区环境促进湾区经济的发展，湾区环境提升也离不开湾区经济发展和科技支撑。[②]象山以优质湾区资源为依托，将旅游业与商贸服务业、科技研发等充分融合，打造富有前景的生态港湾。

位于象山中部沿海的大目湾新城，北与国家 AAAA 级风景旅游区松兰山相接，东临大目洋，整个区域面积达 15 km^2。依托杭州湾大桥和象山港大桥的建成通车，大目湾新城进入了宁波半小时、杭州两小时、上海两个半小时的快速交通圈。大目湾新城充分利用长三角首屈一指的山海资源优势，打造养生休闲度假海湾、海洋文博商务中心、低碳宜居示范新城，致力于建设成为具有一流滨海风情，集海洋景观、海水运动、养生康疗、休闲度假、时尚居住于一体的滨海休闲新城。

在先后建成松兰山度假区、中国渔村、石浦渔港古城相关休闲渔业旅游景区的基础上，象山按照“一岛一特色、岛岛有主题”的开发模式，加大海岛旅游基础设施和特色项目的建设力度，重点推进花岙岛、渔山岛、檀头山岛开发。通过加大对海岸、海湾、滩涂和海岛的整治修复力度，象山确保大陆岸线保有率在 45%以上，海岛自然岸线保有率不低于 78%。例如，檀头山岛已完成修复待验收；东门岛修复工程于 2019 年年底完工并验收；花岙岛已设立机构，正在大力推进整治修复工作。大力开展生态岸线修复，加快编制东海岸线、蟹钳港、环象山港、石浦港生态岸线修复实施方案。2019 年，象山大陆岸线整治修复长度达 9 km。结合岸线治理积极实施生态湿地修复工程，加快建立西沪港海洋湿地公园。2019 年年底前，完成西沪港湿地公园规划编制前期调研、招投标和规划文本评审工作。2020 年前，编制湿地公园详规、湿地水鸟栖息地改造工程项目实施

① 王宏彬. 湾区经济与中国实践[J]. 中国经济报告，2014（11）：99-100.

② 祝翔宇，何从颖，丁页，等. 宁波湾区经济发展中的海洋环境保护对策研究[J]. 环境与可持续发展，2019，44（2）：83-86.

方案、西沪港湿地修复暨互花米草整治方案等专项规划。2022 年前，计划完成游步道、观鸟台、园区道路、生态滩涂区等湿地公园基础设施建设。会同国家海洋标准计量中心，组织召开《生态岛礁建设指南》修订研讨会。

（3）海洋文化+渔业+旅游业：现代休闲渔业。海洋文化为海洋经济的发展提供了智力支持，创造了有利条件，海洋文化是海洋经济发展的重要推动力。[①]海洋文化产业的内容包括海洋旅游业、涉海休闲渔业和休闲体育业、涉海庆典业、涉海影视产业、涉海历史文化和民俗文化业等，其中旅游休闲业和历史文化业是最重要的组成部分[②]。通过深入挖掘象山地域文化特点、旅游资源特色，积极培育高质量、高识别度的产品业态，以优质产品供给引领全域旅游发展。象山已经形成了渔文化、海商文化、盐文化、养生文化等灿烂的海洋文化，打造出“中国开渔节”“三月三·踏沙滩”民俗文化节、“国际海钓节”等知名文化品牌，获国家级非物质文化遗产 6 项。通过加快推进“海洋文化+渔业+旅游”模式，象山着力推动旅游业从单打独享向共建共享转变，实现生态效益、社会效益、经济效益相互促进、共同提升。

依托丰富的海洋资源、独特的区位优势和浓厚的海洋文化，象山提出了“创建旅游强县、打造休闲象山”的战略部署，建立了“东方不老岛，海山仙子国”的旅游主题形象，不仅改善了象山渔农村的经济面貌和产业特色，更促进了当地渔民转产增收。通过科学规划、大力发展和不断深挖，象山快速推动了生态休闲、海上运动、旅游观光、购物品鲜等休闲海港业态经营，形成了以“游古城、观海景、品海鲜”为特色的石浦港景区和以“休闲、运动、购物”为特色的象山港景区，使象山逐渐成为长三角独具魅力的海港休闲度假区。全县建成松兰山度假区、中国渔村、石浦渔港古城等多个有较高知名度的休闲渔业旅游景区，拥有以餐饮为主、涉及渔事活动和观光的休闲渔家乐 63 家，实现年营业额 5 800 万元以上，成功创建省级休闲渔业示范基地 2 家。

象山立足各村镇特色，深度挖掘海岛历史沉淀，积极推进“一村一品”的村落文化建设，打造了象山民俗文化村、中国渔村、金沙湾狩猎度假村等外岛品牌村落，实现全县景观度假休闲、海洋文化体验同中存异，各具亮点。象山聘请浙江省规划设计院专家对县域整体进行了高标准、高定位的规划，并按照以人为本、因地制宜、政府引导、群众参与的原则，积极推进各项建设，一批具有象山地域风情特色和融合各种渔文化的美丽渔农村脱颖而出。以被誉为“浙江渔业第一村”的石浦镇东门渔村为例，该村围绕美

---

① 王苗，王诺斯. 国内外海洋文化与旅游经济融合发展研究综述[J]. 大连海事大学学报（社会科学版），2016，15（3）：7-11.

② 谢石生，张开城. 珠海海洋文化产业的现状、问题与对策研究[J]. 中共珠海市党委校珠海行政学院学报，2008（5）：51-64.

丽渔村建设，“硬件”和“软件”同步推进，建成了具有强大吸引力的现代新渔村。该村筹资 3 000 余万元，建造了环村公路、渔民休闲公园、生态渔业垂钓池、老年公寓及生态停车场等生态旅游基础设施，并建成了生态渔业冷库、生态渔业码头和生态渔业网场等渔业作业设施。

（4）旅游业+体育：滨海运动。通过发展“旅游业+体育”，引进各类体育赛事，象山的滨海运动休闲旅游正在逐步发展壮大。随着亚运会机遇激起“涟漪圈”，象山正抢抓发展“红利”。提升旅游服务品质，深化智慧旅游建设，构建“快进慢游”交通网络，营造一流旅游环境，进一步打响“嗨象山”旅游品牌。以滨海运动产业为例，该运动以其冒险、刺激、探索的独特魅力，展现出旺盛的生命力。象山借势做强做大特色赛事，通过办赛事、搭平台、创品牌，不断激发“体育+”的内生动力，加快打造游艇、帆船帆板基地。象山将发挥承办亚运会帆船帆板赛事效应，大力引进国内外顶尖的赛事运营专业团队，常态化举办国内外各类帆船帆板赛事，加快成为全国乃至全世界游艇、帆船（板）赛事重要举办地。

17.2.3 资源依托集聚发展模式

资源依托集聚发展模式的核心内涵在于最小化关联企业间的地理距离，其目的是充分发挥产业集聚效应，从而提升国土空间、人才、资源等要素利用效率和降低环境治理成本，实现集约发展和高质量发展。象山海洋资源丰富，海域面积 6 618.17 km^2，大陆及海岛岸线长 925 km。依托丰富的海洋资源，象山聚焦主体区“海洋工程装备、海洋智慧科技、海洋旅游（影视休闲）、渔港经济”四大区块布局，强化县域重点平台统筹整合，稳步做强做大产业发展主引擎，主要形成了以下海洋经济产业集聚区：

（1）海洋工程装备集聚区。通过编制经济开发区扩园规划，完善生产生活功能配套，加快引领性临港产业项目招引建设，象山正着力打造具有省（市）影响力的海洋工程装备集聚区。象山港港区是著名的深水良港，港区深水近岸、陆域广阔，西起强蛟，冬至外干门，包括西周、贤庠和外干门 3 个作业区，重点发展散杂货运输、海洋产业配套及休闲旅游服务。已建成的码头泊位 67 个，其中货运码头 48 个、渔业码头 8 个、客运码头 4 个、公务码头 5 个，舾装码头 2 个。大中型码头主要有大唐乌沙山码头、海螺水泥码头、杭钢富春管业码头，主要分布在西周、贤庠等乡镇。港区进港主航道可满足 3.5 万 t 级散货船乘潮进港，航道远期建设规模可满足 5 万 t 及船舶通航要求。沿港重点布局了西周生态循环工业园、贤庠临港装备工业园等产业园。依托核心企业，象山临港装备工业园正重点发展重型装备、能源装备、船舶工业等产业，补充发展研发设计、咨询管理、现代物流等生产性服务业，打造象山临港智能装备基地。其中涌现出一批代表性的企业，如宁波新乐造船集团有限公司，其建造的 LNG 船的船体核心部件“双 C 球罐”填补了国内造船业的空白。

（2）现代渔港经济区。象山加强浙台（象山石浦）经贸合作区与区域乡镇互动，推进水产城实业公司改制重组，建设国际水产冷链物流基地万吨级码头、三文鱼工厂化养殖项目，加快打鼓峙岛开发，着力打造国家级现代渔港经济区。石浦港区是国家首批六大中心渔港之一、对台重要贸易口岸，港内水域开阔，陆域纵深大，北达雷公山、南抵蟹钳咀。该港区重点发展对台贸易、海洋产业、冷链物流及城市生产生活物资运输。东部岸线主要以服务旅游、当地小范围渔业和砂石料运输为主，南部岸线主要服务于渔港经济和石浦镇发展，已建码头泊位 347 个，其中货运码头 80 个、渔业码头 167 个、客运码头 69 个、公务码头 19 个、舾装码头 12 个，主要分布在石浦、高塘和鹤浦等乡镇。沿港重点布局了滨海工业园、象保合作区、石浦科技园、石浦水产品加工园区、鹤浦船舶基地等产业园。

（3）海洋旅游休闲影视城。象山深入开展国家全域旅游示范区创建，推动旅游全要素提升，高水平建设宁波影视文化产业区，着力打造宁波海洋旅游先行区、“影视之城”核心区。影视城列入省级特色小镇创建名单，驻地拍摄剧组突破 150 家，新落户影视企业 391 家，中国海影城“海上传奇”主题乐园建成营业。大目湾—松兰山启动创建国家级旅游度假区，环石浦港旅游开发加快，沿海景观带建成投用，省海洋运动中心、影视学院、绿色体育竞技小镇等项目落户。加快环石浦港旅游开发，皇冠假日酒店、宁波工人疗养院正式开业，中国渔村、渔港古城旅游环境整治取得实效。规范发展乡村旅游，石浦获评省旅游风情小镇，茅洋列入培育名单，新增省 A 级以上景区村 33 个，建成精品民宿 12 家。理顺旅游管理体制，县旅委挂牌成立，旅游警察、旅游市场监管大队、旅游巡回法庭实体化运作。健全旅游服务营销体系，智慧旅游平台上线运行，“嗨象山”旅游品牌初步打响。

17.3 象山海洋绿色发展的经验启示

17.3.1 理顺海洋综合管理体制，打造“有为政府”

为策应县域海洋开发和港口建设，根据《中华人民共和国港口法》等法律法规，象山县政府出台了《象山岸线管理办法》，建立港口岸线管理联席会议制度，有效提升了项目建设岸线审批的完整性和效率性。理顺各涉海部门在推进海洋经济发展工作过程中的关系和责任，进一步制定和完善各项海洋经济管理政策文件，形成配套完整、上下一致、协调统一的管理政策体系。

（1）专班强化统筹职能。借机构改革东风，象山组建工作专班，确定一名分管领导负责、一个科室统筹，将涉及海洋经济发展示范区建设的规划设计、用海报批、生态修复、闲置处置、产权明晰以及监测监管等职能有机整合，创新事务协调管理机制。通过一个科室牵头，强化对海洋经济发展重大决策、重大项目的统筹协调，形成分工有序、协调有力的海洋综合管理体制，确保示范区建设进度全程把控。

（2）专项助推示范项目。推进“产学研”一体化，广泛开展调查论证，严格执行实施方案，围绕投资目标、建设内容、绩效指标做好专项指导，大力推进协同创新开发机制，大力推动产业基地化、规模化，实现产业链协同创新和产业孵化集聚创新。象山有4 个项目被国家海洋局、财政部纳入了宁波市海洋经济创新发展示范项目库，获得国家海洋局、财政部专项资金奖励。其中，2016 年被列入宁波市“十三五”海洋经济创新发展第一批示范项目，共申请财政支持额度 3 807 万元。宁波裕天海洋生物科技承担海洋低脂鱼蛋白功能肽系列产品开发与产业链构建，宁波海硕生物科技有限公司承担金枪鱼降尿酸低聚肽功能食品产业链构建。2017 年，宁波浮田生物科技有限公司承担的 DHA藻油产业链，以及浙江钰烯腐蚀控制股份有限公司承担的海洋设施腐蚀及耐久性控制装备产业链，被列入宁波市“十三五”海洋经济创新发展第二批示范项目，共申请财政支持额度 1 800 万元。

（3）推进海洋经济数字化管理。依托涉海企业直报系统，对象山内 56 家涉海企业的海洋经济运行情况进行实时监测并做好统计分析。进一步建立健全涉海企业名录库，有效利用涉海企业直报联络群与奖励机制做好海洋经济数字化管理。2019 年完善海洋经济监测与评估体系、海洋经济统计调查指标体系，创新海洋经济核算制度和方法，争取国家试点。优化海洋行政审批管理，加快推进“最多跑一次”改革，实现基本建设审批事项（如海洋工程建设项目环境影响报告书核准等）全流程网上办理。制定并落实“区域环评+环境标准”和标准地环保审批操作规则，提升环保审批便利度。

17.3.2 提升市场主体参与广度与深度，培育“有效市场”

为提高海洋资源开发利用效率，促进海洋经济可持续发展，重点强化用海用地、海洋开发建设、海岛保护与开发、海洋综合管理体制和招商评价体制创新。推进海域资源市场化配置进程，建立和完善海域使用权招拍挂制度，充分发挥市场配置资源的基础性作用，推进依法、节约、集约用海。创新海洋开发建设体制，鼓励和引导社会资本进入海洋资源开发、涉海基础设施建设、海洋产业和科教文卫事业发展等领域，进一步完善共同开发的“政企合作投资模式”。

（1）政府引导与多元投入相结合。象山县政府围绕海岛渔农村自然与海洋文化旅游资源的独特性，充分挖掘旅游文化内涵，不断优化休闲渔业旅游项目布局和结构，重编《象山县乡村旅游规划》，指导具体区域的农（渔）家乐发展方向。依托旅游景区、渔农产业、山海资源、民俗文化和乡村环境，充分利用农家院落，支持渔农民自主发展“民食、民宿、民游”农（渔）家乐项目。充分利用报废渔船，通过回购或者以船入股的方式，在石浦渔港大力开发海上休闲项目，实现渔民上岸、游客下海，先后成立以渔民入股为主的石浦海岛休闲渔业有限公司，以工商资本为主的协顺海洋旅游发展公司。

（2）品牌建设与规范管理相结合。按照“保护第一、科学布局、注重特色、差异发展”的原则，象山县政府着力推进规范管理和品牌建设。针对休闲渔业在卫生、消防、治安等方面存在的“软肋”，县政府提前介入和主动服务，适度降低审批标准，推行联合踏勘，强化审批后监管，规范农家客栈管理。充分发挥旅游、食品药品监管、卫生、消防、环保、公安、工商等责任部门及各镇（乡）、村的积极性，重点加强对经营规范、食品卫生、消防、治安、环境卫生等领域的监管。特别是在旅游旺季，推行重点整治与日常监督检查相结合，对检查出的问题要求业主立即整改，全力营造农家客栈安全、卫生的经营环境。同时，根据农家客栈发展前期规模上的“散、小”，管理服务上的“乱、差”等现状，引导建立“公司+农户”经营体制，并探索建立行业自律机制，发挥社会团体、行业协会的宣传与监督作用。此外，开展象山县家庭旅馆示范户建设，强化示范引领作用，开展农民素质培训，全面规范农家客栈经营行为，实现全县各农家客栈明码标价，在象山滨海旅游的整体品牌下，树立社会团体、行业协会的个性品牌。

（3）媒体宣传与网络营销相结合。通过线上线下互动，全方位打造网络品牌宣传模式，通过第三方预定网络、官方微信、微博等新媒体，加大网络营销力度，强化品牌建设。整合各大景区门票、酒店客房、旅行社线路、农家客栈、旅游商品等，包装推出松兰山景区、石浦休闲捕鱼、黄金海岸大酒店等 10 多个景区和酒店 20 余个象山自由行特惠套餐产品、门票秒杀等特价促销活动。联合八爪鱼、携程网、腾讯、驴妈妈、悠哉网建立全年合作伙伴关系，在八爪鱼、百度搜索等在线旅游官方网站首页投放形象广告，还通过各大微信、微博、手机报等新媒体平台宣传团购活动，引发网友热议、营造热门话题。2014 年，宁波市上半年度旅游抽样调查报告显示，象山滨海体验旅游产品选择率提高了 10%，海岛度假旅游产品选择率提高了 45%，环港休闲捕鱼产品选择率提高了 100%以上。

（4）象台合作与扩大开放相结合。象山与台湾地缘相近、人缘相亲、文化相通，全县台属和在台同胞近 4 万人。石浦港历来是对台交流的重要口岸，近年已累计接待台湾渔民 10 万人次，对台渔业劳务输出 8 000 余人次。“石浦-富岗如意信俗”是迄今唯一涵盖两岸共同民俗渔文化的国家非物质遗产项目。作为长三角距离台湾最近、发展对台小额贸易最早、口岸基础条件最好的地区，象山全面推进海洋综合开发与保护试验区、浙台（象山石浦）经贸合作区等“两区”建设，象台两地农渔业交流不断往纵深方向发展。2012 年台湾石斑鱼中转基地项目落户，2013 年与台湾优良农产品发展协会签订战略合作协议，2014 年承办了两岸渔业产业项目合作对接会，起草了包括整合优势资源、扩大合作领域、推动两岸渔民享受同等待遇等 8 条内容的共同倡议书。同时，象山加快一类口岸开放步伐，创新海关监管模式，开放台湾企业或台胞在指定海岛进行旅游及综合开发，争取设立综合保税港区和台湾商品离岛免税区。

17.3.3 鼓励海洋金融创新，保障海洋投入经济高效

（1）推动海洋特色金融产品创新。通过搭建政银企平台，促进银行对接渔民和海洋渔业企业，进一步畅通银企信息互通渠道，同时积极强化金融创新，着力解决渔民造船、修船、柴油购油款等资金需求问题。自 2006 年起，已有象山邮储、农信社等多家银行推出了渔船抵押贷款、海域使用权抵押贷款等产品，并配套丰收创业卡，一次授信、三年有效、随借随还。截至 2019 年上半年，邮储银行累计投放渔船类贷款 50 亿元，实现结余 10 亿元。此外，全县的海域使用权抵押已办理登记 128 宗次，累计抵押金额 23.13 亿元，有效解决了渔民生产、生活资金需求。

通过建立涉海企业融资服务机制和优化融资担保体系，推进银行机构直接或以第三方合作方式服务海洋渔业经济，对协作紧密的海洋产业核心企业和配套中小企业积极开展产业链融资。其中，中国银行通过和供销集团开展合作，以供销集团位于鹤浦镇的海洋生物内容为载体，开展国内信用证供应链融资，放贷（含授信）4 000 万余元。另外，农业银行引入政府增信担保机制，创新担保模式，与宁波市渔业互保协会和太平洋保险财险公司合作。截至 2019 年第 3 季度，累计已服务 122 户，投放贷款共计 7 754 万元，有效支持了渔民渔业作业的生产经营资金需求，对海洋产业渔业产业链的发展具有积极影响。

（2）加强海洋渔业保险服务和创新。积极推进保险机构与海洋经济产业合作，加强与渔业渔民沟通，提高渔民保险意识，保障渔区社会的稳定，促进海洋渔业经济健康持续发展。其中，东海航运保险公司立足象山推出的船舶保险、船舶建造险、航运货物保险、航运责任险等业务极大地丰富了海洋渔业保险的品种，产生了积极影响。2019 年以来，东海航运保险公司承保沿海内河船舶保险的船舶数量达到 235 艘；承保船舶建造险 30 艘；承保雇主航运责任险船舶数 229 艘，保险人数 1 700 多人，总保额达 29.34 亿元，为促进海洋渔业经济稳定发展起到了积极作用。同时，积极组织保险机构推行合作共赢

战略和服务至上的保险理念，加强海洋保险公司之间的信息交流和业务合作，规范发展渔船、渔工等渔业互助保险，深化“最多跑一次”改革，加大对渔区渔民的服务力度，提升服务效率。此外，积极探索海洋特色保险，根据象山的自然灾害与海洋经济特点，研究开发海洋渔业险、海洋生态损害保险、海洋物流责任险等相应险种。进一步完善县域渔业风险防范和救助机制，更好地促进渔业经济绿色健康发展。

（3）鼓励海洋经济多元化融资。推进“银税互动”，对信用良好的中小涉海企业推广金融产品，包括流动资金贷款、固定资产贷款、涉外信用证、承兑、贸易融资等。支持符合条件的金融机构和海洋工程装备企业、大型船舶企业通过控股、参股等方式发起设立金融租赁公司。鼓励金融机构在依法合规、风险可控的前提下，运用投贷联动模式支持涉海科技型中小企业，并积极引导有条件的金融机构在象山设立海洋金融专营或特色机构。鼓励海洋经济产业发展股权、债券融资。发展全链条的海洋经济产业基金，积极引入创业投资基金、私募股权基金，发挥基金在支持海洋经济发展方面的作用。加快推进南极磷虾产业基金的设立，带动象山海洋渔业产业发展壮大。不断挖掘符合条件的优质、成熟涉海企业，尝试建立涉海企业上市后备梯队，深入开展企业上市辅导调研，促进上市企业融资。加快培育涉海企业发债主体，支持符合条件的企业通过发行公司债、企业债等各种债务融资方式筹措发展资金。对运作成熟、现金流稳定的海洋项目，探索发行资产支持证券，加大绿色债券的推广应用。

17.3.4　注重人才引育，保障海洋科技人才支撑

为加快提升海洋科技水平，象山实施“科技争投”攻坚行动，推进省全面创新改革联系点建设，研发经费支出增长12.5%，新增国家高新技术企业16家、市级以上企业研发机构 15 家。科创中心、半岛农业星创天地建成开园，省研究生联合培养基地、浙江理工大学象山现代针织研究院挂牌成立，中国机械科学研究总院南方中心、中国电子科学研究院创新分中心签约落户。实施“半岛英才•海纳”计划、“百校万名”大学生引育计划，引进各类人才。

（1）制定中长期涉海人才发展规划。支持企业与高等院校、科研院所、职业院校等合作，建立长期的人才合作关系，或设立中长期大学生就业实习基地、人才教育培训基地、公共实训基地、博士后工作站等，着重培养企业急需的各类技术开发人才、专业技能型人才等，形成海洋人才高效汇聚、快速成长、人尽其才的良好环境。

（2）建设创业创新平台。努力吸引高等院校、科研单位到临海设立海洋院系、分院分所、海洋经济创新创业基地、博士后科研工作站、重点实验室及海洋科技成果中试基地、公共转化平台和成果转化基地等。

（3）扶持海洋科技创新企业发展。立足国家和地方海洋经济产业发展战略导向，加强科技招商和财政扶持，培育一批具有技术领先优势和自主知识产权的创新型海洋科技企业。制定和实施扶持创新型企业成长计划，设立海洋科技企业助推计划项目，健全创业投资和风险投资机制，加强对创新型海洋科技企业的辅导和服务，对重点企业进行“一企一策”的辅导和服务，并从税收、研发补助、投融资等方面予以支持。

17.3.5 强化生态环境保护，保障海洋资源安全

加强海洋环境保护，坚持海陆并举、防治结合，完善海洋生态环境管理制度，制订和实施海洋环境保护行动计划，切实做好陆源污染物入海排放控制和近岸海域污染整治工作。抓好资源节约型和环境友好型海洋产业发展、清洁生产推行、资源综合利用等方面的工作，大力构建海洋循环经济体系。加强海洋资源利用监管，加强涉海项目的区域规划论证和环境影响评价工作，规范海洋产业、海洋工程的规划审批、建设监管和监测评估。

（1）提高涉海项目环境准入门槛，加快淘汰落后产能。严格执行环境保护和清洁生产等方面的法律法规标准和重点行业环境准入条件，从产业结构、布局、规模、区域环境承载力、与相关规划的协调性等方面，加强项目审批，提高行业准入门槛。重点发展以海洋工程装备、海洋新能源装备、港航物流等为核心的临港产业，打造宁波海洋装备工业集聚区、浙江临港重型装备制造基地，推动象保合作区、临港装备工业园、南湾新区等加快发展。

（2）强化海洋环境动态监管，有效削减污染物入海总量。建立海洋动态监管体系和海洋预警预报系统，基本形成海岸线分类保护、海域海岛动态监管、海洋综合执法、海洋环境分析防范等管理体系，基本建立起配套完善、上下顺畅、协调统一的海洋资源管控体系。加强海洋综合管理执法队伍建设，加大联合执法力度，加快对历史围填海案件的处置，严格查处填海、围海等改变海岛海岸线的行为，不断提高海域管理水平，规范用海秩序。同时，加强海洋、海事、环保、气象等部门的协作，建立涉海监测、观测数据共享平台，定期发布近岸海域环境信息。此外，通过实施清洁生产改造、完善治污设施、健全内部管理等措施，加快提升电镀、印染等重污染行业生产工艺和装备技术水平。进一步深化直排海企业的污染整治，全县 8 个重点污染源排海口全部实现在线监测管控，严格监控废水排放标准，有效降低主要工业污染物的入海总量。加快推进工业园区污水集中处理工程建设和提标改造，继续推进“零污水直排区”创建，全县 15 条入海河流水质达到功能区要求。

第 18 章 象山海洋绿色发展的突出问题

推进海洋经济绿色发展是海洋绿色发展的重中之重，也是践行海洋绿色发展象山模式的关键。然而，与中国其他沿海县市相比，象山经济发展的效率水平有待进一步提高，象山海洋经济绿色发展需要突破一些约束和瓶颈，解构象山海洋绿色发展的突出问题及其根源是创新海洋绿色发展模式的基础。

18.1 象山海洋绿色发展的主要短板

18.1.1 “短板”的参照对象和参考指标

实力象山是工业强县，2013—2017 年，连续多年被评为全国百强县。特色象山是海洋经济强县，渔业是重要支柱和基础产业，滨海旅游引领消费和现代服务业的发展。休闲象山拥有大目湾·松兰山、影视城·海影城、半边山度假区、中国渔村等诸多景区或项目，为实力象山和特色象山建设提供重要保障。然而，宁波国家海洋经济发展示范区建设对象山海洋经济的发展提出了更高的要求，亟须对象山海洋绿色发展模式进行创新，因此需要明确象山海洋绿色发展的主要短板。主要短板一般从比较中来，而全国沿海百强县成为象山海洋绿色发展模式研究的重要参考对象。百强县名单取自中郡县域经济研究所（http://www.china-county.org/）自 2000 年开始的全国县域经济与县域基本竞争力排名。根据高德地图数据，删去不靠近海洋的县（市），再删去存在行政区划调整（县改为区）的县（市），最终选取了 40 个参照县（市），如表 18-1 所示。

每个百强县都有其特殊禀赋，也有其崛起之路，更有其合适的发展模式，其中更高的经济效率是每一个百强县在可持续发展道路上所追求的一个核心指标。本着“查找差距、补齐短板、增强弱项、促进提升”的原则，分析象山和其他百强县过去十余年来经济效率的差异有助于厘清象山发展的短板，进而为象山谋划兼顾环境效率与经济效率的高质量发展道路提供借鉴。

表 18-1 中国沿海百强县名单（2001—2017 年）

编号	县市名称	所在省份	编号	县市名称	所在省份	编号	县市名称	所在省份	编号	县市名称	所在省份
1	福清	福建	11	海安	江苏	21	莱阳	山东	31	海宁	浙江
2	惠安	福建	12	海门	江苏	22	莱州	山东	32	海盐	浙江
3	晋江	福建	13	启东	江苏	23	龙口	山东	33	乐清	浙江
4	龙海	福建	14	如东	江苏	24	蓬莱	山东	34	临海	浙江
5	南安	福建	15	东港	辽宁	25	荣成	山东	35	宁海	浙江
6	石狮	福建	16	瓦房店	辽宁	26	乳山	山东	36	平湖	浙江
7	长乐	福建	17	庄河	辽宁	27	寿光	山东	37	平阳	浙江
8	台山	广东	18	昌邑	山东	28	招远	山东	38	瑞安	浙江
9	琼海	海南	19	广饶	山东	29	苍南	浙江	39	温岭	浙江
10	东台	江苏	20	胶州	山东	30	慈溪	浙江	40	象山	浙江

18.1.2 基于数据包络分析的经济效率模型

DEA（数据包络分析）是在多投入、多产出情况下测算行政县相对经济效率的一种非参数评估方法。DEA 模型不考虑决策单元的生产技术，运用线性规划的方法建造一个非参数分段的面（相对有效前沿），然后计算出每个决策单元相对于处于相对有效前沿（效率面）的决策单元的经济发展效率水平。每个行政县在 DEA 模型里作为一个决策单元。Charne 等提出了 DEA-CRS 模型，该模型利用所有决策单元的投入变量和产出变量构建一个生产的相对有效前沿，依据每个决策单元相对于处于效率面的决策单元的位置计算出它们的效率值（介于 0～1）。[①]然而，DEA-CRS 模型仅能处理在决策单元具有规模报酬不变特征情况下的效率评估，在实际运用中受到很大的限制，影响效率评估的准确性。对此，Banker 等拓展了 DEA-CRS 模型，使其适用于分析规模报酬变化情形下决策单元的效率评估，即提出了 DEA-VRS 模型。[②]在 CRS 的基础上将综合效率（Crste）分解为纯技术效率（Vrste）和规模效率（Scale），且 Crste=Vrste×Scale。如图 18-1 所示，纵轴代表投入 Z，横轴代表投入 X，SS'是一个由 B 和 C 两个决策单元构建的相对有效前沿，通过径向距离函数求得的相对效率值是指处于 A 点的 DMU，可将其投入水平缩减

① Coelli T，Perelman S. A Comparison of Parametric and Non-parametric Distance Functions：With Application to European Railways[J]. European Journal of Operational Research，1999，117：326-339；Charnes A，Cooper W W，Rhodes E. Measuring the Efficiency of Decision Making Units[J]. European Journal of Operational Research，1978，2：429-441.

② Banker R D，Charnes A，Cooper W W. Some Models for Estimating Technical and Scale Efficiencies in Data Envelopment Analysis[J]. Management Science，1984，30：1078-1092.

至原先的 OA'/OA 水平而保持产出不变，其实若进一步由处于 A 点的决策单元水平 Z 投入降至 B 点的决策单元水平也可保持产出不变。因此决策单元的实际经济效率值与相对效率值之间的差值包括了自 A 点至 A'点的径向移动量和自 A'点至 B 点的松弛移动量两部分。

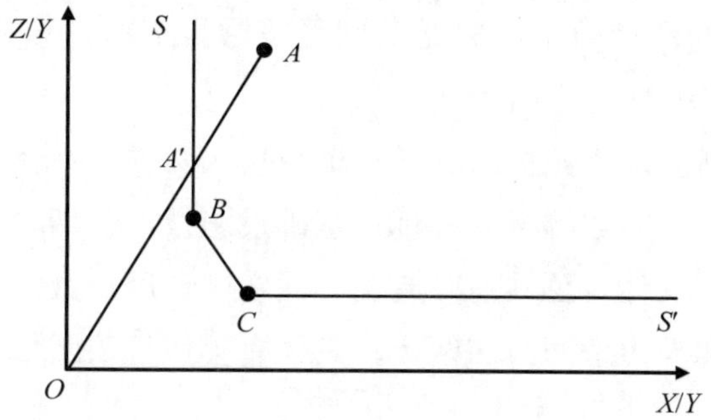

图 18-1 经济效率示意

对于任意县单元，评估其经济效率的 DEA-VRS 模型（投入主导型）可表述为

$$\text{Min}\,[\,\text{Crste}-\delta(e^T S^- + e^T S^+)\,]$$

$$\text{s.t.}\ \sum_{i=1}^{n} X_i\lambda_i + S^- = X_0\text{Crste}$$

$$\sum_{i=1}^{n} Y_i\lambda_i - S^+ = Y_0 \qquad (18.1)$$

$$S^-\geqslant 0,\ S^+\geqslant 0,\ \lambda_i\geqslant 0,\ i=1,\ 2,\ \cdots,\ n$$

式中：Crste —— 决策单元 DMU 的综合经济效率值；

S^-和 S^+ —— 投入及产出松弛量；

δ —— 非阿基米德无穷小量，实际运用中常取极小的正数；

λ_i —— 权重；

X_i —— 投入指标；

Y_i —— 产出指标；

i=1，2，3，…，n 表示决策单元的个数。

由于 DEA 模型计算经济效率值是一种相对效率评估方法，从而可以有效排除宏观政策和货币政策影响引发的市场波动等环境因素对县域经济发展情况评估的干扰。

18.1.3 经济数据说明和投入产出指标选择

县域经济数据来自国泰安 CSMAR 数据库、中国县域统计年鉴和中国经济与社会发展统计数据库。与此同时，本书收集了在 2001—2017 年满足曾位列过全国百强县、未被

"撤县改区"且处于沿海地区的 40 个代表性行政县的宏观经济数据，用于经济效率分析。

投入指标应能反映县域经济发展的规模及总体资源投入情况，产出指标应能充分反映县域经济发展的经济成果，主要考虑的是经济发展成果。就投入而言，从社会资源投入、基础设施投入、自然禀赋投入 3 个角度选取指标。就产出而言，经济效率评估研究不考虑县域发展的环境效率，只是从纯经济回报效率考核视角出发，选取样本县域 2001—2017 年的 GDP 作为产出指标。

社会资源投入包括医疗资源投入和教育资源投入两类，具体有医疗卫生机构床位数、小学和普通中学在校学生人数等投入指标；基础设施投入包括政府财政支出投入和地方信息化建设程度两类，具体有公共财政支出、固定电话用户数等投入指标；自然禀赋投入包括土地资源禀赋和人力资源禀赋两类，具体有县域行政区域面积、县域总人口数等投入指标。

18.1.4 百强县经济效率评估结果

2001—2017 年 40 个百强县的经济效率评估结果如表 18-2 所示。

表 18-2 综合效率、技术效率和配置效率评估结果

县市名称	综合效率	技术效率	配置效率	县市名称	综合效率	技术效率	配置效率
福清	0.765	0.776	0.985	莱阳	0.597	1.000	0.597
惠安	0.909	0.928	0.979	莱州	0.740	0.758	0.976
晋江	1.000	1.000	1.000	龙口	1.000	1.000	1.000
龙海	0.705	0.707	0.997	蓬莱	1.000	1.000	1.000
南安	0.757	0.799	0.947	荣成	1.000	1.000	1.000
石狮	1.000	1.000	1.000	乳山	0.981	1.000	0.981
长乐	0.932	0.992	0.939	寿光	0.581	0.589	0.987
台山	0.452	0.752	0.601	招远	1.000	1.000	1.000
琼海	0.308	0.915	0.336	苍南	0.406	0.562	0.724
东台	0.665	0.667	0.997	慈溪	0.991	1.000	0.991
海安	0.771	0.787	0.979	海宁	0.779	0.832	0.936
海门	0.935	0.940	0.995	海盐	0.737	1.000	0.737
启东	0.800	0.801	0.998	乐清	0.615	0.625	0.983
如东	0.762	0.788	0.967	临海	0.419	0.505	0.830
东港	0.344	0.920	0.374	宁海	0.557	0.746	0.747
瓦房店	0.736	0.738	0.997	平湖	0.757	1.000	0.757
庄河	0.623	0.657	0.949	平阳	0.494	0.830	0.595
昌邑	0.650	1.000	0.650	瑞安	0.554	0.554	1.000
广饶	1.000	1.000	1.000	温岭	0.785	0.787	0.997
胶州	0.969	0.974	0.994	象山	0.634	0.929	0.683

从表 18-2 可以看出，象山的综合效率为 0.634，技术效率为 0.929，配置效率为 0.683。40 个样本县市的综合效率平均值为 0.743，象山略低于样本百强县的平均水平。技术效率的平均值为 0.847，象山略高于样本百强县的平均水平。配置效率的平均值为 0.88，象山略低于样本百强县的平均水平。百强县的经济效率相对较高，但县与县之间也存在较大差异。山东省的蓬莱市、广饶县、荣成市、招远市、龙口市和福建省的石狮市、晋江市处于经济效率的前沿，在样本区间内具有最高的经济效率。

由此可见，象山海洋经济绿色发展战略在经济效率表现方面存在一定的不足，在未来的发展过程中如何找到一条在重视环境效率的同时也能够兼顾经济效率的高质量、可持续发展道路是一个重要方向。与此同时，象山经济发展的科学技术水平相较其他代表性百强县有一定的优势，在未来的海洋经济发展过程中需要进一步巩固提升高素质人才优势、高精尖技术优势，争取早日达到经济发展技术效率前沿位置。此外，象山经济发展的配置效率偏低，在产业集聚效应、资源利用效率、循环经济效益等方面仍存在一定的短板。

18.2 象山海洋绿色发展的重要问题

基于经济效率的评估结果，在海洋绿色发展过程中象山需在巩固技术效率优势的同时提升绿色技术效率，在提升配置效率的同时关注节能减排，在保障综合效率的同时突破高质量发展的诸多瓶颈和约束。

18.2.1 路径依赖明显，缺少转型动力

象山在新发展理念和“绿水青山就是金山银山”重要思想指引下，通过提高涉海项目环境准入门槛、逐步淘汰落后产能、加强沿海污染源治理、推动工业企业提标改造等方式一定程度上实现了象山产业发展路径的转型升级。但象山的国民经济发展轨迹仍存在明显的路径依赖问题，可以归纳为产业结构依赖、传统技术依赖和陆域制度依赖 3 个方面。

在产业结构依赖方面，象山存在明显的第一、第二产业向第三产业转型缓慢问题。由图 18-2 可见，2010 年以来，象山产业结构的动态变迁呈现如下特征：第二产业占比从 2010 年的 48.73%逐年下滑至 2017 年的 42.65%，第三产业占比随之从 2010 年的 35.76%逐年攀升至 2017 年的 42.56%，第一产业占比则常年稳定在 15%左右。2018 年，三、二、一产业格局初显。虽然产业结构的转型升级初见成效，但是象山的海洋绿色发展仍存在一定的路径依赖问题。产业结构转型升级调整进展显得较为缓慢，第二产业的

提标改造与向第三产业的转型升级效果并不明显，整体海洋新兴产业的创新发展仍处在起步阶段，新兴产业对县域经济总产值的贡献比例依然较小，远远无法动摇海洋传统产业在经济结构中所占据的稳固地位。象山海洋产业结构也呈现明显的同质化路径依赖现象。大部分的传统产业都是海洋渔业、海洋船舶业和滨海旅游业等具有相对区位优势的传统资源密集型和劳动力密集型滨海产业。产业同质化的情况带来的产能过剩问题在“三去一降一补”供给侧改革时代背景下颇为棘手，迫切需要通过有效的产业结构改革缓解区域间恶性竞争产生的恶性循环效应。

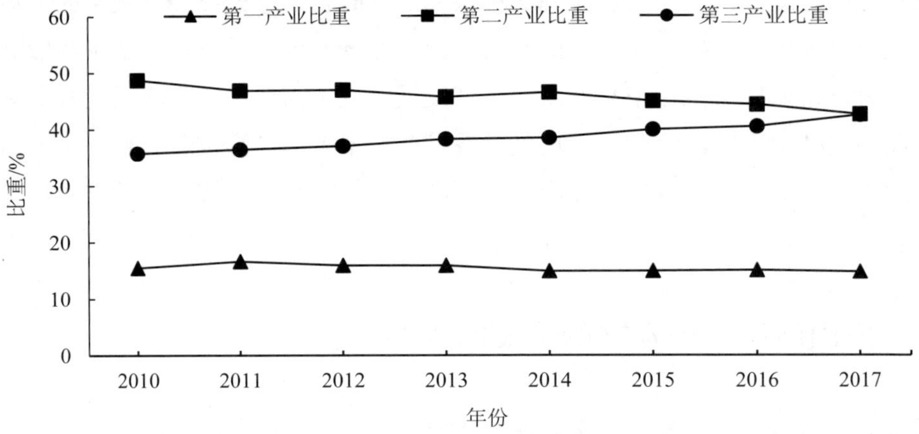

图 18-2 象山 2010—2017 年产业结构变化

在传统技术依赖方面，就传统产业转型升级而言，象山传统产业受制于远洋捕捞技术水平的掌握程度。迄今为止，绝大部分的海洋捕捞作业仍然集中在东海近岸海域。由于常年渔业资源的过度攫取，海洋生态环境遭到了严重的破坏，许多海洋经济物种在近岸海域已经几乎难以再现，近岸海域低附加值鱼类比例逐年上升，传统渔业产业对海洋经济增长的贡献逐年下滑，远洋捕捞生产的开展势在必行。因为我国冷藏冷冻运输船技术和远洋海产品加工保鲜技术相对世界领先水平而言水平较低。在远洋捕捞作业过程中捕获物的产品经济价值损失严重，甚至会出现因为技术落后而产生大量直接性资源浪费。由于技术水平的限制，远洋捕捞对传统第一产业的盈利能力提升带动有限，未来传统产业技术水平的提升和联合三产融合转型仍需要更高的边际盈利激励。

在陆域制度依赖方面，象山在海洋管理体制模式中存在浓郁的陆域管理体系色彩。由于陆域区位边界具有相对固定性的特点，可以非常清晰地划分固定的管辖区域，明确管辖职责及统一执法，从而形成一个“多职合一”“多规合一”的相对高效的管理体系。但海洋自身的海域地理情势的复杂性、数据可得性与动态时效性较弱等特征使得传统的、以不同职能划分的管理体系失效。现阶段施行的县域海洋管理体系是一种集中统一管理与部门分散管理相结合的管理模式，既存在海洋管理权限被分散、权威性被削弱的问题，也存在海洋海域管理权限交叉的问题，在出现一些问题时可能会导致规避执法、推卸责任、违法浅究的恶劣现象发生。

18.2.2　粗放发展为主，缺少生态路径

象山海洋绿色发展存在的粗放发展问题主要体现在 3 个方面：在产业布局上，海洋新兴产业的规模远远落后于海洋传统行业；在发展模式上，资源依赖型和资本依靠型发展模式较多，高质量、可持续型发展模式较少；在发展目标上，经济效益目标追求较多，生态承载力维系目标追求较少。

在能源利用方面，象山虽然在太阳能、风能、海洋能等新能源方面具有一定的区位开发优势，但新能源产业布局落地仍非常有限，经济发展动能主要还是集中在海洋传统产业。如图 18-3 所示，象山 2005—2017 年单位工业用电量带来的工业增加值在 2012 年达到峰值后略有回落，在污染防治攻坚战背景下第二产业增加值的单位用能强度改善非常有限，工业生产粗放式发展问题严重。

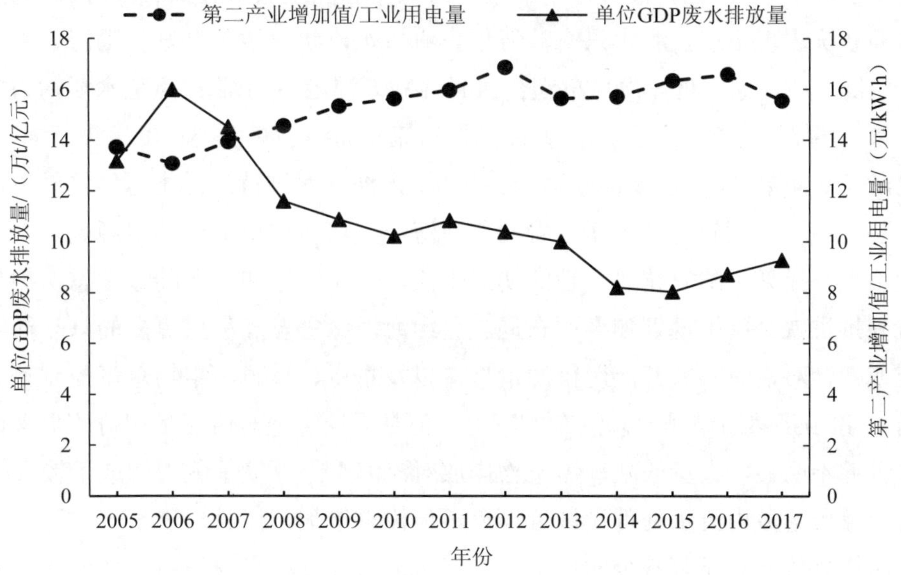

图 18-3　象山 2005—2017 年工业增加值用电强度

在渔业发展方面，随着近岸海域渔业资源存量不断下滑，象山替代发展的海洋养殖业在许多养殖海区存在以粗放型养殖方式为主、渔业产品附加值低等问题。海洋渔业的

内部产业结构仍未得到优化，受制于资金和技术等现实原因，象山海洋渔业的发展层级仍然较低，尚未突破粗放型经济增长模式。象山作为首批海洋生态文明建设示范区，渔业资源是象山重要的海洋资源，维系渔业资源环境容量目标仍是一大挑战。象山域内涵养渔业资源的海水水质整体较为稳定，但情况仍未明显好转。

在环境污染方面，象山单位 GDP 废水排放量虽然从 2006 年达到峰值后实现了逐年改善，但近 3 年的数据显示县域内单位 GDP 的污染强度有所反弹，虽然目前来看环境库兹涅茨曲线的拐点已过，但环境污染治理问题形势仍然严峻，如图 18-3 所示。由于海洋水体质量不佳、海域生态退化和渔业过度捕捞等，渔业资源正在面临衰退挑战，海洋生态承载力的破坏一定程度上损害了域内海洋渔业的可持续发展能力。

18.2.3 就海洋论海洋，缺少海陆统筹

象山在坚持陆海统筹、发展海洋经济、科学开发海洋资源、保护海洋生态环境、建设海洋强国上做出了诸多努力。但从现实来看，象山的海洋发展仍在陆海环境统筹、陆海经济统筹和陆海交通统筹 3 个方面存在诸多问题。

在陆海环境统筹方面，象山的生态保护与污染防治工作需要进一步陆海统筹协调治理。根据生态环境部公布的《2017 中国近岸海域生态环境质量公报》，我国四大海区近岸海域水质状况表现不佳，其中只有黄海近岸海域水质状况达到良好，渤海、南海近岸海域水质状况一般，象山近岸海域爵溪、大目洋和石浦港 3 个监控点位水质均为劣四类。《2018 年象山环境质量公报》显示，象山县控河流断面中仍有Ⅳ类轻度污染断面数 3 个、Ⅴ类中度污染断面数 1 个。大量的入海污染物汇入海洋对维持海洋生态环境健康造成了很大的威胁，海洋环境问题从表面上看问题在海洋，然而实质上讲其根源在陆上。象山生态环境治理举措处于陆海统筹治理的初级阶段，近岸海域和沿海陆域生态保护与污染防治的协同推进缺少统筹规划和全面布局。象山海洋绿色发展举措更多的只是针对海洋制定措施或者针对沿海陆域开展污染源治理，以及总氮、总磷污染物总量控制等。如图 18-4 所示，象山虽然污染排放总量有所下滑，但是无论从绝对值还是相对值上来说，排放总量改善并不明显，大量的陆源污染物排放对沿海生态环境承载力构成了较大的压力。与此同时，象山县域内废水处理设施近年来不但没有增加，而且出现了一定程度的数量削减，在污染排放没有显著减少的情况下，治污能力存在相当的掣肘。如何在根本上实现治海先治河、治河先治污、河海共治新模式是一个需要重视的问题。

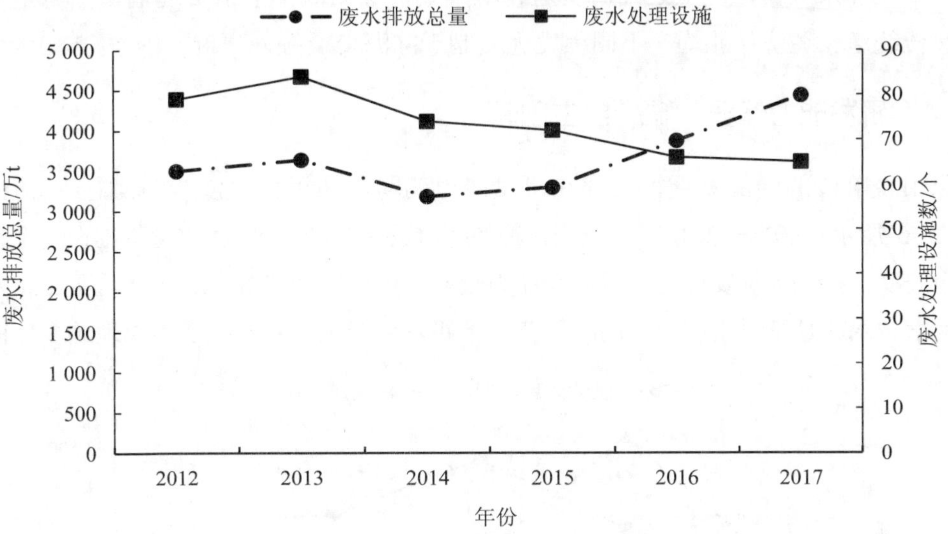

图 18-4 象山 2012—2017 年排污情况和治污能力

在陆海经济统筹方面，国家发展改革委、自然资源部联合下发的《关于建设海洋经济发展示范区的通知》中明确指出要将提升海洋科技研发与产业化水平，创新海洋产业绿色发展模式作为象山所处的浙江宁波海洋经济发展示范区建设的主要任务。象山海洋经济发展主要承接的海洋工程装备、海洋智慧科技、海洋旅游（影视休闲）、渔港经济四大功能区块的建设无一不需要陆域经济产业的支持。但现阶段象山陆域经济发展与海洋经济发展的统筹协调仍存在许多不足：在海洋工程装备功能区块建设上，陆域产业链配套薄弱，“引上游、接下游、带配套”工作收效不佳，城际铁路、象山港二通道、三门湾大桥、新桥—东陈茅洋高速连接线等重点交通项目有待加速推进。在海洋智慧科技功能区块建设上，象山县域内科学研究机构、与大院名所共建的人才联合培养基地数量匮乏，科研人才培养与研发基地投入的供给与海洋智慧科技发展的需求存在较大的矛盾。在海洋旅游功能区块建设上，全域旅游发展仍成效颇微，海水养殖等传统产业发展与旅游业的一、三产融合发展有待突破。在渔港经济功能区块建设上，陆源污染物难以有效控制导致象山近岸海域富营养化状态明显，显著削弱了近岸海域渔业资源承载量。

在陆海交通统筹方面，象山陆域基建建设对海洋交通基建的影响有待统筹。象山所处的沿海地区是陆海统筹发展的区域载体，沿海地区交通运输对经济增长的贡献效率往往高于内陆地区，其中陆海综合交通运输对经济增长的贡献度会显著高于陆域交通运输。象山沿港沿海陆域开发建设（填海围垦、港口码头建设等）导致石浦港等港口的淤积问题日趋显著，给港内众多码头作业和船舶航行靠泊带来了很大的安全隐患。由于对县域内现有码头和未开发岸线缺乏陆海交通统筹规划，象山海洋散杂货运输、陆海全域旅游运营和传统渔业经济作业均在不同程度上受制于陆海交通统筹失调。

18.2.4 研发能力偏弱，缺少自主创新

象山现阶段的经济发展模式存在研发能力偏弱、缺少自主创新的问题。如图 18-5 和图 18-6 所示，2014—2018 年，象山授权专利数和授权发明专利数量基本在一个较窄的区间内波动，县域经济发展的研发创新能力较弱，而研发经费占 GDP 比重更是止步不前，在“科学技术就是第一生产力”的时代背景下研发经费投入基本处于“原地踏步”的状态。

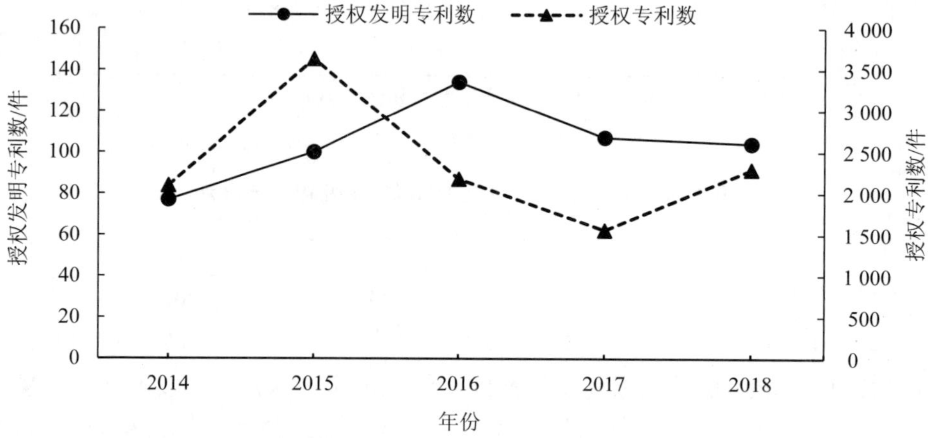

图 18-5 象山 2014—2018 年授权专利数和授权发明专利数

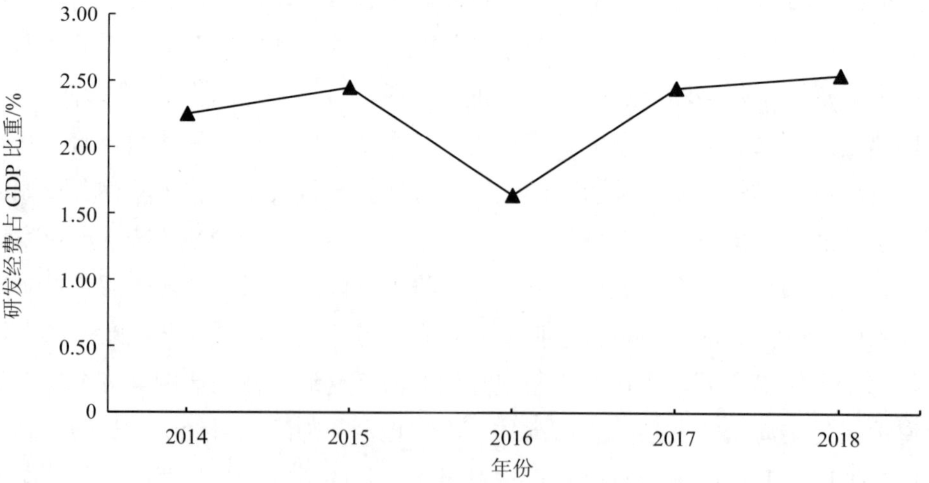

图 18-6 象山 2014—2018 年研发经费占 GDP 比重

在产业研发能力方面，象山的传统海工产业面临研发创新水平低、缺乏核心技术、科技水平低等状况，相对粗放的产业发展逻辑在市场萧条情况下抵御风险的能力较低。海洋船舶制造业等传统海洋产业布局已经不能满足象山未来发展的产业结构需要。象山在海洋工程装备、海洋新能源装备、港航物流、新材料等高附加值、高科技含量产业布局方面需要有更多的新突破。缺少突破性的技术创新，无法使地方海洋新兴产业具备强大竞争力，海洋产业转型升级受科学技术水平束缚。如何为现阶段低端产业产能过剩的困局提供突破口，通过科技创新为象山县域经济增长提供新动能迫在眉睫。

在创新人才培育方面，象山创业的氛围和创新的实力相对薄弱，“产学研”一体化产业发展体系尚待建设。“双创”的缺失导致县域内传统产业竞争力逐年下滑，高新技术产业集群亦难以形成，产业转型所需的高端人才和科学技术紧缺。象山特殊的区位条件和产业结构造成外地人才引进困难、本地人才培育与产业脱钩、人才外流等问题突出。这导致象山企业家队伍和创业人才严重不足，创业创新能力无法匹配当前经济社会发展要求。

在创新人才市场供求匹配方面，象山的创新型人才供应尚不能与太阳能、风能、海洋能等新能源清洁产业布局的新需求相匹配。象山县域内还不具有完备的海洋新兴产业研究平台及相应的配套设施，也还未建立起一整套完善的高素质自主创新人才的补贴优惠引进和后期跟踪培育政策体系。海洋高层次人才匮乏导致象山海洋产业不仅在海洋传统产业中存在低水平重复建设问题，在海洋新兴产业发展中也时常出现低水平项目重复引进的问题。现阶段科研技术水平跟不上产业发展需求的情况较为严重，海洋高层次高素质人才的匮乏已经严重制约了象山海洋创新技术的研发进程。

18.2.5　推广单一制度，缺少体系建设

如表 18-3 所示，象山近年来制定并推广了以“三权分置”、重点企业“三翻”行动等为代表的一系列推进陆海绿色高质量发展的制度安排，但相关制度政策设计通常只具有单一或少数政策属性，仍缺少能够统筹政治、经济、文化、社会和生态文明五位一体建设的体系化架构。象山在推动陆海高质量发展过程中存在法规体系冲突、叠加效应羸弱、制度体系缺失等问题。

由于制定科学的海洋法规体系需要具备相当的专业知识储备，现阶段大部分的海洋法规都是由相关职能部门负责起草的，对应的职能部门通常会更多地从自身的业务需求和实际利益出发，故而一些海洋法规从一开始就存在许多值得进一步推敲的地方。象山现阶段实施的许多海洋法律法规由于缺乏操作性和可行性的细则而难以有效实施，部分海洋法律法规甚至互相之间存在一定程度上的重复、抵触，从而使得执行部门实施困难。

表 18-3 象山海洋绿色发展的主要制度政策

制度政策	经济	政治	社会文化	生态文明
生态文明产业体系	√			
重点企业“三翻”行动	√			
创新“八大计划”	√		√	
农村“三居”行动			√	√
“四好农村路”	√		√	
“四城”联创			√	√
“一打三整治”	√	√	√	√
“双下沉两提升”			√	
“一中心四平台”		√	√	
“双对双排”		√		
政务“五公开”		√		
“名城名都”	√	√	√	√
“标准地”	√			√
“六医”统筹			√	
农村宅基地“三权分置”权	√		√	

在叠加效应方面，如何将县域发展政策制度供给与区域发展政策制度供给协调好和统一好是象山亟须解决的一大难题。县域发展政策如果不能与区域发展政策有效衔接，会出现单一政策效果不理想的问题。象山域内仍存在一定的“画地为牢”式管理体制，区域内产业经济政策、生态环境政策、社会治理政策缺乏有效衔接，不完善的跨界生态保护与污染防治协调机制和迫切的海陆统筹高质量可持续发展之间存在矛盾。

在政策体系建设方面，单一领域得到成功实践的制度缺乏体系化供给。象山许多得到成功实践的政策制度实施作用对象较为单一，缺少体系化政策制度安排。例如，象山率先开展实施的农村宅基地“三权分置”改革，通过将不动产权登记证分离为资格权人证、使用权人证、所有权人证 3 个部分，有效盘活了农村闲置宅基地，为乡村发展提供了新动能。但“三权分置”实践目前仅仅停滞于宅基地市场，在浅海滩涂使用权市场、海域使用权市场、海岛使用权市场等众多领域推广非常有限，传统产业生产活动所需的土地（海域）资源供给与浅海滩涂养殖、开放式海域养殖等传统产业的发展之间存在矛盾。

18.3 象山海洋绿色发展的问题根源

为了破解上述短板和问题，必须要寻找到相应的根源，包括产业体系架构、产品产能与附加值解析、县域内需市场表现、基础设施建设、资金扶持效率等方面，从而可为象山海洋绿色发展模式创新提供新依据和新方向。

18.3.1 绿色工业体系不成熟：产业链园区亟须体系化建设

象山规模以上企业缺乏规模经济效应，缺少具有国际竞争力和国内带动力的龙头企业。象山经济发展的配置效率低于 40 个参照的百强县的平均水平且与效率前沿县有一定的差距。这表明象山经济发展的规模经济效应不明显，在产业集聚效应、资源利用效率、循环经济效益等方面存在短板。进一步将象山与处于效率前沿的百强县山东省蓬莱市、广饶县、荣成市、招远市、龙口市和福建省石狮市、晋江市展开比较后发现，无论是单位规模以上工业企业的 GDP 产值还是单位规模以上工业企业的第二产业增加值，象山都落后于其他 7 个处于效率前沿的县市。这说明象山县域内工业企业个体规模较小，难以发挥规模效应和产业链协同效应，如图 18-7 所示。

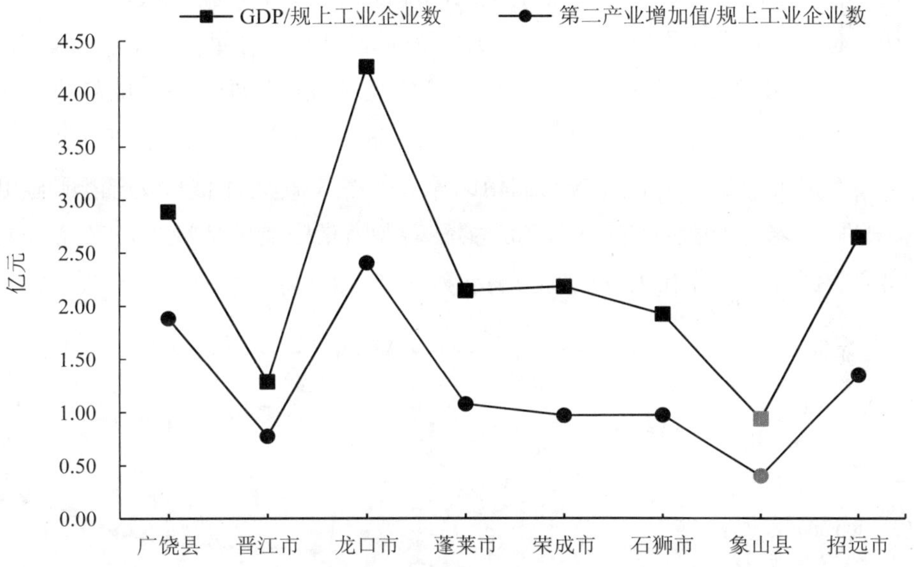

图 18-7 2017 年单位规模以上工业企业 GDP 产值和第二产业增加值

现代化海洋经济产业体系已经开始从以海洋渔业、海洋船舶制造业、海洋盐业等海洋传统产业为主转变为以海洋资源的节约与循环利用为目标，应用和推广循环经济技术，大力发展海洋资源综合利用产业，以形成资源高效循环利用的产业链，从而发挥出产业集聚优势和提高资源利用率。通过构筑规模化、标准化的生态型和集约型海洋生态工业示范企业和循环经济产业园区，促进企业间建立原料、动力综合利用的产业联合体，集聚发展兼具经济效率和环境效率的海洋经济产业，实现“要素资源低投入、经济指标高产出、污染废物低排放”的绿色化海洋经济发展新模式是大势所趋。在海洋经济绿色发展新模式浪潮的时代背景下，象山的绿色工业体系尚不成熟，整体工业体系“高端化、智能化、融合化、低碳化”产业发展导向不够坚定，县域内产业链园区化、体系化建设需要更多的产业政策引导和资金供给扶持，工业企业的上下游产业链深度不够、循环经济规模效应强度不强、“亩均论英雄”导向不突出。

18.3.2 传统产业产能有瓶颈：产品附加值有待进一步提升

象山传统产业占 GDP 比重近年来出现了一定的下滑，第一产业占 GDP 比重从 2010 年的 15.5%下滑至 2017 年的 14.8%，传统产业发展失速主要可以归纳为产能出现“瓶颈”和产品附加值提升缓慢两大原因。象山稀缺的土地资源和丰富的滩涂资源使象山人自古以来就有向海洋要生计、向海洋要空间的历史传统，县域南部石浦港港区更是国家首批六大中心渔港之一。但随着近几十年来海洋渔业经济的迅猛发展、生态环境的不断恶化，海洋渔业资源承受了巨大的压力，近岸海域渔业资源承载力大幅下滑。如图 18-8 所示，2001 年以来象山水产品产量基本保持稳定且呈现逐年略微下滑的趋势，在个别年份出现了显著的滑坡。从横向对比来看，处于经济效率前沿的晋江市和石狮市近年来水产品产量反而出现了稳步上扬，与它们相比象山传统靠海吃海的产业产能明显出现“瓶颈”，未来进一步拓产可能性较小。在产能受客观因素限制的情况下，产品附加值的提升无疑成了象山传统产业壮大发展的关键动力。

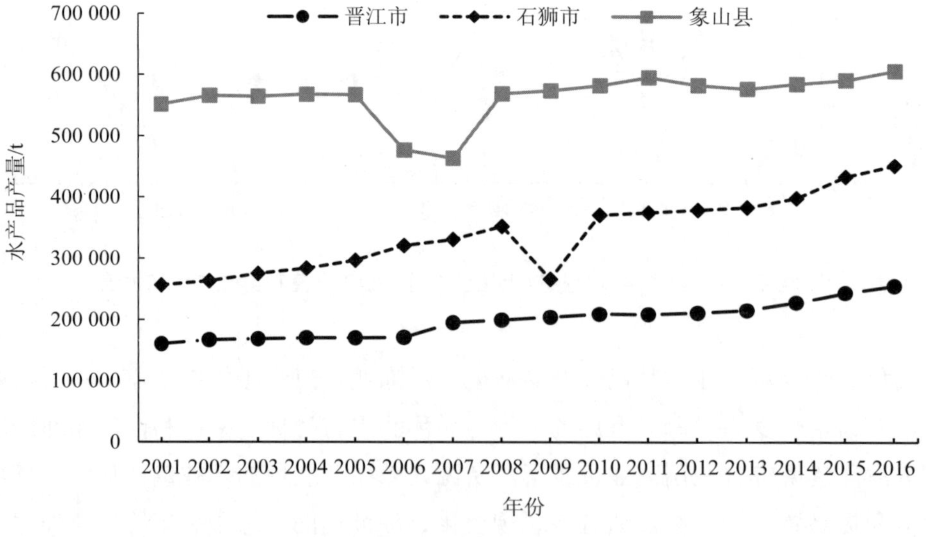

图 18-8 2001—2017 年象山水产品产量

虽然过去十余年来象山传统产业产量基本保持稳定，但传统产业的产品附加值一直有稳定的提升，如图 18-9 所示。2001 年以来，象山单位水产品产值（渔业产值/水产品产量的比值）从 0.52 万元/t 稳步上升至 2017 年的 1.54 万元/t，水产品单位产量产值有一定的提升但是上升趋势有所放缓。无论从绝对价值还是从相对价格动态变化来看，象山传统产业的产品附加值较低，盈利能力较弱。突出表现为尚未实现传统出海捕鱼向现代耕海牧渔转型升级，传统产业产品深度加工经营不够、“蓝色经济”产业链协同经营不足、传统产业与现代文旅产业有机结合不深。

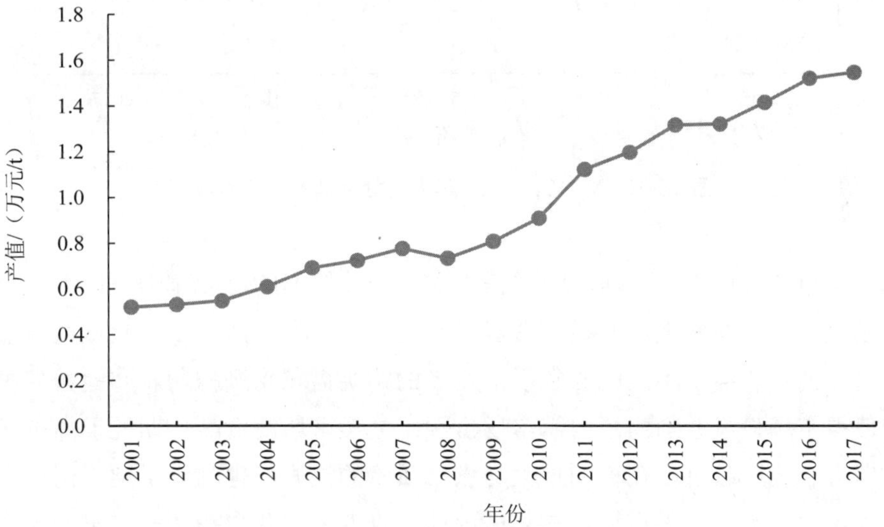

图 18-9　2001—2017 年象山单位水产品产值

18.3.3　内需市场表现乏力：创新高质量产品扩大内需迫在眉睫

我国通过出口拉动经济增长的发展模式在全球贸易保护主义愈演愈烈的国际背景下已经略显疲态，扩大内需对于象山地方经济发展而言也十分重要。2018 年年底，中央经济工作会议把“扩大内需”“做强实体经济”作为今后一段时期的重要工作任务，2019 年政府工作报告进一步提出要“促进形成强大国内市场，持续释放内需潜力”。这说明稳定提升内需市场的有效需求是保持经济平稳运行的关键因素。

图 18-10 展示了象山与处于经济效率前沿的其他 6 个县 2013—2017 年人均社会消费品零售额的动态变化情况。可以发现，近 5 年来象山人均社会消费品零售额与经济效率前沿县相比处于较低水平，尤其是近 3 年已经低于其他所有的经济效率前沿县。这说明象山内需市场表现非常乏力，对地方经济发展助力有限，且可能是部分地方产业发展失速的根源所在。

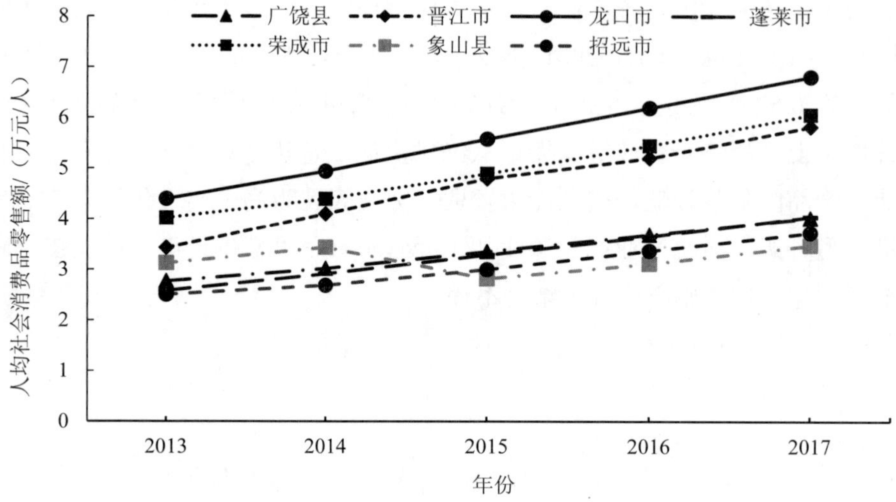

图 18-10 2013—2017 年人均社会消费品零售额

象山内需市场表现不佳，居民消费需求潜力释放较弱的可能原因有以下几个方面：①商品市场供应产品质量无法满足消费者日益增长的美好生活需要。县域内商品市场供应产品质量与消费者需求不匹配导致了消费者的购买需求受到抑制。②地方保护主义的客观存在使得市场失灵并削弱了内需市场份额。失灵市场消费品长期处于高价低质状态，既不利于地方企业产品供应规模的扩大与供给质量的提升，也削弱了地方消费者的消费意愿，损害了地方消费内需市场。③县域内居民收入分配和消费结构支出的不匹配使得地方内需市场羸弱。一方面，受经济增速放缓的客观经济形势影响，县域内部分就业人员实际可支配收入增长面临比较大的压力，在一定程度上削弱了地方内需市场消费品需求的增长。另一方面，县域内常住居民近年来在住房购置、医疗开销、教育投资以及养老保障等领域的刚性支出不断增大，相当程度上挤压了个人消费支出占比，阻碍了居民消费需求潜力的释放。

18.3.4 基础设施建设趋缓：现代化海陆基建需加大投入

象山县域内海陆统筹一体化、现代化基础设施建设不完善，在相当程度上抑制了海洋产业的集聚效应，从而使得企业无法受益于产业链协同效应和规模经济效应，难以推动海洋产业循环经济化、园区规模化、科技密集化转型升级。县域内基础设施建设的现实供给与经济高质量发展的客观需求不匹配使得企业产品生产效率和运输效率受到双重抑制。

截至 2019 年，象山港港区已建成的码头泊位 67 个，其中货运码头 48 个，客运码头 4 个，尚不能满足 5 万 t 级船舶通行要求。石浦港港区已建成的码头泊位 347 个，其中货运码头 80 个，客运码头 69 个，尚不能满足 1 万 t 级船舶通行要求。显而易见，无论从客货运码头相对数量还是绝对吨位水平来看，象山都需要尽快筹划建立海陆立体的沿海交通基建布局，陆海协同统筹谋划充分发挥现代化基础设施作为经济社会发展桥梁的互通互联作用，集中、集聚产业链体系化开发，促进县域内港口、产业和旅游协同发展。

图 18-11 展示了 2009—2017 年象山与处于经济效率前沿的晋江市和石狮市单位行政县域内农业机械总动力的动态变化。可以发现，象山农业机械化技术水平不仅没有提升，反而略有下滑，对农业大县的产业生产技术机械化提质升级相当不利。进一步将象山与处于经济效率前沿的晋江市和石狮市对比可以发现，农业大县象山在农业生产技术机械化方面相较两个工业大县而言依然没有任何生产技术上的优势。图 18-12 表明，在公路基础设施建设方面，2009 年以来，象山县域内公路里程数有一定的增长，公路里程数增长约 25%。与处于经济效率前沿的晋江市和石狮市横向对比来看，象山单位行政区域面积的公路里程远低于晋江市和石狮市，本地基础设施建设仍存在非常大的缺口。为了营造更好的企业生产经营环境，象山加大现代化海陆基建设施投入势在必行，在全力争取城际铁路国家批复、沿海高铁过境设站等关键问题上亟须实现新突破。

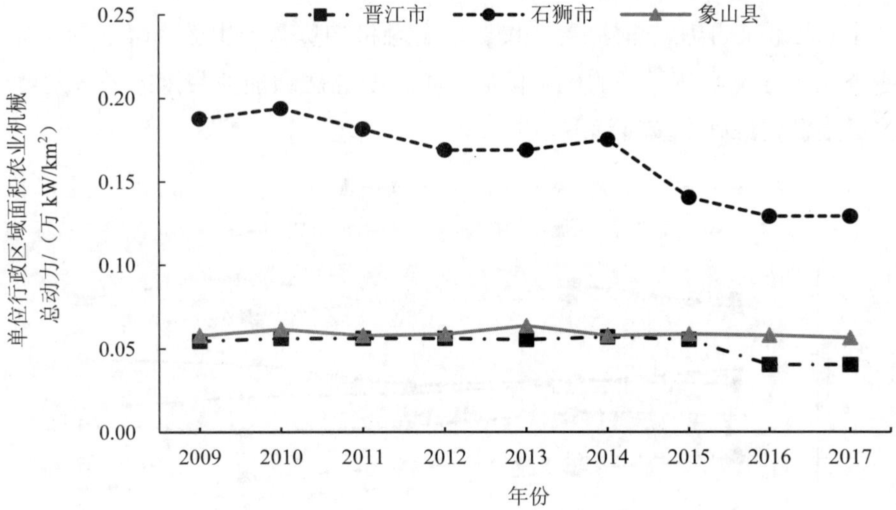

图 18-11　2009—2017 年单位行政区域面积农业机械总动力

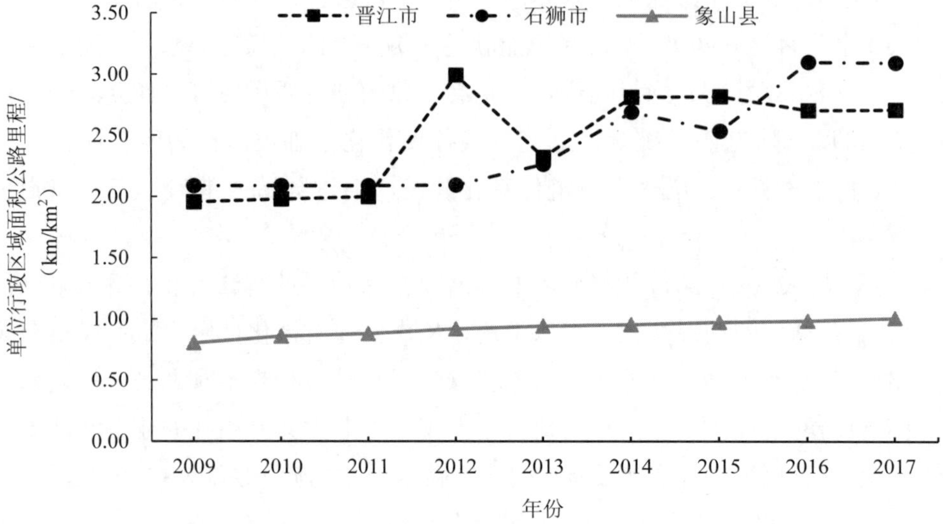

图 18-12　2009—2017 年单位行政区域面积公路里程

18.3.5　金融支持效率不高：金融供求匹配尚待政策引导优化

象山金融资源投入实体经济运行的产出效率并不高。图 18-13 为象山与处于经济效率前沿的 7 个百强县 GDP 与金融机构各项贷款余额的比值。可以发现，象山的 GDP-金融机构贷款余额比值低于所有前沿县，仅约为金融机构贷款产出效率峰值的 1/4。这说明象山金融资源服务于实体经济的效率偏低，单位资金融通能够带来的经济发展效益非常有限，大量金融资源处于空转状态。

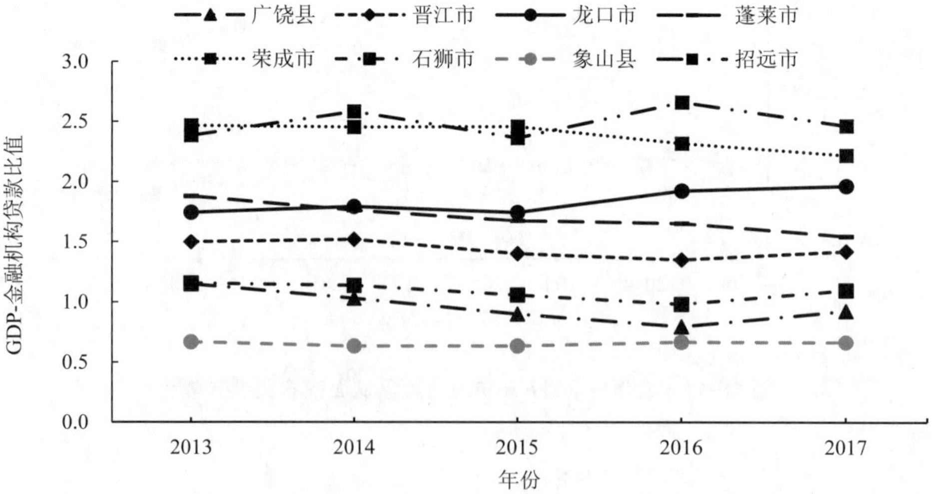

图 18-13　2013—2017 年 GDP-金融机构贷款比值

除了通过政府补贴和优惠等方式为海洋经济发展提供融资渠道，银行信贷是海洋产业发展资金筹措的主要融资来源。但是，由于抵押品来源不够多元、资金供求双方信息不够透明、授信周期不够灵活等问题的存在，由此引发的低效率银行信贷资金投放会直接使符合产业导向、科技含量高、盈利前景好、带动力强的海洋产业项目融资得不到充分支持，信贷资金在低附加值传统产业与高附加值新兴产业间的错配导致海洋经济发展的失速。与此同时，金融支持与产业需求的不匹配、多元融资渠道的匮乏也极易导致海洋科技研发的资金缺口巨大，资金无法大力投入研发，阻碍海洋科技研发。

第 *19* 章

象山海洋绿色发展的模式创新

依托良好的海洋资源环境禀赋，以国家海洋经济发展示范区建设为契机，象山积极培育壮大海洋经济，促进海洋产业转型升级，在海域使用制度、涉海产业融合、生态港湾建设、滨海旅游开发等诸多领域形成了特色鲜明的绿色发展模式。然而，象山海洋绿色发展也面临发展路径单一、产业精细化程度低、海陆监管分割、研发能力偏弱、保障体系不健全等突出问题，海洋绿色发展模式有待升级和完善。本章在梳理象山海洋绿色发展模式创新的总体思路基础上，结合象山海洋资源禀赋特征和海洋产业发展基础，着重探析"政府-市场"耦合式的双驱发展模式、"新发展理念"指引的循环经济模式、"倒逼联动"机制上的陆海统筹模式、"自主创新"道路下的技术引领模式和"三权分置"基础上的制度创新模式 5 种典型创新类型，最后对象山海洋绿色发展模式创新作出综合评价与展望。

19.1 象山海洋绿色发展模式创新的总体思路

以习近平生态文明思想和海洋强国重要论述为指引，牢固树立生态优先发展理念，坚持问题导向，以实现海洋绿色跨越发展为目标，深入推进海洋产业绿色化升级，加强海洋生态保护修复，完善陆海统筹绿色发展机制，着力将象山打造成为生态良好、特色显著、产业高质、区域协同、充满活力的海洋经济发展示范区。为此，应坚持以下 4 个基本原则有序推进海洋绿色发展模式创新。

19.1.1 转变理念，规划先行

旧发展理念下对海洋资源开发、海洋产业发展及海洋环境治理的低定位、低标准，是导致象山海洋产业绿色发展层次不高、绿色研发动力不足等问题的根本原因。因此，象山县委、县政府及各涉海监管部门应进一步统一思想，在对全县海洋资源环境承载情

况，以及海洋产业发展状况进行全面摸查的基础上，立足健康、协调、可持续的绿色发展理念，从长期战略角度谋划全县海洋资源开发与海洋产业发展，从思想上摒弃过去高能耗、高污染，以经济增长为单一目标的粗放式发展理念，制定高定位、高标准的绿色发展目标。转变理念是基础，而规划先行则是确保海洋绿色发展方向科学、合理和有效的关键。为此，要立足绿色发展理念，重新审视已有的海洋资源开发、海洋环境保护、海洋产业发展等规划文件，及时修正过时的、与绿色发展相冲突的内容，同时补充必要的海洋绿色发展专项规划。

19.1.2 突出特色，优化结构

立足象山区位优势、海洋资源禀赋特征及海洋产业发展基础，积极培育新兴特色的海洋绿色产业，打造绿色化的海洋经济体系，依托产业结构优化推动海洋绿色发展。以国家海洋经济发展示范区建设为契机，象山正在着力构建海洋工程装备制造、海洋生物医药、高端滨海旅游等特色产业板块。未来应进一步将绿色发展理念贯彻到海洋新兴产业培育过程中，推动海工装备制造业的绿色循环化改造，做大做强以影视、渔村为特色的滨海旅游业，同时充分利用象山海洋能、风能、太阳能等新能源的自然禀赋优势积极培育海洋新能源产业，着力提高能耗低、污染小、效益高的绿色化海洋产业产值比重。

19.1.3 陆海统筹，区域协同

坚持陆海统筹发展理念，加强陆域产业布局与海域生态保护的匹配，推动陆海生态经济合作、实践经验的共享，打破行政区域之间以及不同部门之间的壁垒，实现全县区内产业政策和生态保护政策的有效衔接，激发陆海联动的绿色协同效应。要进一步严格落实海洋生态红线制度，推动海域用海权、海岛使用权等资源使用制度创新，探索制定和实施海域排污总量控制制度，确保海洋资源环境承载能力与海洋经济发展需求相适应，为绿色用海、绿色增长提供资源环境屏障。

19.1.4 科教兴海，转换动能

加强自主创新能力，引导科研院所与涉海企业紧密对接，促进海洋绿色科技创新、职业教育和产业发展深度融合，借助科技创新引领海洋绿色跨越发展。围绕海工装备、海洋生物医药、海洋新能源等绿色新兴产业培育以及传统海洋产业绿色循环改造等领域，实施科技创新人才团队引进、资助计划，形成合理人才梯队。支持浙江大学、宁波大学、浙江海洋大学、浙江工业大学等高校在象山建设海洋研究院，鼓励科研院所、企业共建海洋绿色创新平台和科技成果转化平台。

以上 4 个基本原则是象山海洋绿色发展模式创新的总体方向和路径，而确保海洋绿色发展真正落地则需要从内在驱动、增长方式、空间统筹、科技支撑及制度体系等具体层面探索可能的创新发展模式。基于此，针对象山海洋绿色发展的现实基础及其面临的突出问题，重点提出“政府—市场”耦合式的双驱发展模式、“新发展理念”指引的循环经济模式、“倒逼联动”机制上的陆海统筹模式、“自主创新”道路下的技术引领模式和“三权分置”基础上的制度创新模式。

19.2 象山海洋绿色发展模式创新的主要类型

19.2.1 “政府—市场”耦合式的双驱发展模式

19.2.1.1 基本内涵

“政府—市场”耦合式的双驱发展模式是综合运用政府“有形之手”和市场“无形之手”，建立“责任约束+市场激励”的海洋绿色发展动力机制，引导涉海企业和居民践行绿色化的生产方式和生活方式，以此推动绿色发展理念下的全域海洋经济共建和海洋环境共治。海洋资源环境的整体性、公共性和外部性决定了政府干预的不可或缺，但是长效、永续的海洋绿色发展依然需要市场利益的驱动。政府机制和市场机制不是相互独立的，而是相互耦合、协同、互补的，需要环环紧扣地嵌入海洋绿色发展的全过程中。象山海洋绿色发展路径过于依赖于政府的强制力约束，而尚未建立起激励绿色发展的长效市场机制，导致涉海企业缺乏绿色化升级的动力。因此，探索实施“政府—市场”耦合式的双驱发展模式是破解象山海洋绿色发展路径依赖明显、转型动力不足等难题的重要选择。

19.2.1.2 模式构建

“政府—市场”耦合式双驱发展模式建设的关键点包括两个方面：一是确保政府动力机制、市场动力机制与象山海洋发展的资源、经济和社会条件相匹配、适应，即确保政府作用和市场作用的有效发挥；二是促进政府、市场双动力机制的有效协同，为海洋绿色发展的顶层设计、制度建设、生产创新及监督治理等全流程提供动力保障。基于此，“政府—市场”耦合式双驱发展模式的构建可划分为政府源头管控、市场过程激励、政府—市场末端治理及政府—市场协同会商 4 个部分。

（1）政府源头管控。立足象山海洋资源环境现状，探索建立海域使用有偿、海洋生态损害赔偿、海洋生态修复补偿的“三偿机制”，加快推动海洋生态红线、海洋环境质量底线、海洋资源利用上线和海洋环境转入负面清单的“多规合一”，为海洋绿色发展构筑制度屏障。同时，对接海洋战略性新兴产业发展规划目标，进一步完善涉海项目审批，制定与高质量转型相匹配的、高标准的环境准入门槛，严格禁止高能耗、高污染项目审批，从源头为海洋绿色发展预留足够的空间资源和自然资源。

（2）市场过程激励。在养殖海域、无居民海岛等区域加快推进海域资源市场建设，制定海洋资源价格评估程序和方法，建立全县海洋资源价格交易信息共享平台，以价格机制促进海域资源使用权的资本化和市场化。统筹安排专项财政资金扶持科技含量高的新兴海洋绿色产业发展，引导金融机构、担保机构等为绿色涉海企业提供快捷、便利的信贷投放和融资担保，引导传统企业开展绿色化改造①。同时，以财政贴息、研发补贴、专项资金等多种方式建立海洋绿色产业智库和数据平台，为海洋绿色发展提供实时的智能化保障。

（3）政府—市场末端治理。加强与周边地方政府的环境治理合作，协商制定近海环境专项治理计划，应对海洋跨境污染问题。在临港工业区及象山港等重点养殖污染区建设污水处理设施和配套管网，以技术合作、资金共筹及风险共担等形式探究企业、养殖户等多主体共建、共享绿色治理的合作模式。此外，进一步完善企业海洋生态损害追偿机制，对造成近岸滩涂、湿地等生境损害严重的企业，依规令其开展生态重建、修复工作。

（4）政府—市场协同会商。由县政府及各涉海管理部门主导，定期和不定期举办海洋绿色发展协商、对话会议，邀请代表性企业及社会组织、公众等参与，协商完善象山海洋绿色发展的相关政策制度。政府应做好服务角色，积极听取企业在绿色化发展下的诉求，了解企业真实需求，及时通过完善各项财税补贴政策、加强金融和技术支撑，助力企业绿色化升级。

19.2.1.3　实现路径

（1）加快政府角色转换，建设服务型政府。转变传统“全能型”政府的角色定位，在海域、海岛使用市场化创新过程中适度减少行政干预，及时回应和解决涉海企业绿色发展过程中的需求，完善海洋绿色信息服务保障，做好绿色发展的“服务者”角色。围绕海洋绿色发展规划，梳理各涉海职能部门职责，将规划设计、产业扶持、企业培育、环境监督及生态治理等绿色发展任务落实到各责任单位，同时避免大包大揽，维护正常的市场竞争秩序，为市场机制作用的发挥“保驾护航”。

（2）做好海域长期规划，优化绿色产业布局。坚持规划引领，在完善海域使用规划的同时，及时跟进编制不同用海区域的片区规划、产业规划及生态保护细则等，推进

---

① 谭春兰，王柯茹. 绿色金融促进海洋产业结构调整的研究[J]. 生态经济，2017，33（9）：45-49.

“多规合一”，确保各类规划在协同、互补下发挥引领海洋绿色发展的合力①。依托优势资源，加快海洋生物医药业、海上风电产业以及海水生态养殖业集聚发展，在片区内因地制宜地打造特色鲜明、优势明显的海洋绿色产业园，避免发展定位雷同、产业链条重叠等问题。

（3）建立绿色标准体系，开展企业绿色评级。围绕象山海洋资源环境禀赋和海洋产业特色，构建海洋绿色标准体系，引领海洋经济绿色发展。参考陆域“标准地”评估中的固定资产投资强度、容积率、环境标准、安全标准、能耗标准等基本指标，结合海洋特色，探索开展海洋绿色发展“标准地”试点工作。定期对涉海企业的绿色发展水平（“深绿”“中绿”“浅绿”）开展动态评价，将绿色评级与银行授信、贷款贴息补助等政策挂钩，以标准约束和激励涉海企业开展绿色生产。

（4）积极吸引社会资本，创新市场激励政策。探索绿色金融服务海洋绿色发展的有效方式，加大绿色信贷对涉海企业转型升级的担保支持力度，鼓励和引导保险机构创新绿色保险产品和服务。健全海洋绿色补贴动态调整机制，探索设立海洋绿色产业发展基金，加大政府与社会资本合作在海洋绿色发展领域的应用，引导社会资本参与海上风电建设、临港工业绿色化改造、海洋高新技术与装备制造、海水淡化与综合利用、海水生态养殖区建设、海洋生态修复等项目。

（5）搭建政企对接平台，探索多元合作模式。借助信息化、网络化技术，建立海洋绿色发展可视化服务平台，及时为涉海企业提供相关政策信息及项目进展信息，拓宽和完善企业诉求表达渠道。围绕海洋绿色发展的重大项目，在金融服务、技术支持等方面深化政企合作，切实推动绿色发展项目落地，实现多方互利共赢。

19.2.2 “新发展理念”指引的循环经济模式

19.2.2.1 基本内涵

“新发展理念”指引的循环经济模式是以新发展理念为指导，以促进海洋资源高效循环利用和海洋环境友好和谐为核心，以打造从企业小循环到区域大循环为目标，以“减量化、再利用、资源化”为原则，以低消耗、低排放、高效率为基本特征的可持续发展模式。受资源环境无价的传统观念影响，传统海洋经济的发展表现出明显的资源消耗严重和粗放经营的特点，发展循环经济是实现海洋绿色发展的必由之路。象山海洋经济依然是以粗放式发展为主，生态路径缺失，临港工业、海水养殖业等传统海洋产业能耗、污染程度较高。为此，需要以“新发展理念”指引的循环经济模式为抓手，推动象山海洋经济绿色化发展。

---

① 翟伟康，张建辉. 全国海域使用现状分析及管理对策[J]. 资源科学，2013，35（2）：405-411.

19.2.2.2　模式构建

（1）企业绿色化循环改造。实施海水养殖业、海洋装备制造业、临港工业循环经济改造工程，加强对资源消耗高、污染排放大的相关企业排查力度，对于无安全保障、不符合环保和节能降耗等标准要求且整改不达标的企业依法予以关停整顿，加快淘汰落后产能。鼓励示范企业开放创新资源、供应链资源和市场渠道，积极引导符合标准的中小企业以多种方式参与示范企业循环经济生产的多个环节，共同参与循环生产技术研发，探索互利共赢、合作共享的绿色发展模式。探索废弃物第三方外包式服务机制，加快培育废弃物循环利用和安全处理服务企业，建立与生产企业同步的循环利用网络。

（2）产业链绿色化共生融合发展。积极培育海洋废弃物综合利用、海洋再生资源循环利用等海洋绿色新兴产业，以传统临港工业和海洋绿色新兴产业的循环链接和融合发展为突破口，着力构建创新链、产业链、资金链“三链一体融合”的互联互通机制。建设海洋循环经济示范区，优化、完善企业入园标准，重点引入能够高度参与园区产业链构建、服务循环经济的第三方企业，负责为园区资源、能源交换提供基础设施运行和维护工作，在园区内打造多种资源、多种产品共同参与的交错式循环经济网络。

（3）跨园区、跨区域绿色化交错互补。依托象山不同地区差异化的资源禀赋特征，建立临港工业循环经济园区、海洋新能源循环利用园区、海水养殖循环生产园区等多元化的循环产业园，实现错位发展。同时，发挥各辖区人才、资金、市场优势，明确各区域在循环经济发展中的定位，推动废弃物循环综合利用跨区域、跨行业发展，形成资源利用和产品市场有机统一的网络格局，在县域内打造海洋经济发展中的物质、能量区域大循环。

19.2.2.3　实现路径

（1）制定海洋循环经济发展规划。制订临港工业、海水养殖业等传统海洋产业的绿色循环改造计划，建立循环经济发展项目库，明确各时间段的目标和任务安排。制定海水利用、海上风电、海水生态养殖等海洋绿色新兴产业培育和发展的战略、规划，做好与国家、浙江省循环经济发展扶持政策的对接，积极争取海洋新能源开发、废弃物综合利用等方面的国债支持。以项目建设为手段，推进海洋循环经济发展，对发展前景好、绿色循环效益高的项目做好立项、论证和培育工作，力争成为国家级、省级示范项目。此外，在做好项目建设规划的同时，也要建立和完善海洋循环经济发展的扶持政策体系，健全相关激励机制，探索税收优惠、金融信贷、环保补助等多渠道支持方式，为企业发展海洋循环经济创造良好的外部环境。

（2）建立海洋循环经济核算体系。结合海洋经济特征，建立“可量化、可操作、可考核”的海洋循环经济核算指标体系[①]。参照浙江省发展改革委资源产出率核算的统计口径，探索县域海洋产业资源产出率的核算标准和方法，建立海洋循环经济统计报表制度。借助物联网、大数据等信息技术，开展海洋循环经济的信息采集、数据分析及流向监测，构建涉海企业数据网络管理云平台，实现对各海洋产业物资资源生产、消费、调入/调出等流程的动态监测。依托海洋循环经济核算体系，一方面重点针对排污量大、资源消耗高的相关涉海企业开展环境污染和资源衰退评估，以标准约束、引导企业开展循环经济改造；另一方面开展区域海洋资源消耗及产出率等指标核算，及时优化调整产业链、园区间的资源消费模式和物质循环，合理调整海洋产业布局。

（3）发挥龙头企业示范带动作用。发挥涉海龙头企业带动效应，打造多链条的海洋循环经济网。鼓励龙头企业以循环经济项目为支撑，吸引关联企业参与共建循环经济产业链，同时积极引导不同企业之间进行产品、资源的开发利用合作，促进多链条的交错融合。建立涉海龙头企业循环经济项目决策推动机制、“一企一策”的跟踪服务机制，协调解决项目进程中遇到的重大问题，针对龙头企业的循环经济发展需求，引进与龙头企业配套的上、下游企业。以海水养殖、海洋装备制造、海洋新能源利用等重点产业为对象，设立专项的产业龙头培育资金，以龙头企业为核心建立特色鲜明的循环经济园区，发挥大型企业的循环经济示范效应，引导大、中、小企业的互联融通。

（4）加强海洋循环经济科技投入。由县政府牵头，建立以海洋循环经济发展为主题的专业人才科技城和科研服务中心，加强与相关科研院校合作对接，依托人才与产业的紧密结合推动全县海洋循环经济的高质量发展。制定专项补贴激励政策，以产学研结合的形式推动海洋循环经济的共性和关键技术装备研发和转化，筛选成熟技术在海洋经济领域内推广、扩散，制定海洋循环经济应用技术和产品名录。此外，进一步深化信息通信技术在海洋循环经济发展中的应用，在线上、线下多种渠道即时提供物质流动、废弃物产出和综合利用等信息，打造跨园区、跨区域的废弃物在线交易平台，推动海洋循环经济多层面融合发展。

19.2.3 “倒逼联动”机制上的陆海统筹模式

19.2.3.1 基本内涵

“倒逼联动”机制上的陆海统筹模式是基于整体论视角，坚持陆海联动、以海定陆、以湾定产、以港定城的发展理念，借助生态红线制度、湾长制、海洋排污总量控制制度等多种手段，推动陆海空间、陆海资源、陆海产业、陆海基础设施建设、陆海生态环境

① 洪伟东. 促进我国海洋经济绿色发展[J]. 宏观经济管理，2016（1）：64-66.

治理等多层面的协同发展。“条块分割、分散管理”下的传统“陆海分治”模式造成近岸海域生态环境不断恶化，具有流动性、产权不明晰等特征的海洋实质上已成为陆域经济发展下的污染“容纳场”。因此，有必要立足陆海统筹理念，对象山海域资源开发、环境保护、产业布局及城镇建设进行整体性、系统性规划，打造陆海联动的发展格局。

19.2.3.2　模式构建

（1）陆海联动统筹海岸带空间规划。基于陆海一体化基本理念，编制象山海岸带规划管理方案，将海岸带涉及的陆域和海域纳入城乡规划统一管理，实现陆海国土空间统筹管理的全域覆盖。在规划时要充分考虑生态敏感程度、环境承载能力科学划定生态红线，严格控制在生态脆弱区、重点生境保护区开展填海造地、海岸开发等工程项目，明确海岸带地区生态安全的保护底线。以陆海空间互补、陆海发展并举为目标，通盘考虑海岸带保护和利用方案，划定严格保护、限制开发、优化利用等区域，明确建设项目负面清单，倒逼陆域产业结构优化升级。

（2）以海定陆推动海洋环境治理。以海洋生态环境容量为基准，严格限定陆域重化工业等传统污染性产业的经济规模，从源头控制海洋环境污染。探索实施海域污染物总量控制制度，明确排污监管和水质状况责任主体，系统开展陆源入海污染源的排查和监管工作，加大溯源倒查力度，建立网络化、动态化的长效监测机制。强化陆海污染同防同治，实施“流域—河口—海湾”污染防治联动机制，推动近岸海域水质持续改善，实现海洋生态环境质量改善和提升。

（3）以湾定产优化近岸产业布局。一方面，依托象山港湾、三门湾、大目湾等湾区资源禀赋特征，立足湾区海域环境承载能力，明确不同区域的海洋主导产业，确保错位发展，同时严格限制能耗高、污染大的“非亲海”产业项目进入湾区，加快淘汰落后产能。另一方面，有序推进沿海产业与内陆产业转移，促进生产要素合理流动，在沿海着力形成海工装备制造、海上风能发电、海洋生物医药等新兴产业集聚区，在内陆区域打造相关上下游配套产业体系，以此加强陆海产业耦合联动发展。

（4）以港定城完善基础设施建设。立足港城一体化发展理念，协调象山港建设与象山城镇发展之间的关系，完善与临港产业园区配套的基础设施，加强临港产业园区与母城的交通联系能力，提升母城对临港产业的支撑作用。积极向中央和浙江省政府争取规划建设连接象山港和梅山港的跨海大桥，争取规划建设城际高铁线，打通与宁波市、杭州市、上海市等周边地区的便捷通道，全面增强海陆运输能力。加快象山智慧海洋大数据平台建设，利用物联网、云计算、大数据、移动互联、遥感检测等信息技术手段，为临港海洋工程装备制造、海洋系能源制造、港航物流等核心产业提供数据服务，提升临港工业发展的科学化、智慧化水平。

19.2.3.3 实现路径

（1）梳理政府监管职能，打破行政壁垒。明确象山统筹陆海空间规划、统筹陆海资源开发、统筹陆海产业发展、统筹陆海基础设施建设及统筹陆海生态保护与环境治理等任务，将各分解任务直接落实到县发展和改革局、县自然资源和规划局、宁波市生态环境局象山分局、县水利和渔业局、县旅游发展中心、县招商局、县交通运输局等相关职能部门，确保工作任务落到实处。强化县委、县政府的统一领导，定期组织各部门责任人召开陆海统筹推进工作的协同会商，加强部门间的沟通、合作，避免职能交叉、冲突。加强与宁波市政府、浙江省政府等上级相关职能部门和周边地方政府的对接、协调，合力共建跨陆海部门、跨省（市）行政边界的监管体制，构建一体化综合管理机制。

（2）以重大项目为抓手，带动陆海统筹全面推进。实施临港产业质效升级工程，强化临港产业对陆域经济的引领作用。依托临港龙头优势企业，突破关键技术“瓶颈”，提升企业研发能力和核心竞争力，建设百亿级海洋动力装备、海洋新能源设备产业园，打造海洋装备制造产业基地，拉动陆域相关配套产业发展，形成区域增长极。实施滨海旅游崛起工程，提升区域辐射能力。围绕象山影视城、石浦渔港、大目湾等核心旅游项目，进一步整合滨海景观、渔民文化及影视文化等优势资源，推动全域旅游示范区创建，延伸旅游产业链，提高旅游业的区域经济贡献度。实施湾区新城特色建设工程，打造陆海统筹一体化品牌。以大目湾新城建设为契机，立足产业生态化、高端化和集群化发展目标，围绕滨海休闲度假、海洋科教、文化创意等产业，着力构建具有滨海特色的现代经济体系，推动形成片区协同、产业互补、多点引领的一体化发展格局。

（3）探索陆海政策规划“多规合一”，避免规划真空和规划冲突。以国务院发布的《关于建立国土空间规划体系并监督实施的若干意见》为指导，对陆域和海域原有规划开展系统梳理，识别存在重叠、交叉的空间刚性约束政策，加快编制统一的、涵盖陆域和海域的象山国土空间规划体系。开展“多规合一”试点，将海域和陆域作为一个整体进行规划，统筹完善象山发展总体规划、土地利用总体规划、城市和镇总体规划、海洋功能区划、环境保护规划、水资源综合规划，推进山海城融合发展。探索建立土地和海洋空间年度计划制度，充分考虑陆海生态互通性和陆海环境差异性，开展基于生态系统的海岸带综合管理，统筹陆域空间和海域空间开发建设。

（4）构建陆海一体化环境监测体系，推动河海共治。借助信息化、网络化技术手段，优化海洋环境监测点布局，针对近岸河口、滩涂湿地等生态脆弱区、污染密集区开展动态实时监测。同时，加强陆海生态环境的联动监测，重点探测海域各项生态指标的变化与陆源污染排放之间的联系，实现对陆源污染的责任追溯。在环境监测基础上，深化对数据信息的综合分析应用，探索开展海域生态环境承载能力预警评价，定期编制海域全覆盖的生态预警报告。遵循“治海先治河、治河先治污、河海共治”的基本理念，开展区域、河流和海域水体的综合防控，实施海域污染总量控制制度，推动陆海一体化治理[①]。

19.2.4 “自主创新”道路下的技术引领模式

19.2.4.1 基本内涵

“自主创新”道路下的技术引领模式是以突破海洋绿色发展的关键共性技术、前沿引领技术为目标，大力吸引涉海领域科技人才和科研院校，建立以企业为主体、市场为导向、产学研深度融合的绿色技术创新体系，以此引领海洋绿色转型发展。自主创新能力不足、生产技术水平落后、产品附加值低是制约象山海洋绿色升级的关键因素[②]。为此，需遵循“创新要素整合—绿色技术攻关—绿色技术转化”的基本思路，切实增强象山海洋绿色发展的自主创新能力，加强产学研深度融合，提升海洋产业绿色化水平。

19.2.4.2 模式构建

（1）海洋科技人才集聚。立足象山海洋资源环境禀赋和海洋经济基础，围绕海工装备、海洋生物医药、海洋新能源、海水生态养殖等重点领域，制订海洋科技人才奖励资助计划和人才团队引进计划，打造年龄结构、专业结构合理的人才梯队。加强与宁波大学、宁波工程学院、浙江大学、上海海洋大学、中科院宁波材料所等周边高校及科研院所的全面合作，做好海洋科技人才与象山涉海企业的对接工作，以全职引进、兼职顾问等多种形式促进科技人才参与象山海洋绿色发展。建设海洋人才市场、海洋人才港、海洋创新人才基地等人才集聚交流平台，尽快制定和落实人才落户的各类补助优惠政策。

（2）科技创新平台支撑。立足海洋绿色发展方向，集中优势资源，引导高等院校、科研院所和企业，共建从研发、生产到销售等全过程紧密结合的产学研战略合作联盟，加速绿色科技成果产业化进程。支持高等院校、科研机构、涉海企业、行业协会在象山共建海洋绿色研发平台和技术创新战略联盟，合作开展绿色生产共性技术和关键技术研究，打造特色显著的技术服务平台和产学研基地。争取申报省级、国家级海洋绿色研发实验创新平台[③]。

（3）关键领域技术攻关。对标世界海洋科学前沿，立足象山海洋产业基础，着力在海水生态化养殖、海洋生物医药、海洋新能源开发等领域实现创新突破，以技术创新为抓手，壮大海洋高新技术企业队伍。积极融入长三角区域一体化发展战略，加强与上海

---

① 赵聪蛟，赵斌，周燕. 基于海洋生态文明及绿色发展的海洋环境实时监测[J]. 海洋开发与管理，2017，34（5）：91-97.

② 高艳波，柴玉萍，刘玉新，等. 发展绿色海洋技术 支持海洋经济可持续发展[J]. 海洋开发与管理，2011，28（9）：120-125.

③ 邵文慧，梁振林. 国外海洋经济绿色转型的实践及对中国的启示[J]. 中国渔业经济，2016，34（2）：98-104.

市、杭州市等科技水平较高的周边地区合作，共同推动海洋绿色科技联合攻关，参与共建海洋绿色研发基地或研发平台，鼓励和引导企业参与区域科技协同创新项目。

（4）科技成果转化服务。探索开展职务科技成果权属改革试点，实行以增加知识价值为导向的利益分配机制，以此激励海洋绿色科技成果转移、转换。由县政府牵头，联合各涉海科研院所，搭建海洋绿色技术研究平台和转移平台，推动重大海洋科技成果的工程化、产业化。定期举办海洋绿色产学研对接活动，为涉海企业、科研院所搭建绿色技术合作渠道。探索设立海洋绿色科创基金，创新金融扶持政策，为涉海企业的绿色科技成果转化提供资金支持。

19.2.4.3 实现路径

（1）制定专项涉海人才引进政策，构筑海洋应用型人才高地。围绕海洋绿色发展制定海洋绿色科技人才团队支持计划，通过采取项目扶持资金、住房生活保障等多种措施，大力吸引和集聚海内外科技人才在象山创新创业。探索以“领军人才+团队+项目”的模式，以企业为主体，以海工装备、海洋生物医药、海洋新能源、海水生态养殖等绿色新兴产业为培育对象，积极引进和培养高水平的人才队伍，支持涉海企业在绿色发展上做大做强。同时，探索建立以培养实用型、复合型技术人才为目标的海洋职教学院，打造公共实训基地，将象山打造成为海洋化工、船舶修造、海洋装备、临港物流等领域实用型、复合型技术人才培养基地，与周边城市地区实现海洋科教层面的错位、互补发展。

（2）实施产学研示范工程，提升涉海企业绿色自主创新能力。选择部分产学研合作条件较好的科技园区、企业等建立示范基地，推动企业与涉海科研院所建立长期稳定的合作关系，积极吸收转化科研院所的绿色科技创新资源。鼓励龙头企业与涉海科研院所共建绿色科技研发机构，探索建立“企业出题、协同攻关、政府补助”下的产学研合作模式，联合开展关键共性技术研发，提升绿色自主创新能力，同时也为中小企业提供技术创新服务。

（3）共建海洋产业技术创新战略联盟，提升海洋产业绿色竞争力。采取股份制、委托开发、成果转让、知识产权许可等多种方式，鼓励涉海龙头企业、骨干企业联合上下游企业、科研院所、科技服务机构、行业组织等主体共建符合市场需求、研产供销紧密结合的海洋产业技术创新战略联盟，推动集群式创新研发。同时，鼓励融资担保机构参与创新联盟建设，积极开展涉海融资担保业务，运用风险投资、科技贷款、科技担保、科技保险等金融工具，向创新联盟及成员单位提供多元化的金融服务，推动科技成果产业化。

（4）完善海洋绿色技术市场体系，以市场为导向推进技术成果转化。围绕临港工业、海水养殖、海水生物医药等领域，加强对涉海企业绿色技术需求的调研工作，征集整理技术需求，利用象山科创中心平台开展校企合作和技术对接。强化政府服务职能，为企业搭桥牵线，组织企业积极参与省级、国家级海洋科技成果专题对接会，与科研院所开展面对面交流，将专家团队“请进来”开展技术指导。大力发展海洋绿色技术市场，鼓励相关企业事业单位开展绿色技术研发、转让、咨询服务等交易活动，对引进绿色技术成果的涉海企业和促进技术交易的技术转移服务机构给予资金补助和奖励。

19.2.5　“三权分置”基础上的制度创新模式

19.2.5.1　基本内涵

开放式养殖用海海域的所有权、使用权和经营权“三权分置”改革是象山继宅基地“三权分置”后在海域规范化管理领域的一项制度创新，有效推动了生态保护、产业发展和乡村振兴的协同发展。有别于传统的发展模式，海洋绿色发展具有明显的公共性向度，需要在一定的制度条件下，依靠制度内容和制度形式，以及由此产生的制度压力加以驱动。“三权分置”基础上的制度创新模式是充分借鉴养殖用海“三权分置”改革经验，在资源开发、绿色生产、环境治理等更广泛领域中推动制度创新，探索依靠激励性制度、约束性制度和协调性制度，从资源、企业、政府多个层面引导和保障海洋绿色发展有序进行。

19.2.5.2　模式构建

（1）海洋绿色激励性制度创新。在资源层面，加快推进海域资源市场化配置，借鉴养殖用海市场化使用经验，进一步制定岸线、海岛等海洋资源有偿使用制度，健全海洋资源价值评估体系，探索设立海洋产权交易中心试点，依靠市场作用引导海洋资源有序利用[①]。在企业层面，探索实施绿色技术研发补贴、绿色生产税收减免、绿色产品政府采购、绿色技术知识产权保护、绿色信贷扶持、绿色产品进出口配额及关税优惠等多种形式的激励性政策工具，减少海洋绿色发展中面临的信息不对称问题，激发涉海企业开展绿色化改造升级的意愿，有效降低企业成本。

（2）海洋绿色约束性制度创新。在资源层面，完善海洋生态红线制度，加强海洋生态红线区和典型生态系统保护，严格禁止在红线区开展高能耗、高污染的项目建设[②]。组织县生态环境局、县自然资源和规划局、县渔业和水利局等相关部门，对已竣工和在建的涉海工程开展联合检查，依据环境评价报告制定海洋生态补偿计划，推动海洋生态补偿制度的全面实施。在企业层面，尽快制定临港工业、海水养殖业等领域的涉海企业

① 蔡悦荫，赵全民，王伟伟. 中国海域有偿使用制度实施现状及建议[J]. 海洋开发与管理，2012，29（11）：9-13.

② 曾江宁，陈全震，黄伟，等. 中国海洋生态保护制度的转型发展——从海洋保护区走向海洋生态红线区[J]. 生态学报，2016，36（1）：1-10.

清洁、绿色生产标准，加大执法和监督力度，健全重大污染事故责任追究制度及损害赔偿制度，提高企业违法成本。

（3）海洋绿色协调性制度创新。在政府层面，加强不同部门之间、不同地区之间，以及与周边地市之间的协同互动，突破以行政区划为边界的海洋环境治理体系，构建跨区域、跨部门的监管机制。建立县自然资源与规划局、县生态环境局、县渔业和水利局等涉海管理部门与县发改局、县工商局、县税务局、县交通局等经济管理部门的协调工作机制，立足海洋绿色发展的各个环节明确部门工作职责，强化统筹协调与分工协作。健全近岸海域海洋环境协同保护机制，立足象山海洋资源条件、海洋产业集聚和区域关联状况，主动加强与周边地市的合作，开展从陆域到海洋的一体化环境治理，实现统筹施策、综合发力。

19.2.5.3 实现路径

（1）依托监管机制创新，提高海洋资源环境治理效率。创新象山海洋资源综合管理机制，推动土地利用规划、产业规划、城市规划等与海洋功能区划、海域使用规划等的“多规合一”，梳理部门监管职责，打破部门条块分割。优化海岛使用规范，出台闲置海域使用办法，积极探索海域、海岛规划和出让与开发的新模式，激发资源市场配置作用。优化海域使用审批流程，建立多部门集体研究、企业和社会协同参与审查的决策机制，保障海域、海岛使用的科学化和合理化。

（2）推动管理模式创新，引导政府、企业和社会多元参与。发挥政府引领作用，做好顶层设计，通过建立绿色发展优惠政策体系，从财政、税收、金融、价格、技术等多个渠道鼓励、引导涉海企业绿色化升级。同时，进一步加强海洋环保宣传力度，通过定期举办海洋环保大讲堂等活动，培养民众海洋生态环境保护的主人翁意识，引导民众自觉减少生活污染排放，在社会层面建立海陆生命共同体的生态价值观。另外，建立公开的环境监管信息共享平台，及时向社会提供海洋环境治理的相关进展及环境治理监测信息，确保公众知情权，健全举报、听证、舆情监测等多种社会参与渠道，及时了解社会公众意见，汲取好的建议和做法。

（3）探索治理工具创新，建立与海洋绿色发展相适应的制度体系。立足绿色发展基本理念，对现行海洋资源管理政策和海洋经济规划进行梳理、评估，对与绿色发展不相适应的政策加以修订。探索制定专项的海洋绿色经济核算制度，明确区域、企业绿色发展的评价指标体系，依靠绿色标准规范资源开发、环境保护和经济发展过程。统筹各类财政资金，创新支出方式，优化支出结构，加大对涉海企业绿色化升级、海洋生态修复等的资金投入力度。积极构建服务海洋绿色发展的投融资体制，推进资金整合，拓宽融资渠道，鼓励融资担保机构积极开展海洋绿色发展的担保业务，创新海洋环境责任保险业务。

19.3 象山海洋绿色发展模式创新的评价与展望

19.3.1 总体评价

上节 5 种海洋绿色发展模式创新类型是立足象山海洋资源环境特征和海洋产业基础，结合当前海洋绿色发展面临的主要困境，从内在驱动、增长方式、空间统筹、科技支撑及制度体系层面提出的发展模式创新方向和实现路径。首先，海洋绿色发展不是自发实现的，需要依靠政府“看得见的手”和市场“看不见的手”共同驱动。其中，政府需要担负源头防范的顶层设计，市场则要在绿色驱动过程中发挥激励作用，同时二者需同时参与末端治理和协同会商。在明确象山海洋绿色发展的动力模式基础上，“新发展理念”指引的循环经济模式理应成为象山海洋经济的核心增长方式。海水养殖、临港工业是象山的支柱海洋产业，同时也是污染水平较高、能耗较大的传统产业。因此，推进海洋循环经济改造是推动象山海洋绿色发展的必由之路。围绕涉海龙头企业和产业链基础，象山海洋循环经济模式应着力打造从企业循环经济改造到产业链循环经济融合再到跨园区、跨区域交错互补的多层次循环体系。

陆海统筹是海洋强国建设的一条基本主线，也是指导地方海洋发展的重要准则①。象山海域资源丰富，具有滩涂、湿地、海岛、海湾等多种生境类型，促进陆海一体化发展是海洋绿色发展的内在要求。“倒逼联动”机制上的陆海统筹模式的核心要义是始终把握陆海联动、以海定陆、以湾定产、以港定城的发展理念，基本手段是生态红线制度、湾长制、海洋排污总量控制制度等，最终目标是实现陆海空间、陆海资源、陆海产业、陆海基础设施建设、陆海生态环境治理等多层面的协同发展。陆海统筹是象山海洋绿色发展需坚持的宏观模式，技术创新则是推动海洋绿色发展落地的微观机理。开展自主创新、提升绿色技术研发水平，是破解象山海洋经济能耗高、污染大、附加值低等问题的关键。为此，要遵循“创新要素整合—绿色技术攻关—绿色技术转化”的基本思路，通过人才引进、产学研示范工程建设、绿色技术联盟培育、绿色技术市场体系构建等方式着力提升自主研发能力。制度创新是促进双驱模式、循环经济模式、陆海统筹模式和技术引领模式有效落地实施的根本保障，也是实现海洋绿色长效发展的基础条件。象山在养殖用海领域的“三权分置”制度改革为推动海域市场化、科学化使用积累了重要现实经验。未来应着力在更广泛的资源开发、绿色生产、环境治理等领域中探究制度创新，立足激励、约束和协调 3 个层面，构建完备的海洋绿色发展制度体系。

---

① 曹忠祥，高国力. 我国陆海统筹发展的战略内涵、思路与对策[J]. 中国软科学，2015（2）：1-12.

综上，5 个创新模式既各有侧重又相互联系，涵盖了海洋资源有序开发、海洋绿色产业培育、海洋绿色技术升级、陆海协同发展、海洋生态治理等多个领域，涉及从企业、产业到区域多个层面，须协同推进 5 种模式的落地实施以实现海洋绿色发展合力。

19.3.2 重点难点分析

结合象山的实际情况，5 种典型的海洋绿色发展模式创新在具体推广和实施过程中可能面临不同的难点和需突破的重点。一方面，象山海洋绿色发展模式创新存在关键要素支撑不足的问题。“新发展理念”指引的循环经济模式、“自主创新”道路下的科技引领模式均是现代经济增长方式，需要人才、资金、交通等多种要素的支撑。而象山海洋科技人才队伍建设明显滞后于海洋产业发展，推动企业绿色化改造、海洋生态专项治理等绿色发展资金投入不足，与宁波市区、杭州市、上海市等周边地区的陆海交通联系不畅，这些均对海洋产业的绿色化升级形成极大制约。因此，推动绿色发展模式创新的首要重点任务是探索多元渠道、方式，补齐人才、资金、交通等绿色支撑要素。

另一方面，如何缓解开发与保护的矛盾是贯穿绿色发展模式创新的核心议题。海洋是象山经济高质量发展的战略要地，平衡好海洋资源开发利用与资源环境保护之间的关系至关重要。海洋绿色发展不是一味地保护，而是以“绿色”为抓手促进海洋经济的可持续、健康、高效增长。在严格的环保督查大背景下，刚性政策容易导致执行“一刀切”，不利于不同生境类型、不同生态质量地区的差异化发展。象山具有海岸、海湾、滩涂、湿地、海岛等多种海洋生境类型，不同生境的生态脆弱性程度及保护要求不同，因而其开发利用也应区别对待。这必然对象山海洋绿色发展模式尤其是陆海统筹模式和制度创新模式的具体实施提出更高的要求。依据不同生境地区，筛选和发展与海洋生态环境承载力相适应的海洋产业，实现区域错位、协同发展，是政府应关注的重点。

19.3.3 象山海洋绿色发展模式创新的未来展望

驱动机制建立和制度创新保障是推动海洋绿色发展的先行条件。因此，象山在“十四五”期间应着重优先主攻构建“政府—市场”耦合的双驱发展模式和“三权分置”基础上的制度创新模式，以此为其他模式创新奠定发展基础。同时，考虑到象山临港工业规模较大，且仍保持高能耗、高污染的粗放式发展模式，因而在临港工业领域加快推广循环经济模式同样具有紧迫性。另外，象山海洋科教基础较为薄弱，从绿色技术引进到绿色技术自主创新的转变面临人才队伍建设、创新平台构建等诸多长期工作，而其他发展模式将为绿色技术创新提供多种支撑要素，因此构建“自主创新”道路下的技术引领模式可作为一项后发的长远战略加以谋划。立足上述发展思路，未来象山海洋绿色发展应着力打造以下格局：

（1）生态良好。生态良好是海洋绿色发展的首要任务和内在要求。“政府—市场”耦合式的双驱发展模式中：政府的首要任务是健全海域使用规划、海洋生态红线、海洋生态补偿等顶层设计，为象山海洋资源环境可持续发展提供制度屏障，以此将海洋资源开发、海洋经济发展约束在生态承载力范围内有序推进。市场的激励作用同样是以促进生态良好为最终目标，通过海域资源市场建设、企业绿色发展政策补助等方式引导低能耗、低污染的绿色增长。

（2）特色显著。依托象山海洋资源环境禀赋和海洋产业基础，未来应围绕海上风能发电、海洋生物医药、海工装备制造等海洋高新技术产业打造绿色增长点，力争打造省级、国家级海洋新兴产业示范区。同时，针对海水养殖业、临港工业等传统产业，要借助循环经济模式加以改造升级，争取将龙头涉海企业打造成为省级海洋循环经济发展典型。在地区层面，根据自然禀赋不同实现错位发展，着力建成海洋绿色旅游区块、渔港绿色经济区块、海洋绿色湾区区块等特色显著、互为补充的绿色经济区块。

（3）区域协同。海洋绿色发展需要处理好陆海之间、港城之间、湾区内部等区域间的协同、互补关系。基于“倒逼联动”机制下的陆海统筹模式，坚持以海定陆理念，推动海域承载能力与陆域经济发展相适应，同时在象山港湾、三门湾、大目湾等湾区形成海工装备制造、海洋生物医药、海上风能发电等与湾区生态相匹配的新兴产业。针对临港工业发展，立足以港定城理念，争取尽快规划建设连接象山港和梅山港的跨海大桥并建设城际高铁线，全面提升海陆运输能力。

（4）科技引领。创新是引领海洋绿色发展的第一动力。通过大力吸引人才集聚、打造创新平台、关键领域技术攻关及推动科技成果转换，着力将象山建设成为长三角海洋绿色科技高地。围绕海工装备、临港工业、海水养殖、海洋新能源开发等产业基础良好的领域，以重大项目为抓手，以产学研结合为手段，争取申报省级、国家级海洋绿色研发实验创新平台，形成区域乃至全国领先的海洋高技术绿色产业集群。

第 *20* 章

海洋绿色发展创新模式的对策建议

海洋绿色发展的“象山模式”在三权分置制度变革、涉海产业融合发展、资源依托集聚发展等方面取得了显著成效，但也面临着路径依赖、粗放发展、就海论海等突出问题，亟待在发展模式上进行优化创新。“政府—市场”耦合式的双驱发展模式、“新发展理念”指引下的循环发展模式、“倒逼联动”机制上的陆海统筹模式、“自主创新”道路下的技术引领模式和“三权分置”基础上的制度创新模式给出了象山海洋绿色发展模式创新的总体思路，但需要产业体系、科技人才、体制机制和金融支持等诸多保障。

20.1　海洋绿色发展的产业体系保障

20.1.1　培育海洋绿色发展龙头企业

龙头企业对同行业的其他企业具有深远影响，且能产生一定的示范、引导和带动作用，并通过全力开发新产品、有效开拓新市场对海洋绿色发展模式的构建、完善与创新做出应有贡献。

在海洋绿色发展龙头企业的培育上，一方面，象山应推进现有涉海龙头企业向绿色发展转型。充分发挥现有涉海产业（如海洋渔业、船舶制造业、海洋风力发电业等）龙头企业在资金、技术、管理和开拓市场等方面的优势（如华翔电子、日星铸业、南方水产、飞日水产等），引导龙头企业向绿色发展转型，成为海洋绿色发展龙头企业，加强与其他小微企业、渔民、研究基地和中介机构的联系，建立紧密型的利益联结机制，促进海洋绿色发展。另一方面，培养新兴的海洋绿色发展龙头企业。扶持海洋绿色新兴产业（如海洋生物医药、海水产品精深加工业、海洋新材料、滨海旅游等）的相关企业加快技术改造和技术创新，引导企业引进先进生产设备，改善工艺流程，提升加工水平，开发高档产品和名牌产品。同时企业应强化创新意识，找准企业发展定位，想方设法开拓市场，推动企业发展再上新台阶，成为新兴产业领域中的龙头。

20.1.2　构建海洋绿色发展产业链

海洋绿色发展产业链是各个海洋绿色产业部门之间基于一定的技术经济关联，并依据特定的逻辑关系和时空布局关系客观形成的链条式关联关系形态。海洋绿色发展产业链式发展不仅有利于企业降低成本，还有利于打造海洋绿色发展的“区位品牌”。

基于现有的海洋产业发展情况，在海洋绿色发展产业链的构建上，象山可以重点着眼于以下几点：①构建以海洋渔业为中心的海洋渔业产业链。海洋渔业产业链可以涵盖海洋渔业捕捞、海洋渔业养殖、海洋渔业产品加工等主导部门，以及流通、销售、运输、渔船修造等辅助部门。在海洋渔业产业链中，海洋渔业是核心，而海洋渔业加工业则是海洋产业链延伸的关键，其中尤其要注重推进海洋水产品的精深加工。②构建以海洋船舶制造业为中心的海洋工程装备制造业产业链。海洋工程装备制造业具有技术密集、资源消耗少、综合效益高、关联性强的特点，是海洋经济的先导性产业。③构建以滨海景区为中心的滨海旅游产业链。这一产业链上游涉及交通运输、旅行社、旅游装备制造，下游涉及住宿、餐饮、娱乐、零售等相关产业。与其他产业链不同，滨海旅游产业链内各企业是直接面向消费者的，因此尤其要注重服务水平的提高。④构建以海洋生物医药产业为中心的海洋生物产业链。海洋生物医药产业作为高新技术产业，是带动象山海洋绿色发展的重要产业。应鼓励开展海洋生物产业的基础研究和应用，特别是研究开发高附加值的海洋生物营养品、功能食品、保健品和新型营养源等产品。⑤构建以风能为中心的新能源产业链。立足在太阳能、风能、海洋能等新能源方面的开发利用优势，大力发展海上风电、输变电及智能电网等新能源产业体系。推进新能源装备制造业的智能化改造，加速输配电产业的转型提升，发展电力装备制造业。

20.1.3　建设海洋绿色发展产业园区

建设海洋绿色发展产业园区，实现海洋绿色产业的集中连片，既能提高基础设施的利用效率，充分发挥各类生产要素的聚集效应，又有利于污染的集中治理，从而大大降低企业的交易成本。简言之，海洋绿色发展产业园区具有集约土地、节约资源、便于管理、降低成本、绿色环保等优势。象山已经建成了临港装备工业园区、经济开发区滨海工业园、城东工业园区和石浦工业园等一批产业园区，园区内有相当一部分企业为涉海企业，可以说象山在涉海产业园区建设上已经具备一定的基础。

今后在海洋绿色发展产业园区的建设上，象山应注意以下几点：①完善海洋绿色发展产业园区的基础设施条件。园区基础设施建设先期投入总量大、周期长、见效慢、资金筹措困难，这是制约园区建设的“瓶颈”之一，解决办法是可由财政负担一部分，入园企业出资一部分，通过置换土地等方式来筹集一部分，尽快实现园区基础设施条件的优化。②加强园区建设发展过程中的绿色化要求。园区建设过程中应采用绿色规划设计、绿色施工、绿色交付标准，以海洋绿色产业作为主导产业。严格执行环境保护和清洁生产等方面的法律法规、标准和重点行业环境准入条件，从产业结构、布局、规模、区域环境承载力、与相关规划的协调性等方面，严格项目审批，提高涉海项目的准入门槛。③推进现有涉海产业园区的生态化改造。进一步淘汰现有涉海产业园区中的落后产能，促进企业清洁化生产制作，推动资源循环利用，实施新建项目环保负面清单制度，严管节能减排，实现园区的绿色化转型。

象山海洋绿色产业体系的构建，就是要打造以涉海产业园区、海洋产业链和海洋产业龙头企业为主体的“点”“线”“面”一体化的海洋产业组织形式，其中涉海产业园区是载体，也是最基础的配套服务设施；产业链是核心，产业链的构建是否合理直接影响产业发展的辐射力；而龙头企业是动力，主要体现在绿色产业体系构建中的完善过程。象山应结合宁波市海洋经济发展示范区建设方案，力争形成以海洋渔业、临港装备制造业、海洋文化旅游业、海洋生物医药业和海洋智慧科技等为中心的网络化发展格局。

20.2 海洋绿色发展的科技人才保障

20.2.1 完善涉海人才培育、引进政策

创新海洋绿色发展的模式，人才是第一资源，也是最具能动性的要素。只有集聚人才、用好人才，才能合理、有效地利用海洋资源和环境条件，为象山海洋绿色发展创造特色优势。在人才培育和引进政策方面，象山已经具备了良好的基础。如设立了高技能人才专项经费，给予高层次人才最长不超过 3 年的住房补贴，发放企业人才生活补助、职业技能培训补贴和技能提升补贴，针对创业人才提供创业社保补贴、创业担保贷款贴息等。

在涉海人才培育与引进上，象山应继续做好以下几点：①加大涉海高素质人才的引进。坚持“以产业集聚人才、以人才引领产业”的招才引智战略，加强海洋绿色产业人才发展的顶层设计，围绕海洋绿色产业发展和绿色技术支撑，制订人才柔性引进计划，重点加强涉海类复合型领导人才、高层次企业管理人才和高素质专业技术人才队伍的引进。②探索创新涉海人才培养方式。建立产学研紧密衔接的开放式的培养体系，依托有较强研发实力的涉海企业，建设一批高层次涉海人才培养基地，培育一批涉海创新团队，

在稳定海洋绿色发展领域人力资源数量的同时，不断通过培训提升现有干部职工的综合素质。③强化涉海人才配套服务保障。进一步完善高层次人才服务体系，确保住房安置、户籍管理、人才公寓、子女入学、医疗保障等政策到位，立足各类涉海产业园区、产业基地、示范基地，建立人才引进的特许政策、特别机制，特优环境。④从岗位设置和奖励机制入手盘活涉海人才资源。合理设置就业岗位，打造海洋绿色产业创业平台，使引进和培育的涉海专业人才都能有创业的舞台和发展的空间，同时把岗位绩效与薪酬收入相挂钩，把创新成果权属与转化收益分配相挂钩，建立对海洋创新人才成果应用的奖励制度。

20.2.2　大力推进海洋绿色技术创新

绿色技术是能减少污染、降低消耗和改善生态的技术体系。海洋绿色技术是海洋绿色发展的重要支撑，涉海企业可以通过海洋绿色技术的创新降低企业经营成本，提高市场份额，扩大企业规模，实现企业的经济效益、社会效益和生态效益的协调统一，进而实现海洋经济可持续发展。

在海洋绿色技术创新上，象山应做好以下几点：①推进重点领域的技术开发。积极推进海洋生物医药开发利用技术、绿色造船技术、节能环保技术、清洁能源和可再生能源技术、废物综合利用技术等重要海洋绿色技术开发，其中尤以海洋生物医药技术的开发为重点，如海洋低值鱼蛋白功能肽、海洋生物功能性蛋白肽等，推动海洋绿色产业技术联合集成攻关，支持共性技术和集成技术的研发；②加大政策扶持力度和技术研究投入，支持建立一批海洋绿色技术创新型企业和示范工程，加强与高校、科研机构共建海洋绿色技术中心、研发中心、工程实验室等创新平台，鼓励组建海洋绿色发展产学研战略联盟，创新产学研合作研发机制；③加快绿色技术的应用与推广。支持以企业为主体，加快建立海洋绿色技术应用与推广体系，促进海洋绿色生产技术开发示范，推进先进成熟技术的广泛应用，加快海洋绿色产业技术成果的转化与推广，建立完善的海洋绿色产业信息咨询服务体系，及时向企业发布有关海洋绿色产业技术、海洋绿色管理和海洋绿色政策等方面信息。④及时跟踪先进海洋绿色产业技术发展动态。借鉴国际海洋绿色技术发展成果和经验，结合象山的海洋资源分布特点和技术成熟度，积极引进和消化吸收国内外在海洋生物医药、海水产品的精深加工、海洋装备制造等方面的先进海洋绿色技术。

20.2.3　积极探索建设滨海科创走廊

滨海科创走廊建设对于推动地区海洋科技创新、制度创新和资源配置一体化具有重要意义。象山现有的大目湾低碳生态城在建设发展过程中已经积累了丰富的科技创新经验，并且取得了一定的成果。截至 2019 年，已建成的大目湾双创园中已入住 20 多家小微企业，且多以文创、科技、互联网服务和环保等科创产业为主，可以说大目湾已经具备了建设滨海科创走廊的基础。

今后象山在继续探索建设滨海科创走廊的过程中，可以着眼于以下几点：①明确滨海科创走廊的定位。要进一步解放思想，充分借鉴国内外在滨海科创走廊建设中的先进经验和做法，明确滨海科创走廊作为象山贯彻落实海洋绿色发展理念、引领海洋经济发展示范区建设的重要科技引擎的定位和发展目标。②合理编制滨海科创走廊发展规划。高标准、高起点开展科创走廊的概念规划编制，同时开展产业空间规划与设计，为打造滨海科创走廊提供规划保障。③确定滨海科创走廊的重点任务。立足总体布局，以科技为主线、以产业为依托、以人才为基础、以服务为支撑，确定在海洋技术创新、海洋人才壮大、海洋产业发展和海洋生态提升等各领域的重点任务。④确保滨海科创走廊建设的有序推进。坚持领导一手抓和规划一盘棋，加快重要平台建设，聚集资源、政策和产业，从规划统筹、招商引智、项目投入等方面为推进滨海科创走廊建设提供有力的保障措施，确保滨海科创走廊建设工作按规划有序推进。

象山创新海洋绿色发展模式中的科技人才保障就是在现有人才政策的基础上，继续创新涉海人才政策，使涉海人才“引得进，留得下”。同时突破在海洋生物医药、海水产品加工、海洋智慧科技等关键领域的绿色技术，探索建设滨海科创走廊，使其作为引领象山乃至宁波海洋绿色发展示范区建设的重要科技引擎。

20.3 海洋绿色发展的体制机制保障

20.3.1 完善海洋经济政府协调管理体制

在海洋绿色发展的过程中，政府的参与不可或缺。不仅需要从宏观层面进行总体把控，更需要对各类所需资源进行配置，同时提供各项资金政策保障。政府提高行政效率，降低行政成本，不仅可以确保政府管理职能的发挥，还能够为海洋绿色发展提供有力支撑。因此，形成权责一致、分工合理、决策科学、执行顺畅、监督有力的行政管理体制，建设服务型政府，对海洋的绿色发展模式创新至关重要。

在政府协调管理体制完善上，象山可以着眼于以下几点：①加强组织领导。建议成立象山海洋绿色发展领导小组，统筹协调解决象山海洋绿色发展中的重大问题。领导小组组长可由县长担任，领导小组办公室设在县发改局，办公室主任可由发改局局长兼任，县发改、商务、自然资源与规划、旅委、财政、经科、环保等各相关部门及乡镇为成员单位。②由领导小组牵头，组织制订海洋绿色发展任务计划表，将各项具体任务进行分解，明确相关责任科室的主要任务、推进举措、负责人员和完成时限，每季度召开会议听取有关部门、单位及重点产业、项目业主的情况汇报。③加大海洋行政审批制度改革力度，加快推进“最多跑一次”改革，着力改善政府审批服务，简化项目审批环节，减轻审批制度的束缚，为海洋绿色发展的重点产业、重点企业、重大项目审批建立“绿色通道”。④建立高效的工作激励机制，加强对各级单位和政府工作人员的考核管理，加大海洋绿色发展指标的权重，构建科学化、差异化的政府绩效考核机制，发挥指标考核在象山创新海洋绿色发展模式中的指挥棒作用。

20.3.2　强化或优化涉海类法规政策体系

海洋的绿色发展离不开政策支持。现有涉海类法规政策体系中，存在省里不能延续、市里正在征求意见、县里没有专门出台海洋经济的文件等问题，这极大地制约了象山海洋绿色发展模式的创新。象山海洋的绿色发展模式创新，不仅需要象山专门出台保障海洋经济绿色发展的政策文件，更需要宁波市政府乃至浙江省政府给予一定的政策支持。

在涉海类规制政策体系的优化上，象山可以重点着眼于以下几点：①促进涉海类法规的“多规合一”。可成立多规融合工作专班，配置相应的专班人员，专门负责象山海洋绿色发展规划立项管理、统筹协高、审议发布、监督实施及评估修订等工作。针对规划数量偏多、内容较差和定位不清等问题，构建一套象山海洋绿色发展的规划体系。②构建陆海统筹的海洋绿色发展规划体系。合理编制海洋功能区划与无居民海岛保护和利用总体规划，同时配合宁波市发改局完成海岸线专项规划，以陆海统筹发展为原则，将各项规划纳入新一轮国土空间规划。围绕“立足区域特色、提升空间价值、统筹空间发展”的总体目标，明确布局海洋绿色产业，加强基础设施建设和海洋生态保护力度，构建“陆—海—岛”有机融合、协同发展的新格局。③加大对涉海企业绿色发展的扶持力度。针对海洋绿色发展模式创新过程中存在的人才供给不足、资金投入不多、审批过程不畅等问题，出台相应的涉海项目人才、资金和审批等优惠政策。

20.3.3　“三权分置”基础上的海洋制度创新

“三权分置”的思想源于中央为完善农民闲置宅基地和闲置农房所提出的政策。象山鹤浦镇小百丈村作为农村宅基地“三权分置”改革的“试水者”，利用本村闲置农房、橘园等资源，通过“三权分置”引进社会资本开发乡村旅游，打造集现代农业、公益创新、休闲旅游于一体的实践基地，实现乡村振兴。2018 年 3 月，浙江省首例农村宅基地“三权分置”不动产权登记证落地小百丈村。

海域作为一种公共资源，同样有可能实现“三权分置”基础上的制度创新，推动海洋的绿色发展。象山可以从以下几点出发：①积极探索海域“三权分置”。完善水域滩涂养殖权利体系，确立浅海滩涂所有权归国家、使用权归镇乡（街道）下属国有企业、经营权由村经济合作社或者从事生产经营的企业和个人行使的“三权分置”模式。②设立海域“三权分置”创新试点。加快出台《关于推动开放式养殖用海海域“三权分置”的实施意见》等配套的登记办法和规则，编制浅海滩涂使用权出让方案，依法推进浅海滩涂有偿使用，规范养殖用海管理。③打破行政分界，发挥协同效应。把“生态+”的绿色潜能作为陆海联动发展的动力，以共建、共治、共享来推进海洋经济高质量发展。发挥区域协同发展的政策叠加效应，加强生态保护区的衔接、生态经济的合作、实践经验的共享，共同探索海洋领域“生态优先、绿色发展”新路径。加强区域政策统筹，发挥区域联动机制的协同效应。改变“画地为牢”式的管理体制，实现区域内产业政策、环保政策、节能减排政策有效衔接，完善跨界污染防治的协调和处理机制，全面提升海陆两大生态系统的可持续发展能力。

象山创新海洋绿色发展模式中的体制机制保障就是要牢牢抓住组织协调、规划引领和制度创新 3 个方面，其中海洋绿色发展的制度创新是根本，海洋绿色发展的规划须在合理的制度基础上进行制定，而合理协调的海洋绿色发展组织形式是确保海洋绿色发展工作有序推进的关键。三者相辅相成，共同服务于象山海洋绿色发展模式的创新。

20.4 海洋绿色发展的金融支持保障

20.4.1 做好示范主体区重点项目建设投融资服务

投融资难是阻碍地区海洋绿色发展的绊脚石，尤其在当下经济下行压力加大、改革全面深化的阶段。完善海洋绿色发展过程中的投融资服务，可以解决政府建设资金与财政收入不匹配的问题，对海洋经济的绿色发展、抢得市场发展先机具有重要的意义。

在海洋绿色发展模式创新过程中的重点项目投融资服务上，象山可以着力于以下几个方面：①设立海洋绿色发展专项基金。将海洋绿色发展经费纳入财政预算中，设立象山海洋绿色发展专项资金，支持海洋绿色发展的重点项目和重点方向。制定海洋绿色发展专项资金管理办法，明确规定资金申报条件、支持标准、审批过程和监管机制，并根据海洋绿色发展需要和财力逐步增大资金规模。②拓宽多元化融资渠道。大力推进“银税互动”，对信用良好的中小涉海企业推广金融产品，包括流动资金贷款、固定资产贷款、涉外信用证、承兑、贸易融资等产品。支持符合条件的金融机构和海洋工程装备企业、大型船舶企业通过控股、参股等方式发起设立金融租赁公司。鼓励金融机构在依法合规、风险可控的前提下，运用投贷联动模式支持涉海科技型中小企业发展，并积极引导有条件的金融机构在象山设立海洋金融专营或特色机构。③发展全产业链的海洋绿色发展产业基金。积极引入创业投资基金、私募股权基金，发挥基金在支持海洋经济发展方面的作用。④培育涉海企业发债主体。支持符合条件的涉海企业通过发行公司债、企业债等各种债务融资方式筹措发展资金，切实降低涉海企业的融资成本。

20.4.2　提高渔业、船舶等重点行业保险服务水平

积极推进保险机构与海洋经济产业合作，加强与渔区渔民沟通，提高渔民保险意识，不仅可以保障渔区社会的稳定，更能促进海洋渔业经济健康、持续发展。例如，东海航运保险公司立足象山特色，推出了船舶保险、船舶建造保险、航运货物保险、航运责任保险等业务。2019 年以来，该公司承保沿海内河船舶保险 235 份，承保船舶建造保险 30 份，承保雇主航运责任保险 229 份，保障人数约为 1 700 人，共收保费 1 279.55 万元，总保额 29.34 亿元，为海洋渔业生产得到尽快的恢复和发展起到了积极的作用，受到了多方面的好评。

今后在渔业、船舶等重点行业保险服务水平的提高上，象山应做好以下几点：①加强海洋渔业保险服务和创新。组织保险机构推行合作共赢战略和服务至上的保险理念，加强海洋保险公司之间信息交流和业务合作，规范发展渔船、渔工等渔业互助保险。积极探索海洋特色保险，根据象山当地自然灾害与海洋经济的规律，研究开发海洋生态损害保险、海洋物流责任险等相应险种。进一步完善县域渔业风险防范和救助机制，为促进渔业经济绿色健康发展起到了关键的作用。②合理确定海洋渔业保险费率。海洋渔业是一项高投入、高产出、高风险的弱质性产业，对自然环境依赖性高，抵抗风险的能力差，遭遇风险后经济损失大，这使得海洋渔业的保险费率偏高。再加上渔民的侥幸心理，保险意识和收入普遍偏低，导致出现高费率—低投保率—高风险—高赔付—高亏损的恶性循环。因此需要合理确定海洋渔业保险费率，同时加强台风、风暴潮、暴雨等自然灾害预警机制的建设，降低海洋渔业的风险。③实现渔业互保协会与商业保险公司的优化组合。可以利用中国渔业互保协会半官方特性和广泛的地域影响范围的便利条件，由其负责提供基础的、风险相对较低的渔业保险类别，发挥好“稳定器”的作用，对于较高风险的渔业保险类别则交由商业保险公司负责，以实现海洋渔业保险模式的优化组合，降低恶性竞争和资源浪费风险。

20.4.3 试点海洋资源抵押、有偿使用和交易制度

自然资源资产产权制度是加强生态保护、促进生态文明建设的重要基础性制度。海洋资源作为一种必不可少的自然资源，在清晰确权的基础上，构建海域有偿使用制度，推进其在用海主体间的抵押、流转、交易，有利于促进海洋资源的合理配置，提高海洋资源的利用效率，促进海洋的绿色发展。

象山在海洋资源的产权制度上已经获取了丰富的探索和实践成果。在海洋资源的抵押上，2006 年开始就有象山邮储、农信联社等多家银行推出了渔船抵押贷款、海域使用权抵押贷款等产品，并配套丰收创业卡，一次授信、三年有效，随借随还。截至 2019 年 6 月底，邮储银行累计投放渔船类贷款 50 亿元，实现结余 10 亿元。在海域使用权交易上，象山的海域使用权抵押已办理登记 128 宗次，累计抵押金额 23.13 亿元，有效地解决了渔民生产、生活资金需求，对石浦等地区海洋渔业的发展起到了很好的促进作用。

通过上述成果可以看出，象山已经具备了建设海洋资源抵押、有偿使用和交易制度试点的基础，今后象山在推进试点建设的过程中，应注重以下两个方面：一方面，搭建海洋资源公共产权交易中心。遵循统一的交易规则、统计核算体系、交易流程和监管方式，负责对象山海域、海岛等海洋产权的使用、交易及流转等行为进行监督与管理，确保海洋产权有偿使用制度和公平交易原则的有效落实。另一方面，进一步完善海洋资源基准价格评估体系。以海洋功能区划为依据，根据各区域经济和社会发展水平、海洋环境及资源状况、海洋空间规划、海域区位条件、海域利用潜力和效益、不同用途用海的收益情况、海域使用市场供求变化趋势等，科学评定和估算海域资源的使用价值。根据不同类型用海确定海域质量评价指标体系，建立完善的海域价格评估指标体系和方法体系，建立海域价格评估的技术标准体系，为海域有偿使用管理和海域使用金征收标准制定提供依据，并确定海域使用金的征缴范围和额度。

总体来说，要做好象山创新海洋绿色发展模式中的金融支持，一方面需要拓展融资渠道，扩大涉海类项目的融资规模，弥补海洋绿色发展过程中的资金缺口；另一方面需要改善渔业、船舶等重点行业保险的结构框架，力争做到渔业、船舶等保险的全覆盖，提高服务水平，同时搭建海洋资源有偿使用和交易平台，确定交易产品、交易价格和交易规则，实现海洋资源的合理配置和使用效率的提高。

后 记

随着我国工业化进程的推进，如何从粗放式高速增长转向集约型高质量发展已经成为一个重大时代课题。党中央及时提出了包括创新发展、协调发展、绿色发展、开放发展、共享发展等在内的新发展理念，要求将绿色发展贯穿和渗透于创新发展、协调发展、开放发展、共享发展的各方面和全过程。长三角地区是中国经济巨龙——长江经济带的龙头。如何将长三角地区打造成为绿色发展的世界级增长极，是当代中国的重要历史使命。为此，党中央及时提出了美丽中国建设战略、长三角地区一体化发展国家战略、长江经济带发展国家战略等。这些战略的实施将极大地推动长三角地区的绿色发展并加快美丽长三角建设。在长三角一体化和美丽中国建设等国家战略的实施过程中，浙江省不仅按照“干在实处，走在前列，勇立潮头”的要求积极推进美丽浙江建设，率先建成全国第一个生态省，率先成为全国生态文明建设示范省，而且按照习近平总书记所提出的“努力成为新时代全面展示中国特色社会主义制度优越性的重要窗口”的要求努力探索绿色发展和美丽世界的重要窗口。

理论是实践的先导。为了避免实践的盲目性，浙江省从习近平同志担任省委书记开始就启动了“基础研究→政策研究→党政决策→政策实践”的研究、决策、实践联动的工作机制。在长三角一体化发展战略和美丽浙江建设的进程中，组织开展了一系列的课题研究。本书就是在由原宁波大学东海研究院院长、宁波大学长三角生态文明研究中心主任沈满洪教授主持的浙江省发展和改革委员会委托项目“长三角陆海统筹环境治理一体化研究”（2019—2020 年）和淳安县政协委托重点项目“淳安县深绿产业体系构建及空间布局研究”（2019 年），以及宁波大学东海研究院副院长、宁波大学长三角生态文明研究中心副主任谢慧明教授主持的“象山海洋绿色发展模式研究”（2019—2020 年）等的 3 个课题报告基础上修改而成的一部专著。该书定名为《长三角地区绿色发展研究》，这基本上可以涵盖 3 个课题报告主题。事实上，从课题来源可以知道，这是陆海统筹环境治理机制和两个县域绿色发展案例研究成果的汇总，构成“1+2”的框架。

本书是由宁波大学、浙江农林大学、浙江理工大学和浙江大学的生态经济学者、海洋经济学者协作获得的成果。全书共由 3 篇 20 章构成。其中，第一篇（第 1 章至第 6 章）、第二篇（第 7 章至第 14 章），由沈满洪教授提出研究框架，由执笔人细化研究提纲，在广泛调研的基础上由执笔人形成初稿，再根据沈满洪教授的详尽审读意见进行修改，最终由沈满洪审定；第三篇（第 15 章至第 20 章）由谢慧明教授提出研究框架，由执笔人细化研究提纲，在广泛调研的基础上由执笔人形成初稿，再根据谢慧明教授的详尽审读意见进行修改，最终由谢慧明审定。各章的研究和执笔的分工如下：

第 1 章　强朦朦（浙江理工大学经济管理学院）、谢慧明（宁波大学商研究院）；

第 2 章　王如琦（浙江大学经济学院）、杜立民（浙江大学经济学院）；

第 3 章　张潇（宁波大学商学院）、程永毅（宁波大学商学院）；

第 4 章　余璇（宁波大学商学院）、陈琦（宁波大学商学院）；

第 5 章　吴应龙（浙江大学经济学院）、沈满洪（浙江农林大学浙江省乡村振兴研究院、生态文明研究院）；

第 6 章　沈满洪；

第 7 章　王迪（宁波大学商学院）、沈满洪；

第 8 章　吴应龙、沈满洪；

第 9 章　谢慧明；

第 10 章　李建琴（浙江大学经济学院）、孙薇（浙江大学经济学院）；

第 11 章　程永毅；

第 12 章　张潇、沈满洪；

第 13 章　孙薇、李建琴；

第 14 章　余璇、沈满洪；

第 15 章　张潇、谢慧明

第 16 章　张潇、谢慧明；

第 17 章　程永毅；

第 18 章　毛狄（浙江大学经济学院）、谢慧明；

第 19 章　陈琦；

第 20 章　余璇、谢慧明；

在本书的形成过程中得到浙江省重点新型专业智库——宁波大学东海研究院、浙江省推进长三角一体化发展支撑智库——宁波大学长三角生态文明研究中心及宁波大学商学院的鼎力支持。在此表示衷心感谢！由于我已于去年就任浙江农林大学党委书记，并兼任生态文明研究院院长，因此，我本人的署名只能更新了。书中不妥之外，敬请读者朋友们批评指正！

沈满洪

2021 年 12 月 8 日